应用型高级法律人才系列教材

刑事疑难案例实务教程

主 编 石经海 余捷

撰稿人 （以姓氏笔画为序）

万志鹏 石经海 孙 渝 刘沛谞
刘湘廉 李永升 张向东 张 波
吴仁碧 吴 雯 汪礼滔 肖 洪
陈小彪 陈小川 陈远平 陈 伟
陈佳佳 陈 娥 周国文 欧明艳
贺志伟 高艳东 高 巍 黄应生
梅传强 盛宏文 蒋 林 蒲东明
蔡 英

中国人民大学出版社

·北京·

编审委员会

主编简介

石经海，男，1970 年 8 月出生，安徽宿松县人，法学博士，现任西南政法大学教授、刑法专业博士研究生导师、法学院副院长、校学术委员会教学委员会委员、西南政法大学量刑研究中心主任，兼任西北政法大学教授、中国刑法学研究会理事、重庆市刑法学研究会常务理事兼副秘书长、重庆市第一中级人民法院专家咨询委员会委员、重庆市首批社会科学专家库专家。至 2012 年年底，共出版个人学术专著 2 部，合著学术著作若干部，主编、参编教材若干部，主持国家和省部级社科基金项目 10 个，公开发表专题学术论文六十多篇，其中 CSSCI 论文二十多篇。代表性著述为：《量刑个别化的基本原理》、《"量刑规范化"解读》、《论量刑合法》、《量刑思维方法下的量刑方法研究》、《我国刑法与 CCPR 之比较与对接——以罪刑法定原则为研究对象》和《从极端到理性：刑罚个别化的进化及其当代意义》。

余　捷，男，1955 年 8 月出生，重庆市人，法学博士，中国刑法学研究会理事，重庆市刑法学研究会会长，重庆市高级人民法院常务副院长，一级高级法官。代表性著述为：《贪污贿赂犯罪的死刑改良及刑罚结构调整》、《和谐社会的构建与刑法改革》和《宽严相济刑事政策与司法实务》。

总 序

法学是研究法律现象及其规律的科学。法学的实践性、技术性要求法学教育密切关注社会现实，尤其要与法律职业形成衔接与互动机制，以更好地实现法学的社会功能，推进社会发展。社会分工的不断细化对应用型法律实务人才应具备的能力提出了更高的标准——熟练运用法律解决社会问题、化解社会纠纷、平衡利益冲突，进而维护社会秩序、实现社会公正。这种在应用法律的过程中融汇法学知识与社会现实的法律实务能力，既要求法律人才对法学知识精准理解，对社会、人性、案件细节等准确把握，更需要综合法律规范与事实情况，将职业技能和品质融会贯通。因此，作为法学教育的重要目标之一，法律实务能力培养必须以法律职业为导向，使知识结构、职业技能、职业伦理的学习与训练统筹兼顾，为经济发展和社会管理输送优秀的应用型高级法律实务人才。

近年来，各高校、科研院所及法律职业培训机构在应用型高级法律实务人才培养方面进行了有效探索。西南政法大学作为全国法学教育的重要基地，六十余年的法学教育经验积淀成型“论辩文化”和“实务人才培养”两个鲜明的办学特色；不断丰富和完善法律实务教育内涵的课堂教学与社会实践，初步构建具有西政特色的法律实务教育体系。以此为基础，西南政法大学在法律硕士研究生的教育培养中进行大胆实践。2010 年，西南政法大学作为教育部首批确定的 19 所高水平法律硕士培养单位，参与了国家专业学位教育综合改革试点工作，在深化应用型高级法律实务人才教育改革、探寻应用型高级法律实务人才培养需求、开拓具有鲜明特色的法律实务教育模式等方面进行了有益的探索与创新：

——为丰富课堂教学手段，学校将课堂教学改革与考试制度改革紧密结合，通过“模拟法庭”、“法律诊所”、“案例分析报告”、“实践调研报告”等多样化的日常实务性教学内容，将真实案例纳入课堂教学，引导学生进行思考、讨论和演练，并聘请实务专家进行指导。

——为开拓学生的法律实践视野，学校广邀实践经验丰富的法律专家举办“律师面对面”、“实务课堂”、“法官论坛”、“律师周讲课堂”、“实务大讲堂”等系列讲座，聘请法律实务专家担任校外兼职导师，邀请他们实质性地参与学生培养方案制定、课程设置和日常教学工作等培养工作。

——为弥补学院派法学教育在实务教学方面的不足，学校坚持学生到一线实践，通过与地方基层法律实务部门合作，建立了规模化法律实务实习基地，确立了“律师助理制度”、“法官助理制度”、“检察官助理制度”、“警官助理制度”等具有创新价值的实习制度。

——为增强人才培养的针对性和适应性，学校与法律实务部门深入合作，开展联合订单培养工作试点，不仅为学生提供了较高的法律实践平台，还为法律实务部门建立了稳定的专业人才储备。

霍姆斯说：“法律的生命从来不是逻辑，而是经验”。应用型法律实务人才教育应当侧重于实务能力的培养，既要掌握扎实的法学“知识”，更要具备丰富的法律“经验”。在教学过程中充分体现实务的理念，将法学原理与法律实践密切结合，将学生对法律实践的零散认知升华为系统的法律实务能力训练，成为实务课程教学的重要任务。为此，急需一套能简明扼要地阐明法律精义、条分缕析地叙述法律逻辑、深入浅出地讲授实践案例的优质教科书，作为课堂教学的重要载体。

针对目前实务性法学教材比较匮乏的问题，我校结合长期培养经验，充分发挥师资力量雄厚与实务经验丰富的优势，将教材建设作为定位人才培养、凝练教学特色和强化实践环节的重要途径，组织编写了这套“应用型高级法律人才系列教材”，旨在为法律硕士专业研究生、法律实务工作者及重视实务教学的法学本科生提供一套理论与实务并重的特色教材。

与其他法学教材相比，本套教材主要有以下几个特点：

第一，多方合作、体系完整。本套教材分为两类：必修课教材和选修课教材。必修课教材涵盖了法律硕士专业学位研究生培养的全部学位课程，选修课教材则主要精选西南政法大学教学效果优良、师资力量雄厚、学科体系成熟的特色研究生课程。教材原则上实行双主编制，主编分别由来自实践部门和教学研究机构具有高级职称以上的专家、学者担任，编委成员中1/3来自法律实务部门，1/3为其他法律硕士培养单位院校的教师，西南政法大学校内编委成员不超过编委总人数的1/3，力求最大限度地保证教材体系的完整性、内容的充实性与学习的实用性。

第二，立足基础、突出应用。本套教材对于一些与基本知识关系不大的内容（如性质、特征、意义、历史沿革、中外对比等），或简述要领，或略而不谈，以突出重点、突出应用。同时，为透彻讲述知识的关联性、逻辑性，增强文本的形象性、可读性，在教材中适当使用了实务图表，如票据背书的举例图片、知识列举性的表格等，更便于学生理解和把握知识框架结构和内部逻辑关系。

第三，案例丰富、融会贯通。本套教材运用了丰富的实践案例，将知识讲授与案例评析有机结合，避免“两张皮”。真正做到以案说法，用案例突出、引导和解释重点知识，突出案例与知识的互动。

第四，启发思维、侧重能力。本套教材重视实务思维和实践能力的专门培养，每章设疑难问题、延伸阅读等板块，引导学生进行法律思维训练。

第五，立体多元、新旧并重。本套教材将配套建设背景知识、延伸阅读、图片音像、法律法规等网络资源，为教学、研习提供多元化、全方位的立体化服务。

第六，篇幅适中、便于使用。本套教材篇幅严格控制，一般不超过30万字，个别课程内容较多的也控制在60万字以内。每本教材各章的篇幅内容也较为均衡。

本套教材得以面世，首先要感谢校内外多位主编、编委和作者们的精诚合作和辛勤笔耕；还要感谢中国人民大学出版社的大力支持，特别感谢郭虹编辑对教材编写和出版的精心策划和宝贵建议。西南政法大学副校长孙长永教授、法律硕士学院院长李燕教授在教材设计和编写方面做了大量的开创性工作；西南政法大学研究生部（法律硕士学院）培养管理办公室的各位工作人员，在教材编写和出版过程中做了大量耐心细致的工作。还有很多为本套教材默默付出辛劳的人员，教材编委会一并表示诚挚的敬意和谢忱。

是为序。

付子堂　谨识

2012年初春

编写说明

本教程是以培养法科研究生和法科高年级本科生的刑法实践应用能力与独立动手能力为目标的教学用书。该书以我国现行刑法的主要规定为编排体系，但其适用对象和编写目标决定了，它在编排内容上需与基础性刑法学教科书有所不同，以满足拔高性学习的需要。据此，本书没有按我国现行刑法的所有章目和传统刑法学体系的通常章目进行编排，而是基于拟编主要内容在司法实务中的大体特点，分为刑法的基本原则、犯罪成立的基本要件、犯罪成立的排除情形、犯罪成立的修正形态、刑罚裁量、危害公共安全犯罪、破坏社会主义市场经济秩序犯罪、侵犯公民人身权利、民主权利犯罪、侵犯财产犯罪、妨害社会管理秩序犯罪和贪污贿赂渎职犯罪共11个章目。每个章目下又据其有研讨价值的疑难知识点分为若干案目。针对每个案目所选的案例都是司法实践中有一定影响的真实疑难案例，以使本书所讲述的知识理论和所引导的能力培养更切合法务实践。然而，案例的真实疑难性特点决定了，每个案例并非只涉及案目所讨论的某个主题，还可能涉及其他诸多章目的某个（些）内容。因此，作为本书编排体系的章目只是大体上的，无意涵盖各案例所涉及的所有主题内容。

本书共选取了91个案目。案目并非等同于案例本身。每个案目为某个有研讨价值的问题，其研讨具体包括如下8个部分：（1）“问题提示”，即根据案例的相关内容及案目标题用简短的话引出下文需研讨的内容；（2）“案情摘要”，包括被告人基本身份情况及案件主要事实；（3）“分歧意见”，即列举本案处理中的争论意见及简单理由；（4）“要点提示”，即本案的争议焦点及其相关知识提示（包括相应法律和司法解释规定）；（5）“问题讨论”，即就案件争议焦点所涉问题进行法理分析，并引导学生用所学理论和法律去分析、思考、解决实务问题，以培养学生实务操作的思维和习惯；（6）“讨论归纳”，即用简明扼要的语言概括出讨论结论；（7）“实务训练”，以撰写相关法律文书，熟悉办案程序、律师办案基本技巧或公、检、法等实务部门相关工作要点等形式，使学生参与实务操作，以培养他们的实践操作能力并训练其实务思维；（8）“延伸阅读”，提示学生去阅读与本案目知识点有关的有影响的学术论文、专著、教材、法律法规、司法解释等。

为了体现本教材的言简意赅和启发引导的特点，每个案目的各部分写作有字数限制，对于各案目下所研讨的问题，并没有像研究论文或专著那样进行充分的说理论证。而且，每个案目是每位编写者（包括合作者）按编写方案独立完成的，虽然主编对全书进行了审校甚至删改，但对于符合编写方案要求的观点和认识还是尽可能予以尊重，因此，本书中某些部分也存在一些与主编和其他编写者不尽一致的观点。同时，部分案目所研讨的问题，是司法实践中正探索的问题，可能不为刑法理论界所熟识，其实务操作也可能有待理论上的论证和优化，但本教材仍把它们“原汁原味”地编入其中，以利于大家对这些问题进行研讨甚至批判。另外，有部分案目因未通过编委会审查而未编入，谨请相关撰写者谅解；又因本书所有案例的真实地名和人名信息都做了技术处理，故所选案例的来源也就不予加注，在此谨请案例权利者谅解并致谢忱。

全书由主编统改定稿。编写人员由西南政法大学和国内其他知名高校具有硕士生导师资格的教师以及地市级以上实务部门的优秀实务人员组成，其具体撰写分工如下（以撰写案例为序）：

石经海（法学博士，西南政法大学教授，博士生导师）：撰写案 1、2、3、4、5、6、41、42、44、72、74；

陈伟（法学博士，西南政法大学副教授，硕士生导师）：撰写案 7、17、19、20；

万志鹏（法学博士，湘潭大学法学院副教授，硕士生导师）：撰写案 8、47、71；

盛宏文（法学博士生，重庆市人民检察院研究室副主任，硕士生导师）：撰写案 9、18、22、43、63、64、76、85、87；

张波（法学博士，重庆市高级人民法院审判员、刑二庭副庭长，硕士生导师）：撰写案 10、11；

吴仁碧（法学硕士，西南政法大学副教授，硕士生导师）：撰写案 12、31、32、33、34、82、83、84；

高巍（法学博士，云南大学法学院副教授，硕士生导师）：撰写案 13、90、91；

肖洪（法学博士，重庆大学法学院副教授，硕士生导师）：撰写案 14、79；

李永升（法学硕士，西南政法大学教授，博士生导师）：撰写案 15、16、55、56、57、58、59；

刘沛谞（法学博士，西南政法大学副教授，硕士生导师）：撰写案 21、81；

周国文（法学博士，重庆大学法学院副教授，硕士生导师）：撰写案 23；

吴雯（法学硕士，重庆市第一中级人民法院审判员、刑二庭庭长，硕士生导师）：合写案 24、37、38、40、61、62、86；

欧明艳（法学硕士，重庆市第一中级人民法院法官）：合写案 24、37、38、40、61、62、86；

黄应生（法学硕士，最高人民法院研究室刑事处副处长，最高人民法院量刑规范化项目组成员）：撰写案 25、26、27；

汪礼滔（法学硕士，重庆市第一中级人民法院法官）：撰写案 28、65、66、67，合写案 36；

张向东（法学博士，最高人民法院刑三庭法官，最高人民法院量刑规范化项目组成员）：撰写案29、30；

高艳东（法学博士，浙江大学光华法学院副教授，硕士生导师）：撰写案35、39；

陈远平（法学硕士，重庆市奉节县人民法院院长，原重庆市第一中级人民法院审判员、刑一庭庭长，硕士生导师）：合写案36；

刘湘廉（西南政法大学副教授，硕士生导师）：撰写案45、46、48、49、50、51、52、53、54；

孙渝（重庆百君律师事务所主任，一级律师，重庆市律师协会副会长，西南政法大学兼职教授）：撰写案60；

蒋林（重庆市第一中级人民法院审判员、刑一庭庭长）：撰写案68；

陈娥（法学硕士，重庆市第一中级人民法院法官）：撰写案69；

陈小川（法学硕士，重庆市第一中级人民法院法官）：撰写案70；

梅传强（法学博士，西南政法大学教授，博士生导师）：撰写案73；

贺志伟（重庆市第一中级人民法院审判员、刑一庭副庭长）：撰写案75；

陈佳佳（法学博士，重庆市高级人民法院刑一庭法官）：撰写案77；

蔡英（法学博士，西南政法大学副教授，硕士生导师）：撰写案78；

蒲东明（法学硕士，重庆市高级人民法院刑一庭法官）：撰写案80；

陈小彪（法学博士，西南政法大学副教授，硕士生导师）：撰写案88、89。

西南政法大学博士研究生冯骁聪，硕士研究生文丽、陈超、周康、高龙英、陈香兰、李杰、张帆等为本教材的编写做了大量的辅助工作。

编著者

2013年3月10日

目　录

第一章　刑法的基本原则

案1　罪刑法定原则的理解和适用需基于刑法所有规定

——朱某破坏村委会选举案

【问题提示】

伴随着1998年我国《村民委员会组织法》的实施，各式各样的破坏选举行为也相继出现并日趋猖獗，致使村委会选举秩序及这一具有重要政治意义的民主试验，遭到不同程度的破坏。对此行为，能否以犯罪论处?

【案情摘要】

犯罪嫌疑人：朱某，男，农民，初中文化。

1999年7月10日上午，安徽某村在该村小学举行村民委员会换届选举大会。村民朱某违反村委会选举法规，在未经选委会同意的情况下，非法接受他人委托，代为投票和填写选票。当朱某手持32张选票到秘密写票室写票时被选举委员会成员发现后予以制止，朱某与之发生争吵，选票被收回，朱某随后走出写票室，大喊"大家都走，不选了"，并朝校外走去，许多不明真相的村民在他的带领下离开了会场，致使选举无法继续进行。同年7月15日，公安机关以涉嫌破坏集会罪对朱某进行立案侦查，并于7月30日执行逮捕，8月19日移送公诉机关审查起诉。公诉机关于同年11月19日作出相对不起诉的决定，并于同年11月30日对朱某予以释放。朱某不服，向原公诉机关提起申诉，该机关复查后维持了原决定。朱某仍不服，继续申诉到上一级检察机关。

【分歧意见】

对于本案应如何定性，在处理过程中形成了如下几种不同意见：

第一种意见认为按“破坏选举罪”定性。理由是：(1) 村委会换届选举也是一种依法举行的“选举”活动，朱某在客观上实施了破坏“选举”的行为，符合《刑法》第256条规定的破坏选举罪的客观特征；(2) 村委会选举虽不是选举人大代表和国家机关领导人员，但从该选举的重要性和破坏该选举的社会危害性来说，该选举也应纳入刑法关于“选举”的保护范围之内，以打击破坏村委会选举的行为，维护村委会选举秩序和保障选举活动的顺利进行。因此，38周岁的朱某故意实施严重的破坏村委会选举秩序的行为，就应按破坏选举罪定性处罚。

第二种意见认为按“破坏集会罪”定性。理由是：(1) 村委会换届选举也是依法举行的一种“集会”；(2) 对于朱某破坏村委会选举的行为，是否构成破坏集会罪，关键在于该行为在情节上是否属于现行《刑法》第13条规定的“显著轻微危害不大”。本案中朱某实施的破坏村委会换届选举的行为，造成了选举无法继续进行的严重后果，因此，应按《刑法》第298条规定的破坏集会、游行、示威罪中的破坏集会罪定性处罚。

第三种意见认为按现行立法不应以犯罪论处。理由是：(1) 按照现行《刑法》的规定，破坏选举罪的成立需以“选举人大代表和国家机关领导人员”这两种特定场合为前提，而朱某的破坏“村委会换届选举”的行为因不符合这个前提而不能构成破坏选举罪；(2) 从现行《刑法》对破坏集会罪的规定以及我国现行《集会游行示威法》关于“集会”的规定来看，构成破坏集会罪的前提必须是破坏了“依法举行的集会”，而本案中的“集会”显然不属于破坏集会罪的“集会”，因此，朱某的行为因失去了这个前提而不构成破坏集会罪。

【要点提示】

1. 罪刑法定原则的正确理解和适用。
2. 《刑法》第13条关于犯罪概念的规定及其与罪刑法定原则的关系。

【问题讨论】

本案问题的解决，关键在于对罪刑法定原则的正确理解和适用。

刑法的基本原则是贯穿于全部刑法规范、指导和制约整个刑法适用活动的原则。其中，罪刑法定原则是其首要的基本原则。综观世界各国关于该原则的规定，其基本要求和经典表述是“法无明文规定不为罪，法无明文规定不处罚”，也就是说，对于什么是犯罪，有哪些犯罪，各种犯罪的构成条件是什么，有哪些刑种，各个刑种如何适用，以及各种具体犯罪的具体量刑幅度如何等，均由刑法加以规定；对于刑法没有明文规定为犯罪的行为，不得定罪处罚。该原则，在我国现行《刑法》中(第3条)规定为：“法律明文规定为犯罪行为的，依照法律定罪处刑；法律没有明文规定为犯罪行为的，不得定罪处刑。”罪刑法定原则在发展历程中，虽然经历了由早期绝对规则主义到现代相对规则主义的发展变化，但其作为刑法灵魂的地位，始终没有动摇。在我国当前的刑事司法实务中，虽然罪刑法定原则已明确写入刑法典，但因对该原则存在诸多不正确的理解而导致在很大程度上还存在“有意无意曲解法律、忽视法律乃至无视法律的错误观念及做法，以致有法不依、执法不严、违法不究、究不依法的现象”[①]。

对罪刑法定原则的正确理解，不仅要基于现行《刑法》第3条的规定，而且要基于现行刑法规范的所有规定。仅根据《刑法》第3条的规定去理解和适用罪刑法定原则不仅是机械的，而且会是片面的。例如，对于《刑法》第3条“法律明文规定为犯罪行为的，依照法律定罪处刑；法律没有明文规定为犯罪行为的，不得定罪处刑”中的“法律”，理论上和实践中通常理解为刑法分则（包括单行刑法、附属刑法）的某个条文的规定，如对于利用ATM提款机出错窃取17万余元巨款的行为（“盗窃金融机构，数额特别巨大的”[②]），理论上和实践中通常把关于其刑罚适用的“法律”仅理解为“处无期徒刑或者死刑，并处没收财产”[③]。显然，如此理解忽视了刑法的其他有关规定，如《刑法》第13条关于“情节显著轻微危害不大的，不认为是犯罪”、“对于犯罪情节轻微不需要判处刑罚的，可以免予刑事处罚，但是可以根据案件的不同情况，予以训诫或者责令具结悔过……”、“犯罪分子虽然不具有本法规定的减轻处罚情节，但是根据案件的特殊情况，经最高人民法院核准，也可以在法定刑以下判处刑罚”等规定。

在与罪刑法定原则相关的所有法律规定中，最基本、最核心的是刑法关于犯罪概念及基本特征的规定。也就是说，在我国，对什么样的行为定罪处罚才符合罪刑法定原则，其最基本、最核心的标准是，根据《刑法》第13条关于犯罪概念的规定，看该行为是否同时具有一定的社会危害性、刑事违法性和应受刑罚惩罚性。

按照理论上的通说，社会危害性是犯罪最本质、最基本的特征，是认定某一行为构成犯罪的基础和前提。所谓“社会危害性”，并不能简单地理解为“行为对刑法所保护的社会关系造成或可能造成这样或那样损害的特性”[④]，因为社会危害性并非为犯罪所专有，而应理解为行为违反法律、道德和其他规则而给社会带来损害的特性。在这个意义上，任何违反法律、道德和其他规则而给社会带来损害的行为，如本案的破坏村委会选举的行为，都具有社会危害性。具体而言，从微观上看，某个严重破坏村委会选举秩序的行为，如本案的行为，已严重破坏该村委会选举的秩序，致使村委会选举难以甚至无法正常进行，具有现实的社会危害性；从宏观上看，这种具有现实社会危害性的破坏村委会选举秩序的行为，不仅在实践中已很是多见，而且有愈演愈烈之势，并严重阻碍着《村民委员会组织法》的实施和村委会选举制度的发展，甚至会使目前已经取得的民主试验成果功亏一篑，是一种具有严重社会

---

① 高铭暄主编：《刑法专论》（上编），99～100页，北京，高等教育出版社，2002。

② 根据《刑法修正案》（八）以前的1997年《刑法》的规定，“盗窃金融机构，数额特别巨大的”的法定刑是“处无期徒刑或者死刑，并处没收财产”。

③ 这一点在2007年“许霆案”的量刑争议中得到充分体现。在理论上，似乎也达成了共识，如高铭暄、马克昌、赵秉志教授认为“对犯罪分子判处刑罚时，除其具备法定的减轻情节外，必须在法定刑范围内进行”（赵秉志：《新刑法教程》，415页，北京，中国人民大学出版社，1997；高铭暄、马克昌主编：《刑法学》，361页，北京，北京大学出版社、高等教育出版社，2007）；张明楷教授认为“法定刑是法官量刑的法律依据，在通常情况下，法官只能在法定刑的范围内选择与犯罪相适应的刑种与刑度；在法律有减轻处罚的特别规定时，可以低于法定刑量刑”（张明楷：《刑法学》，3版，499页，北京，法律出版社，2007）。

④ 高铭暄、马克昌主编：《刑法学》，51页，北京，北京大学出版社、高等教育出版社，2007。

危害性的行为。

具有社会危害性的行为，是否应认定为犯罪，还要考察其是否具有刑事违法性。这是罪刑法定原则对定罪的基本要求。所谓“犯罪的刑事违法性”，是指某个行为构成犯罪，需有法律的明确规定，即有刑法规范（包括刑法典总则规范、分则规范、单行刑法规范和附属刑法规范）对该行为的明确规定。综观我国现行刑事立法，还找不到对破坏村委会选举行为进行处理的相应规定：在我国现行刑法的全部规范中，既没有“破坏村委会选举罪”的专门规定，也没有关于破坏村委会选举的行为的相关规定。

从刑法典来看，我国现行刑法中规定的破坏选举罪和破坏集会、游行、示威罪中的破坏集会罪，均不能适用于破坏村委会选举的行为。就破坏选举罪而言，在现行《刑法》第256条关于该罪的规定中，已明确把1979年刑法中规定的“违反选举法的规定”[①] 修改为“在选举各级人民代表大会代表和国家机关领导人员时”，从而明确表明，破坏选举罪的行为不包含破坏村委会选举的行为。就破坏集会罪而言，从立法背景来看，现行《刑法》第298条关于该罪的规定，是以1989年10月31日通过的《集会游行示威法》为基础的，也即该罪中的“集会”，是指《集会游行示威法》第2条第2款规定的，须向公安机关申请和得到许可后按许可的目的、方式、时间、地点等方可进行的“聚集于露天公共场所，发表意见、表达意愿的活动”。而根据1998年11月4日通过、2010年10月28日修订的《村民委员会组织法》的规定，“村委会选举”是一种与《集会游行示威法》中的“集会”性质完全不同的法律行为：它是一种无须公安机关批准的、产生村民委员会这个农村村民自治组织的活动；其活动地点并非一定是“露天公共场所”；其法律依据是《村民委员会组织法》，而不是《集会游行示威法》。因此，根据现行刑事立法规定，破坏村委会选举的行为不能认定为破坏集会罪。

再从单行刑法和附属刑法来看，我国也没有关于破坏村委会选举的单行刑法和附属刑法。就单行刑法而言，综观我国全国人大常委会至目前为止所作出的单行刑事立法，既无一件是关于破坏村委会选举的专门立法，也无任何单行刑事法律中有关于破坏村委会选举的规定。就附属刑法而言，作为我国目前唯一规范破坏村委会选举行为的《村民委员会组织法》，虽然在其“法律责任”部分有关于破坏村委会选举行为应“依法处理”的规定[②]，但这里的“依法处理”，只是一种由行政机关作出的行政处理，不能作为追究行为人刑事责任的根据。据此，在我国也没有关于破坏

---

① 根据我国现行立法体系，“选举各级人大代表和国家机关领导人员”所依据的“选举法”是指：《全国人民代表大会和地方各级人民代表大会选举法》、《关于县级以下人民代表大会代表直接选举的若干规定》、《全国人民代表大会组织法》、《地方各级人民代表大会和地方各级人民政府组织法》。

② 1998年通过的该法第15条规定：以威胁、贿赂、伪造选票等不正当手段，妨害村民行使选举权、被选举权，破坏村民委员会选举的，村民有权向乡……部门举报，有关机关应当负责调查并依法处理。2010年修改的该法第17条第2款规定：对以暴力、威胁、欺骗、贿赂、伪造选票、虚报选举票数等不正当手段，妨害村民行使选举权、被选举权，破坏村民委员会选举的行为，村民有权向乡……部门举报，由乡级或者县级人民政府负责调查并依法处理。

村委会选举的附属刑法规定。

同理，具有社会危害性和刑事违法性的行为，也不一定就是犯罪或需被认定为犯罪。是否是犯罪，还需考察是否具有应受刑罚处罚性。“应受刑罚惩罚性”并不是传统理论所理解的，为社会危害性和刑事违法性所派生出来的“附属物”，而是既与其他两个基本特征相关联又能独立体现罪刑法定原则的基本特征。也就是说，具有社会危害性和刑事违法性的行为，可能因立法关于“情节显著轻微危害不大的，不认为是犯罪”的规定、刑法关于空间效力和时间效力的规定、刑法关于追诉时效等的规定而不被认为是犯罪。例如，某个家境贫寒的16岁中学生，因一时冲动随手拿了他人价值1 000元的财物，其行为不仅具有社会危害性，而且也具有刑事违法性，即完全符合《刑法》第264条和第17条等关于盗窃罪的所有构成要件，但对其按宽严相济的刑事政策可解读为“情节显著轻微危害不大”，而可以不认为是犯罪。在这里，以上具有社会危害性和刑事违法性的盗窃行为不被认定为犯罪，也是因符合《刑法》第13条关于犯罪概念的规定（“情节显著轻微危害不大的，不认为是犯罪”）而体现了罪刑法定原则。当然，虽然“应受刑罚惩罚性”能独立体现罪刑法定原则，但其适用需以行为具有社会危害性和刑事违法性为前提。对于破坏村委会选举的行为，因不具有刑事违法性的前提而不存在考察是否具有应受刑罚处罚性问题。

基于以上分析，在我国当前立法现状下，实践中的破坏村委会选举的行为，即使社会危害性很大，也因不具有刑事违法性和应受刑罚处罚性而不能认定为犯罪。[①]前述三种观点中，第一种观点和第二种观点都是对犯罪概念所要求的刑事违法性和应受刑罚处罚性特征及其体现的罪刑法定原则的不正确理解，都是不可取的；只有第三种观点正确地理解和适用了犯罪概念及其体现的罪刑法定原则，是正确的。对于本案，最终的处理结果是，接受申诉的上一级检察机关，在举行听证会听取有关专家的意见后，认定朱某的行为不以犯罪论处，并作出了撤销该案件的复查决定。

【讨论归纳】

破坏村委会选举的行为，纵然具有严重的社会危害性，但因其不具有刑事违法性即现行刑法规范没有把该行为入罪，而按照罪刑法定原则的规定，不能以犯罪论处。

【实务训练】

请根据本案的事实、既有证据及争议焦点，写一份法律意见书。要求格式规范、条理清晰、层次分明、有理有据、入情入理。

【延伸阅读】

1. 刘仁文，石经海．对破坏村委会选举行为应如何定性——兼谈惩治破坏选举行为的立法完善问题．法律应用研究，2002（4）

2. 石经海．试论破坏村委会选举行为之罪与非罪．人民司法，2004（11）

3. 沈海平．罪刑法定不是机械的．人民检察，2007（9）

---

① 在刑事立法层面上，为防卫社会，应完善相应立法，把应当创设为刑法规范中的“罪”和“罚”的行为及时予以刑事立法，以做到“罪刑法定”。

4. 刘艳红．走向实质解释的刑法学——刑法方法论的发端、发展与发达．中国法学，2006（5）

5. 李洁．论罪刑法定的实现．北京：清华大学出版社，2007

6. 彭凤莲．中国罪刑法定原则的百年变迁研究．北京：中国人民公安大学出版社，2007

7. 张明楷．罪刑法定与刑法解释．北京：北京大学出版社，2009

案 2 行为性质的认定需以“行为时”为基点

——李某拦路强奸、抢劫妻子案

【问题提示】

丈夫在强奸、抢劫妻子时，双方并不知道对方的配偶身份，在此种情况下，强奸、抢劫的行为应如何定性？

【案情摘要】

被告人：李某，男，无业，高中文化。

李某曾因犯抢劫罪，被判处有期徒刑 4 年，刑满释放后某日晚 11 点左右。李某趁其妻上夜班之机，乔装打扮后外出作案。当李某来到一昏暗僻静之处，见前面有一妇女，便尾随其后将其击倒并实施奸淫，奸毕又强抢其挎包（内有现金 230 余元），然后逃离现场。被害妇女连夜到公安机关报了案，可当其报案后回到家时，惊奇地发现自己的挎包已在家中桌上，才知强奸、抢劫自己的人是自己的丈夫。李某也因此认为无事，并于第二天同妻子一起前往公安机关说明情况并主动交代强奸、抢劫其妻的全部事实。

【分歧意见】

对于本案应如何定性，在处理过程中形成了如下几种不同意见：

1. 不构成犯罪。主要理由是，李某虽然实施了强奸、抢劫行为，但其强奸的对象是自己妻子，其抢劫的对象是自家财物，并没有造成社会危害，不应以犯罪论处。

2. 成立犯罪未遂。主要理由是，李某的强奸行为针对的是不能构成强奸犯罪对象的妻子，其抢劫行为针对的是不能成为其抢劫罪犯罪对象的夫妻共有财产，因此，李某的强奸和抢劫行为都属于对象不能犯的未遂。

3. 成立犯罪既遂。主要理由是，李某虽然对其强奸和抢劫行为存在对象的认识错误，但该错误既不阻却强奸和抢劫犯罪的成立，也不阻却强奸和抢劫犯罪既遂的成立，对李某的强奸和抢劫行为，应以强奸罪、抢劫罪的既遂论处。

【要点提示】

对于本案中李某的行为是否需追究刑事责任，或者成立强奸罪、抢劫罪的既遂还是未遂，取决于诸多因素，其中，关键是对罪刑法定原则关于“行为时”规定的关注和适用。

【问题讨论】

“行为时”，又称犯罪时，是罪刑法定原则的核心概念。它既限定了罪刑法定的“罪”、“刑”范围，也为从旧兼从轻的界定提供了“基点”。也即某个行为是否构成犯罪以及如何处罚，均以行为时（犯罪时）的立法规定为标准，犯罪之后的立法规定原则上不具有溯及力，但如果犯罪之后的立法规定不认为是犯罪或处以较轻的刑罚，则适用该不认为是犯罪或处以较轻刑罚的立法规定。据此，从罪刑法定原则来看，对“罪”和“刑”，法律有没有明确规定，指的是“行为时”的法律。表现在，按罪刑法定原则，是否具备犯罪各构成要件及犯罪是否成立均以“行为时”为基点。也就是说，只有“行为时”的行为事实才能用以评价犯罪成立与否。

在理解和适用罪刑法定原则时，不以“行为时”为基点，不仅使罪刑法定原则变得不完整，而且会使立法和司法获得任意性。① 1979 年的刑法虽然没有规定罪刑法定原则，但当时的刑法理论通说都认为罪刑法定原则应该是我国刑法的基本原则，只是法律上没有明文规定。在当时的情势下，这种理论上确定的罪刑法定原则，在关键的时候会得不到实施。在 20 世纪 80 年代“严打”期间，全国人大常委会通过了二十多个刑事法律方面的决定和补充规定。这些决定或补充规定，绝大部分或者规定了新的犯罪，或者对原有犯罪加重了处罚力度，大量的死刑条款也是在这期间出现的。这些加重行为人罪与刑的法律出台以后，对于之前发生的尚未审判的犯罪行为或危害行为，有的就规定要适用新法律来审判，而不是根据 1979 年的刑法。②例如，1983 年全国人大常委会《关于严惩严重危害社会治安的犯罪分子的决定》，规定对几种严重危害社会治安的犯罪提高了法定刑，并增订了传授犯罪方法罪这一新罪名。同时还规定：“本决定公布后审判上述犯罪案件，适用本决定”（第 3 条）。又如，1982 年全国人大常委会《关于严惩严重破坏经济的罪犯的决定》中也有类似的规定。③ 如果用我国现行刑法关于罪刑法定原则的表述来衡量以上决定或补充规定，还不能说它们违背了罪刑法定原则。因为，“行为后”出台的新法律明文规定是犯罪行为的，依照该法律定罪处罚，并没有违背我国现行刑法关于“法律明文规定为犯罪行为的，依照法律定罪处刑；法律没有明文规定为犯罪行为的，不得定罪处刑”的规定。然而，依照行为后的法律定罪处罚，在不利于被告的情况下，肯定违背了罪刑法定原则的最基本的法治精神（是对罪刑法定原则的异化）。因此，我国现行《刑法》第 3 条关于罪刑法定原则的明确表述中，虽没有“行为时”一词，但在理解和适用该原则时一定要以“行为时”为基点。

---

① 参见陈泽宪：《刑事法前沿》，第 3 卷，3 页以下，北京，中国人民公安大学出版社，2006。

② 参见陈泽宪：《刑事法治之求索》，5 页，北京，法律出版社，2003。

③ 该决定第 2 条规定：本决定自 1982 年 4 月 1 日起施行；凡在本决定施行之日以前犯罪，而在 1982 年 5 月 1 日以前投案自首，或者已被逮捕而如实地坦白承认全部罪行，并如实地检举其他犯罪人员的犯罪事实的，一律按本决定施行以前的有关法律规定处理。凡在 1982 年 5 月 1 日以前对所犯的罪行继续隐瞒拒不投案自首，或者拒不坦白承认本人的全部罪行，亦不检举其他犯罪人员的犯罪事实的，作为继续犯罪，一律按本决定处理。

同时，在理论上，有人认为，由于我国刑法在立法上已经确立了从旧兼从轻的溯及力原则，故在罪刑法定原则的表述中无须特别明确“行为时”的表述。事实上，我国立法在罪刑法定原则规定以外关于溯及力问题的规定（第12条）中并没有规定普遍性的从旧兼从轻原则。我国现行《刑法》第12条规定：“中华人民共和国成立以后本法施行以前的行为，如果当时的法律不认为是犯罪的，适用当时的法律；如果当时的法律认为是犯罪的，依照本法总则第四章第八节的规定应当追诉的，按照当时的法律追究刑事责任，但是如果本法不认为是犯罪或者处刑较轻的，适用本法。”“本法施行以前，依照当时的法律已经作出的生效判决，继续有效。”此规定实际上只不过是一个关于溯及力问题的特别规定，仅适用于中华人民共和国成立以后、现行刑法实施以前的行为，也就是1949年以后、1997年修订的刑法生效之前的行为。对于这个特殊时间阶段以外发生的行为的溯及力问题，还只能靠从罪刑法定原则中派生出来的从旧兼从轻原则来解决。也就是说，1997年新刑法实施后到现在甚至将来发生的溯及力问题，并不能以现行《刑法》第12条的规定来解决。例如，行为人虽然没有非法占有之目的，但以欺骗手段取得银行或其他金融机构贷款，后因经营不善等原因无法归还贷款，给银行或其他金融机构造成重大损失。这种行为因为不具备“贷款诈骗罪”的构成要件，在2006年6月29日之前通常不被认为是犯罪。2006年6月29日公布的《刑法修正案（六）》第10条中增设了“骗取贷款罪”。那么，对之前发生的此类行为在新刑法规定出台之后能不能予以追诉并定罪处罚呢？依现行《刑法》第12条规定这是不能解决的，仍只能按罪刑法定原则所派生的从旧兼从轻原则来解决。①

就本案而言，之所以出现以上分歧意见，实际上在很大程度上是因为忽视了罪刑法定原则要求把行为时作为基点。也就是说，对于李某的行为到底是否需要追究刑事责任，或李某的行为到底是成立强奸罪、抢劫罪的既遂还是未遂，取决于行为时的行为是否具有社会危害性、刑事违法性和应受刑罚处罚性，是否具备和符合刑法关于强奸罪和抢劫罪的全部要件。显然，李某在行为时，并不知道行为对象是其“妻”（其妻在遭受抢劫和性侵时也不知道行为人是其夫），且李某是通过暴力（击倒）实施的奸淫和抢劫行为，完全具备和符合刑法关于强奸罪和抢劫罪的全部要件，分别构成强奸罪和抢劫罪的既遂。第一种和第二种意见认为李某的行为不构成犯罪与成立强奸罪和抢劫罪未遂，忽视了罪刑法定原则的“行为时”要件与犯罪构成要件的内在关系。李某实施强奸和抢劫行为时，在主观和客观方面并不是基于夫妻的性义务关系和共有财产关系，而是基于对刑法所保护的一般妇女的性的不可侵犯的权利和一般他人的人身财产权利的侵害。易言之，李某之妻在受到强奸和抢劫时，其性的不可侵犯的权利和人身财产权利受到了与一般被害人相同的侵犯，因此应受到刑法的相同保护。更进一步，基于对犯罪停止形态立法及理论展开分析可知，李某在实施强奸和抢劫行为时，并不因为被害人是事实上的妻子和财产是事实上的共有财产而“未得逞”。相反，李某在实施强奸和抢劫行为时，因其行为在犯罪客体上

① 参见陈泽宪：《刑事法前沿》，第3卷，3页以下，北京，中国人民公安大学出版社，2006。

侵犯了刑法所保护的妇女的性的不可侵犯的权利和他人的人身财产权利，在客观方面实施了刑法规定的关于强奸罪和抢劫罪的全部行为，在主体上其身份符合强奸罪和抢劫罪的主体要求，在主观方面持的是强奸和抢劫的故意，而完全具备和符合刑法关于强奸罪和抢劫罪的全部要件，分别构成强奸罪和抢劫罪的既遂。

对于本案，若按三层次犯罪成立理论来分析，也会得出同样的结论。首先，李某实施了强奸妇女和抢劫他人财物的行为，符合强奸罪和抢劫罪的客观构成要件，具有构成要件的该当性（符合性）；其次，李某在实施强奸和抢劫行为时，被害人的法益在客观上受到了侵害，不是“不能犯”，没有违法性阻却事由，因此具有违法性；最后，李某在行为时的主观方面为故意，具有有责性，应负刑法规定的关于强奸罪和抢劫罪的刑事责任。这样，李某的强奸行为和抢劫行为完全满足此二罪的成立要件，按三层次犯罪成立理论及其关于犯罪既遂与犯罪未遂的界分标准[①]，李某的行为成立强奸罪和抢劫罪的既遂。

诚然，李某在实施强奸行为和抢劫行为时发生了犯罪对象的认识错误，但犯罪对象的认识错误与犯罪客体的认识错误的不同，决定了仅犯罪对象的认识错误不足以阻却犯罪既遂的成立。从理论上看，犯罪客体的认识错误必定包含犯罪对象的认识错误，但犯罪对象的认识错误并不以发生犯罪客体认识错误为前提。相反，所谓犯罪对象的认识错误，是在行为人对犯罪客体没有发生认识错误前提下的犯罪对象认识错误。例如，对于误把妻子当成其他妇女予以强奸的情形，仅是犯罪对象的认识错误，不是犯罪客体的认识错误，并不在犯罪成立的基本要件上影响强奸罪既遂的成立；对于误把乙男当成某妇女予以强奸的情形，就不仅是犯罪对象的认识错误，还具有犯罪客体的认识错误（乙男无“刑法保护的妇女性的不可侵犯的权利”这个法益），这时的认识错误，因是由于行为人意志以外的原因而使强奸行为未得逞，所以只能成立强奸罪的犯罪未遂。

【讨论归纳】

基于罪刑法定原则关于“行为时”的关注和适用，对犯罪的各要件及犯罪的成立与否的考察，均需以“行为时”为基点，离开“行为时”的行为性质认定，无法正确理解和适用罪刑法定原则，并会带来片面甚至错误的结论。丈夫在强奸、抢劫妻子时，双方并不知道对方是谁，在此种情况下的强奸、抢劫行为，分别成立强奸罪和抢劫罪的既遂。

【实务训练】

请从实务中找一件关于行为时不明知对方是幼女的奸淫幼女真实案例，并根据案件事实、既有证据及争议焦点，写一份辩护词。要求格式规范、条理清晰、层次分明、有理有据、入情入理。

【延伸阅读】

1. *石经海．我国刑法与 CCPR 之比较与对接——以罪刑法定原则为研究对象．*

---

① 参见［日］木村龟二主编：《刑法学词典》，顾肖荣等译，298页，上海，上海翻译出版公司，1991。

法商研究，2010（3）
2. 陈泽宪．刑事法前沿．第3卷．北京：中国人民公安大学出版社，2006

案3 罪刑法定原则与其他基本原则关系的理解和适用

——许某盗窃案

【问题提示】

对于罪刑法定原则的理解和适用，能否不同时考察和遵循罪责刑相适应原则和刑法面前人人平等原则？若离开罪责刑相适应原则和刑法面前人人平等原则理解和适用罪刑法定原则，定罪量刑能否实现既合法又合理？

【案情摘要】

被告人：许某，男，农民。

2006年4月21日晚10时许，许某到广州市天河区一家商业银行的自助提款机上取款，但在取款过程中发现提款机系统出现错误，他本想取款100元，但结果自助提款机出钞1 000元，而银行卡账户里却只被扣除存款1元。于是，许某又连续用自己的借记卡取款54 000元。当晚许某的同伴郭某某（另案处理）得知此事后，两人结伙频繁提款，等郭某某回住所拿了自己的借记卡后，许某再次用该银行卡取款16 000元，随后两人离开现场。4月22日凌晨零时许，两人第三次返回作案地点，本次许某取款10万余元。2007年5月22日，携款潜逃1年后，许某在陕西宝鸡落网。2007年11月20日，广州市中级人民法院一审以盗窃罪判处许某无期徒刑，剥夺政治权利终身，并处没收个人全部财产。该案经广东省高级人民法院裁定，于2008年1月9日，发回广州市中级人民法院重新审判。2008年3月31日，本案重审，法院以盗窃罪判处许某有期徒刑5年，并处罚金2万元；同时追缴许某的犯罪所得173 826元，发还受害单位。

【分歧意见】

本案的原一审量刑（无期徒刑），在社会上引起了强烈反响，并普遍认为量刑过重，是一个“不合理”的量刑。而在刑法理论界和实务界，虽然赞同此量刑的“不合理”，但肯定其“合法”，认为，按照当代普适的刑罚理念，各种罪名的量刑幅度是由法律规定的，法官必须援引相应规定对定罪者处罚，在刑种、刑期等方面都不能超过该规定。既然我国《刑法》第3条对罪刑法定原则有明确规定，则量刑部分纵是权力机关也不能随便改动。于是，为使本案量刑能够“合法又合理”，北京八名律师联合向全国人大常委会和最高人民法院提交建议书，请求修改刑法相关规定及相关司法解释的规定。

【要点提示】

只符合刑法分则的某个规定或依刑法分则的某个规定定罪量刑，是不是就符合罪刑法定原则，取决于能否对罪刑法定原则与其他刑法基本原则的内在关系以及由此决定的刑法分则与刑法总则的关系，进行正确的理解和适用。

【问题讨论】

针对本案原一审量刑（无期徒刑），本案重审在并没有修改相关立法和司法解释，并与原一审定性（罪名、金融机构）相同的情况下，通过依法提取和适用酌定量刑情节而作出了相对“合法又合理”的量刑判决（5 年有期徒刑）。基于以上事实，起码有两个值得质疑的问题：一是本案客观存在酌定减轻处罚情节，可法院为什么不依罪责刑相适应原则以及《刑法》第 63 条第 2 款的规定，进行提取和适用？二是对法院没有依法提取和适用酌定减轻处罚情节的量刑，刑法理论界和实务界为什么还普遍言称其“合法”？基于以上疑问，可进一步推导出，因本该适用的法律规定没有适用，故而原一审量刑并非“合法”。

以上问题的存在，表明理论上和实践中对罪刑法定原则与其他刑法基本原则的内在关系以及由此决定的刑法分则与刑法总则的内在关系的理解和适用，还存在很大问题。这其中的关键在于，对不符合罪责刑相适应和刑法面前人人平等原则的法律条文的遵守和适用，是否正确地遵守和适用了罪刑法定原则？

从字面上看，遵守和适用罪刑法定原则就是定罪量刑结论符合刑法的规定。可符合刑法的什么或哪些规定，才算是遵守和适用了罪刑法定原则？显然，仅遵守和适用刑法某个条文的规定是不够的，要遵守和适用刑法分则和刑法总则的所有相关规定。这意味着，罪刑法定原则的正确遵守和适用，进一步有赖于符合刑法分则与刑法总则的关系原理。

对于刑法分则与刑法总则的关系原理，传统刑法理论一般阐述为：刑法分则是关于具体犯罪和具体法定刑的规范体系；在刑法分则中，列举了各种具体犯罪的罪状和相应的法定刑，它们是解决具体定罪量刑问题的标准；它与刑法总则相互为用、相互依存、密不可分，是特殊与一般、具体与抽象的关系，没有总则的原则规定，分则所规定的罪状和法定刑就难以理解和适用；人民法院在处理每个刑事案件的时候，不仅直接涉及分则的有关条文，而且必须遵守总则所规定的各项原则。① “总则以分则为依托，同时又指导、补充分则。例如，对具体犯罪的构成要件以及法定刑的理解与确定，应以总则规定为指导；当分则条文没有完整地规定构成要件的全部要素时，应以总则规定予以补充。”② 以上阐述，较为深入地揭示了刑法分则与刑法总则的内在关系。这个关系决定了，“对犯罪人量刑时仅仅根据刑法分则规定的法定刑还是不够的，还必须在此基础上，考虑刑法总则的有关规定。只有这样，对犯罪人确定的刑罚才真正具有合法性”③。但如此阐述，也缺乏对刑法分则在立法上和司法中的规范性质的准确定位。特别是，关于“人民法院确定对犯罪人适用的刑罚之前，都有一个根据犯罪的社会危害性大小和犯罪人的人身危险性大小进行选择的过

---

① 参见高铭暄主编：《刑法学》，45～46 页，北京，法律出版社，1984。
② 张明楷：《刑法学》，3 版，492 页，北京，法律出版社，2007。
③ 高铭暄：《刑法学原理》，第 3 卷，243 页，北京，中国人民大学出版社，1994。

程，但无论怎样选择，都必须在刑法条文规定的法定刑的幅度内，不能超越”[①] 的合法性理解，并不符合立法和司法实际。事实上，从立法和司法来看，刑法分则的规定并不是一个完整的刑法规范。在立法上，它只是关于具体犯罪的特别犯罪构成要件和一般刑罚处罚的规定而已，并没有对具体犯罪构成的全部要件和可能适用的全部处罚方法（刑罚处罚、非刑罚处罚、不给予任何刑罚或非刑罚处罚）作出规定。在司法中，对于这些不完整的规定，需结合刑法总则的相关规定，才能予以正确和准确地适用。仅就量刑而言，刑法分则关于抽象个罪的法定刑规定（立法），只是为具体犯罪的量刑（司法）提供一个起始标准即量刑基准[②]，至于具体如何量刑和量什么刑，还需刑法总则的相关规定[③]予以验证、补充、修正[④]，并表现为给予刑罚处罚、给予非刑罚处罚或单纯宣告有罪的处罚三种情形。对于后两种情形，刑法分则没有规定，而只能由总则性规定予以补充。这个“补充”，实际上是对刑法分则关于法定刑规定的修正。同时，即使是给予刑罚处罚（第一种情形），也因罪责刑相适应原则的要求，而依总则性的法定或酌定减轻处罚规定，对刑法分则关于法定刑的规定予以补充、修正。

因此，基于刑法分则与刑法总则的关系原理及刑法分则的规范性质，定罪量刑的合法与否，并非孤立地取决于刑法分则关于罪状和法定刑的某个规定，而应综合地取决于刑法总则和刑法分则的所有相关规定。本案原一审量刑之所以“不合法”，就是因为在适用刑法分则关于“盗窃金融机构，数额特别巨大”的法定刑规定（处无期徒刑、死刑）时，在罪责刑不相适应的情况下，没有同时适用刑法总则的相关规定。[⑤] 同时，本案重审基于“许某的盗窃犯意和取款行为与有预谋、有准备的盗窃犯罪相比，主观恶性相对较小”和“许某利用自动柜员机出现异常窃取款项，与采取破坏性手段盗取钱财相比，犯罪情节相对较轻”两方面的事实[⑥]，依照《刑法》（总则）第 63 条第 2 款关于酌定减轻处罚的规定，作出了相对“合法又合理”的量刑（有期徒刑 5 年）。由此，基于刑法分则与刑法总则的关系原理及刑法分则的规范性质，本案在量刑上并不具有特别性，更不是“当下中国司法界的一道难题”[⑦]，而只是一个极其普通、极其常规的量刑。

---

① 高铭暄：《刑法学原理》，第 3 卷，242 页，北京，中国人民大学出版社，1994。

② 此所称量刑基准，与众多学者所界定的量刑基准不同，是基于刑法分则的司法实质及刑法分则与刑法总则的关系等所作出的界定，即所谓量刑基准是指在定罪活动中确定的，由定罪情节（而不是量刑情节）所决定的那个具体法定刑。当然，这只是第一个层级的量刑基准。

③ 就定罪基准而言，这意味着刑法分则关于抽象个罪罪状的规定（立法），只是为具体犯罪的定罪（司法）提供一个起始标准，至于具体如何定罪和定什么罪，还需综合定罪情节和刑法总则的相关规定决定。

④ 参见石经海：《刑法分则的司法本质与量刑基准的界定》，载郎胜等：《2008 年度中国刑法学年会论文集：刑法实践热点问题探索》（下卷），123～133 页，北京，中国人民公安大学出版社，2008.

⑤ 根据本案犯罪的社会危害性和犯罪人的人身危险性，还应依罪责刑相适应等刑法基本原则，及宽严相济刑事政策和刑法时代精神，而适用刑法总则关于免刑及非刑罚处罚措施（第 37 条）、酌定减轻处罚（第 63 条第 2 款）等规定。

⑥ 参见广州市中级人民法院对本案的判后释法答疑，载 http：//www.china.com.cn/news/txt/2008-04/01/content _ 13984165.htm。

⑦ 刘品新：《许霆“恶意”取款案：法定量刑过严可否自由裁量》，载《检察日报》，2008 - 01 - 16。

【讨论归纳】

罪刑法定原则的遵守和适用，必须同时遵守和适用罪责刑相适应原则与刑法面前人人平等原则，否则，所作出的定罪量刑结论，会是“既不合理也不合法”的。

【实务训练】

围绕本主题从实务部门找一真实案件，根据本案的事实、既有证据及争议焦点，写一篇案例分析型学术短文。要求把与本主题相关的问题，特别是刑法三大基本原则的内在关系分析透彻，并且格式规范、条理清晰、层次分明、有理有据、入情入理。

【延伸阅读】

1. 石经海．论量刑合法．现代法学，2010（2）

2. 石经海．刑法分则的司法本质与量刑基准的界定．见：郎胜等．2008年度中国刑法学年会论文集：刑法实践热点问题探索．下卷．北京：中国人民公安大学出版社，2008

3. 李永升主编．刑法总论．北京：法律出版社，2011

案4　罪责刑相适应原则的理解与适用

——李某故意杀人、强奸案

【问题提示】

1. 贯彻“少杀”、“慎杀”等刑事政策是否就可违背罪责刑相适应等刑法基本原则？

2. 按照罪责刑相适应等刑法基本原则，犯罪人具有自首，认罪、悔罪态度好，积极赔偿受害人家属经济损失等法定或酌定量刑情节，是否就一定要从宽处罚？

【案情摘要】

被告人：李某，男，小学文化，农民。

被告人李某曾到王姐（女，被害人，殁年19岁）家提亲而遭到拒绝。2009年5月14日，李某之兄李昌某与王姐之母陈某因琐事发生纠纷，李某得知后从四川省西昌市赶回云南省昭通市巧家县。同月16日13时许，李某在途经王姐的伯父王某家门口时遇见王姐、王弟（被害人，殁年3岁）姐弟二人，与王姐发生争吵并致扭打。李某将王姐掐晕后实施强奸，在王姐醒后跑开时，又用锄头击打王姐的头部致王姐倒地。随后，李某提起王弟的手脚将其头部猛撞门，并用绳子勒住二被害人颈部后逃离现场。经法医鉴定，王姐、王弟均系颅脑损伤伴机械性窒息死亡。同月20日，李某到四川省普格县城关派出所投案。

【分歧意见】

2010年7月15日云南省昭通市中级人民法院经审理查明以强奸罪、故意杀人罪数罪并罚判处李某死刑、剥夺政治权利终身；2011年3月4日云南省高级人民法院作出以强奸罪、故意杀人罪数罪并罚判处李某死刑，缓期二年执行的终审判决；2011年8月22日，云南省高级人民法院对该案依照审判监督程序进行再审，并当庭宣布撤销原二审死缓判决，改判李某死刑，剥夺政治权利终身。

【要点提示】

1. “少杀”、“慎杀”等刑事政策的适用与罪责刑相适应等刑法基本原则的关系；

2. 自首，认罪、悔罪态度好，积极赔偿受害人家属经济损失等法定或酌定量刑情节的理解和适用与罪责刑相适应等刑法基本原则之间的关系。

【问题讨论】

废除死刑和严格限制死刑是世界刑事立法和司法的基本趋势。新中国对于死刑的基本政策是，严格限制死刑直至最后废除死刑。然而，贯彻“少杀”、“慎杀”等严格限制死刑的刑事政策，是否就可违背罪责刑相适应等刑法基本原则？同时，按照罪责刑相适应等刑法基本原则，犯罪人具有自首、认罪、悔罪、赔偿受害人家属经济损失等法定或酌定量刑情节时，是否就一定要从宽处罚？显然，答案是否定的。

一、刑事政策与罪责刑相适应等刑法基本原则之间的关系

刑事政策是我们党和国家长期与犯罪进行有效斗争的经验总结，是正确立法和司法的重要指针。但作为政策，也有应受法律约束的一面。在刑事政策与罪刑法定、罪责刑相适应等刑法基本原则的关系上，我们一方面坚持“刑事政策是刑法的灵魂”，无论是刑事立法还是刑事司法，也无论是刑事立法的理解还是刑事司法的适用，都需刑事政策的正确指导，没有刑事政策指导的立法和司法，就只能是盲目和“死”的立法和司法；另一方面坚持“刑事政策只能在刑法的框架内发挥作用”，刑事政策一旦为国家或执政党作出，也就只能在法律框架下发挥其指导作用。刑事政策与刑法的关系，在本质上是一种相互约束、有机结合、相互补充的依存关系。这一点，已被有关机关认识和坚持。如在2006年12月28日最高人民检察院《关于在检察工作中贯彻宽严相济刑事司法政策的若干意见》中，就强调，“贯彻宽严相济的刑事司法政策，必须坚持罪刑法定、罪刑相适应、法律面前人人平等原则，实现政策指导与严格执法的有机统一，宽要有节，严要有度，宽和严都必须严格依照法律，在法律范围内进行，做到宽严合法，于法有据”。

基于以上理解，在刑事司法中，刑事政策必须在刑法的框架内适用和发挥作用。一方面，主张刑事政策是刑法（不仅仅是刑法，还有其他刑事法）的灵魂，并不意味着刑事政策可以在刑法之外发挥作用，即使是依刑事政策进行的减轻甚至免除刑事处罚，也必须在罪刑法定原则指导下进行，也即刑事政策须在刑法之内发挥作用。关于这一点，即使是倡导目的刑和主张社会防卫的李斯特先生也不否认，并指出，

"刑法是刑事政策不可逾越的樊篱"[①]。另一方面，"法律不可能告诉政法部门在特定时期犯罪的态势及其打击重点以及具体的行动方案，政法部门如何有效地使用其有限的人力、财力、物力等资源打击犯罪、预防犯罪、控制犯罪"[②]，政法机关的工作人员要想创造性地"用足"、"用活"法律，就必须通过国家基本刑事政策或特定时期的具体刑事政策去理解、把握和适用。也就是说，"在司法实践中，司法人员应当充分认识到刑事政策与刑事法律之间的互补、互动关系，充分利用刑事政策来理解法律"[③]。

二、法定或酌定量刑情节的理解和适用与罪责刑相适应等刑法基本原则的关系

我国现行《刑法》第 61 条规定："对于犯罪分子决定刑罚的时候，应当根据犯罪的事实、犯罪的性质、情节和对于社会的危害程度，依照本法的有关规定判处。"这既是对理解和适用法定或酌定量刑情节的要求，也是对理解和适用法定或酌定量刑情节与罪责刑相适应等刑法基本原则的关系的规定。根据这个规定，对自首，认罪、悔罪态度好，积极赔偿受害人家属经济损失等法定或酌定量刑情节如何理解和适用，或者说，犯罪人存在这些法定或酌定量刑情节时，是否从宽处罚，取决于从宽处罚是否符合罪责刑相适应、刑法面前人人平等及罪刑法定等刑法基本原则的要求。

就自首而言，根据我国《刑法》第 67 条的规定，对于自首的犯罪分子，可以从轻或者减轻处罚。这是法定的从宽处罚量刑情节，也是罪刑法定原则对量刑情节的内容及功能作出的具体要求。然而，这里规定的是"可以"而不是"应当"，意味着自首情节是否最终影响本案的从宽处罚，还需综合考虑本自首情节在本案所有量刑情节体系中的地位。

所谓量刑情节的体系，是各种量刑情节所构成的有机联系整体。量刑情节有法定情节与酌定情节、应当型量刑情节与可以型量刑情节之分。法定量刑情节，是指法律就其具体内容和功能作出明确规定的，在量刑时应当或可以考虑影响行为社会危害性及行为人人身危险性程度的事实，包括刑法总则规定的对各种犯罪共同适用的情节和刑法分则规定的对特定犯罪适用的情节两类。我国刑法对法定情节的规定模式往往是直接将"从重处罚"、"从轻处罚"、"减轻处罚"和"免除处罚"（免除处分）等字眼规定在有关内容中，是法律对犯罪行为的社会危害性和犯罪人的人身危险性大小的评价结果。据统计，截至《刑法修正案（八）》，在我国现行刑法中，大致有 66 个法定量刑情节，其中，具有从重处罚功能的大致有 34 个，具有从轻、减轻或免除处罚的单功能或多功能的大致有 32 个。

所谓酌定量刑情节，是法律未就其具体内容和功能作出明确规定，但予以原则认可，司法实践中亦予以体现的影响行为社会危害性及行为人人身危险性程度的事

① 转引自［日］庄子邦雄：《刑罚制度的基础理论》，载《国外法学》，1979（4）。

② 曲新久、张国鑫：《如何科学认识刑事政策》，载《人民法院报》，2003－06－01。

③ 黄伟明：《刑事政策与刑事立法关系的动态分析》，载《法学论坛》，2003（3）。

实。这种量刑情节虽然不通过“从重处罚”、“从轻处罚”、“减轻处罚”和“免除处罚”（免除处分）等字眼直接表述出来，但在适用中也是体现这些功能的。酌定量刑情节的存在，既是实现罪责刑相适应的需要（仅依法定量刑情节量刑往往难以实现罪责刑相适应原则），也是量刑情节复杂性的要求，如犯罪人犯罪时、犯罪后、受审时的很多心理状态在立法上事先无法被预设为法定量刑情节，但它们又确实应当影响量刑。在这个意义上说，凡是立法没有明确规定，但能反映犯罪的社会危害程度或犯罪人的人身危险程度且不是加重对犯罪人的处罚的事实，都应当作为酌定量刑情节而影响量刑。

所谓应当型量刑情节，是指对量刑结果产生必然性影响的量刑情节。在我国现行刑法规定的法定量刑情节中，大部分是应当型量刑情节。据统计，大致有49个应当型法定量刑情节，包括所有具有从重处罚功能的法定量刑情节和部分具有从宽处罚功能的法定刑量刑情节，如已满14周岁、不满18周岁的人犯罪，应当从轻或者减轻处罚；已满75周岁的人过失犯罪的，应当从轻或者减轻处罚；对于从犯，应当从轻、减轻处罚或者免除处罚；犯罪后自首又有重大立功表现的，应当减轻或者免除处罚；正当防卫明显超过必要限度造成重大损害的，应当负刑事责任，但是应当减轻或者免除处罚；紧急避险超过必要限度造成不应有的损害的，应当负刑事责任，但是应当减轻或者免除处罚；对于中止犯，造成损害的，应当减轻处罚；对于中止犯，没有造成损害的，应当免除处罚。

所谓可以型量刑情节，是指对量刑结果产生或然性影响的量刑情节。在我国刑法规定的法定量刑情节中，据统计，可以型量刑情节大致有17个，例如，已满75周岁的人故意犯罪的，可以从轻或者减轻处罚；尚未完全丧失辨认或者控制自己行为能力的精神病人犯罪的，应当负刑事责任，但是可以从轻或者减轻处罚；又聋又哑的人或者盲人犯罪的，可以从轻、减轻或者免除处罚；如果被教唆的人没有犯被教唆的罪，对于教唆犯，可以从轻或者减轻处罚；对于自首的犯罪分子，可以从轻或者减轻处罚；对于自首的犯罪分子，犯罪较轻的，可以免除处罚；对于不具有自首情节，但是如实供述自己罪行的，可以从轻处罚；对于不具有自首情节，但是如实供述自己罪行，避免特别严重后果发生的，可以减轻处罚；犯罪分子有揭发他人犯罪行为，查证属实的，或者提供重要线索，从而得以侦破其他案件等立功表现的，可以从轻或者减轻处罚；有重大立功表现的，可以减轻或者免除处罚；行贿人在被追诉前主动交代行贿行为的，可以减轻处罚或者免除处罚；介绍贿赂人在被追诉前主动交代介绍贿赂行为的，可以减轻处罚或者免除处罚；个人贪污数额在5 000元以上、不满1万元，犯罪后有悔改表现、积极退赃的，可以减轻处罚或者免予刑事处罚；非法种植罂粟或者其他毒品原植物，在收获前自动铲除的，可以免除处罚；凡在中华人民共和国领域外犯罪，依照刑法应当负刑事责任的，虽然经过外国审判，仍然可以依照刑法追究，但是在外国已经受过刑罚处罚的，可以免除或者减轻处罚。

应当型量刑情节与可以型量刑情节，是就情节本身的作用力大小而言的，前者的存在对量刑结果必然产生影响，后者的存在对量刑结果是否产生影响或产生多大的影响，取决于其自身所体现的社会危害性或人身危险性的大小。如自首、坦白、立功、赔偿被害人经济损失等，在一般情况下都是可以型量刑情节。这些量刑情节，在实践中，一般都要被提取和用于影响量刑；但在少数情况下，因犯罪的社会危害性极大、后果特别严重、犯罪手段极为残忍、犯罪人缺乏真实悔罪表现等，这些情节虽也被提取为量刑情节，但对量刑可能不起决定性作用。

自首、坦白、立功、赔偿被害人经济损失等可以型量刑情节是否影响或如何影响量刑，需对整个量刑情节体系进行全面审度和综合平衡。所谓量刑的全面审度与综合平衡，是指在量刑时应通盘考虑对个案量刑可能产生影响的所有量刑情节，慎重处理各种情节之间的矛盾、冲突。具体而言，既要全面审度，又要有所取舍；既不能漏掉某个情节，也不能对不该重复评价的情节重复评价；各情节既不能孤立适用，又不能不分轻重、主次地适用；既要找出其中的决定性情节，又要分清其中的一般性情节。这意味着，对于既有法定情节又有酌定情节、既有从重情节又有从轻情节的案件，既不能等量齐观而一对一抵消，又不能绝对地视法定情节重于酌定情节；既不能只重视多数情节而忽视少数决定性量刑情节，又不能只重视个别关键性量刑情节而弱视多数情节。以下关于王某某犯故意杀人罪的死刑适用理由，在很大程度上体现了量刑情节的全面审度与综合平衡的适用原则：对于王某某的行为，综合全案量刑情节，仍需判处死刑。被害人吴某在打工时曾打骂过王某某，被害人苏某在案发当晚的争吵中先动手打王某某一耳光，被害方在案件起因上有一定过错。对于事出有因、被害方有过错的案件，一般情况下，对被告人可以从轻处罚，但并非不论情节、后果一律从轻处罚。王某某犯罪以后能自动投案，如实供述自己的罪行，其行为构成自首。依照我国刑法的规定，对于自首的犯罪分子可以从轻或者减轻处罚，但并非不论罪行轻重，均应无条件从轻或者减轻处罚。王某某无视他人的生命权利，不听其弟劝阻，持刀连续捅刺 5 人，杀害无辜；特别严重的是，王某某在追杀吴某未果返回现场后，又对已倒在血泊中的被害人连续补刺，前后共刺杀被害人 48 刀，必欲置被害人于死地，造成 4 人当场死亡、1 人重伤。王某某的行为，系杀人手段极其残忍、情节特别恶劣、犯罪后果极其严重，虽具有可以从轻处罚的情节，但不足以予以从轻处罚。

以上量刑情节的全面审度与综合平衡，实际上是运用罪责刑相适应、刑法面前人人平等等刑法的基本原则和宽严相济的刑事政策，对各量刑情节的作用力进行深度考量。也就是说，无论是自首、立功等法定量刑情节还是认罪、积极赔偿被害人经济损失等酌定量刑情节，均不能仅根据罪刑法定原则关于其内容和功能的具体或原则性规定而直接影响量刑，还应根据现行《刑法》第 5 条和第 4 条的规定，即“刑罚的轻重，应当与犯罪分子所犯罪行和承担的刑事责任相适应”和“对任何人犯罪，在适用法律上一律平等。不允许任何人有超越法律的特权”，根据最高人民法院《关于贯彻宽严相济刑事司法政策的若干意见》，切实做到该宽则宽，当严则严，宽严相济，罚当其罪，量刑均衡，确保裁判法律效果和社会效果的高度统一。

就本案而言，犯罪人虽然有自首，认罪、悔罪态度较好，赔偿受害人家属经济损失等法定或酌定量刑情节，但根据罪责刑相适应、刑法面前人人平等等刑法的基本原则和宽严相济的刑事政策，它们均不足以影响案件的死刑（立即执行）判决。

因为其自首（作案后逃离现场，4天之后才自首，其投案不主动，也不够及时），认罪、悔罪态度较好，积极赔偿受害人家属经济损失（仅当地政府强行将李某家的部分财产变卖得来的2万多元安葬费）等法定或酌定量刑情节，既没有真正减轻其行为的社会危害性（包括安抚被害人家属），也没有表明其人身危险性降低，不足以平衡其“罪行极其严重”的死刑（立即执行）标准评价。

因此，本案一审和再审判决结果符合罪责刑相适应以及刑法面前人人平等等刑法基本原则和罪刑法定、宽严相济刑事政策等的要求，而二审判决因违背现行法的以上原则、政策而并不恰当。

【讨论归纳】

在司法上，死刑政策等刑事政策的理解和适用，须置于罪刑法定原则、罪责相适应原则和刑法面前人人平等原则等刑法的框架下。在我国立法和司法还保留死刑的情况下，基于罪责刑相适应和刑法面前人人平等等刑法原则，应当适用死刑（立即执行）的，就要适用，这也是罪刑法定原则对刑事司法的要求。虽然在司法中尽可能基于宽严相济刑事政策和罪责刑相适应、刑法面前人人平等原则等的规定，能够不适用死刑（立即执行）的就不适用，但并不能由此就在司法上无视立法上的规定和司法中的量刑均衡而作出有违罪刑法定原则的判决。

【实务训练】

请找一关于刑法面前人人平等的真实案件，根据该案的事实、既有证据及争议焦点，写一篇关于该原则的理解和适用的案例分析论文。要求格式规范、条理清晰、层次分明、有理有据、入情入理。

【延伸阅读】

1. 石经海．量刑个别化的基本原理．北京：法律出版社，2010

2. 李永升主编．刑法总论．北京：法律出版社，2011

第二章　犯罪成立的基本要件

案5　犯罪客体是否应当作为犯罪的构成要件

——徐某盗窃案

【问题提示】

在我国刑法理论上，犯罪客体是否为犯罪构成体系的要件之一，最具争议。否定者认为，犯罪客体是“巨大而空洞的价值符号”，不具客观事实之属性，纯属主体对客观事实的价值感受，与其余三要件均为可见、可触、可证明的事实性条件根本不同，于是主张全盘照搬德日尤其是日本的三阶层犯罪成立理论。如此观点是否成立，值得商讨。

【案情摘要】

被告人：徐某，男，初中文化，个体经营户。

2007年3月26日10时许，被告人徐某驾驶其所有的松花江牌面包车（车牌号为京HB5×××）在北京市海淀区苏州桥下发生追尾事故，执法民警认定其负事故全部责任，并将其面包车扣留于苏州桥违章事故停车场，同时通知其持该车的保险单到相关部门得到确认并开具放车单后，方可持放车单将车取回。当日14时许，在未取得放车单的情况下，被告人徐某持备用钥匙赶至苏州桥违章事故停车场，趁停车场管理人员不备，将价值人民币17 608元的该车开走。2007年3月28日，公安机关将徐某抓获。

【分歧意见】

对于本案，检察机关以涉嫌盗窃罪向法院提起公诉，法院以非法处置扣押的财产罪判处徐某有期徒刑10个月。

【要点提示】

我国犯罪构成要件之间的关系以及犯罪客体要件在犯罪构成中的地位。

【问题讨论】

对于本案，我们认为，法院更换罪名的判决是正确的。徐某的行为之所以不构成盗窃罪，其关键原因就在于该行为并没有侵犯盗窃罪的犯罪客体即为刑法所保护而为盗窃行为所侵害的公私财产所有权关系；之所以以非法处置扣押的财产罪对徐某定罪处刑，其关键原因是徐某非法取回其被公安机关合法扣押的财产的行为，严重妨害了公安机关对扣押财产的正常管理秩序，符合非法处置扣押的财产罪在犯罪客体方面的要求，在其他要件也符合该罪犯罪构成的情况下，自然应当认定为该罪。

对于本案，若按三阶层犯罪成立理论来分析，则徐某的行为到底是认定为盗窃罪还是非法处置扣押的财产罪，就有些困难。甚至，徐某的行为完全可据三阶层理论被认定为盗窃罪。首先，徐某的行为是秘密开走由公安机关合法管理的车辆，符合盗窃罪的客观构成要件，具有该当性；其次，在未取得放车单的情况下，徐某持备用钥匙趁停车场管理人员不备，将被公安机关合法扣押的车开走，没有违法性阻却事由，具有违法性；最后，被告人徐某的行为在主观方面为故意，具有有责性。以上情况表明，一方面，三阶层犯罪成立理论也并非十全十美；另一方面，犯罪客体要件的存在具有必要性，它对于区分此罪与彼罪意义重大。

基于以上事实，我们认为，否定犯罪客体的存在以及其在犯罪构成中的绝对意义，是对中国式犯罪构成体系①及其犯罪客体要件的“吹毛求疵”，在本质上是“拿自己的缺点比别人的优点”，其结果不仅“自卑”自己的理论，而且不利于中国式犯罪构成理论的“发扬光大”。从立法上看，四要件犯罪构成体系及其犯罪客体要件已融入我国刑法总则和分则的方方面面，并成为选定危害行为入罪、设置刑法分则罪名体系、配置刑事责任实现方式等的基本依据。从司法上看，虽然四要件犯罪构成体系有时难以准确界定一些疑难案件（三阶层犯罪成立理论也存在这种情况），但几十年的司法实践表明，不仅它自身对定罪和量刑的司法意义无可替代，而且它已为几代刑法实务者所深入掌握和熟练运用，已经成为新中国刑法人思考和解决刑事司法问题的有效共通平台。虽然在理论上，常常把它并列于其他三个事实要件予以阐述，但在立法和司法适用上，常常是基于“血”与“肉”的关系，把它与其他三要件融为一体。理论研究者们常常忽视这一点，并抨击四要件理论的不足，否定犯罪客体要件存在的重要性和必要性。综观三阶层理论的弊端及现今的发展，虽然他们没有或不承认犯罪客体要件，但事实上还是把犯罪客体要件的实质内容掺入所谓三要件的考察之中。如作为第一层次“该当性”的“故意杀人行为”，若没有掺入犯罪客体的实质内容，怎么就认定了它是“故意杀人行为”，而不是故意伤害致死等其他

---

① 我国四要件犯罪构成理论虽然传承于苏俄，但是经过我国几代刑法学人的发展，与原来苏俄的犯罪构成理论相比，在内容上有了许多变化。它不仅与我国的刑事立法融为一体，而且作为我国刑法理论的基石，培养了一代又一代刑法人。在这个意义上说，四要件犯罪构成理论不再是苏俄化的东西，而是融现代中国立法、司法乃至刑法人为一体的中国式犯罪构成理论。

行为呢？基于“血”与“肉”的关系，作为价值判断的犯罪客体要件与作为事实判断的其他要件，在实践中是无法相分离的。在当前的立法和司法框架下，犯罪客体要件的存在是必要而又重要的。

其一，它有助于认识犯罪的本质特征，提高人们与犯罪作斗争的积极性。例如，对于非法传销行为，之所以立法要把它规定为犯罪并且需要人们同该行为作斗争，主要是因为该行为严重影响了市场经济的正常运行，扰乱了经济社会秩序，侵犯了国家对市场的管理制度和公私财物的所有权等刑法保护的众多法益；相反，若仅从主、客观事实要件而不从犯罪客体要件考察本罪名，就不仅难以深入认识其社会危害性，而且也因其为法定犯而使传销行为是否是犯罪都会受到质疑。因此，虽然在实践适用中，犯罪客体要件已与其他要件融为一体，但它作为一个要件，其存在和对它的特别考察，有利于折射和帮助人们认识犯罪的本质以及其严重的社会危害性，从而使“血肉式”四要件理论具有“骨骼式”三阶层犯罪成立理论所不具有的重要功能。

其二，它有助于准确定罪，分清罪与非罪、此罪与彼罪的界限。在司法实践中，在很多情况下都须借助犯罪客体要件去界分此罪与彼罪。如，盗窃库房中的电话线、盗窃普通公用电话线、盗窃铁路上专用电话线等盗窃行为，之所以一般分别被认定为盗窃罪、破坏公用电信设施罪、破坏交通设施罪，就是因为这些盗窃行为侵犯的犯罪客体分别是公私财物的所有权关系、公共通信的公共安全、交通运输的公共安全。又如，危害公共安全与否的故意杀人行为和故意毁坏财物行为，之所以需分别认定为危害公共安全方面的犯罪与侵犯公民人身权利方面的犯罪或侵犯财产方面的犯罪，也主要是因为它们所侵犯的犯罪客体不同。

其三，有助于客观地评估犯罪的社会危害性程度，正确裁量刑罚。因侵犯的犯罪客体不同而带来处刑轻重上的差别，是刑事立法的突出特征。如上述提到的盗窃库房中的电话线、盗窃普通公用电话线、盗窃铁路上专用电话线等盗窃行为，一般分别被认定为盗窃罪、破坏公用电信设施罪、破坏交通设施罪，它们分别侵犯了公私财物的所有权关系、公共通信的公共安全、交通运输的公共安全。在盗窃的电话线价值1 000元以上、不满 1 万元的情况下，盗窃库房中的电话线，侵犯公私财物的所有权关系而构成盗窃罪时，属于盗窃“数额较大”，其应适用的法定刑是“三年以下有期徒刑、拘役或者管制，并处或者单处罚金”；盗窃普通公用电话线，侵犯公共通信的公共安全而构成破坏公用电信设施罪时，在尚未造成严重后果的情况下其应适用的法定刑是“三年以上七年以下有期徒刑”，在造成严重后果的情况下，其应适用的法定刑是“七年以上有期徒刑”；盗窃铁路上专用电话线，侵犯交通运输的公共安全而构成破坏交通设施罪时，在尚未造成严重后果的情况下其应适用的法定刑是“三年以上十年以下有期徒刑”，在造成严重后果的情况下其应适用的法定刑是“十年以上有期徒刑、无期徒刑或者死刑”。这些情况表明，侵犯的犯罪客体不同，所应适用的法定刑轻重也会有别。对犯罪客体要件与法定刑的以上立法关系的认识，有利于践行罪责刑相适应原则和正确裁量刑罚。

就本案而言，法院正是基于犯罪客体要件及其与其他要件的相互关系，作出了正确的罪名认定。显然，本案行为侵犯的直接犯罪客体，不是公私财产的所有权，而是公安司法机关财产保全措施的正常执法活动。因此，本案的定性应是非法处置扣押财产罪。

【讨论归纳】

中国的"血肉式"四要件理论，虽然像其他任何犯罪成立理论一样，也存在这样或那样的不足，但犯罪认定的事实及与其他犯罪成立理论的比较表明，其备受抨击的犯罪客体要件，在犯罪构成中具有绝对意义。综观各种抨击，事实上是对犯罪客体要件在具体犯罪构成体系中的地位以及与其他要件的关系缺乏深入考察的表现。

【实务训练】

围绕本主题从实务部门找一真实案件，根据该案的事实、既有证据及争议焦点，写一案例分析型学术短文。要求把与本主题相关的问题分析透彻，并且格式规范、条理清晰、层次分明、有理有据、入情入理。

【延伸阅读】

1. 石经海．犯罪客体·案例刑法学（总论）．见：于志刚主编．案例刑法学（总论）．北京：中国法制出版社，2010

2. 陈忠林．刑法散得集．北京：法律出版社，2003

3. 高铭暄．论四要件犯罪构成理论的合理性暨对中国刑法学体系的坚持．中国法学，2009（2）

案6　犯罪客体在界分此罪与彼罪中的作用

——胡某飙车肇事案

【问题提示】

犯罪客体作为犯罪构成的一个要件颇具争议，可是从一些有争议案件的处理情况来看，有些情况下犯罪客体作为一个要件具有明显的区分此罪与彼罪的功能。

【案情摘要】

被告人：胡某，男，某大学学生。

2009年5月7日晚，被告人胡某驾驶经非法改装的三菱轿车，与驾驶另一车辆的同伴从杭州市江干区机场路出发，前往西湖区文二西路西城广场。途经文晖路、文三路、古翠路、文二西路路段时，被告人胡某与同伴严重超速行驶并时有互相追赶的情形。当晚20时08分，被告人胡某驾驶车辆至文二西路德加公寓西区大门口人行横道时，未注意观察路面行人动态，致使车头右前端撞上正在人行横道上由南向北行走的男青年谭某。谭某被撞弹起，落下时头部先撞上该轿车前挡风玻璃，再跌至地面。事发后，胡某立即拨打120急救电话和122交通事故报警电话。谭某经送医院抢救无效，于当晚 20 时 55 分因颅脑损伤而死亡。事发路段标明限速为每小时 50 公里。经鉴定，胡某当时的行车速度在每小时 84.1 公里至 101.2 公里之间，其应对事故负全部责任。案发后胡某亲属已赔偿并自愿补偿被害人亲属经济损失共计人民币 113.01 万元。综合考虑各方面情况，一审法院以交通肇事罪判处被告人胡某有期徒刑 3 年。

【分歧意见】

对于本案以交通肇事罪定性，公诉机关、被害人的诉讼代理人、被告人的辩护人与法院的意见是统一的，但一些社会舆论认为应定性为以危险方法危害公共安全罪或者过失以危险方法危害公共安全罪。

【要点提示】

犯罪客体作为犯罪构成的一个要件，其界分此罪与彼罪的功能在我国刑法立法和司法上均有体现。

【问题讨论】

本案此罪与彼罪问题的解决，关键取决于犯罪客体要件功能的发挥。

从犯罪构成的其他要件来分析，以危险方法危害公共安全罪是故意犯罪，过失以危险方法危害公共安全罪和交通肇事罪是过失犯罪。从本案的情况来看，胡某在主观方面显然是过失，表现在胡某平时喜欢开快车，但其认为凭自己的驾驶技术能够避免事故的发生，案发当晚，胡某在超速驾车过程中未违反交通信号灯指令，遇红灯时能够停车，肇事时没有注意观察前方路面情况而撞上在人行横道上行走的男青年谭某，撞人后立即踩刹车并下车查看谭某的伤势情况，随即拨打了 120 急救电话以及 122 报警电话，并留在现场等候处理。这一系列行为反映了胡某肇事时主观上既不希望事故发生，也不放任事故的发生，对被害人谭某的死亡其内心持否定和排斥态度，是一种过失的主观心态。因而，胡某不可能构成以危险方法危害公共安全罪。

那么，胡某的行为到底是构成过失以危险方法危害公共安全罪还是交通肇事罪呢？从犯罪客体分类视角看，主要取决于这两个罪名在犯罪客体一般分类上的内在关系。基于这个关系，我们认为，胡某的行为应当认定为过失以危险方法危害公共安全罪。

从理论上看，犯罪客体有三种类型即一般客体、共同客体和直接客体，它们是纵向的包含与被包含的层次关系。其中，一般客体的范围最大，是所有犯罪共同侵犯的犯罪客体，也是同类客体和直接客体的上位概念；同类客体的范围次之，是某类犯罪共同侵犯的犯罪客体，是一般客体的下位概念和直接客体的上位概念；直接客体的范围最小，是某个具体犯罪直接侵犯的犯罪客体，是一般客体和同类客体的下位概念。基于各类犯罪客体的上述内在关系，所有具体犯罪都应同时侵犯了以上三类犯罪客体。

就本案而言，胡某违反道路交通安全法规，驾驶机动车辆在城市道路上严重超速行驶，造成一人死亡并负事故全部责任，其行为侵犯了刑法保护的整体法益，构成犯罪；胡某的“飙车”行为危害了不特定多数人的人身安全，构成危害公共安全这个同类客体方面的犯罪；胡某在道路交通安全法规定的“道路”上飙车，危害了交通运输的公共安全，并造成1人死亡的恶性后果，构成交通肇事方面的犯罪。

然而，在直接客体上，飙车行为并非仅仅危害了交通运输的公共安全，还危害了其他的一般公共安全。在经济和科学技术高度发达的今天，社会在急速发展的同时，公共危险也在与日俱增，而飙车行为就是社会经济技术急速发展与公共危险与日俱增的重要表现。一方面，经济技术造就了网络和游戏的发展和繁荣，并由此造就了沉迷于“极限飚车”、“飚车世界”等网络游戏及其他的飙车族（跑车族）；另一方面，这些生活在虚拟世界与现实世界之间的飙车族（跑车族），在现实世界中寻找虚拟世界的刺激和快乐时，公共危险也就与日俱增。在这样的社会和心理背景下，飙车行为纵然是发生在“道路”上，其危害的也并非只是交通运输的公共安全，而是类似于失火、过失决水、过失爆炸、过失投放危险物质等危险方法，是不特定多数人的人身和重大公私财产的安全。因此，从直接客体上看，将飙车行为定性为交通肇事罪并不准确。

从立法上看，虽然过失以危险方法危害公共安全罪与交通肇事罪侵犯的同类客体都是公共安全，但它们的直接客体是不同的，并由此发生法条竞合关系。这个竞合关系表现在，交通肇事罪侵犯的直接客体包含于过失以危险方法危害公共安全罪的直接客体之中，即类似于失火、过失决水、过失爆炸、过失投放危险物质等危险方法的飙车方法危害的是不特定多数人的人身和重大公私财产的安全，包括交通运输的公共安全。这样，基于前者成立的犯罪，是普通罪；基于后者成立的犯罪，是特别罪。按理论上的一般观点，犯罪竞合原则上应按特别罪优于普通罪的规则处理。然而，就飙车肇事案件来说，交通肇事罪的直接客体不能包容飙车行为所侵害的直接客体内容，因而并不能成立这里的犯罪竞合关系，只能以能够包容其全部直接客体内容的过失以危险方法危害公共安全罪定罪处罚。

同时，因过失以危险方法危害公共安全罪，在犯罪直接客体的外延和内涵上，均超越交通肇事罪，从而决定了犯前罪的社会危险性通常要大于犯后罪的社会危险性，立法也因此针对二者设置了轻重不同的法定刑，以践行罪责刑相适应原则。据现行刑法及其司法解释的规定，就“致一人死亡”的情形，若成立交通肇事罪，则其应适用的法定刑是“三年以下有期徒刑或者拘役”；若成立过失以危险方法危害公共安全罪，则其应适用的法定刑是“三年以上七年以下有期徒刑”。既然飙车行为所危害的公共安全，不是一般的交通安全，而是带有更大公共危险性的一般公共安全，则在造成了过失犯罪所要求的危害后果时，就应对该行为以过失以危险方法危害公共安全罪定罪处罚，以践行罪责刑相适应原则。对于本案，据判决书的认定，胡某无视交通法规，案发时驾驶非法改装的车辆在城市主要道路上严重超速行驶，沿途时而与同伴相互追赶，在住宅密集区域的人行横道上肇事并致人死亡，造成恶劣的社会影响，犯罪情节严重。据此，胡某所危害的公共安全，不是一般的交通安全，而是带有更大公共危险性的一般公共安全。这一犯罪直接客体，决定了对胡某的行为应以过失以危险方法危害公共安全罪定性，并应适用“三年以上七年以下有期徒刑”的法定刑。

以上情况表明，犯罪（直接）客体要件的存在，对于正确定罪具有决定性意义，并直接影响到案件的罪责刑相适应。从法理上看，正确定罪是准确量刑的基础和前提，只有正确定罪和准确量刑才能真正做到罪责刑相适应。相反，若定罪不正确就必然会影响量刑的准确性，并导致案件处理上的罪责刑不相适应，甚至会诱导曲解法律，使案件在处理上走向“一错再错”。本案的处理结果之所以引起广泛质疑，特别是其之所以如此曲解刑法关于自首的规定，就是因为错误地把胡某的飙车实害行为认定为交通肇事罪而导致“一错再错”。

判决书及后续的法官释法显示，法院认定，虽然胡某肇事后及时报警并在现场等候，但不构成自首；虽然胡某亲属积极赔偿被害人巨额经济损失，但不足以减轻其罪责，并终以交通肇事罪及其相应法定刑的最高刑，判处胡某有期徒刑 3 年。显然，如此拒绝认定两个重要的量刑情节的做法是错误的。从自首制度在刑法中的地位和宽严相济刑事政策的精神来看，凡是符合立法设置的自首条件者，根据刑事立法的规定，均应在法律上得到认可；在司法上，任何法院都不能（也无权）以任何借口或牵强附会的解释，否定该制度的适用和剥夺当事者的此项权利。而且，立法把交通肇事罪的基本犯的法定刑（3 年以下有期徒刑或者拘役）设置得低于一般过失犯罪（过失以危险方法危害公共安全罪和过失致人死亡罪），并不是因为肇事者肇事后需履行及时报警并在现场等候的义务，而是因为交通运输的正当行为目的、肇事所侵害的直接客体及行为社会危害性要小于一般过失犯罪。因此，一些法院认为，把“肇事后及时报警并在现场等候的行为”认定为自首，在法律上进行了重复评价。显然这是对自首立法的曲解。这一点，已受到学者的评判[①]，并被新近出台的司法解释否定。就积极赔偿被害人经济损失而言，据 2000 年最高人民法院《关于刑事附带民事诉讼范围问题的规定》第 4 条，被告人已经赔偿被害人物质损失的，人民法院可以作为量刑情节予以考虑。在当前的量刑规范化改革中，更是把被告人出于真诚悔过，积极赔偿被害人经济损失，并取得被害人及其亲属谅解的情况，作为“积极赔偿被害人经济损失”的酌定量刑情节而必然影响量刑。[②] 本案中，法院以胡某有酌定从重处罚情节为由，否定了积极赔偿被害人经济损失这一重要酌定量刑情节的作用，显然是错误的。

上述错误的产生，主要在于法院在没有完全、充分地考察本案行为所符合的犯罪构成要件的情况下，片面地依“特别法优于普通法”原则，把本案错误地认定为交通肇事罪，进而导致刑罚适用上的“一错再错”。也就是说，将本案的犯罪行为及其结果（致 1 人死亡）定性为交通肇事罪后，适用的法定刑只能是“三年以下有期徒刑或者拘役”。在强大的舆论压力下，如此轻的法定刑（即使顶格适用）本就难以

---

① 参见王玉珏：《交通肇事后报警并保护现场应属“自动投案”》，载《法学》，2009（10）。

② 除了某些极端案件外，酌定量刑情节被提取后是必然影响量刑的。参见 2009 年 4 月修订的《人民法院量刑指导意见（试行）》“常见量刑情节的适用”第 13 条，2010 年 10 月 1 日起适用的新《人民法院量刑指导意见（试行）》“常见量刑情节的适用”第 9 条、第 10 条。

与恶劣的“飙车”行为及其情节相适应，为避免罪责刑不相适应及由此带来的不良社会效果，审判法院只得想当然地曲解立法的规定和司法的适用规则，回避两个重要量刑情节的适用。

事实上，若把本案正确地定性为过失以危险方法危害公共安全罪，就既没有“一错”，也不会“再错”。这不仅做到了定性准确和罪责刑相适应，而且能妥善处理各种量刑情节。具体而言，依现行《刑法》第115条第2款的规定，过失以危险方法危害公共安全，致人重伤、死亡或者使公私财产遭受重大损失的，处3年以上、7年以下有期徒刑；情节较轻的，处3年以下有期徒刑或者拘役。据此规定，在过失以危险方法危害公共安全致1人死亡的情况下，其行为定性为过失以危险方法危害公共安全罪所应适用的法定刑是“三年以上七年以下有期徒刑”，比定性为交通肇事罪所应适用的法定刑“三年以下有期徒刑或者拘役”要高一个档次。在此档次下，参照当前量刑规范化的相关规则，认可并适用自首和积极赔偿被害人经济损失的法定和酌定量刑情节，能够恰当地作出符合罪责刑相适应和刑法面前人人平等的量刑结果。

【讨论归纳】

犯罪（直接）客体要件的存在，对于正确定罪具有决定性意义，并直接影响到案件的罪责刑相适应。

【实务训练】

请找一件爆炸或投毒杀人的真实案件，分析犯罪客体要件在案件定性中的作用。要求格式规范、条理清晰、层次分明、有理有据、入情入理。

【延伸阅读】

1. 石经海．论“飙车”的刑法适用．见：朱孝清，刘宪权，莫洪宪主编．2011年全国刑法学术年会论文集．北京：中国人民公安大学出版社，2011

2. 薛瑞麟．犯罪客体论．北京：中国政法大学出版社，2011

案7 不作为犯罪司法认定中的疑难问题分析

——李某交通肇事后遗弃被害人案

【问题提示】

因不作为犯罪的复杂性与特殊性，如何基于不作为犯罪的成立条件，对现实案件进行分析，就成为司法实践中必须面对并予以解决的现实问题。比如，行为人在交通肇事后遗弃被害人的行为，究竟是刑法中的作为还是不作为？其事后的不救助行为究竟能否构成不作为的犯罪？不作为的因果关系如何具体确定？

【案情摘要】

被告人：李某，男，个体运输人员。

2010年10月，被告人李某在酒后驾车开往县城的过程中，因行驶速度过快、视线受阻，将一名男性行人撞倒。李某立刻报警并将该男子送到了县医院进行抢救。后来，李某见被害人的伤情比较严重，在未经值班医生同意和办理转院手续的情形下，擅自于次日凌晨将被害人带至当地的镇卫生院。镇卫生医院在初步检查后确定该被害人伤情严重，需要抬至本院的住院部进行检查。然而，李某却安排其兄将被害人抬出镇卫生院，并将其遗弃在某村落附近的冷坑山中，导致被害人死亡。经司法鉴定，被害人是因交通肇事致严重颅脑损伤、颅内出血并脑干损伤而死亡。

【分歧意见】

关于本案的定性，存在如下几种意见：

1. 被告人李某的行为构成普通的交通肇事罪，应按照交通肇事罪论处。
2. 被告人李某的行为构成不作为的故意杀人罪，应据此进行定罪量刑。
3. 被告人李某的行为构成了交通肇事罪与故意杀人罪，应数罪并罚。

【要点提示】

1. 行为人在交通肇事后遗弃被害人的行为，究竟是刑法中的作为还是不作为？
2. 事后的不救助行为究竟能否构成不作为犯罪？
3. 对不作为的因果关系如何进行认定？

【问题讨论】

以不作为方式实施的犯罪行为是客观危害行为的种类之一，其有与作为不同的构造与成立条件。二者的差异性是我们在认定犯罪能否成立时的关键，我们必须紧密围绕不作为犯罪的构成要件进行仔细分析，并在结合现实案件的基础上，作出客观判断。在具体的分析、研断过程中，作为与不作为的区别、不作为的义务来源、不作为的因果关系等是争议较大的问题。我们必须在厘清理论分歧的基础上，对实践中的问题给出明确的回答。

一、如何现实界分作为与不作为

“无行为则无犯罪”是当今中外刑法理论共同认可的基本理念。就作为的行为性质来看，存在的争议相对较少，认定起来相对比较容易。但对于不作为，问题就相对复杂。从现有的理论来看，界定不作为的行为性质的理论主要有因果行为论、目的行为论、社会行为论、人格行为论等。各种肯定不作为行为性的理论，都是基于行为的过滤机能、统一机能与结合机能而展开的。尽管上述各种理论各有自己的优劣，但是回到刑法学的立场上，我们在认识行为时应该以刑法规范作为考察标准，通过罪刑规范来区分作为与不作为，并据此理解不作为的行为性质。

我们认为，刑法规范是由国家制定和认可并由国家强制力保证实施的，禁止人们实施犯罪行为、命令人们履行义务以免犯罪、指示司法人员如何认定犯罪和追究刑事责任的法律规范。刑法规范首先是一种裁判规范，指示司法机关如何定罪量刑，以防止罪刑擅断。与此同时，刑法规范还是一种行为规范，命令社会上的一般人做或不做一定的行为。基于刑法规范的立场，我们就不难发现，作为与不作为的区分就是违反规范种类的差异性体现，即作为违反了刑法的禁止性规范，不作为违反了刑法的命令性规范。这样看来，单纯凭借行为人身体的“动”或“静”来判断是作为还是不作为并不科学，因为在行为性质的规范评价上，“动”或“静”的直观评判根本无法为我们提供一条理性标准，也难以在司法实践中作为界分依据。

二、不作为的义务来源包括哪些内容

刑法学界的通说认为，不作为的义务来源主要有如下 4 类：其一，法律明文规定的作为义务。此种义务是由刑法以外的法律所明确规定，且经刑法所要求或认可，如果仅有其他法律规定而无刑法的要求或认可，则并不成为刑法上的作为义务。其二，职务上或业务上所要求的义务。该项义务是指，从事某项工作的人因其职务或业务上的要求，负有某种作为的义务。其三，法律行为引起的义务。学界普遍认为，此种义务主要是指合同行为引起的义务。当在特定情形下，行为人不履行合同义务而给刑法所保护的社会关系造成严重危害时，行为人就具有刑法上的作为义务。其四，先行行为引起的义务。行为人自身的先前行为使刑法所保护的社会关系处于危险状态之中，此时行为人就有采取有效措施排除这种危险状态或防止危害结果发生的特定义务。如果行为人不履行该作为义务，导致危害结果发生，则成立不作为形式的犯罪。

对于道德义务能否作为不作为的义务来源，中外学者有不同的认识。所谓道德义务，是指维护一定道德所要求的行为人必须为或不为一定行为的义务。刑法学界的通说认为，只有法律性质的义务才能作为不作为的义务来源，单纯的道德义务不能成为不作为的义务来源。究其原因，主要有：其一，道德义务不具有法律性质，刑法上的作为义务与道德义务分属不同的调整领域，二者应该划清界限。其二，违反道德义务不应该以刑罚的方式进行惩罚。道德义务并不以国家强制为约束力，违反该义务只能以道德、伦理等社会舆论的力量进行谴责，而不应使用刑罚进行惩处。其三，道德自身具有不确性。在不同的区域、文化背景、风土人情等条件下，道德都是不同一的。在此前提下，以道德义务来进行刑事追责，必然会在操作上困难重重。其四，道德义务刑法化会导致司法操作上的棘手。道德义务纳入不作为的义务来源，针对的主要是见危不救的行为，但是司法实践中见危不救往往发生在公共场合，因此，如何界定主体范围并不是一件易事。基于上述原因，我国并没有把道德义务纳入不作为犯罪的义务来源之中。

行为人先前实施的犯罪行为可否作为不作为的义务来源，需要在具体分析的基础上进行司法认定。详言之，在刑法就某种犯罪行为规定了结果加重犯或因发生严重结果而成立重罪时，由于可以将加重结果评价在相应的结果加重犯或另一重罪之中，先前的犯罪行为并不导致行为人具有防止严重结果发生的义务；在刑法没有就某种犯罪行为规定结果加重犯，也没有规定发生某种严重结果而成立其他严重犯罪的情况下，若先前的犯罪行为导致另一法益处于危险状态，则宜认定为该犯罪行为促使行为人具有防止另一法益受侵害的义务。

三、不作为的因果关系如何认定

在司法实践中，因果关系的考察是一个回溯性的对已然之罪的考察，其目的就是查明危害社会的结果是由谁的行为造成的，以便为行为人承担刑事责任提供客观根据。由于不作为犯罪因果关系的复杂性，在解决不作为犯罪的刑事责任时，应当根据因果关系表现形式的不同而在刑事责任上有所体现。注重结果的客观归咎理论所要回答的问题是，哪些具有因果关系的结果具有刑法联系并应当如何加以认定与解决。在一定意义上，可以说客观归咎理论在一定程度上超越了社会经验法则这种过于抽象的标准，结合构成要件对因果关系加以判断，从而使得相当性因果关系在构成要件层面上得以实现。

不作为犯罪的因果关系可以根据“可能条件下的作为义务违反说”予以界定，即把“作为义务违反说”与“防止可能说”相结合来评判该不作为是否具有行为的原因力。只要行为人具有履行该行为的义务，且在当时的情形下能够防止结果的发生而未采取任何措施，就理当认为该行为与结果的发生之间具有因果关系。反之，虽然行为人有防止危害结果发生的义务，但是就当时的客观形势来看，已无防止结果发生的可能性，且因为其他的条件或因素的介入，因果关系的链条上出现了阻滞，则此时的不作为与结果之间就不具有因果关系。

对于起果性的因果关系的不作为犯罪，应根据具体案件令行为人承担相应的刑事责任，不能因为因果关系的特殊性而对其从轻或减轻处罚。如母亲不给婴儿哺乳致死案中，无论母亲主观上是故意还是过失，因果关系作为一种客观表现都不能作为对其从轻或减轻处罚的情节。这是因为在这类案件中，危害结果的质就包含在不作为中，不作为对结果的发生起了决定性的作用。对于防果破坏性的因果关系的不作为犯罪，应考虑因果关系的特殊性而对行为人从轻处罚。例如，值班医生不给病人抢救致其死亡，无论行为人的行为构成什么性质的犯罪，具有对医生给予从轻处罚的理由。因为在此类因果关系中，原因可能是多个，或者说有一个起重要作用的条件发挥了影响，如除了医生的不作为外还有疾病本身的作用。但在行为人有意利用这一条件时（这时已对行为人的主观罪过进行了评价），行为人就不能因为病症的因素而得到从轻处罚。

对于有多人的共同犯罪中，行为人采取不作为与他人作为共同进行的混合式犯罪，应将犯罪的不作为因果关系作为对其从重处罚的情节考虑。如财务保管员与外部小偷勾结，在其不锁保险柜的当天由小偷去盗窃巨款。在本案中对保管员应从重处罚，原因就在于其不仅利用了职务上的便利，较一般人具有更严重的人身危险性，还在于因果关系的发生过程中，行为人自身的不作为起了主要的作用，没有该不作为，其危害结果便不可能发生。

综上，我们认为李某的行为构成交通肇事罪与故意杀人罪，应当数罪并罚。

【讨论归纳】

不作为犯罪理论上的诸多分歧，致使我们在认识不作为犯罪和对具体的个案分析时意见往往不统一。为了澄清争议性问题，在具体的司法认定时，须围绕不作为犯罪的成立要件进行现实探讨，尤其是对容易产生分歧的关键点进行仔细研判。对作为与不作为的界限区分，应该以规范违反的类型不同作为评判根据；对不作为的义务来源，须按照学界与实务界共同认定的义务种类与归责原理予以界定；对不作为的因果关系，需要结合不作为的犯罪特征进行仔细鉴别。

【实务训练】

请围绕本主题中的某个疑难问题找一件真实的案例，并根据该案中的事实、既有证据及争议焦点，写一份辩护词或判决书。要求格式规范、条理清晰、层次分明、有理有据、入情入理。

【延伸阅读】

1. 许成磊．不纯正不作为犯理论．北京：人民出版社，2009
2. 陈荣飞．不纯正不作为犯的基本问题研究．北京：法律出版社，2010
3. 李金明．不真正不作为犯研究．北京：中国人民公安大学出版社，2008
4. 黎宏．不作为犯研究．武汉：武汉大学出版社，1999
5. 何荣功．不真正不作为犯的构造与等价值的判断．法学评论，2010（1）
6. 陈伟．不作为犯的因果关系理论重塑．河南司法警官职业学院学报，2008（6）

案 8 抑郁症患者是否具有刑事责任能力

——何某某故意杀人案

【问题提示】

抑郁症患者是否属于我国刑法规定的“精神病人”范围？长期患有抑郁症的人，杀人时处于发病状态，是否可以免除或者减轻其刑事责任？

【案情摘要】

被告人：何某某，女，无业。

被告人何某某于 2002 年 8 月通过婚姻介绍所与司马某某相识并结婚。2003 年 11 月，何某某生下一对双胞胎儿子，产后身体虚弱、精神忧郁，且在家中经常因琐事与其夫发生矛盾和争吵。由于生活习惯、性格等方面的差异，何某某认为其夫得到儿子后对自己不好，且还经常对自己打骂，遂产生将双胞胎儿子勒死，然后自杀的念头。何某某曾于 2004 年 11 月的一天买了安眠药在家自杀，被保姆发现后抢救脱险。

2005 年 5 月 3 日下午 2 时许，何某某趁保姆外出购物家中无人之机，在与孩子玩耍过程中，先用领带勒住大儿子颈部，后用被子捂住其头部将其致死。接着，何某某以同样方法将小儿子杀死。随后，何某某拿出事前在药店购买的 150 粒安眠药服药自杀。后何某某经送医院抢救脱离危险，可两个儿子被送医院时已经死亡。经法医鉴定：何某某的两个儿子均系机械性窒息死亡。案发后，公安人员从何某某身上发现了何某某写下的给其夫的一张字条，上面写有“你的我不要，我的我要带走”等等字句。

案发后，公安机关委托某医院对被告人何某某进行了司法精神病鉴定，结论为：

何某某患抑郁症，作案时处于疾病发作期，作案时有限制责任能力，且当前无受审能力。

法院经审理认为，被告人何某某的精神病症导致其将2个亲生儿子勒死，其行为已触犯刑法，构成故意杀人罪，且其残忍杀害两个小生命，犯罪情节恶劣，犯罪后果特别严重。但因其杀人行为发生在疾病发作期，作案时系限制责任能力人，故依法对其从轻或减轻处罚。最后判处被告人何某某无期徒刑，剥夺政治权利终身。

【分歧意见】

一种意见认为，抑郁症患者不属于我国刑法规定的“精神病人”范围，不能适用《刑法》第18条关于精神病人的刑事责任的规定。被告人何某某有预谋地杀害其两个幼子，且手段残忍，应依法严惩。

另一种意见认为，对我国刑法规定的“精神病人”应作广义理解，现在精神病医学上通常将抑郁症列为精神障碍之一。被告人何某某系严重抑郁症患者，作案时只具有有限的刑事责任能力，应对其减轻处罚。

【要点提示】

1. 对刑法所规定的“精神病人”含义的正确理解。
2. 司法精神病学中关于精神障碍的学说及发展。
3. 对限制责任能力人“从轻或者减轻处罚”的掌握。
4. 对如下法律、司法解释、行业标准的掌握：《刑法》第18条，最高人民法院、最高人民检察院、公安部、司法部、卫生部《关于精神疾病司法鉴定暂行规定》，《中国精神障碍分类与诊断标准》（第三版）（CCMD-3）。

【问题讨论】

《刑法》第18条第1款规定：“精神病人在不能辨认或者不能控制自己行为的时候造成危害结果，经法定程序鉴定确认的，不负刑事责任……”第2款规定：“间歇性的精神病人在精神正常的时候犯罪，应当负刑事责任。”第3款规定：“尚未完全丧失辨认或者控制自己行为能力的精神病人犯罪的，应当负刑事责任，但是可以从轻或者减轻处罚。”这是我国刑法关于精神障碍者刑事责任的全部规定。然而，现实生活中存在显然是某种程度的精神障碍者实施刑法所禁止的危害行为的情况，究竟能否把其作为“精神病人”来认定，不无疑问。譬如对抑郁症患者的危害行为如何处理，值得研究。

一、什么是抑郁症

抑郁症（Depression）是一种常见的精神疾病。根据世界卫生组织的一项调查，抑郁症已成为中国疾病负担中的第二大病。抑郁症患者一般表现为情绪低落、兴趣减弱、思维迟缓、悲观等，自感全身多处不适，严重者出现自杀倾向和行为。据研究，抑郁症是各类精神疾病中自杀率最高的，其引起的患者及其家属的痛苦远大于人们的想象。而目前我国社会正处在抑郁症高发期，却由于种种原因，只有大约不到2%的抑郁症患者得到有效的治疗，大量抑郁症患者得不到理解、关爱和医疗，从而引起社会问题，甚至严重威胁到社会安全。抑郁症发病机制比较复杂，通常认为，家族遗传、脑内生化物质紊乱、身体躯干疾病、个体性格以及外界环境影响等都可以成为致病因素。根据我国于2001年修订的《中国精神障碍分类与诊断标准》(第三版)（简称CCMD-3)，抑郁症属于一种情感性精神障碍（心境障碍)。抑郁症患者的典型症状是情绪低落、思维迟缓和运动抑制，但很多患者只具备其中的一种或两种表现，并且严重程度因人而异。严重的抑郁症患者的自杀率比一般人群高20倍。除了心情压抑、沮丧、绝望等普遍的精神异常外，有的抑郁症患者在发作时还会出现幻觉、人格解体、强迫和恐怖症状，有可能导致伤害他人。从种类上说，常见的抑郁症有产后抑郁症、儿童抑郁症、老年抑郁症、脑器质性/躯体疾病抑郁症、脑卒中后抑郁症、血管性抑郁症、药源性抑郁症等。各种抑郁症的成因不尽相同，其病理原因至今尚未确切查明，目前一般以抗抑郁药物治疗、物理治疗和心理治疗为主。总之，抑郁症绝非一般的情绪不好或心情不好，而是一种需要治疗的精神障碍。

二、抑郁症患者是否有刑事责任能力

犯罪主体的核心问题实际上是刑事责任能力问题。什么是刑事责任能力？刑法学说上历来有争论。按照刑事古典学派的立场，刑事责任能力是指在自由意志支配下的行为人对自己的危害行为所承担道义责任的能力，或者说，刑事责任能力的本质是犯罪能力，这是基于自由意志论和道义责任论所阐述的当然结论。按照刑事近代学派的观点，人的意志是受客观世界支配的，无自由可言，刑法惩罚犯罪人是出于防卫社会的需要，因而刑事责任能力的本质不是道义责任，而是行为人所需负担的社会责任。所谓刑事责任能力是通过刑罚来达到防卫社会效果的能力，即刑罚适应能力。按照前者的观点，不能辨认或者控制自己行为的精神病人就是无责任能力人；而按照后者的观点，精神病人即使在行为时缺乏辨认、控制能力，但只要在受罚时恢复了这种能力，也是有刑事责任能力的。

我国刑法学界通常以相对的自由意志论为基础，将两派观点“有机统一”起来。如我国学者通常认为，刑事责任能力的本质，是以行为人实施危害社会的行为时具有的相对的自由意志为基础的，是行为人的犯罪能力与刑罚适应能力的有机统一。具体地说，刑事责任能力是指行为人构成犯罪和承担刑事责任所必需的，行为人具备的刑法意义上的辨认和控制自己行为的能力。其中，辨认能力是对行为的刑法性质、意义的理解认识能力，控制能力是对自己实施或不实施刑法所禁止行为的制约能力。辨认能力是前提，控制能力是关键，二者缺一不可，共同构成刑事责任能力。①

按照我国刑法的规定，精神病人在不能辨认或者控制自己的行为时造成危害结果是不负刑事责任的，在辨认、控制能力减低的情况下是限制刑事责任人，应对其依法从轻或者减轻处罚。然而，刑法本身既没有对“精神病”作任何定义或者解释，也没有采用列举的方式指明其范围，这就为理论争议留下了很大空间，也造成了实

---

① 参见赵秉志：《犯罪主体论》，26～29页，北京，中国人民大学出版社，1989；高铭暄、马克昌主编：《刑法学》，3版，95～96页，北京，北京大学出版社、高等教育出版社，2007。

践中的很多困惑。应该说，在这一问题上，我国刑法学界与司法精神病学界的看法是有所不同的，这主要反映为“精神病”的狭义说和广义说之争。在司法精神医学界，通常认为狭义的精神病（psychosis）专指重性精神障碍，而广义的精神病泛指所有的精神疾病（mental diseases）或者精神障碍（mental disorder）。[①] 我国刑法教科书基本采用的是“狭义说”。如高铭暄、马克昌教授主编的教材《刑法学》称，对《刑法》第18条的“精神病”应从两个方面理解：一方面，此“精神病”应作广义理解，包括多种多样的慢性和急性的严重精神障碍；另一方面，此“精神病”又不同于非精神病性精神障碍，如神经官能症、人格障碍、性变态等。[②] 这一观点影响了诸多刑法学者，乃至成为许多刑法教材的通说。[③] 然而，司法精神病学界对此持有不同意见。根据CCMD-3，我国将精神疾病分为10个大类，分别是：（1）器质性精神障碍；（2）精神活性物质所致精神障碍或非成瘾物质所致精神障碍；（3）精神分裂症和其他精神病性障碍；（4）心境障碍；（5）癔症、应激相关障碍、神经症；（6）心理因素有关生理障碍；（7）人格障碍、习惯和冲动控制障碍、性心理障碍；（8）精神发育迟滞与童年和少年期心理发育障碍；（9）童年和少年期的多动障碍、品德障碍和情绪障碍；（10）其他精神障碍和心理卫生情况。司法精神病学界普遍认为，《刑法》第18条中的“精神病”是指广义的精神障碍，即所有类型的精神疾病，既包括重性精神病，也包括癔症、神经质、人格障碍、性心理障碍等一切精神障碍。[④] 由此可见，刑法学界所谓的对“精神病”作“广义理解”，其实仅仅包括各类重性精神障碍，如器质性精神障碍、精神分裂症等，实质上仍然是作狭义理解；而司法精神病学界对《刑法》第18条规定的“精神病”的理解才是真正的广义理解。应该指出的是，随着精神医学的发展，“精神病”的称谓因为含义模糊而越来越不被使用，“精神障碍”才是精神医学中的标准术语。1989年最高人民法院等五部委发布的《关于精神疾病司法鉴定暂行规定》也使用的是“精神疾病”的提法。有学者认为，这一方面表明实务界认为刑法中的“精神病”是广义的，相当于医学上的“精神疾病”概念；另一方面又暗示了刑法中使用“精神病”一词的不恰当性。[⑤] 事实上，刑法学界已经认识到了这一问题，越来越多的刑法学者认为将来立法上应将“精神病”修改为“精神障碍”，并对此采用广义理解。[⑥]

---

① 有学者也指出：从严格的医学角度看，精神疾病与精神障碍还是有区别的。因为有一些精神障碍如人格障碍，并不完全符合医学上“疾病”的定义，不完全具备构成“疾病”的要件。参见刘白驹：《精神障碍与犯罪》，3页，北京，社会科学文献出版社，2000。

② 参见高铭暄、马克昌主编：《刑法学》，3版，103页，北京，北京大学出版社、高等教育出版社，2007。

③ 参见赵秉志主编：《当代刑法学》，112页，北京，中国政法大学出版社，2009；李希慧主编：《刑法总论》，197页，武汉，武汉大学出版社，2008；刘宪权主编：《刑法学》，134页，上海，上海人民出版社，2005。

④ 参见曾绪承编著：《司法精神病学新编》，20页，北京，北京大学出版社，2009；马世民：《精神疾病的司法鉴定》，27页，上海，上海医科大学出版社，1998。

⑤ 参见张爱艳：《精神障碍者刑事责任能力的判定》，170页，北京，中国人民公安大学出版社，2011。

⑥ 参见莫洪宪、刘维新：《医事刑法视域中的精神障碍》，载《中国刑事法杂志》，2011（5）；张爱艳：《精神障碍者刑事责任能力的判定》，171～175页，北京，中国人民公安大学出版社，2011。

至于抑郁症，CCMD-3将其作为心境障碍的类型之一，而我国司法精神病学一般将其划入神经官能症之列。总之，按照刑法学界的通说，抑郁症是不能被列入《刑法》第18条规定的“精神病人”范围的。然而，依照刑法理论，行为人是否具有刑事责任能力，应视其在行为当时的辨认、控制能力而定。因此，如果该抑郁症患者在实施危害行为时能够分辨出自己行为的意义、性质、后果等，并且具有控制自己实施或不实施这类行为的能力，则可以判断具有刑事责任能力。如果该抑郁症患者由于病症的影响对自己行为的性质根本无所认识（如产生幻觉，以为自己是在正当防卫），或者即使有认识但无法控制住行为（如因强迫症而控制不住自己的手脚），都可以认为是丧失了刑事责任能力。应当说，随着医学研究的深入，医学界已经认识到完全丧失辨认或者控制行为能力的严重抑郁症患者的情况是存在的，刑事司法实践中应引起注意。当然，判断该类患者的具体责任能力除了依据医学标准，还应当依照法学标准，最终由法官来进行判断。除了完全丧失刑事责任能力的情况外，抑郁症患者中还存在一种限定刑事责任能力的中间状态，即未完全丧失辨认或者控制自己行为的能力。我国刑法规定的限制责任能力人有5种情况：(1) 已满14周岁、不满18周岁的未成年人；(2) 已满75周岁的老年人；(3) 尚未完全丧失辨认或者控制能力的精神病人；(4) 又聋又哑的人；(5) 盲人。刑法对每一种限制责任能力人所规定的刑事责任不尽相同，有的是“应当从轻或者减轻处罚”，有的是“可以从轻或者减轻处罚”，有的是“可以从轻、减轻或者免除处罚”，应注意其中区别。至于尚未完全丧失辨认或者控制能力的抑郁症患者，由于抑郁症属于精神障碍的一种，比照尚未完全丧失辨认或者控制能力的精神病人的规定处理是最为合理的，即“可以从轻或者减轻处罚”。

三、本案被告人是否应负刑事责任

在本案中，被告人何某某应属于比较典型的产后抑郁症。经司法精神病鉴定，何某某作案时正处于抑郁症的发病期，只具有限制责任能力。也就是说，何某某在实施杀害两个幼子行为的时候不具有完全辨认或者控制自己行为的能力。依据刑法学界的通说，何某某虽不属于《刑法》第18条规定的“精神病人”范围，但根据犯罪构成以及刑事责任能力的基本原理，不完全具备辨认或者控制行为能力的人属于限制刑事责任能力人，虽然其行为能够认定为犯罪，但在承担的刑事责任程度上应当与完全刑事责任能力人有所区别。在本案中，何某某长期患有抑郁症，并一度出现自杀的倾向和行为，可见其抑郁症状是相当严重的。但从何某某杀人的过程来看，从事先买药、准备遗嘱、支走保姆到趁孩子不备用领带勒、用被子捂等手法，又明显表现出精心策划的痕迹。因此，何某某并非完全丧失辨认、控制能力的精神障碍者，其应当为自己的行为承担刑事责任。结合司法精神病鉴定的结论，应认为何某某在行为时处于限制责任能力状态，应当负故意杀人罪的刑事责任，但可以从轻或者减轻处罚。

【讨论归纳】

此案争议焦点在于抑郁症患者在发病期作案能否影响其刑事责任。我国刑法没有明确规定抑郁症患者的刑事责任能力问题，但是，现代精神医学通常将抑郁症列为精神障碍的种类之一。在具体案件中，既要重视司法精神病鉴定的结论，也要重视案件本身情况和行为人日常言行与精神状况，特别要注意抑郁症患者在案中的危害行为与抑郁症之间有无直接联系，如果没有，就不能认为丧失了或者削弱了其刑事责任能力。如果可以认定为无刑事责任能力人或者限制刑事责任能力人，应当比照刑法关于精神病人刑事责任的有关规定处理。

【实务训练】

请从实务中找一件关于强迫症的真实刑事案件，并根据该案的事实、既有证据及争议焦点，写一份辩护词或判决书。要求格式规范、条理清晰、层次分明、有理有据、入情入理。

【延伸阅读】

1. 张爱艳．精神障碍者刑事责任能力的判定．北京：中国人民公安大学出版社，2011

2. 纪术茂等主编．中国精神障碍者刑事责任能力评定案例集．北京：法律出版社，2011

3. 黄丁全．刑事责任能力的构造与判断．北京：法律出版社，2010

4. 黄丽勤．精神障碍者刑事责任能力研究．北京：中国人民公安大学出版社，2009

5. 曾绪承编著．司法精神病学新编．北京：北京大学出版社，2009

6. 刘白驹．精神障碍与犯罪（上，下）．北京：社会科学文献出版社，2000

7. 最高人民法院、最高人民检察院、公安部、司法部、卫生部《关于精神疾病司法鉴定暂行规定》

案 9 吸毒者刑事责任能力的认定

——张某某故意伤害致人死亡案

【问题提示】

1. 吸毒人员在限制责任能力情况下，其主观故意如何认定？

2. 原因自由行为的可罚性基础是什么？

3. 吸毒致幻情况下导致限制行为能力能否从轻或减轻处罚？

【案情摘要】

犯罪嫌疑人：张某某，男，无业。

2007 年 9 月 18 日凌晨，张某某吸食冰毒后毒性发作，认为有人要杀他，遂同妻子刘某于 9 月 18 日早上一起到刘某的母亲家躲避。9 月 18 日中午约 12 时许，张某某在刘某母亲家地坝外的土坡上，先后将妻子刘某以及路过的被害人郑某某控制住，并手持锄棒连续击打二人的头部，当场将被害人郑某某打倒在地。而后张某某抓住妻子刘某的头发离开现场途中又将路过的村民郭某某打伤，之后被接警赶到的民警抓获。

被害人郑某某被送往医院抢救无效死亡，经法医鉴定郑某某系被人用条形质硬钝器打击头部致闭合性重型颅脑损伤死亡。对张某某进行精神病鉴定，结论为：张某某诊断为精神活性物质所致精神障碍，在本案中具有限制刑事责任能力。

【分歧意见】

一种观点认为，虽然犯罪嫌疑人张某某造成了他人死亡的结果，但是他没有杀人的故意而仅有伤害他人的故意，因此，应当依据《刑法》第 234 条第 2 款之规定以故意伤害罪论处；另一种观点认为，犯罪嫌疑人张某某的言语、行为表现出其主观上杀人的故意，且客观上具有杀人的行为和结果，因此，应当依据《刑法》第 232 条之规定以故意杀人罪论处。

【要点提示】

1. 限制责任能力的主观故意认定。
2. 原因自由行为的可罚性基础。
3. 限制行为能力的从轻减轻处罚问题。

【问题讨论】

一、张某某是构成故意杀人罪还是故意伤害（致人死亡）罪

关于本案定性问题的争议，实质上是关于张某某主观故意内容的争议，因此，查清张某某主观罪过的内容成为解决这个争议的关键。对此，应当遵循主、客观相统一的原则，对案件的起因、经过、结果，行为人张某某使用的作案工具、手段、打击部位、强度、连续性，行为人张某某与被害人郑某某、刘某和郭某某之间的关系，行为人张某某犯罪后的态度以及犯罪的时间、地点和其他条件等，进行全面的分析研究：

张某某在吸食毒品之时或之前没有任何犯罪的意图，而是突然实施犯罪，不计后果，动用易于致人死亡的凶器行凶，其故意的内容是杀人还是伤害不确定，一般可按其实际造成的结果定罪。也即在此情况下，对于张某某造成被害人郑某某死亡的结果，按照故意杀人罪论处。张某某在吸食毒品之时或之前对于自己吸食毒品之后的行为会造成什么样的危害结果至少持的是一种放任的态度，因为他在吸食毒品之时或之前没有采取任何措施（比如，将自己反锁在屋里、事先找人看管自己，等等）来避免自己吸食毒品之后进入精神恍惚状态所造成的任何危害结果。因此，我们认为也根本不存在构成故意伤害罪的余地。

另外，对于认为张某某仅有伤害他人故意的观点，我们认为是站不住脚的。理由如下：第一，张某某在没有吸食毒品进入精神恍惚状态之时或之前，对于自己在吸食毒品后进入精神恍惚状态情况下可能致人伤亡是不可能没有预见到的。第二，张某某在没有吸食毒品进入精神恍惚状态之时或之前，应当意识到，对于自己在吸食毒品后进入精神恍惚状态下发生致人伤亡的行为，自己是没有能力避免死亡结果

发生的。以上两点理由足以排除张某某对于被害人郑某某死亡的结果持过失的观点。第三，即使认为张某某仅有伤害他人故意，也不能解释为什么张某某对于在自己吸食毒品之后进入精神恍惚状态情况下造成被害人郑某某死亡所持的心理态度（前面两点已经排除了张某某对于被害人郑某某死亡的结果持过失心理态度的可能性）。如果认为张某某对于造成被害人郑某某死亡持故意的心理态度，那么那种认为张某某仅有伤害他人故意的观点则是自相矛盾的。我们认为，对此唯一的解释只能是张某某对于在自己吸食毒品之后进入精神恍惚状态情况下造成被害人郑某某死亡的结果持的是一种放任的心理态度，因为张某某在吸食毒品实施犯罪行为之前，至少知道自己在吸食毒品之后进入精神恍惚状态情况下实施伤害行为的过程中可能会因自己削弱或者丧失控制能力而造成被害人郑某某死亡的结果。综上分析，我们认为对于张某某的行为应当依据《刑法》第232条之规定以故意杀人罪论处。

二、对张某某的犯罪行为不得根据鉴定结论和《刑法》第18条第3款之规定，对其从轻或者减轻处罚

所谓精神病，是指因大脑功能紊乱而严重影响主体辨认和控制自己行为的能力或出现不同程度精神活动障碍的一种疾病。行为人张某某经鉴定并未患任何精神病，法医对其作出的限制责任能力判断仅仅是一种医学上的判断，而不是刑法上的判断。从刑法规范的意义而言，张某某作为吸食冰毒后产生短暂精神异常者不能直接等同于刑法上的“尚未完全丧失辨认或控制自己行为能力的精神病人”. 因此不符合《刑法》第18条第3款之规定。

从刑法理论的意义而言，张某某的行为之所以不得适用《刑法》第18条第3款之规定，其背后的理论依据就是学界所称的原因自由行为。原因自由行为是指行为人因故意或者过失使自己陷于无责任能力状态或者限制责任能力状态，然后在此无责任能力或者限制责任能力状态下实施依照刑法应当受到刑罚处罚的行为。尽管学界对于原因自由行为之可罚性基础存在诸多聚讼，但是就对原因自由行为应当加以处罚，已达成共识。大陆法系的许多国家如瑞士、意大利、波兰等均在本国刑法中确定了原因自由行为之可罚性，即使对此在刑法典中没有原则规定的国家如德国、日本，在刑法理论上及实践中也承认原因自由行为之可罚性。

我国1979年和1997年刑法典都没有对原因自由行为作专门规定，1979年《刑法》第15条第3款和1997年《刑法》第18条第4款都只是规定，“醉酒的人犯罪应当负刑事责任”。这一规定过于粗疏，应予完善。首先，该款规定关于导致精神障碍的原因，只局限于醉酒，而没有把其他常见原因包括在内，如服用麻醉药物、吸食毒品等。其次，没有对原因自由行为的可责性作出限制，似乎有无过错责任、客观归罪之嫌。根据现代刑法责任主义精神，原因自由行为的可罚性以原因自由行为的可责性为条件，如果行为人对导致精神障碍状态没有主观过错，就应作为限制责任能力者或者无责任能力者，依法予以减免刑罚。

如何处理原因自由行为与现代刑法中“责任能力和实行行为同时存在”原则之间的关系？诸多刑法学者围绕这一问题展开了激烈的争论，形成了以下三种学说。(1) 例外模式说认为，原因自由行为之可罚性基础在于行为人于先行行为时即具有

实现一定犯罪构成要件之故意，或者对实现一定犯罪构成要件可预见，并有意或者过失地陷于结果行为的不自由状态。因此，行为人于结果行为时是否处于无责任能力或者限制责任能力状态，并不重要，可以不必予以考虑，只要行为人因故意或者过失导致责任能力欠缺或者减弱，即可将该犯罪行为归责于行为人。(2) 最终意思决定说认为，行为开始时的意思决定，既然贯穿至结果发生的行为全体，其最终意思决定之际，能认为有责任能力，即使在现实的实行行为即结果惹起行为之际丧失责任能力，不妨碍追究行为人作为有责任能力者的责任。(3) 间接正犯类似说认为，原因自由行为在逻辑构造上与间接正犯相同，间接正犯是将他人作为工具加以利用，而原因自由行为是将自己的无责任能力状态作为工具加以利用，二者虽有区别，但就介入无责任状态的人的举动以实现犯罪意图而言，都是一种利用行为。间接正犯类似说，在德、意、日等大陆法系国家的刑法理论中均有刑法学权威的支持。

我们同意间接正犯类似说。与间接正犯中行为人的诱致行为是行为人的实行行为相类似，原因自由行为中的原因设定行为亦是一种类似的诱致行为（只不过诱致的对象不是他人，而是行为人自己），将其视为实行行为在理论上并无不妥之处。在原因自由行为所针对的情形中，行为人自己陷入无责任能力状态或者限制责任能力状态包含于行为人在原因设定行为时的主观认识内容和控制内容之内，此时原因设定行为已经具有实现一定犯罪的现实危险性，也即原因设定行为就是实行行为，刑法不可能把不属于具备刑事责任能力时的行为人的行为归责于行为人。这是根据刑法的一般原则得出的符合事物本质属性的正确结论，也是理解原因自由行为理论内核的关键。

就本案而言，犯罪嫌疑人张某某在吸食毒品实施犯罪行为之前，至少知道自己在自己吸食毒品之后进入精神恍惚状态情况下实施伤害行为的过程中可能会因自己削弱或者丧失控制能力而造成被害人死亡的结果，然而并没有采取任何措施来避免自己陷入精神恍惚的状态。从案卷材料来看，在其后所实施的犯罪行为中，张某某对自己行为的性质、手段以及侵犯的对象等都是很清楚的，在完全有能力控制自己不因吸食毒品而陷入精神恍惚状态的情况下，自己却没有控制，因此，张某某应当对自己的犯罪行为负完全的刑事责任。

【讨论归纳】

行为人明知吸毒会导致自己丧失控制能力，在完全有能力控制自己不因吸食毒品而陷入精神恍惚状态的情况下仍然吸毒，最终导致危害后果的发生，并不能减轻其刑事责任。

【实务训练】

请从实务中找一件关于醉酒者的真实刑事案件，并根据本案的事实、既有证据及争议焦点，写一份辩护词。要求格式规范、条理清晰、层次分明、有理有据、入情入理。

【延伸阅读】

1. [意] 帕多瓦尼．意大利刑法学原理．陈忠林译．北京：法律出版社，1998

2. ［日］西原春夫．犯罪实行行为论．东京：成文堂，1998

案 10 罪过内容是区分此罪与彼罪的重要标准

——朱某贷款诈骗案

【问题提示】

罪过是犯罪的内在基础，没有罪过就没有犯罪。在行为人的行为构成犯罪的情况下，应当进一步考察行为人罪过的内容，查明其罪过的性质。有什么样的罪过，行为人就构成什么样的犯罪，罪过的性质决定着犯罪的性质。

【案情摘要】

被告人：朱某，男，重庆市M公司法定代表人。

2007年3月18日，M公司同宁波奥克斯公司签订了“2007年度奥克斯空调区域代理协议”，获得了奥克斯空调重庆市渝西地区的代理销售权。同年9月19日，因M公司资金不到位，双方通过协商终止了原代理协议，奥克斯公司解除了M公司的代理经销权。2007年10月至2008年2月期间，被告人朱某以自己的两套住房和一辆轿车作为担保，隐瞒M公司同奥克斯公司的协议已经终止、代理权被解除的事实，通过虚构与奥克斯公司签订“2008年度奥克斯空调区域代理协议”、隐瞒公司资不抵债的真实情况、虚报利润、篡改财务账目等方式，向重庆银行股份有限公司解放碑支行申请了额度为200万元人民币的购买空调的流动资金贷款。2008年3月1日至12日，朱某以M公司的名义同重庆H公司签订了虚假的空调供销合同，通过H公司，以支付空调购销合同款的名义，将该200万元贷款陆续转出，用于经营歌舞厅、餐馆及投资股票等项目。贷款到期后，M公司未能按照约定向重庆银行股份有限公司解放碑支行偿还贷款本息，给银行造成损失二百余万元人民币。该银行遂向公安机关报案。检察机关以被告人朱某犯贷款诈骗罪提起公诉，人民法院经审理后，以骗取贷款罪对朱某判处了刑罚。

【分歧意见】

一种观点认为，朱某的行为构成贷款诈骗罪。理由在于：（1）朱某伪造代理协议、篡改财务资料、签订虚假供销合同，实施了骗取贷款的行为；（2）朱某资不抵债，履约能力严重不足，仍不计后果，将贷款用于高风险经营活动，导致不能偿还贷款本息，符合贷款诈骗罪的构成要件；

另一种观点认为，朱某采用欺骗手段骗取银行贷款，未按照约定的用途使用贷款，而将贷款用于经营歌舞厅、餐馆与投资股票等项目的事实清楚，但仅此并不能证明朱某具有非法占有贷款的目的，其行为构成骗取贷款罪。

【要点提示】

1. 罪与罪之间的质的差别主要体现在哪里，也就是通常根据什么标准区分此罪与彼罪？

2. 贷款诈骗罪与骗取贷款罪的界限是什么？

3. 本案中被告人朱某的行为应当如何定性？

【问题讨论】

一、罪过的性质决定犯罪的性质，此罪与彼罪性质的差异本质上在于罪过内容的差异

作为事实性存在与价值性存在的统一体，犯罪的实质在于其价值性，而其价值性又是由罪过所赋予的。因此，罪过不仅具有决定行为成立犯罪的功能，还具有区分此罪与彼罪的功能。例如，在甲持铁棒打中乙头部，致乙死亡的事件中，离开了行为人的主观态度，永远也无法界定案件性质。甲行为的性质根据其主观罪过不同而不同。如果甲以故意剥夺乙生命的故意实施这一行为，则他的行为构成故意杀人罪；如果甲以伤害的故意打击乙，造成乙死亡，则其行为构成故意伤害（致人死亡）罪；如果甲同乙开玩笑而朝其挥舞铁棒，失手致乙死亡，则甲的行为构成过失致人死亡罪。又如，某国有单位会计黄某利用职务之便，将 10 万元公款用于自己购买住房，该行为的性质也因黄某的主观态度的不同而不同：如果黄某仅仅是暂时挪用，准备在适当的时候设法将该笔款项归还单位，则他的行为构成挪用公款罪；如果黄某意图永久性侵吞该 10 万元公款，则其行为构成贪污罪。再如，李某向他人购买 100 克海洛因的行为，同样由于其罪过的不同而有区别：如果李某只是为了自己吸食而购买，则构成非法持有毒品罪；如果他购买是为了贩卖，则其行为构成贩卖毒品罪。

二、贷款诈骗罪与骗取贷款罪的界限在于行为人是否具有非法占有贷款的目的

《刑法》第 193 条规定，贷款诈骗罪，是指以非法占有为目的，编造引进资金、项目等虚假理由，使用虚假的经济合同，使用虚假的证明文件，使用虚假的产权证明作担保、超出抵押物价值重复担保或者以其他方法，诈骗银行或者其他金融机构的贷款数额较大的行为。而根据《刑法》第 175 条之一的规定，骗取贷款罪是指以欺骗手段取得银行或者其他金融机构贷款、票据承兑、信用证、保函等，给银行或者其他金融机构造成重大损失或者有其他严重情节的行为。

在经济生活中，有的行为人为了申请和获取银行或其他金融机构的贷款，可能或多或少地采取欺骗手段，在审理发生资金风险或者造成经济损失而导致的金融借贷纠纷案件时，要特别注意区分贷款民事欺诈行为同骗贷类诈骗犯罪行为的界限。被告人骗贷数额不足"数额较大"的标准，或者没有给银行或其他金融机构造成重大损失，或者没有其他严重情节，也就是后果不严重的，一般认定为贷款民事欺诈行为；在行为人因为骗取贷款数额较大或者给银行或其他金融机构造成严重损失或者具有其他严重情节时，就要重点考察行为人的主观罪过，考察行为人是否具有非法占有贷款的目的。这正是贷款诈骗罪同骗取贷款罪质的区别所在：贷款诈骗罪同骗取贷款罪的行为方式和后果基本一致，都表现为行为人弄虚作假、采取欺骗手段

骗取银行或者其他金融机构的贷款，给银行或者其他金融机构造成了损失。行为人采取欺骗手段骗取贷款，如果具有非法占有该贷款的目的，则构成贷款诈骗罪；如果行为人没有非法占有的目的，或者不能证明行为人具有非法占有贷款的目的，则只能构成骗取贷款罪。

三、不能认定本案被告人朱某具有非法占有银行贷款的目的，其行为只能构成骗取贷款罪

“具有非法占有目的”，不仅指行为人意图使财物脱离相对人而非法实际控制或者管领，还包括行为人意图非法所有或者不法所有相对人的财物，意图对该财物行使使用、收益、处分的权能。因此，仅凭被告人使用欺骗手段获取了贷款以及贷款到期不能偿还，还不能判定被告人主观上是否具有非法占有目的。应当综合全案的具体情况，依照主、客观相一致的原则，根据被告人的履约能力、骗取贷款的手段、贷款的使用去向、无法偿还的原因等事实和证据作出认定，以准确界定被告人行为的性质。

本案的基本事实可以概括为：被告人朱某以两套住房和一辆轿车作担保，采用欺骗手段骗取银行贷款200万元人民币，用于约定以外的经营歌舞厅、餐馆及投资股票等，到期不能偿还，给银行造成巨大损失，其行为无疑已经构成犯罪。但是我们认为，根据现有证据不能认定被告人具有非法占有贷款的目的，其行为构成骗取贷款罪。理由在于：

其一，从贷款时的履约能力看，尽管朱某的M公司因资金原因同奥克斯公司终止了合同，但是，其以自己的两套住房和一辆轿车作为担保贷款200万元人民币，相对于其所贷款数额，应当认定朱某具有基本的偿还能力。

其二，从贷款的使用方向看，朱某将贷款用于了歌舞厅、餐馆、股市的投资和经营，这些经营活动诚然有一定风险，但毕竟都是正常的商业行为，完全可能蕴涵着丰富的机会和利润，况且凡是市场行为都有赚钱和亏本的可能，不能仅因为到期不能偿还贷款，就认定朱某具有非法占有贷款的主观目的。

其三，从朱某生活和经济活动的总体看，没有证据证明朱某有挥霍无度、恶意处分财产或者携带款项逃逸的行为，也没有证据证明朱某将所贷款项用于贩毒、赌博等违法犯罪活动。

其四，2001年《全国法院审理金融犯罪案件工作座谈会纪要》指出：对于确有证据证明被告人不具有非法占有目的，因不具备贷款条件而采取了欺骗手段获取贷款，案发时有能力履行还款义务，或者案发时不能归还贷款是因为行为人意志以外的原因，如因经营不善、被骗、市场风险等，不以贷款诈骗罪定罪处罚。

综合以上四点，本案现有证据只能证明被告人朱某骗取了银行贷款，到期不能归还，并不能证明朱某具有非法占有该贷款的主观目的，不能排除朱某构成骗取贷款罪的所有可能性。因此，本案只能以骗取贷款罪对朱某定罪处刑。

【讨论归纳】

骗取贷款罪同贷款诈骗罪的根本界限在于行为人是否具有非法占有贷款的主观

目的：具有非法占有目的的，构成贷款诈骗罪；没有这种目的的，构成骗取贷款罪。对于行为人是否具有非法占有的目的，应当坚持主客观一致的原则，综合考察行为人贷款时的履约能力、取得贷款的手段、贷款的使用去向、无法还贷的原因，准确作出判断。

【实务训练】

请从实务中找一件关于罪过内容对区分此罪与彼罪有重要意义的真实案件，并根据本案的事实、既有证据及争议焦点，写一份起诉书、辩护词或判决书。要求格式规范、条理清晰、层次分明、有理有据、入情入理。

【延伸阅读】

1. 高铭暄主编．刑法学原理．第2卷．北京：中国人民大学出版社，2005
2. 姜伟．罪过形式论．北京：北京大学出版社，1992
3. 陈忠林．刑法散得集．北京：法律出版社，2003
4. 刘明祥．错误论．北京：法律出版社，1996

案11　罪过认定应坚持主客观相结合的原则

——胡某故意伤害案

【问题提示】

罪过作为支配行为人犯罪的心理态度，既存在于行为人内心，具有主观的一面，又总是表现为犯罪行为及后果，具有客观的一面。因此，正确认定行为人的罪过，必须坚持主、客观相结合的原则，综合考察行为人的供述、辩解和案件的客观事实。

【案情摘要】

被告人：胡某，男，无业。

2008年8月13日10时许，被告人胡某与妻子张某因感情纠葛发生争执。同日13时许，胡某骑摩托车送张某回娘家，途中双方发生争吵，因受过激言语刺激，胡某将摩托车停在重庆市万盛区某村一机耕道偏僻处，在附近找了一个牛奶袋，从摩托车油箱装入汽油泼到张某的头部及身上，口里叫嚣"老子烧死你"，欲点火焚烧，因未找到打火机未果，被赶到现场的公安民警抓获。之后，张某向公安机关表示谅解胡某，请求公安机关对胡某不予追究。

2009年1月，被告人胡某与张某离婚，但之后二人仍共同生活。同年4月10日8时许，胡某借故为张某的父亲过生日，骑摩托车载张某回其娘家。行至某处时，胡某将摩托车停下，用事先准备好的菜刀追砍张某十余刀后逃离现场，其间，因他人路过而两次暂时停手，行人离开后继续砍打张某。后因有人路过现场报警，张某得救。经鉴定，张某的损伤属重伤。检察机关以被告人胡某犯故意杀人罪（未遂）提起公诉，人民法院经审理后，以故意伤害罪对被告人胡某判处了刑罚。

【分歧意见】

1. 被告人胡某将汽油泼洒在被害人身上欲行点燃的行为以及持刀砍击被害人的行为均具有杀害被害人的故意，其行为构成故意杀人罪（未遂）；

2. 被告人胡某将汽油泼洒在被害人身上欲行点燃的行为，是夫妻之间家庭矛盾中的过激行为，不能认定其有杀害或者伤害被害人的故意，对该行为不宜追究刑事责任；

3. 被告人胡某将汽油泼洒在被害人身上欲行点燃的行为以及持刀砍击被害人的行为均具有故意伤害被害人的故意，其行为构成故意伤害罪。

【要点提示】

1. 认定行为人的罪过应当遵循什么样的基本原则?

2. 如何正确认定被告人胡某在本案中的主观罪过?

【问题讨论】

一、认定行为人的主观罪过必须坚持主客观相统一的原则

罪过是支配行为人实施犯罪行为的心理态度，这种态度只有行为人自己最为清楚，意图杀害被害人还是意图伤害被害人？意图强奸还是意图猥亵？意图贪污还是意图挪用？意图盗窃还是意图抢劫？罪过内容最直接的来源是行为人本人。由此，罪过是一种心理现象，它有深藏于行为人内心，难以感知、难以捉摸、难以把握的特点。但是，罪过又总是要表现出来，表现在行为人实施的犯罪行为及其危害后果当中，具有一定的客观性和可感知性。例如，从使用暴力手段违背妇女意志强行性交的行为，可以看到犯罪人强奸的故意；从持刀威胁当场劫走被害人 3 000 元的行为，可以看到犯罪人抢劫的故意；从持枪向被害人连续射击的行为，可以看到犯罪人杀人的故意。既然罪过总是表现为犯罪行为，一般而言，通过犯罪行为就可以推定出罪过的形式。

综上，认定罪过必须坚持主客观相统一的原则，只有全面考察行为主、客观方面的各种事实、证据，才能准确把握行为人的主观罪过。在审查、判断被告人的主观罪过时，既要重视又不能轻信被告人在案件发生过程中表达出来的态度，因为被告人自己说出来的内容既可能非常准确又可能特别虚假，而且容易发生变化，具有不稳定的特点。客观存在是主观意向的真实反映，是不加掩饰的主观映像，对于被告人在案发过程中的言说以及之后的供述和辩解，都要特别重视利用客观证据补强。

二、本案被告人胡某实施的两起行为都具有伤害被害人的主观故意，其行为构成故意伤害罪

（一）被告人胡某在被害人身上浇上汽油后欲行点火以及持刀砍击被害人的主观态度如何认定

第一种意见认为，被告人胡某没有罪过，不构成犯罪。理由在于：被告人与被害人当时系夫妻关系，双方争执、赌气过程中，被告人泼汽油只是想吓唬被害人，并无烧死被害人的主观故意。被告人多次借火抽烟，完全可以用烟头点燃汽油而没有，且泼在被害人身上的汽油量少，未造成任何后果，不应认定为刑事犯罪，只能

以一般的治安违法行为处理。

第二种意见认为，被告人胡某具有杀害被害人的主观故意，其行为构成故意杀人罪（未遂）。理由在于：案发时被告人多次扬言烧死被害人，且实施了泼汽油的行为，并企图控制一打火机，被公安机关抓获时仍叫嚣烧死被害人，主观上具有剥夺他人生命的故意，客观上实施了具体行为，只是由于意志以外的原因未能得逞，系犯罪未遂。综上，该行为系因夫妻矛盾引发的一起恶性刑事案件而非治安案件。

第三种意见认为，被告人胡某具有伤害被害人的主观故意，其行为构成故意伤害罪（未遂）。

我们同意第三种意见，理由在于：

首先，从被告人与被害人的关系来看，二人系夫妻，虽因感情纠葛发生矛盾，进而争吵抓扯，但关系并未完全破裂，且案发当天被告人还骑摩托车送被害人回娘家，二人共同生活的基本格局尚未打破，关系并没有恶化到被告人要置被害人于死地的程度。因此，不能简单地因为被告人叫嚣烧死被害人，就认定其有故意杀害被害人的故意，这在现实生活中完全可能是一种情绪宣泄、一种虚张声势。

其次，从整个案发过程来分析，可以认定被告人胡某具有故意伤害被害人的故意，并着手实施了故意伤害行为，构成故意伤害罪（未遂）。每一个有正常心智的人都清楚，将汽油泼洒在人身上点上火，可能造成人员的死亡或者身体伤害。本案被告人将一小袋汽油泼洒在被害人身上欲行点燃，在理论上可能具有杀害或者伤害被害人的故意，着手实施的是杀害或者伤害行为。从本案的客观情况看，只能认定被告人具有伤害故意，着手实施的是伤害行为。因为，根据二人的关系，难以认定被告人具有杀害被害人的主观故意；从其客观行为看，即使将一小袋汽油泼洒在被害人身上点燃，也难以致被害人死亡，更大的可能是对被害人的身体造成伤害。

最后，从案发后的情况看，被害人在事后对被告人表示了谅解，其向公安机关提交了撤案申请书，称系因夫妻矛盾引发纠纷，被告人只是想威胁她，并无伤害之意。被告人被取保后，二人继续生活在一起，从反面印证了不能认定被告人具有杀害被害人的主观故意。但是，据此否认被告人具有伤害故意，则明显有违本案的客观事实。因为将汽油泼洒在被害人身上，客观上就是一种具有高度危险性的行为，被告人在与被害人发生矛盾后，将一小袋汽油泼洒在被害人身上，叫嚣着要烧死被害人，到处找打火机欲行点火，其实施的就是故意伤害未遂的行为。第一种意见认为不能仅仅凭“烧死你”的过激言语就认定被告人主观上有杀害或者伤害被害人的故意，对夫妻矛盾过激的“家务事”进行刑法评判、给以刑罚处罚，是强人所难、不近人情。这种观点看似有理，但是结合被告人在本案中实施的第二起行为，就不攻自破了：第一次被告人因同被害人矛盾激化，欲泼洒汽油点燃伤害被害人未遂；第二次同样因为感情矛盾，被告人持刀连砍被害人十余刀，致被害人重伤，这恰恰证实了被告人性情暴烈，具有很强的攻击性，仅因感情矛盾，就可以随意对被害人实施伤害行为。前述认为被告人泼洒汽油在被害人身上属于过激的“家务事”，不应认定为犯罪的观点，不符合本案的基本事实。

（二）被告人持刀砍击被害人致被害人重伤的行为如何定性

一种意见认为被告人的行为构成故意杀人罪（未遂）。理由在于：被告人以为被害人父亲做寿为由与被害人一同回去，出门时将菜刀放在身上，途中选择一个较为偏僻的地方砍杀被害人，虽然其间两次路人经过，被告人短暂停顿后又继续砍杀，伤害故意不能涵盖其行为内容，被告人明知其漫无目的地砍杀被害人十几刀的行为可能导致被害人死亡的后果，却多次继续实施，积极追求被害人死亡的后果发生，其行为的性质属于故意杀人，后因被害人求救停止，路人经过，将被害人救往医院，犯罪结果得因被告人之外的其他原因力补救而避免发生，系犯罪未遂。

另一种意见认为被告人的行为构成故意伤害罪。理由在于：综合考察被告人与被害人的关系、作案时间与地点、打击部位、行为方式与后果、被告人案发后的态度，不能认定被告人具有剥夺被害人生命的主观故意，只能认定被告人具有伤害被害人的故意，实施了伤害被害人的行为并致被害人重伤，其行为应当认定为故意伤害罪。

我们同意后一种意见，理由在于：第一，被告人胡某的犯罪故意是区分故意杀人罪和故意伤害罪的内在标准。第二，本案被告人胡某持刀砍击被害人十余刀，具有伤害被害人身体健康的主观故意，其行为构成故意伤害罪。

1. 从被告人与被害人双方关系考察：被告人与被害人原系夫妻关系，因怀疑被害人不忠，加之夫妻生活矛盾，被告人经常与被害人发生争执。在本案第一次纠纷后，2009 年 1 月二人离婚，但直至案发一直共同生活。被告人心里始终不愿意放弃被害人，一心想维系夫妻关系，并无非致被害人于死地不可的现实动因。

2. 从被告人作案时间和地点考察：被告人选择在上午的八九时对被害人实施加害，此时正是人来人往的时候，作案地点位于某公路边，在被告人实施犯罪行为的短暂过程中，两次路人经过，被告人逃跑后，被害人被再次经过的路人及时救往医院。可见，被告人选择的作案地点并非是人烟稀少的隐蔽环境，并非杀人及掩饰罪行的有利场所。

3. 从被告人砍击被害人的部位及行为方式考察：被害人的病历及伤情鉴定显示，右胫、右足、右肩胛骨及髌骨、左手掌骨多处骨折，右足趾指关节开放完全性脱位，左手第 4 掌指关节开放性脱位，左手第 3、4、5 指血管神经断裂，右足第 2、3、4、5 趾背伸肌腱断裂，右足第 4、5 趾屈肌腱断裂，右足第 3、4、5 趾血管神经断裂，右足背动脉断裂，右髌韧带部分断裂。可见，被告人主要针对被害人的肢体远端非要害部位实施砍击，伤口位于四肢，肩、背的一两处伤口是由于被害人挣扎而无意砍伤的。在行为过程中，被害人被砍伤在地，无任何反抗、逃跑能力时，被告人完全有能力、有条件砍击被害人的要害部位以剥夺被害人的生命，但被告人均未针对要害部位实施砍击行为，且最终放弃了可以继续实施的砍击行为，具有一定的克制性。从整个行为的过程以及造成被害人伤害的后果来看，难以认定被告人有追求或者放任被害人死亡的主观故意。尽管被告人连续砍击被害人十余刀，并有追砍被害人的行为，但也只能认定其行为构成故意伤害罪。

4. 从被告人案发后的态度考察：被告人砍伤被害人后外逃期间，还给被害人发短信威胁，说要把被害人眼睛弄瞎，这次没弄残废，下次还要回来弄残废。进一步印证了被告人对被害人实施的加害行为系出于伤害的故意，只能认定为故意伤害罪。

综上，准确认定被告人主观态度是正确处理本案的关键。被告人胡某因为夫妻感情纠葛导致矛盾激化，两次对被害人实施伤害行为，先是将汽油泼洒在被害人身上，找打火机点火未能得逞，后又持刀砍击被害人十余刀，致被害人重伤，构成故意伤害罪。

【讨论归纳】

在司法实践中，对行为人主观罪过的分析、认定是正确定罪、量刑的重要基础。把握行为人的主观罪过，要坚持主客观相统一的原则，重视但不轻信行为人的供述和辩解，要特别注重通过对证据和事实的分析、判断，补强或者否定行为人自身的供述和辩解；要特别注重从行为人的行为和危害后果来把握其行为时的主观态度。

【实务训练】

1. 请根据本案的事实、既有证据及争议焦点，写一份起诉书，指控被告人胡某犯故意杀人罪。要求格式规范、条理清晰、层次分明、有理有据、入情入理。

2. 请根据本案的事实、既有证据及争议焦点，写一份以故意伤害罪对被告人胡某定罪、量刑的判决书。要求格式规范、条理清晰、层次分明、说理透彻。

【延伸阅读】

1. 邓子滨．刑事法中的推定．北京：中国人民公安大学出版社，2003
2. 李富成．刑事推定研究．北京：中国人民公安大学出版社，2008

案 12　误认为无力履行而不履行作为义务的罪过形式

——贺某某以危险方法危害公共安全案

【问题提示】

行为人明知自己应当履行作为义务，且不履行可能会发生严重结果，但认为自己无力履行而不履行，导致严重结果发生的，应如何认定其主观罪过？

【案情摘要】

被告人：贺某某，某市客运公司承包司机。

2010 年 4 月 4 日晚 8 时 50 分，贺某某驾驶一辆载有 42 人的大巴客车在山区公路行驶，客车刹车突然失灵，贺某某想停停不住，惊慌失措，错误判断，认为自己无法采取措施使车安全停下，再不跳车自己会死，故自己跳车逃生。无人控制的客车摔下山岩，造成 22 人死亡、20 人受伤的严重后果。事后查明，依前面不远处的地形完全可以采取撞山壁方式迫使客车停车，可以避免发生如此严重后果。

【分歧意见】

对贺某某行为的定性有以下几种观点：第一种观点认为贺某某违反其公司规定

的《驾驶员安全管理办法》（也是行业较通行的规定）第5条："驾驶员在发生事故后，应将车停在宽阔道路或紧急停车道路，履行及时消除危险因素的义务。"由于其主观上并不希望或放任危害结果发生，而是错误地认为自己无力救车，故不属于故意犯罪，其违反的行业规定也属交通运输法规，其行为构成交通肇事罪。第二种观点认为贺某某明知自己弃车逃跑后无人驾驶的客车会坠下山岩，但贺某某置乘客安危不顾而自己逃生，其有能力履行应当履行的义务而不履行，所造成的危害远比一般的放火、爆炸等严重，系以不作为构成以危险方法危害公共安全罪。第三种观点认为构成过失以危险方法危害公共安全罪，认为贺某某对危害结果主观上并非希望或放任，而是反对此危害结果发生，对结果无故意的心理态度。贺某某因惊慌失措影响了判断能力，错误地认为没法安全停车，自己有救助能力却认为无救助能力，应当负过失犯罪的刑事责任。由于其违反的只是单位的规章制度并非交通运输管理法规，故不构成交通肇事罪。

【要点提示】

1. 当行为人明知危害结果会发生，认为自己没有阻止该结果发生的能力而不履行作为义务，因而发生危害结果是过失犯罪还是故意犯罪？

2. 不作为犯罪的主观心理状态与作为犯罪的主观心理状态有何不同？

3. 过失以危险方法危害公共安全罪与交通肇事罪的区别是什么？

【问题讨论】

一、行为人明知危害结果会发生，认为自己没有阻止该结果发生的能力而不作为，因而发生危害结果的，是过失犯罪还是故意犯罪

要构成不作为犯罪，必须满足一有作为义务、二有作为能力、三是未作为，三个条件缺一不可。当行为人构成犯罪后，对行为人主观罪过的认识大多数情况下与作为犯罪一样不会发生争议。当危害社会的危险状态发生时，行为人有义务阻止危害社会的结果发生，但行为人错误地认为自己没有阻止危害结果发生的能力而未阻止危害社会的结果发生，行为人对此结果应负刑事责任没有争议，有争议的是行为构成故意犯罪还是过失犯罪。与上述案件类似的情形时有发生，如盗窃犯用火照明，不小心引燃起火，努力灭火但扑不灭，本来旁边有水龙头，但因其惊慌失措未能看见，错误地认为再不逃离自己也要被烧死，自己没能力扑灭大火而逃离现场，逃出现场许久才想起报火警，但因时间迟延致发生重大财产损失。经鉴定如盗窃犯用旁边水龙头灭火完全有能力灭掉火灾，盗窃犯的行为构成放火罪还是失火罪就常引起争议。

我们认为，本案行为人和前述盗窃犯均明知自己不把灾害控制住会发生非常严重的后果，由于行为人错误地估计自己无能力阻止危害结果发生，应当作为而未作为致危害结果发生，只要查明行为人对危害社会的结果既不希望也无放任，而是反对危害结果的发生，只是心有余力不足而未作为，则其行为不能认定为故意犯罪，应属于过失犯罪。

二、不作为犯罪与作为犯罪在主观心理态度上的差异

前述结论似乎不符合过失犯罪的构成要件，因属于过失犯罪的要么是过于自信

的过失，要么是疏忽大意的过失，而本案和前述盗窃犯情形下不好说行为人没预见到会发生危害社会的结果，因其已明知必然会发生非常严重的后果，但并未轻信能避免危害结果发生，这也是反对本案定过失以危险方法危害公共安全罪或交通肇事罪者的理由。我们认为，不作为犯罪与作为犯罪在主观认识内容上有差异，如为故意犯罪，对于作为犯罪只需查明行为人明知自己在做什么、行为会导致何种危害结果，对此结果不反对其发生就可认定具有犯罪故意，除了刑法对犯罪对象、地点、时间有特殊要求的外，不要求行为人还要明知其他内容；而对于不作为犯罪，因增加了行为人要有作为能力的条件，故要构成不作为的故意犯罪，主观上除了要求行为人明知会发生何种危害结果、对此结果具有希望或放任心理态度之外，还要求行为人明知自己有作为能力，如行为人错误地认为即使自己作为也不可能避免危害结果的发生，反而白搭上生命，而其未能作为也不能认定为故意犯罪。《刑法》第 14 条规定，行为人意志上必须是具有希望或者放任的心理态度，尽管明知必然会发生危害社会的结果，但欠缺故意犯罪的意志因素，另从情理角度看，我们不能期望行为人去做他认为付出生命也不可能阻止危害结果发生之事。

不作为犯罪与作为犯罪在过失上的区别也表现在认识因素上：于行为人对自己行为所导致的结果应当预见而没有预见，或已经预见自己的行为可能发生危害社会的结果而轻信能避免，即作为犯罪中的过失只限于应当预见而没有预见或预见到危害结果发生的可能性，而不能是预见到危害结果发生的必然性，否则属于故意犯罪。而不作为犯罪的行为人尽管明知会发生危害社会的结果，甚至明知必然会发生，但的确属于错误地认为自己没有履行义务的能力、无法避免结果发生而未履行义务时也属于过失犯罪。

三、过失以危险方法危害公共安全罪与交通肇事罪的区别

二罪在理论上区别明显：一是侵犯的客体不同；二是违反何种注意义务不同，前者违反的是日常生活中的小心注意义务，后者违反的是交通运输管理法律、法规；三是犯罪主体不同，于前者是一般主体，于后者尽管法律未写是特殊主体，但因违反交通运输管理法律、法规导致的交通事故才构成本罪，故行为主体是从事交通运输人员或指挥交通运输人员，非交通运输人员只有在他人肇事后指使肇事人逃逸致人死亡而作为本罪共犯时才构成交通肇事罪；四是客观行为不同，于前者是违反日常生活中小心注意义务导致重大事故，且这些行为是危害公共安全罪一章中未获具体规定的，但其危害程度与失火、过失爆炸、过失投放危险物质相当的行为，于后者是在从事交通运输活动或指挥交通运输中违反交通运输管理法律、法规，因而导致重大事故，刑法规定了特定的类型行为。本案行为人是从事交通运输人员，也在从事交通运输，其违反的是所在公司规定的《驾驶员安全管理办法》第 5 条："驾驶员在发生事故后，应将车停在宽阔道路或紧急停车道路，履行及时消除危险因素的义务。"此规定也是行业较通行规定，属于交通运输的行业规范。交通运输管理法规是广义而非狭义的，交通运输中的行规也是交通运输管理法规。本案中的行为危害的是交通运输安全，构成交通肇事罪，不构成过失以危险方法危害公共安全罪。

【讨论归纳】

当行为人明知危害结果会发生，错误地认为自己没有阻止该结果发生的能力而不履行作为义务，因而发生危害结果的，是过失犯罪而非故意犯罪。作为犯罪与不作为犯罪在主观罪过上的区别均体现在认识内容上。不作为犯罪与作为犯罪在故意上的区别是：明知内容上前者比后者多，行为人必须明知自己有作为能力。不作为犯罪与作为犯罪在过失上的区别是：认识内容上，于前者可以是已明知必然会发生危害社会结果，但认为自己无力避免；于后者只能是未预见自己的行为会发生危害社会的结果或预见可能会发生危害结果但轻信能避免。交通肇事罪与以危险方法危害公共安全罪的区别是：犯罪主体不同；侵犯客体不同；前者违反交通运输管理法规，后者违反日常生活中的注意义务。

【实务训练】

1. 请根据本案的事实、既有证据及争议焦点，写一份辩护词。要求格式规范、条理清晰、层次分明、有理有据、入情入理。

2. 请根据本案的事实、既有证据及争议焦点，写一份起诉书。要求格式规范、条理清晰、层次分明、说理透彻。

【延伸阅读】

1. ［日］曾根威彦．交通事犯与不作为犯．刑事法学，2008（1）

2. 高艳东．肖志军案中的刑法难题和价值取向——不作为、因果关系与间接故意之界限．西南政法大学学报，2008（4）

3. 姜伟．罪过形式论．北京：北京大学出版社，2008

案 13 运输毒品罪主观明知的内容与认定

——刘某某、龚某某运输毒品案

【问题提示】

行为人对于所运输的物品究竟应当达到何种程度的认识，才能够认为其具有运输毒品的主观明知，从而具有运输毒品的故意？

【案情摘要】

被告人：刘某某，系云南大理某县农民；龚某某，系云南省曲靖市某县农民。

2009 年 2 月，公安机关在云南省景洪市某地一饭馆内抓获刘某某、龚某某，并在刘某某的银灰色海马轿车后备箱内的一白色手提袋中发现毒品甲基苯丙胺 2 719 克。公诉机关认为刘某某和龚某某已构成运输毒品罪，并依法提起公诉。但被告人刘某某和龚某某及其辩护人否认公诉机关所指控的犯罪事实，其中，刘某某的辩护人认为公诉机关指控运输毒品罪的证据不足，龚某某辩解其并不知道是毒品而运输，龚某某的辩护人则提出龚某某在主观上没有运输毒品罪的直接故意，不构成运输毒品罪。人民法院经过审理认为，刘某某、龚某某成立运输毒品罪。

【分歧意见】

一种观点认为，运输毒品罪的主观明知，只需要认识到可能是毒品即可，至于毒品的数量、种类等要素，不属于明知的内容，因此，行为人不需要对毒品的具体种类和数量具有明知也可以成立运输毒品的故意；另一种观点认为，毒品的种类和数量是确定不同法定刑的依据，属于构成要件要素，应当属于主观明知的内容；还有一种观点认为，对于运输毒品罪的明知认定，只需要认识到所运输的物品可能是违法的或国家禁止携带的即可认为具有运输毒品的故意。

【要点提示】

1. 毒品属于规范的构成要件要素还是记述的构成要件要素？
2. 对规范的构成要件要素需要具备何种程度的认识才能成立故意？

【问题讨论】

运输毒品罪作为司法实践中最为常见的犯罪类型，在罪与非罪、罪轻或罪重的判断上往往与主观明知的认定有着密切的关联。一方面，是否认识到所运输的为毒品直接决定是否成立犯罪；另一方面，即使认识到所运输的为毒品，对于毒品的具体种类缺乏认识或存在种类、数量上的认识错误，也可能影响法定刑幅度的确定。

一、毒品属于规范的构成要件要素还是记述的构成要件要素

所谓规范的构成要件要素，是指包含价值评价内容，法官在认定这样的要素时需作价值判断的构成要件要素，如贩卖淫秽物品罪之“淫秽物品”、强制猥亵妇女罪之“猥亵”；所谓记述的构成要件要素，是指不包含价值评价内容，法官在认定这样的要素时无须作价值判断即可认定的构成要件要素，如盗窃枪支弹药罪之“枪支、弹药”，故意杀人罪之“人”等。

对于“毒品”到底是规范的构成要件要素还是记述的构成要件要素，理论上存在不同的观点。一种观点认为，毒品属于记述的构成要件要素。易言之，对毒品的理解，只需要一般的认识活动与基本的对比判断就可以得出结论，并不需要进行价值或意义的判断。另一种观点则认为，毒品属于规范的构成要件要素，无法通过经验法则或一般意义上的认识活动进行认识，而需要法官从毒品是否侵害刑法保护的特定法益及侵害程度角度出发进行判断，并斟酌社会一般观念得出是否为毒品的结论。我们支持第二种观点，理由如下：

首先，从记述的构成要件要素和规范的构成要件要素的根本界限来看，前者通常只是与事实和经验有关，对其的认识具有通识性，不至于在社会一般人中产生明显的分歧。或者说，记述的构成要件要素是基于事实和经验就可以基本确定的要素，不需要进行复杂而审慎的价值评判和意义斟酌。而规范的构成要件要素的价值蕴涵和意义指向往往具有鲜明的多元性、时代性，并可能因为不同的场合、不同的背景而呈现出不同的意义。就毒品而言，其所指称的物质的物理属性本身在刑法上并不

直接影响法益侵害的有无或大小，之所以把某种物质通过立法这种规范评价将其规定为毒品，实际上就是立法者赋予了某些物质规范的意义，或者说是立法者把某些物质评价为值得刑法规制的毒品。易言之，立法者对毒品的归类和命名的过程，与经验和事实的关联性并不明显，而更多地体现为一种情绪表达，而这种情绪表达很难说具有普遍性的经验基础，反而具有易变性、主观性、多元性。

其次，从毒品的具体认识过程来看，其认识过程也具有明显的非理性和主观色彩，很难说具有经验上的普遍性。如纯度极低的毒品是否还能作为毒品受到规制，或者说，何种纯度的毒品可以被界定为刑法意义上的毒品，无论是从法益侵害性的角度，还是从伦理违反的角度，都很难说存在共识或通说。这也就意味着毒品概念本身的多义性和含混性。以咖啡因为例，高纯度的咖啡因成为毒品争议不大，但是含有咖啡因的物质能否都归类为毒品，或者说含有多少纯度的咖啡因的物质就可以被视为刑法意义上的毒品，都是争议和分歧颇大的问题。

因此，毒品之所以进入刑法视野，其根本属性应当是规范属性，而非其自然属性，对毒品的认识与经验和事实的关联性并不直接，毒品应当属于规范的构成要件要素。

二、对规范的构成要件要素需要具备何种程度的认识才能成立故意

对毒品的认识，是否需要认识到毒品的具体种类以及其危害性质才能成立故意，与对规范的构成要件要素的认识过程有关。一般而言，对规范的构成要件要素的认识可以区分为三个层级，即物体的认识、意涵的认识、违法的认识，物体的认识与意涵的认识为犯罪事实的认识，而违法的认识属于违法性认识的问题。以淫秽物品为例，物体的认识是指客观上有该物体存在的认识，即认识到该物品为一本书、一篇文章等；意涵的认识则指对该物品所具有的文学、语言学上等含义的认识，即认识到该物体是一般所评价的淫秽物品；违法的认识，则指对该物品为法所禁止的认识。在具体认识的过程中，对规范的构成要件要素的明知应当以社会一般人、平均人标准进行平行评价，当行为人对规范构成要件要素的理解符合社会一般人对该要素的通常理解，而这种理解与刑法意义上的规范构成要件要素存在显著差别时，不能认定行为人存在故意所需要的对规范构成要件要素的明知。当然，行为人与一般人对规范构成要件要素的理解并不需要达到精确一致的程度，只要在核心意义上相当即可。

就毒品而言，其危害性质属于意涵的认识范畴，而对其危害性质的认识主要表现在两个方面：一为毒品的法益侵害性有无的认识，二为毒品的法益侵害程度大小的认识。

对于毒品法益侵害性有无的认识，意味着行为人是否知道该物质对社会或他人健康具有危害性，或者说是危害的可能性。如行为人出于生产的需要而运输咖啡因的，在对咖啡因缺乏危害性认识的情况下，不适合认定其具有运输毒品的故意。再如，很多感冒药中也含有可卡因或咖啡因等成分，尽管行为人对于感冒药含有可卡因或咖啡因等成分具有认识，但是其认为该物质是用于治疗等积极目的，不存在侵害社会或他人健康的可能性，则也不应当认为其存在运输毒品的故意。

对毒品法益侵害程度的认识，则主要表现为对毒品具体种类的认识，因为不同的毒品种类，在依赖性、传播性、毒害性方面是不同的，而这种不同会直接影响到侵害法益程度的大小。那么，把毒品的具体种类这种能够折射毒品法益侵害程度的要素作为明知的要素是具有必要性的，也符合毒品作为规范的构成要件要素的认识过程。具体而言，其一，脱离毒品种类或其他具体性质的纯粹“毒品”的认识在方法论上是含混不清的。如日本学者前田雅英认为，形式化的理解对毒品的认识，即不要求认识到该物质的名称及属性的话，虽然较容易确定故意，但是缺少了对名称等具体属性的认识的要求可能会导致在认识的内容中实际上只有“白粉”这种“裸的事实”存在，从而有使“故意概念稀薄化”之虞。[①] 其二，毒品种类的不同不仅可能与不同的犯罪相关，也通常与不同的法定刑配置相关。在明知的内容中剥离毒品的种类，容易导致对行为人责任认定的失衡。毒品具体种类的不同折射出不同的法益侵害性，那么，对其的认识也折射出主观恶性的不同，而法益侵害程度和主观恶性的统一是刑事责任的正当化基础。认识到是 1 克海洛而运输与认识到是 1 克咖啡但实际上是海洛因而运输两种情形在主观恶性上自然无法等同视之。倘若不把毒品具体种类作为认识要素，就有可能出现这样的逻辑：行为人认识到其运输的为毒品，而在实际上运输的也为毒品，当然构成运输毒品罪。再来作毒品种类的鉴定以作为量刑基础，最终适用了海洛因的量刑基础。这种推论过程和结论似乎与责任原则不相协调，或者说使责任的内容过于单薄。因为毒品具体种类不属于认识要素的话，在犯罪成立问题上，海洛因与咖啡因的区别只不过像白色的毒品和淡黄色的毒品的区别一样，没有任何意义，从而，并不阻却运输毒品的故意，也谈不上事实错误问题。因为错误是在构成要件事实的范围内，属于构成要件事实并作为认识要素的只有是否认识到为抽象的“毒品”。所以说，无法用错误论的原理来解决与责任原则的分歧。其三，毒品作为海洛因等具体物质的上位类概念，是一个规范的构成要件要素。对其的认识必须要求认识到刑法规范之所以予以规制所涉及的具体事实。毒品具体种类作为表象毒品规范属性的具体事实中的最上阶类型，是折射毒品规范性意义的最低限度的事实认识要求。刑事司法中认定毒品的过程也可以佐证这个结论。发现毒品疑似物后，侦查机关进行鉴定后的结论也为具体的毒品种类，如“含有吗啡成分”、“含有海洛因成分”等，而不是“含有毒品成分”。

综上所述，本案中如有证据表明行为人认识到其所运输的物品为冰毒或甲基苯丙胺，则成立运输毒品罪。如果行为人认识到其所运输的物品不是毒品，事实上为毒品的情形出现，则应当按照认识错误的原理，不应当认定为运输毒品罪。如果对于毒品的具体种类认识有错误，则应当依据罪责原则，按照其所认识到的毒品种类确定法定刑，不能忽略主观上所认识到的毒品种类，径自以客观上发现的毒品种类确定法定刑。

【讨论归纳】

运输毒品罪中运输毒品故意的确定，在认识要素上需要对于运输毒品的事实具

---

① 参见［日］前田雅英：《覚せい剤事犯の多发化と刑法理论》，载《刑法杂志》，第 27 卷第 2 期。

有明知，在意志要素上需要有直接追求或放任的心态。在对于毒品的明知认定中，不仅需要行为人对于毒品的法益侵害的可能性的有无具有认识，还需要对毒品的法益侵害程度大小的表征——毒品种类具有认识，因为毒品本身就是充满价值和意义色彩的规范构成要件要素。因此，在缺乏对毒品的意义的认识的情况下，不应当肯定运输毒品故意的成立。

【实务训练】

参照本主题关于规范构成要件要素和记述构成要件要素的探讨，找一件真实案件，并根据该案的事实、既有证据及争议焦点，写一份辩护词或判决书。要求格式规范、条理清晰、层次分明、说理透彻。

【延伸阅读】

1. 高巍．贩卖毒品罪研究．北京：中国人民公安大学出版社，2007
2. 高巍．中国禁毒三十年——以刑事规制为主线．北京：法律出版社，2011
3. 王军，李树昆，卢宇蓉．破解毒品犯罪法律适用问题．人民检察，2004（11）
4. 高艳东．运输毒品罪疑难问题研究．广西政法管理干部学院学报，2004（6）
5. 高巍．略论运输毒品罪几个问题．云南大学学报（法学版），2009（5）
6. 张明楷．论走私、贩卖、运输、制造毒品罪的几个问题．广东法学，1994（4）

第三章　犯罪成立的排除情形

案 14　正当防卫限度及防卫过当罪过的认定

——周某防卫过当故意伤害案

【问题提示】

按现行《刑法》第 20 条的规定，“正当防卫明显超过必要限度造成重大损害的，应当负刑事责任，但是应当减轻或者免除处罚”，“对正在进行行凶……严重危及人身安全的暴力犯罪，采取防卫行为，造成不法侵害人伤亡的，不属于防卫过当，不负刑事责任”。然而，在司法中如何把握“明显超过必要限度”及“不属于防卫过当”情形，并非易事。同时，属于防卫过当的行为，在主观上是故意还是过失，也直接影响着对案件的定性。

【案情摘要】

被告人：周某，男，高中学生。

2007 年 2 月 23 日晚十时许，被害人张某某与其友王某酒后乘出租车途经某医院门口时，见被告人周某与女朋友王某某在街边吃烧烤。王某告诉张某某，周某在背后说他的坏话。二人随即下车，以周某在背后说张某某的坏话为由，将周某带到北大街工商银行旁一门市前责问，周某否认，王某即用拳头打周某的头部、胸部，张某某用右手扯周某的衣服、勒周某的颈部，将周某往门市的卷帘门上撞。周某用双手推张某某，没有推动，用脚踢了张某某胸部一脚。张某某用脚踢、用膝盖顶周某腹部，又抓住周某的衣服将周某扯到卷帘门柱子处用拳头殴打。王某、张某某二人交替殴打周某，周某被打后抱着头蹲在地上。王某某见状，跑到周某家楼下求助，黄某某等人闻讯赶到现场，见周某抱着头蹲在地上，王某、张某某正在对周某实施殴打。黄某某向后拉王某，王某转身一拳击中黄某某面部致使流血。张某某也上前踢黄某某，周某见状持刀乱刺张某某。张某某被刺后跑离，周某在后追赶一段距离后，被闻讯赶到的父亲叫回，二人一同返回。次日凌晨0时25分，张某某被他人发现死于某商场门口。周某于2007年2月24日凌晨3时许到公安机关投案自首。经鉴定，张某某系右胸部刺创致右肺中叶穿通伤及致主动脉破裂和腹部刺创致肝右叶穿通伤引起急性大失血死亡。

【分歧意见】

第一种观点认为，周某的行为成立防卫过当，应当承担刑事责任，认定为故意伤害罪；第二种观点认为，周某的行为成立防卫过当，应当承担刑事责任，认定为过失致人死亡罪；第三种观点认为，周某的行为成立正当防卫，不承担刑事责任。

【要点提示】

1. 关于正当防卫的限度问题。
2. 关于防卫过当的主观罪过的认定。

【问题讨论】

一、正当防卫的限度的理解

《刑法》第20条第2款规定：正当防卫明显超过必要限度造成重大损害的，应当负刑事责任。因此，正当防卫的限度条件就是防卫没有明显超过必要限度造成重大损害。如果防卫人的防卫明显超过必要限度造成重大损害，就是防卫过当，防卫人就要承担刑事责任。因此，正确地把握“明显超过必要限度”和“造成重大损害”就非常关键。

在刑法理论界，对“造成重大损害”的理解比较统一，但是，对于如何理解“必要限度”争议很大，概括起来，主要有以下几种观点：

第一种观点是基本相适应说，认为防卫的必要限度，是指防卫行为必须与不法侵害行为相适应。所谓相适应，不是要求两者完全相等，而是指防卫行为所造成的损害从轻重、大小等方面来衡量与不法侵害行为大体相适应。至于必要限度的判断，主要根据侵害行为的性质、方法和强度以及防卫人所保护的利益的性质等具体情况来分析。

第二种观点是必需说，认为防卫是否超过必要限度，一定要从防卫的客观需要出发，进行全面的衡量，应以有效地制止不法侵害的客观实际需要作为防卫的必要限度。因为正当防卫是同犯罪分子作斗争，制止不法侵害、保护自己或他人的合法权益（包括国家和公共利益）既是正当防卫的基本原则，也是正当防卫的目的。为了达到这一目的，所使用的强度，就不应该为不法侵害的强度所限制。只要在客观上有需要，防卫强度就可大于，也可以小于，还可以相当于不法侵害的强度。

第三种观点是折中说，此说是对基本相适应说和必需说的折中和调和。该说认为，所谓防卫的必要限度，是指防卫人的行为正好足以制止侵害人的不法侵害行为，而没有对不法侵害人造成不应有的损害。具体包括两个方面的内容：一是正好足以制止不法侵害，也就是防卫行为的强度为制止不法侵害所必需，并且防卫行为的强度与侵害行为的强度基本相适应。二是没有造成不应有的损害，即防卫人对侵害人造成的损害与侵害行为可能造成的损害不是显然不相适应。

我们认为，对正当防卫的限度条件，应该从刑法规定正当防卫的目的进行分析。正当防卫制度，是公民面对正在进行的不法侵害，在无法求助公权力制止的时候，为了鼓励公民进行私力救济以保护国家、公共利益或本人和他人的合法权益，而专门设立的一种制度。既然是为了保护合法权益，就必须允许公民的防卫行为的强度应该是制止不法侵害所必需的，否则，防卫行为就难以起到保护合法权益免遭不法侵害的作用，刑事立法确立正当防卫制度的目的就无法达到。但是，也应该看到，国家虽设立正当防卫权，但也反对防卫权的滥用，因为虽然不法侵害人要被国家处罚，但不法侵害人也是社会的一分子，也属于国家法律所要保护的对象，不法侵害人不能因为实施了不法侵害行为就被国家抛弃，其权利也应该被保护，不应该被无缘无故过多地剥夺，对其权利的剥夺只能以足以制止其不法侵害为准。如果防卫人滥用防卫权，其防卫行为远远超过了足以制止不法侵害的限度，导致不法侵害人过多的权利被侵害的话，将造成社会秩序的混乱，导致国家权威受到损害。故刑法又专门设立了防卫的限度条件，规定防卫过当同样构成犯罪。

综上，我们认为，折中说比较合理，折中说的观点强调了正当防卫的限度条件是防卫人的行为正好足以制止侵害人的不法侵害行为，而没有明显超过必要限度，对不法侵害人造成重大损害。我们在分析防卫行为是否足以制止侵害人的不法侵害行为时，应该从防卫行为的性质、手段、强度以及造成的损害结果等来判断是否为制止不法侵害行为所必需。判断防卫行为是否必需，不能单纯地考虑不法侵害行为的性质、手段、强度以及可能造成的危害后果，而应从个案的实际出发，侧重分析防卫人所保护权益的大小，防卫人的个人状况，案发的时间、地点、场合，防卫人在他所处的特殊情境下的当然反应等多种因素。大多数情况下不法侵害都是有预谋地突然袭击，而防卫人没有任何精神和物质上的准备，很难在进行防卫时立即准确判明不法侵害的具体意图和危害程度，也没有条件选择一种恰如其分的方式、工具和强度来进行防卫，只是在慌乱之中为求得压倒对方而仓促应对。在表现的程度上防卫行为很难同侵害行为保持一种完全对等或基本对等，一定程度的过激反应自在情理之中。总之，必要限度的确定，以鼓励公民合理地行使正当防卫权利、勇敢地同违法犯罪作斗争为前提，不能对防卫人提出超情理、超场合的苛求。

二、正当防卫的主观要件的认定

所谓防卫过当，是指防卫行为明显超过必要限度并且造成重大损害的情形。要成立防卫过当，必须要具备主、客观条件。客观条件是防卫行为明显超过必要限度并且造成重大损害，主观条件是必须具备主观罪过。那么，防卫过当的罪过形式是什么呢？对此，刑法学界形成了几种不同的观点。

第一种观点认为，防卫过当的罪过形式只能是过失，包括疏忽大意的过失和过于自信的过失。其理由是：间接故意是行为人明知自己的行为超过必要限度而放任超过必要限度，在间接故意的情况下，超过必要限度尽管不是行为人的希望与追求，但行为人对此予以放任，不反对；直接故意则是希望超过必要限度。防卫过当对行为人来说出发点必须是正当的，在主观上都是限制超过必要限度的。因此，不反对超过必要限度（间接故意）和希望超过必要限度（直接故意），都不能成为防卫过当的罪过。[①]

第二种观点认为，防卫过当的罪过形式可以是过失，包括疏忽大意的过失和过于自信的过失，也可以是间接故意，但不能是直接故意。其理由是：在防卫过当的场合，防卫人主观上是出于正当防卫的目的，只是防卫行为明显超过必要限度造成了重大损害。防卫人进行防卫尽管是故意实施的，但其实施防卫行为的故意和刑法上犯罪的故意有着本质区别，防卫人没有危害社会的犯罪目的；至于超过必要限度造成的危害，多属其在反击不法侵害时主观上的疏忽或判断明显失误所导致。所以，一般说来防卫过当的罪过形式是过失。但在极少数情况下，可能是间接故意，即明知会明显超过必要限度造成重大损害，而仍然放任这种结果发生。[②]

第三种观点认为，防卫过当的罪过形式既可以是过失（包括疏忽大意的过失和过于自信的过失），也可以是故意（包括直接故意和间接故意）。其理由是：在防卫强度违反了自我约束性而造成防卫过当的情况下，一般不是直接故意，而是间接故意或过失。因为违反潜在自我约束的行为，是在正当防卫过程中所造成的过当，其目的是制止不法侵害，而不是希望与追求防卫的强度超过不法侵害的强度。有时尽管明知自己的行为会超过不法侵害的强度，但却仅仅是放任其超过而已；有时虽然是应当预见其行为可能超过不法侵害的强度，但由于疏忽大意而没有预见，或已经预见，但由于轻信可以避免，致使超过这一强度。然而，违反了防卫行为随时随地终止性的情况下，其行为超过防卫的强度，就是行为人的直接故意支配下的结果，因为这种行为是在制止了不法侵害之后，又故意实施的侵害行为，其动机显然是泄愤或复仇等等，其目的是故意侵犯他人的人身权利等，因而这种行为无疑是一种有目的的故意犯罪行为。[③]

我们赞同第一种观点的结论，主张防卫过当的罪过形式只能是过失，包括疏忽大意的过失和过于自信的过失，不可能是故意，包括直接故意和间接故意，但我们的论证理由略有不同。我们认为，根据我国《刑法》第 14 条的规定——“明知自己的行为会发生危害社会的结果，并且希望或者放任这种结果发生，因而构成犯罪的，是故意犯罪”，故意犯罪必须具备认识因素和意志因素，其中，认识因素是明知自己的行为会发生危害社会的结果。从防卫过当的行为人的心理态度来看，防卫人虽然客观上实施了明显超过必要限度造成重大损害的危害行为，但主观上认为自己是在实行正当防卫，是在维护国家、公共利益、本人和他人的合法权益，认为自己的防卫行为是制止不法侵害行为所必需的，因此，主观上不会具有明知自己的行为会发生危害社会的结果的认识态度。相反，如果行为人主观上已经明知自己的行为会发生危害社会的结果，那说明行为人主观上就已经意识到自己的行为不是在维护国家、公共利益、本人和他人的合法权益，行为人就已经不具备正当防卫的防卫意识，就

① 参见郑德豹：《也论正当防卫与防卫过当的界限》，载《法学研究》，1981（6）。

② 参见陈忠林主编：《刑法总论》，159 页，北京，高等教育出版社，2007。

③ 参见金凯：《试论正当防卫与防卫过当的界限》，载《法学研究》，1981（1）。

不成立正当防卫。因此，我们认为，防卫过当的罪过形式只能是过失，包括疏忽大意的过失和过于自信的过失，不可能是故意，包括直接故意和间接故意。

本案中，被告人周某的行为是否超过防卫的必要限度，是争议的焦点。从全案综合来看，被害人张某某与其友王某对周某的头部、胸部、颈部、腹部进行拳打脚踢，还将周某往门市的卷帘门上撞；当黄某某来劝解的时候，还殴打黄某某致使面部流血。被告人周某在没有其他任何办法保护自己和他人的人身安全的情况下，只有用这种相对过激的行为才能正好足以制止侵害人的不法侵害行为，保护自己和他人的人身安全。如此的防卫行为，不宜认定为超过必要限度。至于后面去追被害人张某某的行为，应该说这种行为超过了正当防卫的限度了，但是，毕竟其没有追到张某某，仅仅是一种情绪激动的反应，没有必要认定为犯罪。

【讨论归纳】

正当防卫的防卫限度应该结合全案进行分析，要考虑力量的对比和人员的对比。防卫的限度应该是防卫人的行为正好足以制止侵害人的不法侵害行为，而没有明显超过必要限度，对不法侵害人造成重大损害。如果过于苛求防卫人的防卫限度，要防卫人只能选择对被害人损害最小的方式来实施防卫的话，将会导致防卫人很难真正实施防卫，不利于实现正当防卫的目的。即使造成防卫过当，我们也要考虑其主观要件是过失而不是故意，因为防卫人主观上追求的是防卫而不是故意伤害。

【实务训练】

从实务中找一件关于暴力抗拒强制拆迁的真实案件，分析其为什么是或不是正当防卫。要求格式规范、条理清晰、层次分明、有理有据、入情入理。

【延伸阅读】

1. 高铭暄，马克昌主编．中国刑法解释．北京：中国社会科学出版社，2005
2. 田宏杰．刑法中的正当化行为．北京：中国检察出版社，2004
3. 赵秉志主编．犯罪总论问题探索．北京：法律出版社，2003
4. 赵秉志，刘志伟．正当防卫理论若干争议问题研究．法律科学，2001 (2)

案 15 为防止被强奸而致人死亡行为的定性

——杨某某无限防卫案

【问题提示】

无限防卫是我国 1997 年《刑法》增设的内容，对无限防卫的名称及含义应当如何理解，无限防卫的成立条件以及与普通防卫的区别应当如何认识，都是司法实践中应当引起注意的问题。

【案情摘要】

被告人：杨某某，女，农民。

被告人杨某某之公公王某某（本案被害人，与被告人同住）曾于20世纪80年代趁儿媳杨某某欲超生孩子被计生部门追查，到其卧室内躲避时，强行对其实施了奸淫。此后，王某某多次纠缠杨某某，欲与其发生性关系，并在儿子外出打工期间偶有奸淫得逞。为此，杨某某的丈夫曾多次请村干部到家调解。2000年7月6日21时许，被告人杨某某提水到灶房后面的猪圈屋洗澡，刚把裙子脱下，王某某趁机蹿进猪圈屋，欲与其发生性关系。杨某某不从，双方遂发生推拉抓扯，二人从猪圈屋拉扯到灶房屋去堂屋的过门石梯处时，王某某不慎摔倒在地。在没有灯光的情形下，杨某某摸索着抱起狗食槽向王某某砸去，一连数下均砸在王某某的头部，致王某某死亡。经法医鉴定，死者王某某系钝物打击头部致颅脑损伤死亡。次日早晨，杨某某在一妯娌的陪同下到泸县公安局石桥派出所投案自首。

【分歧意见】

对于本案的定性有三种不同观点：第一种观点认为，杨某某的行为应当构成故意杀人罪。第二种观点认为，杨某某的行为属于防卫过当，应定为故意伤害罪。第三种观点认为，杨某某的行为属于无限防卫，不构成犯罪。

【要点提示】

1. 应当如何把握无限防卫的名称及含义？
2. 关于无限防卫的成立条件应当如何把握？
3. 无限防卫与普通防卫的区别何在？
4. 对《刑法》第20条第3款等相关法律、法规的深入把握。

【问题讨论】

自1997年《刑法》确立无限防卫制度以来，这一问题就成为诸多专家、学者关注的热点，迄今为止，各种观点不断涌现，蔚为壮观。然而，冷静、客观地说，尽管学术界对无限防卫的研究异常活跃，呈现出一派欣欣向荣的景象，但是，透过热闹的表象，明眼人能洞察其中的良莠不齐。在这里，试结合本案对其中争议较大的几个问题作些许分析。

一、无限防卫的名称及含义

关于无限防卫的名称，也许是相关研究中最混乱不堪的问题之一。从目前我们所收集的资料来看，对无限防卫的称呼主要有以下几种不同的提法：“无过当之防卫”①；“无度的防卫”或“无限度正当防卫”②；“特殊防卫”或“特殊防卫权”③；

---

① 陈兴良：《刑法疏议》，98页，北京，中国人民公安大学出版社，1997。

② 王作富：《中国刑法的修改与补充》，17页，北京，中国检察出版社，1997；陆明德：《浅析无限度正当防卫》，载《法学天地》，1997（6）。

③ 高西江：《中华人民共和国刑法的修订与适用》，111页，北京，中国方正出版社，1997；段立文：《对我国传统正当防卫观的反思》，载《法律科学》，1998（1）。

"预防性正当防卫"[①]；"无限防卫权"[②]。在以上这些称呼中，我们认为，尽管不同的专家、学者都有自己的见解，但就其科学性来讲，"无度的防卫"、"特殊防卫""预防性正当防卫"等提法容易使人产生认识上的歧义，故不可取，而在"无过当之防卫"、"无限度正当防卫"和"无限防卫权"这些提法中，虽然前两者更接近立法精神，但考虑到概念表达的简洁性，我们认为还是采取"无限防卫"这种称呼比较科学。那么，对于"无限防卫"在我国刑法中的含义又应当如何理解呢？要正确地理解这一问题，首先应当弄清无限防卫本来的意义。一般来讲，无限防卫可分为绝对意义上的无限防卫与相对意义上的无限防卫两种情形：绝对意义上的无限防卫是指没有任何条件限制的正当防卫，它允许防卫人在防卫过程中可采取任何处置方法和手段来对付不法侵害者；而相对意义上的无限防卫是指有一定条件限制而没有限度约束的正当防卫，它允许防卫人在遇到不法侵害的紧急情况下超过必要限度对付不法侵害者而不负任何刑事责任。从我国 1997 年《刑法》对无限防卫的规定来看，它基本上是在后一种意义上来使用这一概念的。也就是说，《刑法》第 20 条第 3 款所规定的防卫方式，并不是不受任何条件限制的，只是在防卫限度方面不受限制而已。因此，相对于绝对意义上的无限防卫而言，它是一种有限防卫；而相对于绝对意义上的有限防卫而言，它才是一种无限防卫。正是在这一意义上，我国 1997 年《刑法》所规定的无限防卫，既不同于国外早期刑事立法上所规定的无限防卫权，也不同于国外现代刑事立法上所规定的无限防卫权，而纯粹是在借鉴国外立法经验的基础上根据我国的实际情况确立的一种具有中国特色的无限防卫制度。

二、无限防卫的成立条件

关于无限防卫的成立条件，目前在刑法理论界也是一个有所争议的问题。就我们收集的资料看，主要有以下三种不同的观点。第一种观点认为，无限防卫的成立应当具备以下三个条件：（1）防卫人针对的是严重危及人身安全的犯罪，主要是暴力犯罪；（2）防卫的主体是任何公民；（3）防卫人杀伤不法侵害人或损害其利益，仍是制止不法侵害的防卫行为。[③] 第二种观点认为，无限防卫的成立应当有以下三个方面的条件：（1）防卫的范围，必须针对行凶、杀人、抢劫、强奸、绑架以及其他严重危及人身安全的暴力犯罪；（2）防卫的时间，必须针对正在进行的不法暴力侵害；（3）防卫的对象，必须是不法暴力侵害者本人。[④] 第三种观点认为，无限防卫的成立应当具备以下四个方面的条件：（1）行使无限防卫的前提——必须有某种特定暴力犯罪存在；（2）行使无限防卫的时机——必须是某种特定暴力犯罪正在进行之时；（3）行使无限防卫的对象——正当防卫必须是针对不法暴力侵害者本人实施的；（4）行使无限防卫的主观条件——防卫人必须具有防卫合法权益的意图。[⑤]

---

① 赵秉志、肖中华：《适应市场经济 完善刑事立法》，载《政治与法律》，1997（1）。

② 赵秉志、赫兴旺：《论刑法典总则的改革与发展》，载《中国法学》，1997（2）；黄明儒、吕宗慧：《论我国新刑法中的无限防卫权》，载《法商研究》，1998（1）。

③ 参见姜伟：《新刑法确定的正当防卫制度》，载《法学家》，1997（3）。

④ 参见周道鸾等：《刑法的修改与适用》，95 页，北京，人民法院出版社，1997。

⑤ 参见黄明儒、吕宗慧：《论我国新刑法中的无限防卫权》，载《法商研究》，1998（1）。

针对以上几种不同的观点，我们认为，第一种观点对无限防卫成立条件的认识存在以下缺陷：首先，它忽略了无限防卫的目的条件，即必须出于合法的防卫意图；其次，它忽略了无限防卫的时间条件，即不法暴力侵害必须正在进行；最后，它忽略了无限防卫的对象条件，即必须针对不法暴力侵害者本人实施；此外，这种观点将防卫主体扩大到任何公民，在司法实践中也容易引起误解，往往会使人误将某些非正当防卫的行为视为防卫行为而对他人实施无限防卫行为。第二种观点对无限防卫成立条件的认识基本上反映了1997年《刑法》第20条第3款的立法精神，其最大的缺陷在于它过分局限于无限防卫的客观条件，而忽略了无限防卫的主观条件，违背了主客观相一致的原则。第三种观点对无限防卫成立条件的认识比较全面，也比较具体，它既解决了无限防卫与普通防卫的共同前提，又突出了无限防卫自身所具有的特色，因而较好地反映了无限防卫的立法精神。

我们基本上倾向于第三种观点，但在他们所作分析的基础上，结合1997年《刑法》的立法规定，我们认为对无限防卫的条件可以从以下两个方面来进行分析：

（1）无限防卫的主观条件。无限防卫的主观条件是指防卫人在实施无限防卫时必须具备合法的防卫意图，亦即防卫人在进行无限防卫时对其防卫行为以及行为的结果必须具备一种以保护合法权益为目的的主观心理态度。其内容按照1997年《刑法》第20条第1款的规定，即必须以保护国家、公共利益、本人或者他人的人身、财产和其他权利为目的。这一目的的存在，不仅揭示了无限防卫的社会政治内容，而且对于正确地理解无限防卫的本质以及这一行为本身的正当性，均具有十分重要的意义。从立法的角度来考察，立法者之所以将无限防卫纳入排除社会危害性的行为之列，并在立法上作了明确的规定，不仅在于它客观上保护了社会的合法权益，更主要在于防卫人主观上具有防止合法利益免受到不法暴力侵害的意图。防卫人这一高尚的思想动机不仅与不法侵害者邪恶的非法欲望形成了鲜明的对比，而且成为其对防卫行为所造成的损害结果不负刑事责任的重要依据。

（2）无限防卫的客观条件。无限防卫的客观条件是指防卫人在实施无限防卫时必须针对正在进行行凶、杀人、抢劫、强奸、绑架以及其他严重危及人身安全的暴力犯罪的不法侵害者本人实施防卫的行为。这一条件具体来讲可从以下几个方面来把握：

第一，防卫人针对的必须是严重危及人身安全的特定的暴力犯罪。这些特定的暴力犯罪，按照《刑法》第20条第3款之规定，主要包括行凶、杀人、抢劫、强奸、绑架以及其他严重危及人身安全的暴力犯罪。在这里，《刑法》对特定暴力犯罪的范围没有作出明确的限定，那么，对无限防卫的这一客观前提条件应当如何理解，在刑法理论界和司法实务界尚未形成一致看法。我们认为，对《刑法》所作的这一规定，不能从字面意义上去理解，而应当从立法精神上去把握。作为与普通防卫迥然相异的无限防卫，虽然也必须以不法侵害的现实存在为依据，但这里的不法侵害必须是暴力性侵害。这种暴力性侵害不仅对其他严重危及人身安全的犯罪来讲必须如此，即便是对于行凶、杀人、抢劫、强奸、绑架等方面的犯罪，亦不能例外。这是因为，《刑法》所列举的这些犯罪，在司法实践中虽然大多表现为暴力方式，但也不能排除以非暴力的方式实施上述犯罪的可能性。因此，如果不法侵害人以非暴力的方式实施杀人、抢劫、强奸、绑架等犯罪的，则只能对其行使普通防卫权而不能对其行使无限防卫权。除此以外，无限防卫所针对的暴力性侵害还必须具有严重危及人身安全这一方面的特性，如果某种暴力性侵害还没有达到非常严重的程度，或者说其暴力性侵害危及的不是人身安全，而是财产等方面的安全，那么在这两种情形之下，也不能采取无限防卫，而只能实施普通防卫。

第二，防卫人针对的必须是正在进行的特定暴力犯罪。所谓正在进行的特定暴力犯罪是指这种暴力犯罪已经开始、尚未结束，即犯罪分子已经着手实施某种具体的暴力性犯罪且这种犯罪正处于实行的过程中。如果某种暴力性犯罪还没有现实地发生，或者这种暴力性犯罪已经实施结束，则不能行使无限防卫的权利，因为在这两种情况下，防卫时机尚未成熟或者防卫良机已经失去，防卫人若对不法暴力侵害者实行防卫行为，则有违无限防卫的时机条件。因此，特定暴力犯罪的实施时间是决定防卫人实施无限防卫时间的关键。当然，在司法实践中，考虑到暴力性侵害的特殊性，为了更好地保障防卫人的人身安全，对这种犯罪行为实施无限防卫时，根据具体情况，对其犯罪的开始时间，可以作适当的放宽，而不必非得等到大难临头、迫在眉睫，才允许防卫人实施防卫。唯有如此，方能有效地保护防卫人的合法权益，实现新刑法设立无限防卫的初衷。

第三，防卫人针对的必须是不法侵害者本人。无限防卫是国家以立法的形式赋予公民在某些危急情况下进行“私力”救助的特权，防卫人在行使这一权利时也必须在法定的范围内进行，而不得滥用这一权利，殃及无辜。这其中就包括防卫行为只能针对不法暴力侵害者本人实施，而不加害与暴力性犯罪无关的第三人。如果防卫行为损害了第三人的合法权益，则防卫人不能以享有无限防卫的权利而作为免除其刑事责任的理由。

从无限防卫的客观条件来讲，以上三个方面的条件必须同时具备，才能对不法暴力侵害人行使无限防卫的权利，若缺少其中之一，则不能行使无限防卫的权利。

三、无限防卫与普通防卫的关系

关于无限防卫与普通防卫的关系问题，目前在刑法理论界尚未达成共识。有人认为，无限防卫是一种独立的防卫方式，它与普通防卫的联系不大；有人认为，无限防卫是普通防卫的一种特殊表现形式，它与普通防卫有着十分密切的关系。我们认为，无限防卫作为正当防卫的表现形式之一，它与普通防卫之间的联系是不能抹杀的；与此同时，无限防卫作为一种特殊的防卫方式，其自身又具有相对的独立性。我们不能因为它们之间的联系而忽视无限防卫独立性的存在，也不能因为它们之间的区别而割断无限防卫与普通防卫之间的联系。一般来讲，无限防卫与普通防卫作为对付不法侵害行为的有效手段，二者同属于排除社会危害性的行为之列，“形似有害，实为无害”是它们之间的共通之处。从它们成立的条件来看，其相同点主要有以下几个方面：(1) 两者成立的前提条件都是必须有不法侵害的现实存在；(2) 两者成立的时机条件都是不法侵害必须正在进行；(3) 两者成立的对象条件都是不法侵害者本人；（4）两者成立的目的条件都是必须以保护国家、公共利益、本人或者他人的人身、财产和其他权利为目的。其不同点主要表现在以下几个方面：（1）不法侵害本身的性质和范围不同。对普通防卫来讲，不法侵害既包括犯罪行为，亦包括较为严重的违法行为，其范围较为广泛。而无限防卫中的不法侵害，只限于犯罪行为，且在犯罪行为中又作了特定限制，只限于刑法所规定的特定的暴力性犯罪，即行凶、杀人、抢劫、强奸、绑架以及其他严重危及人身安全的暴力犯罪。（2）不法侵害针对的对象范围不同。在普通防卫中，不法侵害针对的对象范围较为广泛，不仅包括人身权利，而且包括财产权利和其他方面的权利。而在无限防卫中，不法侵害针对的对象范围较窄，只限于人身方面的安全。（3）对防卫限度的要求不同。就普通防卫而言，防卫人在实施防卫行为的过程中，必须把握合理的限度，如果防卫行为明显超过防卫限度造成重大损害的，防卫人应当负刑事责任。而对于无限防卫来讲，则不受防卫限度的限制，只要是针对严重危及人身安全的暴力性犯罪，不论采取什么样的防卫方法，给对方造成什么样的后果，防卫人均不负刑事责任。

具体到本案而言，被告人杨某某之翁父王某某曾多次对其实施奸淫。案发当天，被告人杨某某在猪圈屋洗澡时，王某某又趁机溜进猪圈屋，欲再次与其发生性关系。面对正在进行的强奸犯罪，被告人杨某某为了维护自身的合法权益，对王某某实施了反击行为，并在没有灯光的情形下抱起狗食槽砸向王某某，其行为应当属于防卫行为。而且，在被告人杨某某和被害人王某某实施扭打的过程中，被害人虽然不慎摔倒在地，但其侵害行为并未结束。根据当时的情况，王某某爬起来后仍会继续对杨某某实施侵害行为。因此，被告人杨某某对王某某实施的防卫行为并不存在事后防卫的问题。更为重要的是，被告人杨某某针对被害人王某某正在进行的强奸这一严重危及人身安全的暴力犯罪采取的防卫行为，虽然造成了被害人的死亡，但应属《刑法》第20条第3款所规定的无限防卫。换言之，被告人杨某某根本就不存在防卫过当的问题，其行为根本不构成故意杀人罪或者故意伤害罪，而应当认定为无罪。

【讨论归纳】

无限防卫与普通防卫在防卫限度上有很大的区别。就普通防卫而言，防卫人在实施防卫行为的过程中，必须把握合理的限度，如果防卫行为明显超过防卫限度造成重大损害的，防卫人应当负刑事责任。而对于无限防卫来讲，则不受防卫限度的限制，只要是针对严重危及人身安全的暴力性犯罪，不论采取什么样的防卫方法，给对方造成什么样的后果，防卫人均不负刑事责任。因此，本案被告人杨某某根本就不存在防卫过当的问题，其行为根本不构成故意杀人罪或者故意伤害罪，而应当认定为无罪。

【实务训练】

甲持刀抢劫乙，乙夺刀致甲跌倒在地，并因头部撞在水泥地板上昏迷。乙乘机用夺来的刀朝甲猛刺致死。请根据本案的事实，写一篇关于无限防卫权的短文。要求格式规范、条理清晰、层次分明、有理有据、入情入理。

【延伸阅读】

1. 王政勋．正当行为论．北京：法律出版社，2000
2. 彭卫东．正当防卫论．武汉：武汉大学出版社，2001
3. 田宏杰．刑法中的正当化行为．北京：中国检察出版社，2004
4. 陈兴良．正当防卫论．2版．北京：中国人民大学出版社，2006
5. 李永升．无限防卫问题研究．法律科学，1998（5）
6. 卢勤忠．无限防卫权与刑事立法思想的误区．法学评论，1998（4）
7. 杜宝庆．无过当防卫的法律适用．中国刑事法杂志，1999（3）
8. 阮传胜．无限防卫权与刑事立法化质疑．华东政法学院学报，1999（4）

案 16 为保全个人生命而牺牲他人生命行为的定性

——李某避险杀人案

【问题提示】

紧急避险是一种在危险情况下刑法鼓励公民实施的合法行为，其与避险过当的行为应当如何划分？二者划分的标准应当是什么？牺牲他人生命保全自己生命的行为是紧急避险还是犯罪行为？

【案情摘要】

被告人：李某，女，某县县委干部。

某日李某骑自行车下乡工作，途中遇一男青年企图抢车。她环顾四周见旷无人烟，又天近黄昏，要反抗就会遭到横祸，于是便主动向对方表示：如果想要车，只管推走，不要伤害她。那名男青年当即粗暴地表示允诺，并准备推车。这时李某又要求说："自行车你拿去好了，车上那只打气筒是我借的，把气筒留给我吧，我好还给人家。"那人也表示同意，李某便动手卸气筒。抢劫犯弯下身子检查车子，看看是否好用，以便迅速离开现场。这时李某突然趁其不备，用才卸下来的气筒朝弯腰低头的抢劫犯的后脑猛击一下，将抢劫犯击倒在地后赶忙骑车去报案。当李某来到最近的一个屯子时，整个屯子一片漆黑，只有一户人家从门缝露出一线灯光，李某便投奔光亮而去。这家有母女二人，母亲五十多岁，女儿19岁。李某向主人说明遭遇后，母女深表同情。老太太说，天色已晚，派出所还在较远的大屯子，路途不安全，邀李某当晚留宿她家，明早再去报案。李某思量再三，只好暂留一宿，并对殷情的主人表示感谢。老太太又恐客人害怕，让女儿陪宿。这家是独门独舍，院落很小，老太太与女儿住北房，儿子住西房，大门在南面。因儿子外出，老太太让女儿陪同客人住西房。抢劫犯姓张，农民，当天下午从水库工地回家，路遇李某，遂萌生歹念，抢车未遂，反被击昏，天黑后逐渐苏醒过来，情绪沮丧，悻悻而归。李某借宿的正好是他家，主人是她母亲和妹妹。他一进门便发现自己抢过的自行车在院内，急忙问明来历，其母亲便将投宿人的遭遇说了一遍。张某听后十分惊慌，急忙问明李某睡觉的位置和方向。老太太说，李某睡在外侧，女儿睡在内侧，头朝北。张某摘下窗上铡草用的铡刀，悄悄拨开房门，走进房间，在黑暗中摸准睡在炕外侧的人头，照脖颈部猛砍一刀，又悄声回到北房，才对母亲说，抢自行车的人就是他，李某已经认识他，为了逃避揭发，已将李某杀死。老太太原本同情李某的遭遇，并不知抢劫犯竟是自己的儿子，如今却同情起儿子来，忙从柜子里拿出半新的被絮，同儿子一起走进西房，将尸体包起，抬到田间扔进深枯井湮灭罪迹，满以为这样就可以逃避惩罚，甚至可能瞒过女儿的耳目。实际上，李某在张某的妹妹陪同睡下后，由于傍晚发生的被抢和击倒罪犯的事件，心情难以平静，久久不能入睡；加之院小房近，夜寂人静，张某母子谈话、摘铡刀、拨门的声音都听得一清二楚，她极度恐慌，急中生智，在不得已的情况下，悄悄移动张某的妹妹，将她推到土炕外侧，自己则睡到她的位置上。张某的妹妹劳累一天，又年轻贪睡，上炕后挨枕头就进入梦乡，对所发生的事情一无所知。因此。张某杀死的实际上是自己的妹妹。李某趁张某及其母亲抬尸体外出之机，骑车赶回县公安局报案。

【分歧意见】

关于李某牺牲他人生命保全自己生命的行为是紧急避险还是犯罪行为？其难题在于，损害的权益和保护的权益都是生命，两个生命之间又无轻重之分，在行为人当时缺乏意志自由和期待可能性的情况下，是否应当予以同情以致允许？对此理论上存在三种不同意见：第一种意见认为，如果李某的行为发生在外国，则可能构成紧急避险，因为有的国家的刑法允许为了保全自己的生命而牺牲他人的生命。但是社会主义国家的刑法理论认为，由于紧急避险是通过牺牲一个合法利益来保护另一个合法利益，所以不允许为了保护较小的权益而损害较大或同等的权益，对人的生命尤其如此。第二种意见认为，李某的行为不但是紧急避险的行为，而且是一种善于同犯罪作斗争的英雄行为，至于张某的妹妹被张某所杀，那是对张某这种行为的一种报应。第三种意见认为，李某的行为没有超过必要限度，属于紧急避险的行为。

【要点提示】

1. 应当如何把握紧急避险成立的条件？
2. 紧急避险与避险过当的行为应当如何区分？
3. 牺牲他人生命保全自己生命的行为是紧急避险还是犯罪行为？
4. 对如下相关法律、法规的深入把握：《刑法》第 21 条。

【问题讨论】

一、紧急避险成立的条件

我国《刑法》第 21 条规定：为了使国家、公共利益、本人或者他人的人身、财产和其他权利免受正在发生的危险，不得已采取的紧急避险行为，造成损害的，不负刑事责任。根据该条规定，所谓紧急避险，是指为了使国家、公共利益、本人或者他人的人身、财产和其他权利避免正在发生的危险，不得已而采取的损害另一个较小的合法权益的行为。

根据刑法的规定，刑法学理论通说认为，紧急避险的成立必须具备下列条件：(1) 前提条件：必须是合法权益受到现实危险的威胁，即出现了足以致使合法权益遭到严重损害的现实危险。(2) 时间条件：必须是危险正在发生，即实际存在的危险已经出现且尚未结束。(3) 限制条件：必须是在迫不得已的情况下实施。所谓"迫不得已"，是指在危险已经发生的非常时刻，从当时的实际情况看，除了采取紧急避险措施外，别无他法能够避免危险，紧急避险成为唯一的选择。如果当时还有其他非损害权益的方法可以避免危险，则不能实行紧急避险。(4) 主观条件：必须是为了合法权益免受正在发生的危险侵袭。它包括两层含义：一是所保全的利益必须是合法的利益。二是避险人必须出于正当的避险意图，即在遭受危险的紧急情况下，基于对危险事实的认识，为保全合法权益才实行避险的行为。(5) 限度条件：不得超过必要限度造成不应有的损害。

二、紧急避险与避险过当的区分

避险过当，是指避险行为超过必要限度造成不应有的损害。避险过当属于有害于社会的行为，根据《刑法》第 21 条第 2 款的规定，行为人应当负刑事责任。它具有两个基本特征：其一，避险行为客观上超过了必要限度造成了不应有的损害，即避险行为所造成的损害等于或大于所要保护的利益。这是避险过当行为人承担刑事责任的客观基础。其二，行为人对过当的行为及结果主观上具有罪过，即存在故意或过失，这是其承担刑事责任的主观基础。一般而言，避险过当的罪过形式为过失，即行为人应当预见自己的避险行为会超过必要限度造成不应有的损害，因疏忽大意而没有预见或虽已预见但轻信能够避免，而少数情况下也存在对结果的发生持间接故意的放任态度。

在认定避险过当的过程中，应当注意紧急避险与避险过当的区分：二者在前提条件、时间条件、限制条件和主观条件等方面是相同的，即避险过当具有其应有的避险性。二者的不同之处在于避险行为的过当性和罪过性，即避险过当的行为在客观上必须具有过当性，亦即行为人的避险行为超过必要限度，给第三人造成了不应有的损害；在主观上具有罪过性，亦即行为人的避险行为给第三人造成不应有的损害是出于过失或者间接故意。若行为人的避险行为不符合以上两个特征，则不能以避险过当论处。

根据《刑法》第 21 条第 2 款的规定，对于避险过当行为，量刑时应当减轻或者免除处罚。至于如何具体掌握减轻处罚和免除处罚，应当根据危险的性质和强度、避险过当所造成的损害的性质和程度，以及避险人自身的排险能力和处境等具体情况酌定。

三、关于人的生命权益的比较问题

关于人的生命能否衡量，在刑法理论上是一个有所争议的问题。综观中外刑法学界的观点，主要有以下几种处理意见：第一种意见是，禁止生命之间的衡量，即任何情况下都不允许以牺牲他人生命为手段来保全自己的生命。这是德国刑法的通说。第二种意见是，生命具有等价性，因此，可以成立紧急避险。这是日本刑法的通说。第三种意见是，在以少数人的生命救助多数人的生命的情形中，可以允许紧急避险。这是我国部分学者的观点。第四种意见是，在以少数人的生命救助多数人的生命的情形中，可以允许紧急避险，但必须附加一定条件：不存在选择的任意性。这是美国刑法的通说。第五种意见是，生命虽然原则上不能衡量，但是在危险共同体的案件中可以适用紧急避险。[①] 以上五种意见中，相对而言，第一种意见比较合理，即生命是等价的，不仅质上没有高低贵贱之分，而且量上也不能比较。但是，是否所有以牺牲他人生命为手段的避险行为都是避险过当呢？我们认为，应当根据攻击性紧急避险与防御性紧急避险进行具体分析，这是由二者各自不同的限度条件所决定的，因此，第一种意见也有不妥之处。我们认为，在攻击性紧急避险中，其限度条件是避险行为所保护的利益大于所侵害的利益，而不能等于所侵害的利益，因此，如果以牺牲无辜第三者的生命作为避险手段来救助自己或其他人的生命，就属于避险过当，因为生命之间是等价的。然而，在个人生命或多数人生命面临危险，只能以牺牲他人生命或少数人生命来避险时，这种避险行为仍然是违法的，只是从行为人的角度而言，此时缺乏避免实施违法行为的期待可能性。因此，对此避险过当行为可以考虑根据我国《刑法》第 13 条关于但书情节的规定，不以犯罪论处。而在防御性紧急避险中，避险行为所保护的利益等于所侵犯的利益时，仍属于正当化的紧急避险。这是由其避险行为是针对危险源本身所进行的这一特点决定的。因此，在防御性紧急避险中，以牺牲他人生命为避险手段救助自己生命时，可以成立紧急避险。

在本案中，李某采取“换位”的方式，使张某错将自己的妹妹当做李某予以杀害，属于以牺牲他人的生命保全自己的生命的情形。但是李某的行为应否被认定为避险过当呢？根据我国刑法理论之通说，在紧急避险的过程中，行为人损害的利益必须轻于保全的利益。如果两者相等，则属于避险过当。因此，在本案中，李某的行为显然属于避险过当。但是，根据本案的实际情况来考察，李某在迫不得已的情况下，作出的与张某的妹妹“换位”的行为，是行为人在失去了意志自由的情况下所作出的“别无他法”之举，从当时李某所处的环境状况加以考察，我们均不能期待她作出相反或者其他的合法行为，因此，本着“法不强人所难”的精神，结合期待可能性的理论和《刑法》第 13 条但书的规定，应当认定李某的行为不具有刑法上的非难可能性，无须承担刑事责任。这是因为，在本案中，虽然李某在客观上存在以牺牲他人生命保全自己生命的情形，但我们不能期待她在当时的这种紧急情况之下，作出相反行为或者其他合法行为，因此该行为不具有期待可能性。另外，张某妹妹不是李某杀害的，而是张某的杀害行为所致，因此，张某妹妹死亡的结果应由张某承担刑事责任。而李某的避险行为属情节显著轻微危害不大，可以不认为是犯罪。

【讨论归纳】

紧急避险与避险过当属于两种不同的行为，前者是刑法鼓励实施的合法行为，

① 以上观点引自谢雄伟：《紧急避险基本问题研究》，182 页，北京，中国人民公安大学出版社，2008。

后者是刑法规定的犯罪行为。二者区别的关键在于行为人客观上是否具有过当性，在主观上是否具有罪过性。在以牺牲他人生命保全自己生命的情况下，如果没有其他情形存在，一般应认定为避险过当。但在本案中，由于期待可能性不存在，加上李某的行为符合《刑法》第13条但书的规定，所以，不宜认定为犯罪行为。

【实务训练】

甲（18周岁，无业）抢劫乙（古董收藏者），乙持丙（古董商）的古董（价值5万元）砸甲，甲重伤，古董碎。请根据本案的事实，写一篇关于本案定性的分析短文。要求格式规范、条理清晰、层次分明、有理有据、入情入理。

【延伸阅读】

1. 高格．正当防卫与紧急避险．福州：福建人民出版社，1985
2. 郭守权等．正当防卫与紧急避险．北京：群众出版社，1987
3. 刘明祥．紧急避险研究．北京：中国政法大学出版社，1998
4. 谢雄伟．紧急避险基本问题研究．北京：中国人民公安大学出版社，2008
5. 黄祥青，江涛．紧急避险的必要限度刍议．江西法学，1991（1）
6. 刘明祥．论紧急避险的性质．法学研究，1997（4）
7. 马克昌．紧急避险比较研究．浙江社会科学，2001（4）
8. 邢曼媛．紧急避险与期待可能性.山西警官高等专科学校学报，2003（3）

案17　未被立案的犯罪行为是否受追诉期限的限制

——金某盗窃案

【问题提示】

刑法中的追诉时效是刑事司法权是否发动的前置性问题，行为人的行为是否超过时效是司法机关在具体案件查处时必须予以关注的现实问题。由于现有的刑法规定比较粗疏，落实到具体的共同犯罪时，司法机关只对其中部分行为人进行了刑事立案，事后才发现遗漏了其他共同犯罪人，此时的追诉时效如何计算就成为一个现实问题。于此，如何理解立案的意义？对未确定立案侦查的共同犯罪人是否认定为立案？如何理解逃避侦查？逃避侦查是否以行为人知悉已被立案侦查为条件？

【案情摘要】

被告人：黄某、金某，男，无业。

2002年8月，黄某、金某预谋盗窃他人财物。8月25日，二人联系好买主后盗窃他人财物，价值3 520元，以1 200元的价格将所盗财物出售后所得赃款被二人均分。案发后经被害人报案，侦查机关予以立案，并于2003年对已经发现但在逃的犯罪嫌疑人黄某进行网上追逃，而金某因未被司法机关发现，其一直在家务农。黄某于2009年7月26日被抓获，金某随之于2009年7月29日被刑拘。

【分歧意见】

关于本案的金某是否受追诉时效的限制，存在如下两种截然相反的观点：

第一种观点认为，金某受追诉期限的限制，由于金某的行为已经超过追诉期限，不应该再予追究刑事责任。理由在于，本案案发后，司法机关的立案对象是黄某，其中并不包括金某。并且，逃避侦查的也是黄某，而金某一直在家务农，根本未逃避侦查，且距离案发时已经将近 7 年，在此期间未发现金某有其他犯罪行为。因此，对于金某的行为应当依据《刑法》第 87 条第 1 项和第 88 第 1 款的规定，不再追诉。

第二种观点认为，金某的行为不受追诉时效期限的限制，应与黄某一起共同追诉。理由在于，黄某、金某实施的是共同犯罪，侦查机关根据失主报案已对全案立案侦查，并于 2003 年对已经确定的犯罪嫌疑人黄某进行了网上追逃。尽管黄某在逃造成同案犯金某未被发现，但作为共同犯罪行为人，金某的行为应该随同黄某的行为一起适用《刑法》第 88 条第 1 款——“在人民检察院、公安机关、国家安全机关立案侦查或者在人民法院受理案件以后，逃避侦查或者审判的，不受追诉期限的限制”，予以刑事追究。

【要点提示】

1. 刑法规定追诉时效的本意是什么？为什么要规定追诉时效？
2. 如何理解立案的意义？对未确定立案侦查的共同犯罪人是否认定为立案？
3. 如何理解逃避侦查？逃避侦查是否以行为人知悉已被立案侦查为条件？

【问题讨论】

我国《刑法》第 87 条、第 88 条、第 89 条规定了时效制度，对追诉时效的期限、追诉期限的延长、追诉期限的计算与中断进行了明确限定。但是，由于现实案件的复杂性，按照现有的规定对现实案件进行对号入座时就会发现，现有的时效制度仍然存在诸多争议之处。基于此考虑，我们必须对刑法规定追诉时效的本意进行深入挖掘，对现有刑法的具体规定进行仔细厘定。然后，在理论澄清的基础上，针对现有的复杂案件进行追诉时效上的司法适用。

一、刑法规定追诉时效的本意是什么，为什么要规定追诉时效

从国家的角度来看，犯罪行为的社会危害性及其可罚性程度，是发展变化的，通常随着时间的流逝而逐步变小。社会对犯罪人及其危害行为的否定评价，将随着时间的推移而变化，社会一般人对犯罪事实随着时间推移而逐渐有较为恰当的认识或者适当的否定评价。从被害人角度来讲，其被侵害的委屈感及谋求刑罚干预或者意图进行私力报复心理的强烈程度，将随着时间的推移而逐步缓和或者逐步消失，由此导致对犯罪人加以惩罚的必要性也随之降低。从犯罪人本身的角度来讲，其犯罪的主观恶性及人身危险性伴随着时间的流逝而趋于弱化，并且长期的自我约束已经使针对原罪的刑罚惩罚变得意义不大。正是以上三个方面对刑罚干预要求的降低，导致国家权力对足够长时间前的犯罪的刑罚干预已无必要，因而促使了追诉时效制度的产生。

就《刑法》第 88 条第 1 款而言，刑法关注的真正内容没有变化，这一款的核心

词依然是“逃避侦查或者审判”，也就是说，打击的仍然是对抗司法的“逃避侦查或者审判”的行为。虽然1997年《刑法》相对于1979年《刑法》而言有所修正，但是修改的真正内容，只是扩大了对于对抗司法行为的打击范围：从“采取强制措施”之后的对抗司法行为即“逃避侦查或者审判”，提前到人民检察院、公安机关、国家安全机关的“立案侦查”和人民法院的“受理案件”之后的对抗司法行为即“逃避侦查或者审判”，以此种方式扩大了打击半径，处于这个半径之内的对抗司法行为即“逃避侦查或者审判”的，不再受追诉时效的限制。

通常而言，刑法规定追诉时效的目的主要有以下几点：一是符合刑罚的目的。刑罚的目的之一是预防犯罪。犯罪人在实施犯罪后，在一定期限内没有再犯罪，说明其犯罪的危险性已经消除，一定程度上达到了适用刑罚的目的。二是有利于司法机关集中精力办理当下的刑事案件。现行的犯罪对社会具有极大的危害性，需要公安、司法机关尽快抓获犯罪嫌疑人予以惩罚，以及时消除犯罪分子的社会危害性。如果不规定追诉时效制度，公安机关、司法机关一直陷于陈年旧案之中，会影响对现行犯罪案件的办理。设置追诉时效制度，也可以节约司法资源，节约人力、物力、财力。三是有利于社会的稳定。犯罪分子犯罪后在一定时期内没有再犯罪，表明其对社会的危险性已经消除，随着时间的推移，社会已经逐渐遗忘其犯罪行径，被害人对他的仇恨也会随时间的流逝而消解，被损害的社会关系已经恢复，犯罪人的社会生活、家庭生活已经步入正轨。在此情况下，不再追究犯罪人的犯罪行为，有利于社会的稳定。如果再予追究，反倒破坏社会的安宁和稳定。

二、如何理解立案，立案是对犯罪嫌疑人而言还是对案件事实而言的

根据刑事诉讼法的规定，人民检察院、公安机关等发现有“犯罪事实”或者“犯罪嫌疑人”，都应当立案侦查，因此，立案可以是对人，也可以是对事。根据我国1996年《刑事诉讼法》第83条（新《刑事诉讼法》第107条），立案所针对的“犯罪事实”和“犯罪嫌疑人”两者之间是一种选择性关系，换言之，两者存其一即符合该规定，也可以说，立案既可对“事”，也可对“人”。从实践情形来看，前述“发现”包括三种情形：一是既发现了犯罪事实也发现了犯罪嫌疑人，二是只发现了犯罪事实尚未发现犯罪嫌疑人，三是发现了犯罪嫌疑人但尚不清楚犯罪事实。需要说明的是，发现了犯罪嫌疑人但尚不清楚犯罪事实也是能够认为有犯罪事实存在的，这与前述立案的首要条件“有犯罪事实”是相符合的。另外，立案要求的有犯罪事实仅指某种危害社会、触犯刑法的犯罪行为发生，并不要求清晰地认知整个犯罪过程、具体的犯罪情节、犯罪嫌疑人等情况，尤其是一般共同犯罪和集团犯罪，其案情较为复杂且参与犯罪的人数比较多，因为立案只是刑事诉讼的开始程序，案件尚未进行侦查和审理，查明全部的犯罪事实由立案后的侦查或审理活动来完成。

但是，有学者认为，具体到追诉时效制度中，《刑法》第88条第1款所称的立案，应当是已经发现了犯罪嫌疑人情况下的立案，如果仅有犯罪事实而立案的，不属于这里所称的立案，否则，就会导致案件事实一旦被发现，就不适用追诉时效制度，那么追诉时效制度基本上就被完全架空了。我们认为，这种见解不妥。理由在于，如果把立案限定为仅仅只是对人的立案，那么，在只有犯罪事实而犯罪嫌疑人

尚未锁定的情形下，即使行为人逃避侦查或者审判，都要受追诉时效的限制，这明显不合理。另外，并非犯罪事实一旦被发现，就不适用追诉时效，因为在立案之后，还受犯罪嫌疑人逃避侦查或者审判这一条件的限制。因此，刑法时效制度中的“立案”与刑事诉讼法中的“立案”并无二致，没有必要为了特殊意图而对此进行有意的人为限制。

三、如何理解逃避侦查，逃避侦查是否以行为人知悉已被立案侦查为条件

一般而言，逃避侦查是指犯罪嫌疑人在实施犯罪后，为了逃避法律的追究而实施的一系列影响侦查机关顺利侦查、对其采取强制措施的行为。逃避侦查的行为有很多，常见的是远走他乡、隐姓埋名，或者虽然没有远走他乡，但是一直躲避侦查机关，拒不与侦查机关接触，不让侦查机关发现其藏身之地。从犯罪嫌疑人的角度来看，“逃避侦查”在本质上是一种对抗司法的行为，因此，犯罪嫌疑人所知晓的，应当是其自身已经被确定为犯罪嫌疑人，而不是其所实施的犯罪已经被立案。犯罪嫌疑人在实施犯罪行为之后，对自己行为的危害性质是有初步认识的，而对侦查机关的司法行为却没有知晓的可能性。

因此，逃避侦查并不以知悉自己实施的犯罪行为被侦查机关立案为条件，有的犯罪分子实施犯罪后，就即刻逃往外地，不可能知道侦查机关对其或者对其行为已经立案，往往是先逃走再说，这种行为就是以不知悉立案为前提的逃避侦查行为。但是，逃避侦查应该有所限制，而不是以自己的单纯逃跑为全部成立要件。一般的认为，“逃避侦查”应当以犯罪人本人知晓自己经被列为犯罪嫌疑人为条件，这是坚持主、客观相一致原则的体现。例如，张三因口角之争而临时起意杀了李四，被害人家属下班后发现李四被杀就立即报案，但是，公安机关立案后，怀疑案件是前一天刚刚发生的另一起故意杀人案的犯罪嫌疑人王五所为，因此，在决定并案侦查后随即通缉王五。张三却装作此案与他根本无关而正常生活，公安机关也从未怀疑过张三。25 年后张三酒后吐真言才被人举报，由此案发。在这一案件中，不能因为公安机关的立案和张三知悉公安机关已经立案，就以张三“逃避侦查”为由不予适用追诉时效。

在共同犯罪中，一方行为人被刑事侦查机关立案侦查或者被通缉，作为共同犯罪，无论是对案件事实还是对犯罪行为人来说，刑事立案侦查的条件已经符合。但是，《刑法》第 88 条第 1 款的规定非常清楚，即除前项条件之外，还必须有“逃避侦查或者审判的”行为，因此，在具体的案件中必须有知晓自己作为犯罪嫌疑人之后的积极逃避行为，否则，欠缺了这一行为要件，行为人的行为仍然要受追诉时效的时间限制，超过了该时间期限的，不能再追究其刑事责任。

综上，我们认为，金某不受诉讼时效的限制，应当被追究刑事责任。

【讨论归纳】

刑法规定追诉时效制度是从国家、被害人、犯罪人三方角度作出的综合性考虑，设立时效制度的现实意义是不言而喻的，我们在理解疑难案件时理当以此作为理论指引并得出相应的结论。时效制度中的“立案”可以是对人，也可以是对事，立案

所针对的“犯罪事实”和“犯罪嫌疑人”两者之间是一种选择性关系，两者存其一即符合该规定。“逃避侦查”在本质上是一种对抗司法的行为，因此，犯罪嫌疑人所知晓的，应当是其自身已经被确定为犯罪嫌疑人，而不是其所实施的犯罪行为已经被立案。

【实务训练】

围绕我国刑法关于追诉时效的某个规定，从实务中找一件相关真实案件，根据该案的事实、既有证据及争议焦点，写一份辩护词或判决书。要求格式规范、条理清晰、层次分明、有理有据、入情入理。

【延伸阅读】

1. 王康．“批捕在逃”案件如何适用追诉时效．人民检察，2009（1）

2. 徐光华．我国刑法追诉时效制度之检讨．广州市公安管理干部学院学报，2010（2）

3. 何伯杰，徐俊驰．刑法追诉时效的规定应否溯及既往．人民检察，2010（12）

4. 房清侠．我国刑法时效制度之立法检视．河北法学，2005（3）

案 18 故意杀人已过 20 年是否应当追诉

——朱某某故意杀人案

【问题提示】

发布“通缉令”是否可视为采取了强制措施而引起追诉时效延长，发生于 20 世纪 80 年代的恶性杀人案件是否属于 1979 年《刑法》第 76 条第 4 项规定的“必须追诉”的情形而提请最高人民检察院批复。

【案情摘要】

被告人：朱某某，男，初中文化，农民。

1985 年 9 月 9 日 7 时许，朱某某之妻与邻居张某某（女，1945 年生，本案被害人）因争晒谷坝发生争吵。11 时许，朱某某之妻又因琐事与张某某争吵，并在村民袁某田地里扭打。朱某某得知后持一根木方赶到，见其妻被张某某按在田里，即持木方猛击张某某头部数下，致张某某当场死亡。后朱某某又持木方追打在场的张某某女儿任某某（女，1972 年生，本案被害人），任某某跑到村民冉某某田地时被朱某某追上，朱某某持木方猛击任某某头部数下，致任某某当场死亡。经法医检验鉴定：张某某、任某某应系钝器致颅脑骨折、脑搓裂伤死亡。公安机关于案发当日受理该案，经侦查后确认是朱某某所为，因朱某某作案后潜逃，于 1985 年 11 月 9 日对其发出“通缉令”。2009 年 3 月 2 日朱某某在贵州省遵义市被公安机关抓获归案。

【分歧意见】

朱某某故意杀死两人后潜逃达23年6个月之久，关于本案当年公安机关发布的"通缉令"是否可视为采取了强制措施，本案是否属于1979年《刑法》第76条第4项规定的"必须追诉"的情形存有争议：

一种观点认为，本案发生于1985年9月9日，应适用1979年《刑法》，该法第76条第4项规定：法定最高刑为无期徒刑、死刑的，经过20年（不再追诉）。如果20年以后认为必须追诉的，须报请最高人民检察院核准。该法第77条规定，在人民法院、人民检察院、公安机关采取强制措施以后，逃避侦查或者审判的，不受追诉期限的限制。案发后公安机关未对朱某某采取强制措施，只是发布"通缉令"，因此不属于第77条规定的情况，朱某某故意杀人已过23年6个月，已过20年的追诉期限。

另一种观点认为，"通缉令"是追捕犯罪嫌疑人归案的措施，对犯罪嫌疑人而言，其作用和影响力比逮捕等强制措施更强，从这个意义上讲，"通缉令"可被视为强制措施，本案应当适用诉讼时效延长的规定。

【要点提示】

1. 1997年《刑法》与1979年《刑法》关于追诉时效的规定有什么不同？本案应适用1997年《刑法》还是1979年《刑法》？

2. 通缉令是否属于强制措施？本案能否适用追诉时效延长的规定？

3. 本案是否属于"必须追诉"的情形而提请最高人民检察院核准？

【问题讨论】

一、本案只能适用1979年《刑法》关于追诉时效的规定

1997年《刑法》第87条规定，"犯罪经过下列期限不再追诉：（一）法定最高刑为不满五年有期徒刑的，经过五年；（二）法定最高刑为五年以上不满十年有期徒刑的，经过十年；（三）法定最高刑为十年以上有期徒刑的，经过十五年；（四）法定最高刑为无期徒刑、死刑的，经过二十年。如果二十年以后认为必须追诉的，须报请最高人民检察院核准"。该条是关于追诉时效期限的规定。第88条规定，"在人民检察院、公安机关、国家安全机关立案侦查或者在人民法院受理案件以后，逃避侦查或者审判的，不受追诉期限的限制。被害人在追诉期限内提出控告，人民法院、人民检察院、公安机关应当立案而不予立案的，不受追诉期限的限制"。该条是关于追诉时效延长的规定。与1979年《刑法》相比，两者在追诉时效期限的规定上没有变化，但对于追诉时效延长的规定却有显著不同。1979年《刑法》第77条规定，"在人民法院、人民检察院、公安机关采取强制措施以后，逃避侦查或者审判的，不受追诉期限的限制"。

追诉时效的延长，是指在追诉时效的进行期间，发生法律规定的事由，而使追诉时效暂时停止计算。按照1997年《刑法》的规定，追诉时效延长的条件是检察院、公安机关、国家安全机关已立案侦查或者法院受理了案件；如果被害人在追诉期限内提出控告，人民法院、人民检察院、公安机关应当立案而不予立案的，也不

受追诉期限的限制。而1979年《刑法》规定的追诉时效延长的条件是"人民法院、人民检察院、公安机关采取强制措施"。按照刑事诉讼法的规定，强制措施主要包括拘传、取保候审、监视居住、拘留和逮捕5种。公、检、法机关并非对每一位涉案当事人都采取强制措施，而且从立案到采取强制措施往往有一定的期限，因此，1997年《刑法》关于追诉时效延长的条件比1979年《刑法》要宽泛得多，其目的就是严密追诉法网，对于那些司法机关立案后、采取强制措施之前实施逃避侦查行为的人，同样适用追诉时效延长。

比较而言，1997年《刑法》关于追诉时效的规定要比1979年《刑法》严厉得多。关于追诉时效是否适用从旧兼从轻原则，最高人民法院1997年9月通过的《关于适用刑法时间效力规定若干问题的解释》第1条已有明确规定，该条规定，对于行为人1997年9月30日以前实施的犯罪行为，在人民检察院、公安机关、国家安全机关立案侦查或者在人民法院受理案件以后，行为人逃避侦查或者审判，超过追诉期限或者被害人在追诉期限内提出控告，人民法院、人民检察院、公安机关应当立案而不予立案，超过追诉期限的，是否追究行为人的刑事责任，适用修订前的刑法第77条的规定。该条规定的精神，就是明确关于追诉时效也应适用从旧兼从轻原则，因此，本案应当适用1979年《刑法》关于追诉时效的规定。

二、通缉不属于强制措施，本案不能适用追诉时效延长的规定

我国刑事诉讼法对强制措施与强制性侦查措施是严格区分的。强制措施是特定的，即拘传、取保候审、监视居住、拘留、逮捕5种。而强制性侦查措施是侦查机关对已经立案的刑事案件，为了保证侦查活动的顺利进行而采取的强制性侦查手段，主要包括讯问犯罪嫌疑人、询问证人、勘查检验、搜查，扣押物证、书证，鉴定、通缉，共7种。通缉是公安机关通令缉拿依法应当逮捕的在逃犯罪嫌疑人的一种侦查活动，"通缉令"是公安机关向社会发布的缉拿应当逮捕而在逃的犯罪嫌疑人的书面命令。对于无法到案的犯罪嫌疑人，司法实践中只能采取通缉的方式开展追逃，归案后才能采取强制措施。因此，对于潜逃的犯罪嫌疑人，只能通过采取强制措施的手段延长追诉时效显然是不合理的。也正因为如此，1997年《刑法》才对追诉时效的规定进行了修改。但对于本案，按照《刑法》第12条从旧兼从轻的规定，仍只能适用1979年《刑法》第77条的规定，认定侦查机关没有对犯罪嫌疑人采取强制措施，朱某某故意杀人案已过追诉时效。

三、本案应当提请最高人民检察院核准追诉

对于已过法定追诉时效的案件，并非一律不再追究，法律规定了特殊情况下的补救措施。1997年《刑法》第87条第4项和1979年《刑法》第76条第4项都规定，法定最高刑为无期徒刑、死刑的案件，虽然经过20年，如果认为必须追诉的，经报请最高人民检察院核准，仍然可以追诉。虽然本案已经过了追诉时效，但朱某某因琐事故意杀死母女二人（其中女儿年仅13周岁），犯罪手段残忍，危害后果严重，当地老百姓对这一重大刑事案件反应强烈，强烈要求严惩杀人凶手。死者家属李某某从案发后一直持续不断地到各级政府及公安机关上访，还多次进京上访，1993年因精神失常死亡。朱某某故意杀人案社会影响恶劣，确有追诉必要，应当依

照 1979 年《刑法》第 76 条第 4 项的规定，提请最高人民检察院核准追诉。

【讨论归纳】

1979 年《刑法》关于追诉时效的规定存在法律漏洞。1997 年《刑法》为了严密法网，将追诉时效延长的起点提前至检察院、公安机关、国家安全机关立案侦查或者法院受理案件，并赋予被害人延长追诉时效的救济措施。尽管如此，对于发生于 1997 年 9 月 30 日之前的犯罪，适用追诉时效也应遵循从旧兼从轻原则，只能适用 1979 年《刑法》的规定。通缉不属于强制措施，依照 1979 年《刑法》，“通缉令”的发布并不能导致追诉时效的延长。但是对于犯罪手段残忍，危害后果严重，社会影响恶劣，确有追诉必要的故意杀人案件，虽然已经超过法定追诉期限，仍然可以提请最高人民检察院核准追诉。

【实务训练】

1. 请根据本案的事实及争议焦点，写一份提请最高人民检察院核准追诉朱某某的请示。要求格式规范、条理清晰、层次分明、有理有据、入情入理。

2. 请根据法学理论和有关司法解释，比较 1997 年《刑法》和 1979 年《刑法》有关时效问题规定的变化，对 1997 年《刑法》第 87 条规定的“法定最高刑”、第 88 条规定的“立案侦查”等争议问题进一步厘清。

【延伸阅读】

1. 张明楷．刑法学．北京：法律出版社，2011

2. 黄伟明主编．刑法总则案例教程．北京：北京大学出版社，2004

3. 熊选国主编．中国刑事审判指导案例．北京：法律出版社，2009

第四章　犯罪成立的修正形态

案19　犯罪未遂与犯罪中止的司法认定

——李某敲诈勒索案

【问题提示】

犯罪未遂与犯罪中止系犯罪未完成形态中的两种类型，在司法个案中对二者的判断并非一件易事：犯罪未遂的“未得逞”如何理解？犯罪中止的成立需要哪些条件？犯罪未遂与犯罪中止的区别何在？如何通过个案的仔细甄别而得出合理性判断？

【案情摘要】

被告人：李某，无业。

2010年5月5日16时许，被告人李某通过某市区的邮局，以“某省鸭子帮”的名义，用特快专递方式给某市珠宝有限公司的老板温某邮寄了一封信件，信件的主要内容就是，该帮派组织“看得起”温某，特向其索取人民币6.88万元，并令温某于5月8日18时将上述款项放于某市某区某市场门口的第二个垃圾桶内，否则，温某将准备于6月1日前给其儿女收尸。被害人温某收到恐吓信后立即报警。5月8日18时许，公安机关在某市场附近布控，但被告人李某并没有到现场取钱。2010年5月14日，公安人员对嫌疑人员进行逐一排查，最终将李某抓获归案。被告人李某称：被害人是其原来的老板，因为与温某有过节，李某为了泄愤，邮寄了此信件。但是李某根本没有真正敲诈勒索其财物的故意，也从来没有到“恐吓信”指定的地点去收取“勒索”的款项。据此，其辩护人提出，被告人李某在恐吓信寄出后，主动放弃犯罪，致使勒索财物的结果没有出现，属于犯罪中止。

【分歧意见】

关于本案触犯的是敲诈勒索罪的罪名，没有任何争议，有分歧的地方在于，李某行为的犯罪形态，即究竟是犯罪未遂还是犯罪中止。一种观点认为，李某的行为已经着手，仅仅因为意志以外的原因而未能得逞，因而其行为是犯罪未遂。另一种观点认为，李某的行为是自动放弃犯罪行为的表现，因为行为人已经自动打消了犯罪念头，所以应该认定为犯罪中止。

【要点提示】

1. 如何理解犯罪未遂中的“未得逞”？
2. 如何理解犯罪中止的“自动放弃犯罪或者自动有效地防止犯罪结果发生”？
3. 犯罪未遂与犯罪中止的实质差异何在？

【问题讨论】

犯罪未遂与犯罪中止系两种犯罪未完成形态，由于彼此在构成特征上的诸多相似性，我们在司法认定时对二者的区分存在一定的难度。比如，犯罪未遂与犯罪中止都可以在行为人着手之后的实行阶段出现，都是未出现既遂结果时的犯罪形态，都与行为人主观上的现实心态密切相关。正是由于犯罪未遂与犯罪中止有诸多相似点，我们在判断行为的犯罪形态时，必须进行严格的审查与仔细的判断。

一、如何认定犯罪未遂中的“未得逞”

犯罪“未得逞”，是我们对犯罪未遂的惯常称呼，是区分犯罪未遂与犯罪既遂的根本性标志。我国刑法学界关于犯罪未得逞的判断标准，主要存在犯罪结果说、犯罪目的说和犯罪构成要件说之分。“犯罪结果说”认为，犯罪未得逞是指犯罪行为没有造成法律规定的结果；“犯罪目的说”认为，犯罪未得逞是指犯罪行为没有实现行为人预期发生的目的。但是，一旦仔细分析就会发现，“犯罪结果说”与“犯罪目的说”并不能解决行为犯与危险犯的既、未遂判断问题，由于“犯罪结果说”与“犯罪目的说”各自具有难以自圆其说的弊端，因而不能作为判断所有犯罪未遂成立与否的合理标准。我国刑法学界的通说认为，犯罪得逞与否必须以行为人的行为是否齐备构成要件作为判断标准，因而“犯罪构成要件说”是较为共同一致的认识。

行为人的行为是否得逞，与具体的犯罪类型关系密切。比如，结果犯与行为犯的未得逞就完全不一样，结果犯的未得逞是法定的结果未发生，行为犯的未得逞是法定的行为未完成。一般而言，在结果犯中对结果的判断较为客观，加之可以具体测量，因而对其是否得逞往往没有什么争议，但是行为犯的行为有一个强度的问题，由于并不存在较为客观的可以测量的度量值，因而实践中的把握往往较为模糊。

二、如何认定犯罪中止要求的“自动放弃犯罪或者自动有效地防止犯罪结果发生”

对于犯罪中止的成立而言，必须要求行为人具有“自动放弃犯罪或者自动有效地防止犯罪结果发生”这一要件。可以说，这是犯罪中止与犯罪预备、犯罪未遂最显著的差异所在。简言之，这里牵涉到中止犯成立的两个基本要件，一个是“自动性”，一个是“有效性”。

犯罪中止的“自动性”，是指行为人认识到客观上可能继续实施犯罪或者可能犯罪既遂，但是行为人自愿放弃原来的犯罪意图。这实际上告诉我们，在行为人是否停止犯罪时，客观上具有可以选择的现实空间，即要么继续犯罪，促使犯罪既遂，要么不继续犯罪，不使犯罪既遂。只有存在选择的情形下，行为人不继续实施犯罪，不使犯罪既遂，才有成立犯罪中止的可能，也才能表明行为人主观上具有犯罪中止的自动性。从总体上来说，行为人中止犯罪的主观动机具有多样性，既可以是出于真诚悔悟，也又可以是出于对被害人的同情，也可以是因为惧怕刑罚的惩罚，还可以是为了争取司法机关对自己的宽大处理，等等。我们在判断行为人中止的自动性时，要注意两个方面的内容：其一，不能将引起行为人中止犯罪的原因，当作意志以外的原因对待，从而否定犯罪中止的自动性。比如，行为人抢劫时，发现是自己的熟人而放弃，我们就不能因为抢劫碰到熟人的几率低而以其为意志以外的因素，从而认为行为人的行为中止不具有自动性。其二，不能因为现场存在客观障碍就排斥犯罪中止的自动性。因为中止犯的成立与行为人的主观内容息息相关，即使客观上存在障碍，但是行为人没有认识到，或者认识到了但是觉得不足以阻止其继续犯罪的，只要行为人此时放弃了犯罪意图，都符合自动性的特征。

中止的有效性实际上强调的是犯罪行为尚未发展到犯罪既遂的标准，因为一旦犯罪达到既遂，则不可能再成立犯罪中止，或者说达不到保护法益所要求的有效程度。如果虽然行为人自动放弃了犯罪或者自动采取措施以防止结果发生，但是仍然发生了既遂所要求的犯罪结果的，则同样不能成立犯罪中止。比如，行为人甲要杀乙，砍了数刀后甲反悔，甲把乙马上送到医院进行救治，但是乙仍然死亡。在此种情形下，甲的行为中止即使存在自动性，但是并不符合犯罪中止的有效性特征，因而只能是犯罪既遂。

在中止的过程中，如果行为人为防止结果的发生作出了积极努力，但是其行为本身偶然未能使结果发生，或者由于他人的行为防止了结果发生时，成立中止犯仍然没有问题。行为人的中止行为要求是其自己的行为，但是防止结果发生的行为并不一定必须是行为人自己的行为，它可以是行为人自己的行为，也可以是行为人与其他人合力完成的行为。比如，行为人实施杀人行为后，把伤害者送到医院，由医生抢救而防止被害人死亡结果发生。在这里，行为人把被害人送到医院与医生的抢救是共同的协力行为，且最终防止了危害结果的发生。另外，无论行为人有无防止结果发生的积极行为，危害结果原本就不可能发生的，只要行为人有中止犯罪的意图与避免结果发生的客观行为，仍然成立犯罪中止。比如，行为人甲从市场买回来“毒药”（实为假药），并放到给乙喝的水中，看到乙喝完后上吐下泻，于是后悔，把乙送到医院。事实上，无论甲是否把乙送到医院，这种所谓的“毒药”都不可能致乙伤害或者死亡。在此种情形中，甲有中止犯罪的意图，并且实施了中止行为，客观上也没有发生犯罪既遂所要求的危害结果，因而仍然具有有效性，成立犯罪中止。

犯罪中止不能发生犯罪既遂所要求的危害结果，这是犯罪中止有效性的最基本要求，也是判断犯罪中止能否成立的最客观标准。但是，必须指出的是，犯罪中止的有效性并非要求不能发生任何形态的结果，而仅仅只是不能出现既遂形态的结果。比如，行为人实施强奸过程中，使用暴力致人一定程度的伤害，看到对方可怜或者因为其他因素而放弃奸淫行为的，此时虽然已经产生伤害结果，但是由于没有达到强奸罪既遂的程度，仍然成立强奸罪的犯罪中止。由此不难看出，犯罪中止可以分为造成了一定危害结果的中止与未造成任何危害结果的中止。从《刑法》第 24 条“对于中止犯，没有造成损害的，应当免除处罚；造成损害的，应当减轻处罚”的规定中同样可以得出如上结论。

三、犯罪未遂与犯罪中止的区别

按照刑法学界的通说，犯罪未遂与犯罪中止最关键的区别在于行为人的主观意志，即究竟是行为人意志以内的原因还是意志以外的原因使犯罪停顿下来：如果是意志以内的原因，则成立犯罪中止；如果是意志以外的原因，则成立犯罪未遂。

为了对行为人的意志以内或者意志以外有一更好的理解，有学者对此进行了更为简洁明了的归纳，提出了区分犯罪未遂与犯罪中止的公式，即“能达目的而不欲”是犯罪中止，“欲达目的而不能”是犯罪未遂。“能达目的而不欲”强调的是行为人在能够实现自己的主观意图时，放弃原先的想法而不想再犯罪了；“欲达目的而不能”强调的是行为人想实现自己的主观意图，但是按照当时认识的情形不能做到。也有学者提出，“非不能，实不愿”是犯罪中止，“非不愿，实不能”是犯罪未遂。这一归纳实际上与前述提出的“能达目的而不欲”、“欲达目的而不能”具有异曲同工之妙。但是，我们在理解“能”与“不能”时要注意一点，即这里的“能”与“不能”不是对客观实际情形的判断，而是以行为人的主观认识为判断标准。其原因就在于，犯罪未遂与犯罪中止的主观意志活动是针对特定行为人的主观内容而言的，强调的是行为人个人主观层面的内容，不以客观实际情形的“能”与“不能”判断为转移。比如，行为人甲在现场盗窃，听到外面有脚步声而逃离现场，实际上外面只是风吹动树叶的声音，此时，行为人主观上认为是“不能”，因而是犯罪未遂。与之不同的是，如果行为人在盗窃现场，睹物思情而放弃犯罪，但是即使行为人去偷，现场也根本就没有财物，此时，由于行为人主观上认为是“能”，因而是犯罪中止。

然而，如果坚持上述评判标准，我们在实践中必然要面临这样一个现实困惑：既然犯罪未遂与犯罪中止是以行为人的主观认识为标准，那么，是不是说必须以行为人的事后供述作为得出结论的依据？如果这样，只要是在犯罪既遂的结果未出现的情形下，都极有可能因为行为人的辩解而成立犯罪中止，致使犯罪未遂的空间被大大收缩，行为人逃避犯罪打击的机会随之而加大。对此，我们必须从理论上解决这一现实问题，否则，司法实践中遇到类似的问题时就必然束手无策，刑事法治的公正性与权威性就无从谈起。

虽然犯罪中止与犯罪未遂的关键性区别在于行为人主观态度的不同，但是我们在分析具体案件的时候，断然不能以犯罪行为人的口头辩解作为实质根据。其理由在于，犯罪中止作为行为人内心态度的转变，必然要求客观上有与此相对应的外在行为，即我们所说的“中止的客观性”。中止的客观性根据犯罪行为中止阶段的不同而有不同的要求，我们可以把它划分为犯罪预备阶段的中止、实行行为尚未实施终了的中止、实行行为实施终了的中止。对于犯罪预备阶段的中止和实行行为尚未实施终了的中止，只要行为人放弃犯罪意图、停止自己的犯罪行为，犯罪中止就可以成立。至于实行行为实施终了的中止，由于行为人已经把需要实施的全部行为实施完毕，此时危害结果发生的可能性极大，所以要成立犯罪中止，还需要行为人积极实施行为以避免危害结果的发生。如果行为人主观上有放弃犯罪意图的想法，但是客观上根本没有中止犯罪的客观而行为，则不能成立犯罪中止。比如，行为人甲投毒杀乙，在实施了投毒行为之后，甲后悔，产生了放弃犯罪的主观意图，并且希望乙没有喝该毒药，但是，乙仍然喝下该毒药而死亡。此时，即使行为人甲有放弃犯罪的意图，但是由于欠缺中止的客观性行为，且产生了犯罪既遂的结果，因而成立犯罪既遂。

综上，我们认为李某的行为属于犯罪中止。

【讨论归纳】

犯罪未遂与犯罪中止具有各自的构成条件，我们在对具体案件的分析过程中，必须紧紧围绕未遂犯与中止犯的核心特点进行仔细分析，结合刑法基础理论知识进行细致甄别。犯罪未遂与犯罪中止的实质性差异在于行为人是否自动有效地放弃了犯罪行为，我们在评判时不能单纯以行为人的自我辩解为依据，而是必须结合客观实际行为进行审慎的综合判断。

【实务训练】

分别针对犯罪过程中的不同阶段各找一件关于犯罪中止的真实案件，并根据该案的事实、既有证据及争议焦点，写一份辩护词。要求格式规范、条理清晰、层次分明、有理有据、入情入理。

【延伸阅读】

1. 赵秉志．犯罪未遂形态研究．北京：中国人民大学出版社，2007

2. 吴振兴．犯罪形态研究精要．北京：法律出版社，2005

3. 李恩慈．犯罪形态与刑罚适用原理．北京：中国人民公安大学出版社，2003

4. 王海涛．论犯罪中止自动性判断中的三大基本问题．中国刑事法杂志，2011（4）

5. 李希慧，林卫星．并合主义：犯罪未遂的应然立场．法律科学，2010（4）

6. 李立众．中止犯减免处罚根据及其意义．法学研究，2008（3）

案20　共同犯罪中的实行过限及其司法判定

——张某、李某、黄某抢劫、故意杀人案

【问题提示】

由于共同犯罪中犯罪参与人的行为样态的多样性，如何对行为人进行具体的定罪与量刑就成为司法实践中比较棘手的问题，比如，抢劫之后实施的杀人行为，究竟是前期行为人的共同行为，还是共同犯罪之后的实行过限行为？究竟是抢劫罪的结果加重犯，还是构成抢劫罪与故意杀人罪两罪？

【案情摘要】

被告人：张某、李某、黄某，男，无业。

2010年10月，被告人张某、李某、黄某三人商量要出去“干一票”，“找点钱花花”。经过商量之后，三人就开始物色对象，最终瞄准了被害人石某。某日晚，在石某从银行取钱回家的路上，被告人张某、李某、黄某一拥而上，对石某一阵拳打脚踢。由于三人用力过猛，被害人石某当场被打昏。三被告人搜走了石某身上的现金（5 000元）、手机（价值1 200元）。进行了现场分赃之后，三人各自离去。回家之后，张某觉得不妥，遂给李某、黄某分别打电话，要求一起去处理现场。由于黄某的手机打不通，只好作罢。然后，张某和李某返回作案现场，把石某从高处扔到河里。石某次日被发现时已经死亡，经法医鉴定，被害人石某系坠落时致颅脑损伤并溺水死亡。

【分歧意见】

关于本案的定性，存在如下几种意见：

1. 被告人张某、李某、黄某三人的行为都是抢劫罪，属于抢劫罪中致使被害人死亡的结果加重犯。

2. 被告人张某、李某、黄某三人的行为构成了抢劫罪与故意杀人罪，应该数罪并罚。

3. 被告人张某、李某、黄某三人的行为构成了抢劫罪，但是张某与李某的行为还构成了故意杀人罪。

【要点提示】

1. 实施共同犯罪的共同故意的内容如何认定？

2. 行为人的行为是否属于实行过限的行为？

3. 如何区分共同犯罪中的实行过限与结果加重犯？

【问题讨论】

共同犯罪作为单一犯罪的结合体，并不是人数上的简单相加。从共同犯罪的成立条件来看，共同犯罪是三个要件的有机统一体，即：主体为二人以上的具有刑事责任能力的自然人或者单位；主观上是共同故意，且要求故意与故意之间具有明确的意思联络；客观上存在共同行为，即行为人在整体性的犯罪中围绕共同的犯罪故意内容实施了组织、教唆、帮助、实行等行为。但是，共同犯罪的行为人参与共同犯罪的行为方式具有多样性，哪一行为是共同的、哪一行为是单一的，并不能一目了然地得出结论。基于此考虑，我们必须对共同犯罪的理论知识进行认真考察，以得出一清晰性认识。

一、如何判断共同犯罪行为人的故意内容

对共同犯罪的成立来说，最为关键的要件就是主观要件，在司法实践中认定共同犯罪往往纠结于对共同故意的判断。那么，如何判定行为人之间具有共同犯罪故意？共同体之下的共同故意的内容是什么？彼此之间的故意有无意思联络？众所周知，主观要件是对行为人的认识因素与意志因素的判断，它属于对行为人的心理认识的回溯性考察，因而主观要件的认定具有超越于客观要件的司法困难，必须对此予以特别考察。

从司法实践来看，共同犯罪的故意内容的表现形式多样，理论上为了对其有一比较清晰的认识，大致作了如下分类：按照故意的确定程度，可以分为确定故意与概括故意；按照行为人故意的内容是否发生变化，可以分为事先故意和转移故意；按照故意的产生时间，可以分为事前有共谋的故意、事前无共谋的故意，等等。

在共同犯罪中，比较难判断的是概括故意，可以说，其已经成为影响司法个案准确定性的一大障碍。关于概括故意，一般是指共同犯罪人在形成共同故意时，只对犯罪内容进行了大致的约定，比如，行为人对犯罪手段的使用、侵犯程度的强弱、对象的具体与不具体等事先都未作明确约定，常见的表述往往是“收拾一下”、“摆平”、“干一番”、“教训一下”等。正是因为概括故意的内容没有明确性的约定，其外在范围就不可避免地具有模糊性与不确定性，甚至可能在共同犯罪体的行为人之间都会有不同的分歧性认识。正因如此，其为我们的司法判断带来了不小的难度。那么，是不是我们对概括故意的共同犯罪就完全不能判断呢？事实当然并非如此。理由在于，虽然概括故意的内容事先不明确，但是通过对具体现实案件的客观要素的逐一考察，在行为人把概括故意作用到司法个案之后，行为人在实施犯罪行为时的故意内容仍然是明确的。

比如，行为人要通过共同行为去“搞定”某个人，它的内容就是概括性的，即既可能是一般的殴打行为、故意伤害行为，也可能是故意杀人行为。此时，我们如何判断行为人的主观罪过，就决定了司法罪名选择的正确与否与量刑裁量是否合理。最为正确的判断方法，当然是坚持辩证唯物主义的“主观见之于客观”的认识论，即通过从客观到主观的逆推方法进行推定，通过行为人使用的工具、打击部位、打击强度、导致的危害结果等综合进行判断。尽管一般殴打、故意伤害、故意杀人都没有超出行为人的共同故意内容，但是我们在判断时既不能随意选择最轻的罪名，也不能刻意选择最重的罪名，而是要严格按照主、客观相一致的原则，对司法个案进行仔细审查之后予以合理判断。

二、行为人的行为是否属于实行过限的司法认定

行为是否符合某一犯罪的构成要件，是我们据此认定行为是否构成该罪的法律准则。但是，由于共同犯罪的复杂性与特殊性，即使行为人没有作出特定的实行行为，也不阻却行为人共同犯罪的成立。那么，是否只要行为人前期参加了共同体的某些共同犯罪行为，其就要对其他共犯人之后所实施的犯罪行为一概承担刑事责任呢？我们能不能进行这样的推定，即：如果行为人知道之后的行为或者被要求参加之后的行为，他本人也不可能否定或者作出完全相反的行为，那么，对未参加实施某行为的行为人也应该按照共同犯罪予以追究？

共同犯罪是二人以上通过意思联络，认识到其行为会发生危害社会的结果，而在彼此合意下实施的共同行为。尽管对共同犯罪采取“部分行为、全部责任”的原

则进行刑事归责，但是这一归责原则并非是没有边界的，我们绝对不能以“部分行为、全部责任”为理由，让参与部分行为的行为人承担其他共犯人实施犯罪所要承担的全部责任。理由在于，“部分行为、全部责任”作为共同犯罪的归责原则，必须符合共同犯罪的前提要件，即只有实行犯的行为在共同犯罪的犯罪意图所能包容的范围内，且为其他犯罪人所预见或认同，能够作为共同犯罪予以认定时，其他共犯人才可能对该行为承担相应的刑事责任。但是，如果实行犯的行为超出了共同犯罪人的主观故意的内容，则该行为已经完全脱离了共同犯罪体，其行为属于个人的行为，按照罪责自负的刑事司法原则，理应由实施该行为的个人来承担相应的刑事责任。

在司法实践中，我们应该区分行为人的实行过限行为与行为人之间的临时起意，前者不能作为共同犯罪处理，而后者仍然属于共同犯罪的范围。所谓临时起意的共同犯罪，是指共同犯罪人在实施某个犯罪的过程中，由于其他因素的介入，在实施共同犯罪的过程中又临时起意，实施了另一犯罪行为。毫无疑问，临时起意的犯罪行为，实际上属于事前无通谋的共同犯罪，由于此种行为仍然符合共同犯罪成立的所有要件，所以对临时起意的犯罪行为仍然要按照共同犯罪追究行为人的刑事责任。从实践操作层面来说，我们要区分行为人的行为究竟是实行过限还是临时起意的共同犯罪，仍然要从共同犯罪成立所需要的主、客观要件予以确证。具体言之，从犯罪的主观方面来看，构成共同犯罪必须是二人以上具有共同的犯罪故意，即行为人对自己即将实施的危害行为是明知的，对其他行为人作为犯罪共同体的参与者和彼此之间的相互配合也是知情的，并且知道共同的犯罪行为会发生某种危害社会的结果，仍然希望或者放任这种危害结果发生。另外，在客观方面，共同犯罪的成立还要求共同犯罪人之间具有共同的行为，“共同行为”并不要求各共犯人都实施了相同的行为，也不要求行为人实施的都是构成要件明确限定的行为，而是各共同犯罪人在共同故意的支配下为了形成合力而相互配合、相互作用、相互协调的行为。

评判行为人的行为是否属于实行过限，关键在于考察行为人是否具有实施该行为的故意性内容。我们绝对不能使用这样的推定，即行为人已经参与了部分行为，如果未参与的行为人知道后面要实施该行为，他也会完全赞同或者积极参与，那么推定行为人对此行为也是认可的，因而其也要承担该部分的刑事责任。理所当然，这样的分析思路与结论是不可能被认可的。之所以否定上述逻辑思路，原因在于，刑事归责不能简单地依靠先入为主的方式进行有罪认定，更不能以凭空的假设取代严密的司法定性过程。何况，虽然刑事推定在主观认定过程中是司法常用的方式，但是，刑事推定不是毫无证据可言的主观臆断，在欠缺基础性事实的前提下进行的所谓推定根本不能得到理论界与实务界的认同。

三、结果加重犯与实行过限的区分

根据刑法学界较为一致的认识，结果加重犯是指行为人实施了基本犯罪，引起了可归责于行为人的加重结果，刑法对加重结果规定了更重的法定刑的犯罪形态。实行过限是参与共同犯罪的行为人超出了共同犯罪故意的内容，实施了其他犯罪行为的犯罪形态。

一般来说，结果加重犯与实行过限不会产生争论，因为前者属于罪数理论中的问题，而后者属于共同犯罪中的问题。但是，一旦具体到典型的司法个案，关于行为人的行为是结果加重犯还是实行过限，就会产生明显的分歧性意见。比如，典型的抢劫过程中的杀人行为，如果认定是结果加重犯，则只认定为抢劫罪一罪，处罚时按照加重结果的法定刑予以处罚即可；如果认定是实行过限，未参与杀人行为的行为人只触犯抢劫罪一罪，并且只在基本法定刑的幅度内承担相应的刑事责任；参与杀人行为的行为人则触犯抢劫罪与故意杀人罪二罪，按照数罪并罚的原则受到处罚。

由于结果加重犯与实行过限的行为都有自己的复杂性，为了更好地指导实践，在理论上对二者进行区分仍然有其必要性。结果加重犯的基本构造要求，行为人在实施犯罪的基本构成要件之后，对行为导致的加重的危害结果至少有过失。具体到抢劫罪的结果加重犯，行为人实施了基本的抢劫行为，对抢劫行为所导致的被害人死亡可以是故意，也可以是过失。这样一来，到了共同犯罪案件中，可能就会有人认为，参与实施了抢劫行为的犯罪人，即使事后有部分行为人未参与实施杀害被害人的行为，但是仍然可以通过行为人的主观罪过内容把行为人区分为两类，即参与杀害被害人的行为人对危害结果有故意，未参与杀害被害人的行为人对危害结果有过失（行为人未救助被害人，可以推定出行为人的过失心态），因而都是结果加重犯，都应该在加重结果的范围内承担相应的刑事责任。

这样的分析思路表面上看来也不是完全没有道理，但是一旦对此进行深入思考就会发现，上述分析仍然存在似是而非的理论误区。关键在于，对基本的前提性问题仍然没有进行厘清，即：为什么行为人的行为是结果加重犯，而不是实行过限行为呢？即使前见性地把行为人的行为已经作为结果加重犯予以对待，为什么就能确定未参与人的行为对危害结果有过失呢？应该清楚，结果加重犯是针对行为人在实施基本犯罪构成要件过程中出现的加重结果而言的，只有在基本构成要件范围内实施的行为出现了加重结果，才可能被认定为结果加重犯；如果行为人在实施某犯罪行为之后，另生犯意而实施了其他犯罪行为，根本不能作为结果加重犯予以对待。换言之，无论是结果加重犯中对加重结果的故意也好，过失也罢，此故意与过失都是基本犯罪构成要件行为引出来的主观心态，如果该故意或过失已经不能为基本犯罪的构成要件所容纳，则不能再作为结果加重犯予以论处。另外，我们也断然不能因为行为人未参与致使加重结果出现的行为，就认为行为人对此结果存在过失，因为过失是行为人实施行为的主观罪过，不结合其行为予以客观判断的推理过程仍然显得过于武断。

所以，区分结果加重犯与实行过限的关键仍然在于行为人的主观罪过：如果行为人实施行为导致的结果是基本犯罪构成要件的行为所导致的，能够为前期的罪过内容所包括，则是结果加重犯。反之，如果行为人对后期实施的行为全然不知情，其主观罪过内容根本不可能包容该行为，则应该以实行过限论处。

综上，我们同意第三种意见。

【讨论归纳】

共同犯罪参与主体的多数性与实施行为的多样性，致使我们在司法个案中对实行过限与共同犯罪的判断容易产生分歧。无论怎样，我们在评判共同犯罪者的刑事责任时，必须紧紧围绕共同犯罪的成立要件与刑事归责原理有序进行，切不可任意扩大或者缩小处罚范围。实行过限的问题主要是行为人共同犯罪时故意内容的问题：如果行为人对他人的实行行为欠缺共同故意，则应该认定为实行过限；如果行为人对他人的实行行为未超出共同故意范围，则仍然属于共同犯罪。在区分结果加重犯与实行过限时，必须以行为人的主观罪过为基准，结合行为人实施的构成要件行为予以审慎判断。

【实务训练】

从实务中找一件关于共同犯罪实行过限的真实案件，根据该案的事实、既有证据及争议焦点，写一份辩护词或判决书。要求格式规范、条理清晰、层次分明、有理有据、入情入理。

【延伸阅读】

1. 刘斯凡．共犯界限论．北京：中国人民公安大学出版社，2011
2. 肖本山．共犯过限论．北京：中国人民公安大学出版社，2011
3. 陈兴良．共同犯罪论．北京：中国人民大学出版社，2006
4. 叶良芳．实行过限之构成及其判定标准．法律科学，2008（1）
5. 马松建，王立志．实行过限问题研究．郑州大学学报，2003（2）
6. 阴建峰．实行过限之本体探究．中国刑事法杂志，2010（11）
7. 张伟，王春福．实行过限研究．昆明理工大学学报，2009（3）

案 21　盗窃罪未完成、共犯和罪数形态的认定

——高某、李某涉嫌盗窃、掩饰、隐瞒犯罪所得案

【问题提示】

犯罪未遂与犯罪既遂的区别何在？盗窃罪的既遂标准是什么，在不同类型案件中如何体现？承继的共同犯罪的理论如何应用？掩饰、隐瞒犯罪所得罪与盗窃罪共犯的界限何在？

【案情摘要】

被告人：高某，男，无业；李某，男，废品收购商。

被告人高某经过多次踩点，某日趁业主蔡某家无人之际以“万能钥匙”开锁进入某小区一电梯房内。四下搜寻后，高某未发现现金及值钱的贵重物品，于是决定盗卖业主家的家用电器。高某觉得亲自搬出去卖既费力又有风险，遂用手机联系经

常合作的废品收购商李某。半个小时后，李某根据高某的指示赶到该电梯房内。经过一番讨价还价，高某将业主家的液晶电视、冰箱、洗衣机、微波炉 4 件家电作价 2 500 元卖给李某。待李某一一将家电搬到楼下的废品收购微型面包车上后，高某带上门离开。李某驾车离开小区时，保安未能察觉其中猫腻。业主蔡某回家发现被盗后立即报案，公安机关根据小区门口安装的视频监控抓获了李某，根据其供述，又顺藤摸瓜抓获了高某。

【分歧意见】

关于本案的定性，各种观点仁智互见、莫衷一是，主要存在如下几种代表性意见：

1. 高某构成盗窃罪（既遂），李某构成掩饰、隐瞒犯罪所得罪（既遂）。

2. 高某构成盗窃罪（未遂），李某构成掩饰、隐瞒犯罪所得罪（既遂）。

3. 高某构成盗窃罪（既遂），李某构成盗窃罪（既遂）与掩饰、隐瞒犯罪所得罪（既遂）。其中，高某与李某属盗窃罪共犯，李某所触犯的两罪属想象竞合，应择重处断。

4. 高某构成盗窃罪（既遂），李某构成盗窃罪（既遂）与掩饰、隐瞒犯罪所得罪（既遂）。其中，高某与李某属盗窃罪共犯，李某所触犯的两罪属牵连犯。

【要点提示】

1. 盗窃罪的完成与未完成形态问题；

2. 高某与李某是否成立盗窃罪共犯的问题；

3. 李某的罪数问题。

【问题讨论】

我们认为上述 4 种意见均有失偏颇。

一、李某仅构成盗窃罪既遂

若陷入惯常思维，根据李某的收赃者身份以及李某从高某处收购了赃物这一客观行为事实，自然会得出李某构成掩饰、隐瞒犯罪所得罪。根据《刑法》第 312 条之规定，掩饰、隐瞒犯罪所得、犯罪所得收益罪的犯罪对象为犯罪所得及其所产生的收益。在本案中，具有探讨价值的是犯罪所得。从文义解释出发，犯罪所得乃通过实施犯罪所得到的一切物品，不限于财产犯罪，也包括其他类型犯罪。既为犯罪所得，从犯罪形态讲，则意味着犯罪已经既遂。根据“失控说”，本案中高某的盗窃行为尚未实行完毕，即在尚未既遂的情况下李某便介入。其后，李某单独将财物移出被害人住处，从而造成被害人失去财物和自己取得财物的事实，仅此李某的行为便足以构成盗窃罪，且犯罪形态为既遂。如前所述，掩饰、隐瞒犯罪所得罪的对象应为他人通过犯罪既遂已经得手的财物，由于犯罪对象不符合该罪犯罪构成的要求，李某从高某处购买自己盗窃既遂所得财物的行为就不能成立掩饰、隐瞒犯罪所得罪。

二、高某亦构成盗窃罪既遂，且与李某属于共同犯罪

在本案中，高某实施了入室盗窃行为，其已进入被害人住处，标志着其已进入实行阶段，因此，从犯罪阶段上讲：首先，高某不可能成立犯罪预备。其次，根据

刑法条文，犯罪未遂的成立条件是已经着手实行犯罪，由于犯罪分子意志以外的原因而未得逞；犯罪中止的成立条件是在犯罪过程中，犯罪分子自动放弃犯罪或者自动有效地防止犯罪结果发生。就本案而言，认为高某的盗窃行为未得逞的意见是不能自圆其说的，因为如此界定就无法解释高某通过向李某变卖赃物而得到了 2 500 元的不法收益。并且，李某来到行为现场，介入高某的盗窃行为也是基于高某的邀约，这与犯罪未遂所要求的意志以外的原因也不相吻合。同理，依据刑法条文而提炼的犯罪中止的构成要件之一是有效性，即犯罪行为最终未能达致既遂状态，而在本案中，盗窃罪已然既遂，并且与高某的行为具有刑法上的因果关系。此外，纵观高某的行为全程，其显然积极追求并乐见被害人的财物失窃，故此亦不具备犯罪中止所要求的自动性和彻底性。由此，高某的行为只能成立盗窃罪既遂。

既然高某与李某的行为均成立盗窃罪既遂，则研判二人是否成立盗窃罪共犯就是绕不过的命题。我们认为：首先，从逻辑上讲，高某与李某应当构成共同犯罪，否则，就无法解释同一财物如何能在单独犯的情况下同时成为二人盗窃罪既遂的犯罪对象这一矛盾现象。其次，从共同犯罪的犯罪构成出发，高某与李某亦构成盗窃罪共犯，具体的共犯机理如下：高某实施盗窃行为在先，且已推进到实行阶段，在被害人财物尚未失控的情况下，高某唆使李某到犯罪现场收购赃物。鉴于高某单独在先实施的盗窃行为尚未既遂，李某的介入行为便具有与高某成立盗窃罪共犯的时空条件。在向高某支付 2 500 元对价后，李某单独将财物搬离被害人住处并运走的行为显然属于盗窃行为，且达到既遂状态。尽管高某并未与李某一起将财物搬离被害人住处，但高某在先实施的利用“万能钥匙”开门入室以及向李某指示所在地点的行为已经为李某最终将财物窃走的结果创造了条件、铺设了前提，并且高某为了自身获益，显然希望看到李某顺利实施后续行为，最终导致被害人财物失窃；此外，李某在抵达犯罪现场后，也是在充分认知到高某的先行行为及其效果的自然属性及法律属性的前提下，在利用高某先行行为所创造的有利条件的基础上，将盗窃行为推进到既遂状态的。因此，李某以承继的共同犯罪的形式与高某构成盗窃罪共犯，二人确实具有共同盗窃的主观意思联络与客观共同行为。细言之，高某先行实施了盗窃罪的预备行为和部分实行行为，而后唆使李某实施了余下的部分实行行为，最终使盗窃罪达到既遂状态。

三、高某在犯罪现场将被害人的财物变卖给李某的行为如何定性

在对案件定性的过程中，我们时常受到惯常思维的影响，时常将案件的事实过程与法律属性混为一谈。就本案而言，在事实层面，毕竟是高某亲手将自己盗窃行为的犯罪对象变卖给李某的，这是认为李某的行为构成掩饰、隐瞒犯罪所得罪的各种意见之共同出发点。但是，对案件的事实认知与对案件的法律评价毕竟是两个完全不同的范畴。正如甲的行为导致了乙的死亡，我们很容易直观地产生甲“杀”了乙这一朴实认知，但这一判断从根本上讲是一种对事实过程的直接主观反映。在法律层面，甲的行为具有故意杀人、故意伤害（致人死亡）、过失致人死亡、正当防卫、防卫过当等多种可能的定性。

就本案而言，虽然高某在事实上确实将被害人的财物变卖给了李某，但是，变卖

地点在被害人住处这一关键的事实节点决定了其时高某的盗窃行为尚未既遂，因此，这种变卖行为不能与盗窃罪既遂之后的变卖行为等量齐观。如若行为人在盗窃既遂之后方变卖、处置犯罪对象，收赃者在明知对象法律属性的情况下仍予以购买的行为就当然构成掩饰、隐瞒犯罪所得罪。在本案中，高某变卖的被害人财物并非自己盗窃既遂的财物，而是犯罪过程中的财物，故此，高某变卖的并非犯罪所得，切换到李某的视角，其收购的就不是他人的犯罪所得。因此，在法律层面，高某的行为并非销赃行为，李某的行为亦非收赃行为。我们认为，高某在盗窃罪尚未既遂的前提下将犯罪对象变卖、处置给李某的行为实质上属于盗窃罪共犯之间的分赃行为。在通常情形下，分赃指的是各共同犯罪人各自分得赃款或赃物的一部分。但不能否认，在犯罪所得体现为赃物的情况下，某共同犯罪人让其他共同犯罪人将赃物价值的一部分以现金方式给付自己，而其他共同犯罪人将赃物以更高价格出卖，进而获取赃物价值的剩余部分，是分赃的特殊表现形式。本案即是以该种方式实现的分赃。

【讨论归纳】

犯罪未遂与犯罪既遂的主要区别在于：是否充足刑法分则条文关于某故意犯罪所规定的全部构成要件，是否存在背离行为人的意志且阻断了犯罪进程的有力原因。就盗窃罪而言，只要先行者的实行行为尚未既遂，他人就有以承继共犯形态加入的可能。财产犯罪中的分赃行为，不仅可体现为各共犯各自分得非法获取的财物的一部分，也可以体现为部分共犯全部取得所获财物，并向其他共犯支付现金。买赃行为构成掩饰、隐瞒犯罪所得罪还是盗窃罪共犯的关键在于先行者的盗窃行为是否既遂。

【实务训练】

从实务中找一件关于承继共同犯罪的真实案件，根据该案的事实、既有证据及争议焦点，写一份辩护词或判决书。要求格式规范、条理清晰、层次分明、说理透彻。

【延伸阅读】

鲍雷，张仲侠，刘玉民编．侵害财产犯罪疑难案例精析．杭州：浙江大学出版社，2007

案22 帮助索贿中私自提高索贿金额行为的定性

——余某、关某受贿案

【问题提示】

在帮助国家工作人员索贿中私自提高索贿金额，应如何定性？

【案情摘要】

被告人：余某，男，重庆某商检局局长；关某，男，四川某建筑企业工人。

1999年年初，余某所在的商检局移民迁建，时任该局局长的余某想到自己直接出面要钱不方便，即找其老乡关某帮忙，向工程承包方肖某索要好处费20万元，并许诺事成之后给关某分钱。关某在余某授意他索要20万元好处费的基础上私自提高数额以中介费名义向肖某索要40万元。关某将其中的18万元交给了余某，自己留下22万元。1999年下半年，被告人余某决定将所在商检局办公楼玻璃幕墙装饰工程交西南铝型材装饰有限公司承建，根据该工程量的大小，余某授意关某向西南铝型材装饰有限公司程某索要好处费8万元。关某仍然没有按余某授意的8万元数额索要，而是从中加价，以中介费名义向程某索要15万元。随后关某从该15万元中拿出5万元交给余某，关某获款10万元。以上两笔共55万元，被告人余某获赃款23万元，关某获赃款32万元。

【分歧意见】

本案中，被告人关某向肖某、程某共索取55万元好处费，对其中28万元系被告人余某授意、关某具体实施索贿行为所得的定性没有分歧，但对于被告人关某私自作主，在余某不知道的情况下以中介费的名义向肖某、程某索取的27万元的定性问题，产生了分歧意见。一种意见认为，本案中余某仅有索取28万元贿赂的主观故意，关某私自多拿取的27万元超出了余某的主观故意范围，亦没有利用余某的职务便利，对该27万元不应以受贿罪定罪处罚，是敲诈勒索或诈骗行为。另一种意见认为，这是一起内外勾结共谋实施的重大受贿案件。关某在余某所在商检局移民迁建过程中，利用余某担任该局局长的职务便利，与余某共谋实施索要贿赂之机，从中加价向肖某、程某多索要27万元，亦应对关某以受贿罪定性处罚。

【要点提示】

1. 不具有构成身份的人（关某）与具有构成身份的人（余某）共同实施纯正身份犯（受贿罪）的场合，有身份者当然成立身份犯的正犯，而无身份者亲自分担身份犯之实行，能否成立该身份犯之共同正犯?

2. 金某对自己不知情的共谋人私自提高索贿金额的行为应否承担刑事责任?

【问题讨论】

关某私自作主，背着余某向肖某、程某多拿27万元的行为的定性问题，事实上涉及两个问题：第一，关某私自索取27万元的行为定性；第二，这27万元能否计入余某的受贿数额?

一、关某私自索取27万元应认定为受贿行为，而不是敲诈勒索或诈骗行为

这涉及刑法理论上的共犯与身份问题。不具有构成身份的人（关某）与具有构成身份的人（余某）共同实施纯正身份犯（受贿罪）的场合，有身份者当然成立身份犯的正犯，而无身份者亲自分担身份犯之实行，能否成立该身份犯之共同正犯，成为问题之焦点。

对此问题，学界主要有以下几种观点：第一种观点认为，无身份者只能作为有身份者实现身份犯的工具而不受处罚，而有身份者被认定为间接正犯此即所谓的“工具说”。另一种观点认为，无身份者可以成立身份犯的共犯（狭义），但不能成立

身份犯的共同正犯。这是因为，仅具有构成身份者才存在实行身份犯之能力，无身份者仅能以教唆、帮助等形式实施。

若坚持上述“狭义共犯说”，本案被告人关某只能被认定为受贿罪的帮助犯，而基于共犯从属性原理，关某帮助受贿行为的可罚性应当依附于作为正犯的余某本人的实行行为。但在本案中，关某私自索取27万元的行为并不存在可以从属的受贿行为，因而不能说是帮助他人受贿，而只能作为独立的诈骗罪或敲诈勒索罪处理。因此，关某一次性收财的行为，在法律上却被分割为受贿罪与诈骗罪或敲诈勒索罪数罪，这是很令人费解的。

由此可见，上述“狭义共犯说”忽略了这样一个事实：整个案件中，关某“帮助”余某收受财物的行为是受贿罪的实行行为的组成部分，或者说，受贿罪的实行行为具有可分性：一般而言，利用职务之便为他人谋取利益的行为，大多只能由有身份者完成；而收受财物的行为可以由任何人实施，即，作为身份犯的受贿罪的部分要素，即使没有身份的人也可以实施。更直截了当地说，本案中关某并不仅仅在帮助他人受贿，他本人就是受贿人，是受贿罪的共同正犯。既然如此，关某私自索取的27万元也必然计算到其受贿的正犯行为中去。

根据我国刑法的规定，受贿罪属于国家工作人员的职务犯罪，非国家工作人员不能单独构成受贿罪。但根据刑法关于共同犯罪的规定以及最高人民法院《全国法院审理经济犯罪案件工作座谈会议纪要》有关共同受贿犯罪的认定的精神，如果不具备特定身份的人员与国家工作人员勾结，伙同受贿的，应当以受贿罪的共犯追究刑事责任。而没有特定身份和职务的人员与国家工作人员是否成立受贿罪的共犯，应当依照共同犯罪的一般理论去判断，即取决于双方有无共同受贿的故意和行为。

所谓受贿的共同故意，是指各行为人均对收受他人财物的非法性抱有明知的主观心理，且在利用国家工作人员的职权为他人谋取利益方面存在着意思联络。这突出地表现在，行为人之间具有利用国家工作人员的职权为他人谋取利益及收受财物的共同意志；相互勾结的各共同犯罪人，都希望通过权钱交易获得一定的财物，并在主观故意之间有密切的联系。所谓受贿的共同行为，是指国家工作人员和没有特定身份人员均实施了受贿罪的客观要件所要求的某种行为。这种共同行为在共同受贿犯罪中表现为，各共同犯罪人在参加犯罪时，不论其分工如何、参与程度如何，所有行为总是作为整体有机联系在一起的，在整个犯罪的链条中，这些行为具有共同性，并和犯罪结果之间具有因果关系。

综上所述，被告人关某与余某之间既有受贿的共同故意，又有受贿的共同行为，故关某私自索取27万元的行为应被认定为受贿行为。

二、关某私自索取的27万元也应被记入余某的受贿数额

通过以上分析，关某是受贿罪的共同正犯，对55万元负责；而作为有身份者，余某也是受贿罪的共同正犯，其认定的受贿数额是否包括关某私自索取的27万元呢？一般认为，受贿数额既然是客观构成要件要素，那么也是受贿故意必须认识的要素之一。在本案中，关某私自索取的27万元显然超过了余某的主观认知范围。因而，按照主客观统一原则，余某就似乎只对其明知的28万元负责了。

但是从另外一个角度来看，尽管主客观相统一原则是我国刑法的基本原则之一，此原则的适用在实践中仍存在一定的例外，或者说，成立犯罪的主、客观要素之间并不是绝对的一一对应关系，比如，在司法实践中，很多用以衡量行为危害性大小的间接结果、行为程度、次数等，都超过了主观故意的范畴，而成为“客观的超过要素”，例如，盗窃数额的确定一般都以实际数额为准，而不考虑其是否在作案前有充分认识；多次入室盗窃者辩解说“偷第三次的时候，忘记以前都偷过两次了”，也不影响盗窃罪的成立。

受贿数额的认定也是如此。只要行为人明知自己在实施受贿行为并希望或放任公务员职务行为的不可赎买性被侵害的结果发生，而不论其是否认识到具体的受贿数额，都应当认定为其具有受贿的故意。既然行为人在受贿故意的支配下实施了受贿行为，受贿罪就成立，而受贿的数额按实际收受数额计算。因此，本案中关某私自索取的27万元也当然记入余某的受贿数额。余某与关某成立受贿罪的共同正犯，共同对55万元负责。

结合本案，被告人关某与余某共谋，利用余某的职务便利，向肖某、程某索要贿赂共计55万元，虽然余某仅对其中的28万元有索贿故意，而对关某另外索要的27万元并不知情，但由于关某在向肖某、程某索要贿赂的过程中，均系以一个整体并一次性向肖某索要40万元、向程某索要15万元的数额。既然利用了余某的职务便利，余某对关某索贿的行为也明知，故关某索要55万元的行为与余某授意索要28万元的行为具有不可分割性，均属利用余某的职务便利向他人索贿的行为。因此，关某索要的55万元，在索贿行为上与余某有意思沟通，在实质上亦利用了余某的职务便利，故符合受贿罪权钱交易的本质特征，构成受贿罪，二人均应对55万元承担刑事责任。

【讨论归纳】

不具备国家工作人员身份的人与国家工作人员勾结，伙同受贿的，应当以受贿罪的共犯追究其刑事责任。至于具体索贿人私自提高索贿金额的行为，因其与整个索贿行为是一个整体，并不排斥其受贿的性质。国家工作人员在明知具体索贿人在实施受贿行为，不论其是否认识到具体的索贿数额，都应当对具体索贿金额承担刑事责任。

【实务训练】

从实务中找一件关于不具备国家工作人员身份的人与国家工作人员勾结，伙同受贿的真实案件，根据该案的事实、既有证据及争议焦点，写一份辩护词或判决书。要求格式规范、条理清晰、层次分明、说理透彻。

【延伸阅读】

1. 张明楷．刑法学．4版．北京：法律出版社，2011

2. 陈兴良．共同犯罪论．2版．北京：中国人民大学出版社，2006

案 23　使用假军车牌照逃交高速过路费行为的罪数形态

——时甲、时乙诈骗案

【问题提示】

非军用车辆悬挂假军车牌照营运，利用军用车辆免费通行权，免交巨额过路费的行为，应按牵连犯还是想象竞合犯处理？

【案情摘要】

被告人：时甲、时乙，时甲系时乙之弟。

2008 年 5 月 4 日到 2009 年 1 月 1 日期间，河南省禹州市农民时乙因套用假军车牌照营运，免费通行高速公路 2 361 次，总计免交过路费 368 万余元，于 2011 年 1 月 11 日被平顶山市中级人民法院一审以诈骗罪判处无期徒刑。

本案经媒体报道后引起广泛关注。1 月 14 日凌晨，平顶山市中级人民法院以出现“新的证据”为由，对该案启动再审。15 日，被告人弟弟时甲自首，供称其事先曾与某武警支队官兵张某、李某签订一份合同，约定时甲向对方支付 120 万元，对方必须保证其悬挂军车牌照被武警部队、收费站、高速公路、平顶山军分区查扣时，派车派人及时排除等重要情况。随后，法院表示因时乙在审讯过程中新供称有共同犯罪嫌疑人，原判事实出现新的证据，决定对该案依法组成合议庭，进行再审。1 月 16 日，因案件事实与证据发生变化，平顶山市中级人民法院建议检察机关撤案。1 月 17 日平顶山市人民检察院对此案撤回起诉。

经过补充侦查，2011 年 7 月 1 日，河南省平顶山市鲁山县公安局将本案移送鲁山县人民检察院审查起诉。鲁山县公安局起诉意见书显示，时甲、时乙确实与某武警支队的张某、李某合作（两人均另案处理），但仍然认为他们的行为是利用伪造的军用号牌，骗取、偷逃高速公路过路费，构成诈骗罪。而时甲因为还指使两名相关证人作伪证，被公安机关增加一个妨害作证罪。2011 年 9 月，案件由鲁山县人民检察院起诉至鲁山县人民法院，起诉书指控的数额，从原审的 368 万元减至 49.23 万元。12 月 15 日，经过公开开庭审理，鲁山县人民法院以诈骗罪判处时甲有期徒刑 7 年，并处罚金 5 万元；判处时乙有期徒刑 2 年 6 个月，并处罚金 1 万元。

【分歧意见】

对本案的定性主要有如下几种意见：一是应依最高人民法院《关于审理非法生产、买卖武装部队车辆号牌等刑事案件具体应用法律若干问题的解释》（法释〔2002〕9 号，以下简称“9 号解释”，已失效）定诈骗罪；二是应依《刑法修正案（七）》（以下简称“修七”）认定为非法使用武装部队专用标志罪，因为有关规定已经事实上废止了“9 号解释”，法院不能依据废法定罪量刑；三是本案行为是非法使用军车牌照与诈骗的牵连犯，应按从一重处原则，以诈骗罪论处；四是不应认定为犯罪。

【要点提示】

1997年《刑法》没有规定非法使用武装部队车辆号牌构成犯罪。"9号解释"规定，使用伪造的武装部队车辆号牌，不缴或者少缴应纳的有关税款，偷税数额占应纳税额的10%以上，且偷税数额在1万元以上的，依逃税罪处理；骗免养路费、通行费等各种规费，数额较大的，依诈骗罪处理。根据"修七"对《刑法》第375条的修正，非法使用武装部队车辆号牌等专用标志，情节严重的，构成非法使用武装部队专用标志罪。最高人民法院、最高人民检察院《关于办理妨害武装部队制式服装、车辆号牌管理秩序等刑事案件具体应用法律若干问题的解释》(法释〔2011〕16号，以下简称"16号解释")规定，实施《刑法》第375条规定的犯罪行为，同时又构成逃税、诈骗等罪的，依照处罚较重的规定定罪处罚。

【问题讨论】

前述案情摘要可以分为两种案件事实：一是，被告人时乙非法使用假军车牌照免交巨额过路费；二是，犯罪嫌疑人时乙、时甲与武警官兵张某、李某共谋使用假军车牌照免交巨额过路费。无论哪种案情，都有两个基本事实：一是，非军用车辆非法使用了军车牌照；二是，非军用车辆非法利用军车牌照免交了巨额过路费。两种案情都提出了一个共同的问题：非军用车辆非法使用假军车牌照免交巨额过路费到底应该如何定性？从以下几个方面分析：

第一，我们应该考察刑法规范军车牌照的立法目的，这其实也是考察非法使用武装部队专用标志罪的犯罪客体。全国人大《关于〈中华人民共和国刑法修正案(七)(草案)〉的说明》(以下简称"修法说明")明确指出，刑法第三百七十五条第二款对非法生产、买卖武装部队制服、车辆号牌等专用标志的犯罪作了规定。中央军委法制局提出，近年来，盗窃、出租、非法使用军队车辆号牌的情况时有发生，扰乱社会管理秩序，损害军队形象和声誉，影响部队战备训练等工作的正常进行。对这类情节严重的行为，应当追究刑事责任。经同有关部门研究，建议在刑法第三百七十五条第二款规定的犯罪行为中，增加盗窃、非法提供或使用武装部队车辆号牌等专用标志的情形。[①]

显然，在立法机关看来，非法使用军车牌照的危害在于，"扰乱社会管理秩序，损害军队形象和声誉，影响部队战备训练等工作的正常进行"。打击非法使用军车牌照等行为，就是要防止乱用军车牌照"扰乱社会管理秩序，损害军队形象和声誉，影响部队战备训练等工作的正常进行"。这也就是说，修法目的不在于避免地方的经济损失，不是为了地方利益，而在于避免影响军队工作，是为了军队利益。本条修法就是为军队修法，而不是为地方修法。这也完全符合本罪所侵犯的同类客体——国防利益。

看清楚这一点，就会理解，军队需要打击的，是各种形式的非法使用军车牌照行为。就国防利益而言，一方面，只要制止乱用军车牌照就够了；另一方面，所有

① 参见全国人民代表大会官网，http://www.npc.gov.cn/huiyi/lfzt/xfq/2008-08/29/content_1447399.htm，访问时间：2011-08-26。

妨害军车牌照的行为，都是应当打击的。至于非法使用的是真军车牌照还是假军车牌照，在所不问，因为都会“扰乱社会管理秩序，损害军队形象和声誉，影响部队战备训练等工作的正常进行”。

有论者主张，非法使用武装部队专用标志罪中的军车牌照只能是真军车牌照，不能是假军车牌照，否则，随便搞个牌子写上军车牌照二字即可构成本罪。我们认为，假军车牌照只有达到以假乱真的程度才可能蒙混过关，而下工夫将车牌搞得以假乱真而使用者，已经该罚了。达不到以假乱真程度，能够被轻易识别的，应当属于“情节显著轻微，危害不大”，因而“不认为是犯罪”。

第二，不可否认的是，非法使用军车牌照，也会给社会造成其他损失，比如，本案中行为人免交巨额过路费。那么，我们应如何处理这两种危害之间的关系呢？

“修七”与“9号解释”都规定了非法使用军车牌照的问题。如果本案的审判发生在“修七”生效之前，那么要将非法使用军车牌照的行为定罪处刑，只有按“9号解释”，以诈骗罪论处。但事实上是在“修七”生效之后才审判本案。是适用“修七”还是适用“9号解释”呢？

本案行为时在“修七”生效之前，审判时在“修七”生效之后。《刑法》第12条[①]以及最高人民法院《关于适用刑法第十二条几个问题的理解》（法释〔1997〕12号），明确回答了该问题：就是从旧兼从轻。按“修七”处理显然比按“9号解释”处理要轻得多，更不用提“修七”相对“9号解释”而言不仅是新法，而且在法律位阶上也高于“9号解释”。所以，无论“修七”的生效是否事实上废止了“9号解释”（“修法说明”还表明了另一个重要问题，那就是，直到此次修法为止，《刑法》的确没有将非法使用军车牌照的行为规定为犯罪，所以，从《立法法》的角度来看，“9号解释”有关非法使用军车牌照的行为按诈骗罪定罪处刑的规定不是没有问题的），本案一审时都应当适用“修七”，以非法使用武装部队专用标志罪定罪处刑。如果不适用“修七”，就必须回答，为什么非法使用假军车牌照免交过路费不是非法使用武装部队专用标志，哪些行为才是非法使用武装部队专用标志。

问题是，本案在一审之后已经被检察院撤回起诉，退回公安机关补充侦查，并于2011年7月1日重新移送审查起诉，而审查起诉期间，“16号解释”出台了。那么，即将到来的新的一审，该如何适用法律呢？

要回答这一问题，首先需要解决非法使用假军车牌照免交过路费与诈骗过路费之间的关系。我们认为，本案所谓诈骗过路费的行为，也就是非法使用假军车牌照免交过路费的行为。行为人对军车牌照的使用，正是体现在免交过路费这一环节。只有在免交过路费等规费时，才能体现出军车牌照是“专用标志”，才能体现出悬挂军车牌照的是一辆“特权车”。“特权”才是军车牌照作为专用标志的存在和表现形式。享受“特权”，才是在使用专用标志。也只有滥用“特权”，才会真正“扰乱社会管理秩序，影响部队形象和声誉，影响部队战备训练等工作的正常进行”，否则，

---

① 该条中的“本法”应指审判时法（参见陈忠林：《关于刑法时间效力的几个问题——刑法第12条的法理解释》，1998年全国刑法学年会论文），即已经包含了“修七”内容的“本法”。

非法使用军车牌照的社会危害性难以体现。事实上，没有了免缴交通规费与相关税款的“特权”，军车牌照在和平时期作为专用标志的“专”与军车作为“特种车”的“特”，就很难体现，也很难为人们所认识了。从某种意义上讲，免缴交通规费是一般人非法使用军车牌照的唯一原因。所以，非法使用假军车牌照免交过路费与诈骗过路费其实就是一个行为。既然“禁止重复评价”，如果在诈骗罪的虚构事实、隐瞒真相要素中评价了非法使用军车牌照的行为，那么，非法使用武装部队专用标志罪中就没有了评价的行为。反过来，如果在非法使用武装部队专用标志罪中评价了使用军车牌照的行为，那么诈骗罪中就没有了虚构事实、隐瞒真相的要素，只剩下逃费行为了。我国刑法规定了逃税行为是犯罪，但没有规定逃费行为是犯罪，所以，将逃缴过路费作为犯罪处理就没有了法律根据。既然只是一个行为，那么那种认为非法使用假军车牌照与诈骗过路费属于手段行为与目的行为的牵连关系，应按处理牵连犯的原则从一重处，即以诈骗罪定罪处刑的主张，就站不住脚了。

那么，非法使用假军车牌照与诈骗过路费是想象竞合关系吗？刑法中所谓想象竞合犯，是指行为人出于一个故意或者过失，实施了一个犯罪行为而触犯了数个罪名，而其中任何一个罪名都不能单独完全包容这一犯罪行为的情况。本案中行为人为免交过路费等规费，非法使用假军车牌照，触犯了非法使用武装部队专用标志罪与诈骗罪两个罪名，是否其中任何一个罪名都不能单独完全包容这一犯罪行为？显然不是，因为逻辑上讲，使用假军车牌照骗免过路费当然也是使用假军车牌照的行为，完全可以被非法使用武装部队专用标志罪包含。认为非法使用武装部队专用标志罪不包括使用专用标志牟利的行为，就和主张使用假币罪不包括使用假币牟利的行为一样，是没有法律根据的。既然使用假币牟利只能定使用假币罪而不是定诈骗罪，那么非法使用武装部队专用标志牟利为什么要定诈骗罪呢？可见，非法使用假军车牌照与诈骗过路费之间也不能成立想象竞合犯关系。

有人质疑：如果无论使用假军车牌照实施什么危害社会的行为都只定非法使用武装部队专用标志罪，那么利用假军车牌照运输毒品呢？故意用假军车牌照砸死人呢？其实，刑法中的使用，是指发挥事物的设计用途、功能，比如，使用假币，就是指将假币当真币用。真币的设计功能是作为等价交换物进行流通。如果将假币当做真币在人面前炫耀，勾引女孩子，这就不是刑法意义上的使用假币，因为真币的设计功能不是炫耀与勾引。军车牌照对于收费站而言，因其在设计功能上具有免交过路费等的“特权”，而不具有使运输毒品正当化的功能，所以利用假军车牌照、真军车牌照运输毒品，构成的是运输毒品罪，而不是非法使用武装部队专用标志罪；同时，因为真军车牌照也不具有招摇撞骗的设计功能，所以，使用军车牌照进行招摇撞骗，无论军车牌照是真、是假，构成的仍然是招摇撞骗罪。因为砸人也不是军车牌照的设计功能，所以这些行为，都不是刑法意义上的“使用军车牌照”的行为。用假军车牌照冒充真军车牌照逃免过路费，如前所述，正是利用真军车牌照免交过路费的“特权”，是使用假军车牌照。同理，利用军车牌照享有的免交有关税款的“特权”，骗免相关税款的，也是使用军车牌照。这种行为，既不应该定诈骗罪，也不应该定逃税罪，而只能定非法使用武装部队专用标志罪。这一结论，也避免了依

"9号解释"和"16号解释"所可能出现的，违反国家法律骗免税款最高只判7年有期徒刑，而违反部门规章骗免过路费却最高判无期徒刑的、严重违背罪责刑相适应这一刑法基本原则的所谓"选择性执法"的荒唐。鲁山县人民检察院将指控的犯罪数额从特别巨大降格为巨大，从而为法院最终只判处7年有期徒刑这一不突破逃税罪法定最高刑的刑罚扫清了障碍，是不是考虑了这方面的因素？7年有期徒刑也是非法使用武装部队专用标志罪的法定最高刑。我们不妨这样想：既然7年是各方都能接受的最高刑（我想，以后即便再有犯罪数额超过本案的类似案例，法院也不会量出10年以上刑罚，否则，照样会引起社会热议），何不直接就以非法使用武装部队专用标志罪定罪，从而确保最高刑不会超过7年，并再也不用为数额劳心费力？

这样一来，"16号解释"有关实施《刑法》第375条规定的犯罪行为，同时又构成逃税、诈骗等罪的，依照处罚较重的规定定罪处罚的内容，就只能理解为行为人实施了前后不相干的两种犯罪行为了。因为正如前文所分析的，非法使用军车牌照逃缴过路费与税款的行为，就是非法使用武装部队专用标志的行为。因为实施《刑法》第375条规定的非法使用武装部队专用标志的行为，同时又构成逃税、诈骗等罪的，只能是非法使用武装部队专用标志罪与逃税罪、诈骗罪在语言逻辑上的法条竞合。而刑法理论处理法条竞合关系的原则，是特殊法条优于一般法条。显然，第375条是特殊法条，应当优先适用，否则，"修七"对《刑法》第375条的修改，就几乎失去了意义。那样适用法律的结果，也会如前所述，导致对罪责刑相适应这一刑法基本原则的违背，从而违反常识。

【讨论归纳】

其实，本案之所以引起广泛关注，是因为：第一，两车8个月的过路费竟然高达368万余元，而车主所赚的钱只有二十余万元；第二，逃缴过路费居然被判了无期徒刑。这两个问题与常识、常情、常理严重冲突。而定性之争，从某种意义上讲，只是在为如何轻判行为人找法律与法理依据罢了。只有依照非法使用武装部队专用标志罪定罪处刑，才可能实现"修七"的修法目的，做到罪刑相适应。以诈骗罪处理本案的观点，经不住法律逻辑与生活常识的拷问。

准确处理本案的关键，就定性而言，在于正确认识非法使用军车牌照与诈骗过路费实质上是一个行为，不存在牵连犯问题，也不是想象竞合犯，只是法条竞合；就法律适用而言，应理顺法的位阶关系，把握从旧兼从轻原则。

【实务训练】

请根据本案的事实及争议焦点，参考网上报道的该案证据，写一份辩护词。要求格式规范、条理清晰、层次分明、有理有据、入情入理。

【延伸阅读】

1. 陈兴良．刑罚目的新论．华东政法学院学报，2001（3）
2. 马国川．陈忠林：我是"非主流"法学家．经济观察报，2008－04－30

第五章　刑罚裁量

案 24　供述未掌握犯罪事实但虚构同案犯的自首认定

——郭某盗窃案

【问题提示】

仅一人作案，但被告人出于其他目的而虚构有同案犯参与作案的行为，并主动向公安机关供述，若被告人供述的案件属实，则其供述是否属于公安机关还未掌握的本人其他罪行而构成自首？

【案情摘要】

被告人：郭某，男，无业。

被告人郭某，因吸毒、贩毒于 2009 年 6 月 20 日被 H 市公安局某区分局决定强制隔离戒毒两年。其间，郭某因想逃避强制戒毒而找到监所民警，供述其于 2009 年 4 月 5 日伙同黄某共同盗窃笔记本电脑。基于相同的目的，黄其也对这一他不曾参与的盗窃行为予以供认。后经公安机关多方查证，证实 2009 年 4 月 5 日 10 时许，被告人郭某独自一人来到 H 市某区李某的租赁房内，以找熟人聊天为名，骗取李某的信任进入室内，趁李某不注意，将李某的价值 2 300 元的“神州”牌笔记本电脑 1 台盗走。后人民法院经审理，以盗窃罪对郭某定罪处罚。

【分歧意见】

本案事实清楚、证据充分，但对于被告人主动交代其盗窃罪行的行为是否构成自首在审理中存在两种观点。第一种观点认为，被告人郭某在监管场所主动供述其没有被公安机关掌握的盗窃犯罪，构成自首。第二种观点认为，被告人郭某虽然主动交代了盗窃笔记本电脑的事实，但其交代的是与他人共同作案，经审理查明事实系郭某一人作案，故不是如实供述犯罪事实，不符合自首的构成要件，不应认定其具有自首情节。

【要点提示】

1. 对《刑法》第 67 条第 2 款的规定“被采取强制措施的犯罪嫌疑人、被告人和正在服刑的罪犯，如实供述司法机关还未掌握的本人其他罪行的，以自首论”中“如实供述”的理解。

2. 对相关法律、司法解释的准确把握：《刑法》第 67 条，最高人民法院《关于处理自首和立功具体应用法律若干问题的解释》第 1 条、第 2 条、第 5 条。

【问题讨论】

我们同意第二种观点。

我国刑法设立自首这一法定从轻、减轻或免除处罚情节的主要目的，一是鼓励犯罪人自行悔过，二是提高侦办案件效率、减少司法成本。本案中被告人郭某在监管场所供述自己盗窃罪行的动机在于逃避强制戒毒这一强制措施，并不是出于真心悔过，且他供述有一同案犯的行为客观上扰乱了公安机关的视线，妨碍了公安机关的侦查活动，使得公安机关在案件侦查过程中走了不少弯路。

但以上并不是认定郭某这一行为不构成自首的决定性因素。被告人因吸毒被公安机关决定强制戒毒，在监管场所向监所民警主动交代本人的盗窃罪行，他主动交代的这一犯罪事实并未被公安机关掌握，也和他被采取强制措施的原因属于不同性质。被告人的这一主动供述行为至少为公安机关提供了线索，确实也能在客观上帮助公安机关提高侦破案件的效率，使得审查、审判活动都更为容易，从这个角度来说，是节约了司法成本。且自首中的“如实供述罪行”并不必然要求真诚悔罪。根据我国刑事立法以及相关的司法解释，并没有规定主动投案、如实供述的动机在于真诚悔罪，在司法实践中很多犯罪嫌疑人或被告人自首都是出于恐惧或为自己争取一个宽大处理机会的投机心理等，这也符合人自我保护的本能。另外，我国的自首制度原本就是一个功利性的制度，对犯罪嫌疑人或被告人来说是一种激励机制，即把自首作为一个法定从轻、减轻或免除处罚的量刑情节以鼓励犯了罪的人主动向侦查机关坦白罪行。如果对这种行为的动机限制过于严格，必将限制自首的运用，与从宽的立法本意相悖。因此，被告人基于何种主观目的而自首应在所不问，只是对于充分悔罪和未充分悔罪的自首应当在量刑上予以区分。

那么在这个前提下，本案被告人郭某主动交代的行为是否构成自首呢？

首先，我国《刑法》第 67 条第 2 款规定了我国刑法中的“特别自首”制度：“被采取强制措施的犯罪嫌疑人、被告人和正在服刑的罪犯，如实供述司法机关还未掌握的本人其他罪行的，以自首论。”最高人民法院《关于处理自首和立功具体应用法律若干问题的解释》第 2 条对此作了进一步的明确：“根据《刑法》第 67 条第 2 款的规定，被采取强制措施的犯罪嫌疑人、被告人和已宣判的罪犯，如实供述司法机关尚未掌握的罪行，与司法机关已掌握的或者判决确定的罪行属不同种罪行的，以自首论。”

同意认定本案被告人郭某构成自首的观点即认为他的行为符合“特别自首”的规定，即他是被采取强制措施的行为人，如实供述的盗窃罪行是司法机关尚未掌握的，且与司法机关掌握的属于不同种罪行（这里姑且对《刑法》第67条第2款规定的情形作扩大理解）；而另一种观点也不否认郭某是在监管场所主动交代未被司法机关掌握的盗窃罪行，之所以他此行为不成立自首，是因为他没有如实供述自己的罪行。由此可见，两种观点的差别在于本案被告人郭某是否“如实供述自己的罪行”，这也是判断他成立自首与否的关键所在。

认为本案被告人成立自首的观点主张应从宽掌握自首，只要行为人交代的是实际上已经发生的事情且对主要犯罪事实交代清楚就可。因为要求被告人如实供述的罪行并不等同于完整的犯罪构成，犯罪人因法律意识的欠缺对自己的某些行为认识不足或者由于害怕、恐慌或者事隔时间太久而出现记忆偏差，所供述的犯罪事实不可能与充足犯罪构成所需要的事实完全一致，且刑事诉讼法也要求不能仅凭被告人的供述定案，对于被告人的供述，仍需要侦查机关进一步核实。那么认定自首是否成立所要求的被告人如实供述的主要犯罪事实应该包括哪些内容呢？被告人供述的可以是概括的犯罪事实，并不要求把犯罪行为的每一个细节都完整无误地交代出来，这些可以在后来的侦查阶段予以补强，但至少应该包括何时、何地、何人、何事这几个要素，也就是说被告人需要交代自己（或者和什么人一起）在什么时候、什么地方干了什么事。本案中的被告人郭某和案外人黄某串供，在仅有郭某一人犯案的前提下供述是二人共同犯罪，那就势必会将一人的行为拆分到两个人的身上，作案人刻意隐瞒自己的一部分罪行并虚构“同案犯”的犯罪事实，这样造成的结果就是虽然被告人供述的是实际发生的案件，但他在何人参与作案和自己的具体行为上作了虚假供述，故不是“如实供述自己的罪行”。

其次，我国刑法及相关司法解释对共同犯罪如何认定自首的规定，对本案自首的认定有借鉴意义。最高人民法院《关于处理自首和立功具体应用法律若干问题的解释》第1条第2项规定：“共同犯罪案件中的犯罪嫌疑人，除如实供述自己的罪行，还应当供述所知的同案犯，主犯则应当供述所知其他同案犯的共同犯罪事实，才能认定为自首。”第5条规定：“共同犯罪案件中的犯罪分子揭发同案犯共同犯罪以外的其他犯罪，经查证属实的，应当认定为有立功表现。”在共同犯罪的情况下，被告人仅供述自己的犯罪事实而隐瞒同案犯罪行的，不能认定为自首；被告人供述同案犯共同犯罪的事实也不属于揭发他人犯罪行为的立功表现。据此可知，共同犯罪被告人“如实供述自己的罪行”不仅包括供述本人的犯罪事实，还包括如实供述所知的同案犯的罪行。考察这两条解释，我们可知，在立法者看来被告人要全面描述案件的基本事实才算如实供述自己的罪行，这其中也许并不包括作案动机、赃款去向等，但必须满足我们前文提到的四个要素，即何时、何地、何人、何事，具体说来便是：若一人犯案，被告人需交代的是自己在什么时间、什么地点做了什么事情；若是共同犯罪，则被告人除需交代自己的犯罪事实部分外还要交代参与作案的有什么人，如何分工，每个人在犯罪中的具体行为等。既然在共同犯罪中，被告人隐瞒有同案犯的行为不成立自首，那么根据此立法精神，我们可知，仅有一人作案却虚构有“同案犯”的行为也不成立自首。

【讨论归纳】

在“特别自首”中，“如实供述”要求交代自己在什么时间、什么地点做了什么事情，若是共同犯罪，则除需交代自己的犯罪事实部分外还要交代参与作案的有什么人，如何分工，每个人在犯罪中的具体行为等。既然在共同犯罪中，被告人隐瞒有同案犯的行为不成立自首，那么根据此立法精神，供述办案机关尚未掌握的仅本人一人作案却虚构有“同案犯”的犯罪事实，也不成立自首。

【实务训练】

请根据本案的事实、既有证据及争议焦点，写一份辩护词。要求格式规范、条理清晰、层次分明、说理透彻。

【延伸阅读】

1. 赵秉志，于志刚．论我国刑法分则中的特别自首制度．人民检察，2000（3）
2. 最高人民法院《关于处理自首和立功具体应用法律若干问题的解释》
3. 最高人民法院《关于处理自首和立功若干具体问题的意见》

案 25 财产型犯罪的量刑不能唯数额论

——郝甲盗窃案

【问题提示】

盗窃、诈骗等财产型犯罪，是否只能根据数额量刑？

【案情摘要】

被告人：郝甲，男，农民。

被告人郝甲系被害人郝乙亲侄孙。2008 年 4 月 28 日上午 11 时许，郝甲到郝乙家院内，见郝乙家无人，想到债主逼债，便产生盗窃还债之念。郝甲随后在院内找了一根钢筋棍，将窗户玻璃打碎进入室内，又在室内找了把菜刀，将郝乙家写字台的抽屉撬坏，盗走该抽屉内存放的现金 5.3 万元，然后将其中 4.9 万元存入银行，剩余 4 000 元还债。当日下午，郝甲被公安人员抓获。破案后，存入银行的赃款 4.9 万元全部追回并退还失主，剩余 4 000 元由郝甲父亲郝丙代其赔偿给失主郝乙。

陕西省某县人民法院认为，被告人郝甲以非法占有为目的，秘密窃取他人财物，数额特别巨大，其行为构成盗窃罪。鉴于郝甲系失主郝乙的亲侄孙，案发后已全部退赃，且失主郝乙强烈要求对郝甲免除处罚，依据《刑法》第 63 条第 2 款之规定对其减轻处罚，以盗窃罪判处被告人郝甲有期徒刑 5 年，并处罚金 20 000 元。一审宣判后，在法定期限内没有上诉、抗诉。本案经依法逐级报请中级人民法院、高级人民法院复核同意后报请最高人民法院核准。最高人民法院经复核认为，鉴于本案的特殊情况，对郝甲可以尽量从宽处理，原判对郝甲在法定刑以下判处的刑罚量刑仍属过重，遂裁定撤销原判，发回某县人民法院重新审判。某县人民法院经重新审理后，认为被告人的犯罪情节轻微，遂判决被告人郝甲犯盗窃罪，免予刑事处罚。

【分歧意见】

对于本案如何量刑，有三种意见：第一种意见认为，被告人盗窃数额特别巨大，依法应当在 10 年以上有期徒刑或者无期徒刑的法定刑内量刑，鉴于被告人、被害人双方系亲戚关系，已全部退赃，并取得被害人谅解等具体情节，可从轻判处有期徒刑 10 年；第二种意见认为，根据本案的特殊情况，可以根据《刑法》第 63 条第 2 款的规定，减轻判处有期徒刑 5 年，并层报最高人民法院核准；第三种意见认为，本案虽然盗窃数额特别巨大，但犯罪情节轻微，可以免予刑事处罚。

【要点提示】

1. 盗窃、诈骗等财产型犯罪，哪些情形下量刑可以不唯数额论?

2. 对《刑法》第 37 条中的“犯罪情节轻微”应当如何理解?

3. 对最高人民法院《关于审理盗窃案件具体应用法律若干问题的解释》相关规定的精神的理解和把握。

【问题讨论】

在当前量刑规范化改革于全国试行，量刑逐步趋于规范、统一的背景下，尤其要强调原则性和灵活性相结合，注重刑罚个别化，真正实现个案量刑的公正。《人民法院量刑指导意见（试行）》也明确规定：量刑必须做到罪责刑相适应，实现惩罚和预防犯罪的目的；量刑应当贯彻宽严相济的刑事政策，确保裁判法律效果和社会效果的统一。

一、财产型犯罪的量刑不能唯数额论

根据刑法的规定，量刑应当以事实为根据、以法律为准绳，根据犯罪的事实、犯罪的性质、情节和对社会的危害程度，决定判处的刑罚。据此，犯罪数额不是量刑的唯一依据。

1. 财产型犯罪的量刑不能唯数额论，是刑法总则的要求

刑法中关于财产型犯罪的规定，基本上采取犯罪数额与法定刑一一对应的模式。这样设置的合理性在于犯罪数额是量刑情节的主要内容，并且是一种相对比较容易标示、易于客观区分和衡量的情节，所以刑法将其格外、明确地突出出来，以判定犯罪行为的危害程度。盗窃罪是典型的数额犯，盗窃数额通常情况下是定罪量刑的客观度量标准。但是案件情况是复杂多样的，影响量刑的情节是极其丰富的，简单、僵化地唯数额量刑可能导致罪责刑不相适应。正是考虑到分则中主要根据数额配置法定刑的不足，《刑法》总则中预留了司法自由裁量的空间，如第 13 条规定“情节显著轻微危害不大的，不认为是犯罪”，第 37 条规定“情节轻微不需要判处刑罚的，可以免予刑事处罚”，第 63 条第 2 款规定了法定刑以下判刑的情况。

2. 财产型犯罪情节轻微的认定不能唯数额论，是司法解释的一贯立场

司法解释不断明确犯罪数额并不是财产型犯罪量刑的唯一依据。如《关于审理

抢夺刑事案件具体应用法律若干问题的解释》第 3 条规定，抢夺公私财物虽然达到数额较大的标准，但具有下列情形之一的，可以视为《刑法》第 37 条规定的犯罪情节轻微不需要判处刑罚，免予刑事处罚：（1）已满 16 周岁、不满 18 周岁的未成年人作案，属于初犯或者教唆犯罪的；（2）主动投案、全部退赃或者退赔的；（3）被胁迫参加抢夺，没有分赃或者获赃较少的；（4）其他情节轻微、危害不大的。再如最高人民法院《关于审理盗窃案件具体适用法律若干问题的解释》（以下简称《审理盗窃案件解释》）第 1 条第 4 项规定：偷拿自己家的财物或者近亲属的财物，一般可不按犯罪处理；对确有追究刑事责任必要的，处罚时应与在社会上作案的有所区别。这一规定，从文字上理解，是对偷拿自己家的财物或者近亲属的财物的定性及量刑作了规定，但从其所表明的立场能够逻辑地推出这样一个精神：并不是在任何盗窃案件中数额都是定罪量刑的唯一标准。在特殊情况下，虽然数额达到了犯罪标准，仍然可以“除罪化”处理，即使“确有追究刑事责任必要”，对被告人的量刑也要与在社会上作案的有所区别，甚至可以认定为“情节轻微，不需要判处刑罚”而判处被告人免予刑事处罚。

因此，在处理盗窃、诈骗等财产型犯罪时，既要注重数额，主要以数额为依据来确定案件的犯罪情节和社会危害性，又不能让数额成为定罪量刑的桎梏，在案件具有特殊情况时，要敢于突破数额，发挥法定刑以下判刑及免予刑事处罚的作用，真正做到宽严相济，正确裁量，罚当其罪。

二、对本案被告人免予处罚的理由

就本案来说，被告人郝甲盗窃他人财物 5.3 万元，属于盗窃数额特别巨大（当地盗窃数额特别巨大的起点标准为 5 万元），如果简单根据《人民法院量刑指导意见（试行）》规定的数额标准量刑，最低应判处有期徒刑 10 年，某县人民法院减轻判处有期徒刑 5 年，而最高人民法院复核认为，根据本案的特殊情况，判处 5 年仍然过重，故发回重审。

1. 本案的犯罪对象具有特殊性

如果被告人偷拿家人或者近亲属的财物，那么就可以直接适用《审理盗窃案件解释》的规定，不按犯罪处理。即使被害人坚决要求追究被告人的刑事责任，仍然可以根据该解释的规定，对被告人量刑时与在社会上作案的有所区别，直至判处免予刑事处罚。《审理盗窃案件解释》的宗旨是通过法律的规范和调整，维护亲属关系及社会的稳定。本案中被告人与被害人虽然不是近亲属，但系比较密切的亲属关系，犯罪对象的特殊性还是明显的，在量刑时应当区别于其他普通盗窃行为。被告人是被害人的亲侄孙，且有从小与被害人共同生活的背景，关系密切，虽然不是近亲属，但也是五代以内的旁系血亲，且属于有共同生活背景的亲属关系，对于这种密切的亲属关系，虽然不能直接适用《审理盗窃案件解释》第 1 条第 4 项的规定，但是在定罪量刑时应充分考虑这一特殊情况。

2. 被害人明确要求免予追究被告人的刑事责任

在审判工作中，法院应当尊重被害人及民众对案件的看法及量刑的意见，和谐司法，减少社会对抗。一方面，刑事法律关系不仅仅是国家司法机关与犯罪人之间惩罚与被惩罚的关系，还包括犯罪人与被害人之间加害与被加害的关系。被告人、被害人之间关系的修复越来越受到理论界和司法实务部门的重视。另一方面，犯罪所引起的被害人及社会民众的反应，是犯罪的社会危害的重要内容；犯罪人主观心理及客观行为的恶性对被害人及社会公众的正义情感造成损害，导致被害人及社会公众对行为人产生愤怒情感，不能轻易原谅犯罪人，是行为社会危害性的一部分，而被害人的谅解及社会民众的同情说明犯罪的社会危害程度不深，犯罪人恶性不大，刑罚处罚的必要性不强。本案中，被害人不愿因为自己的报案使得自己的亲侄孙受刑事处罚，案发后，被害人多次请求公安、司法机关对被告人免除处罚，被害人所在村村民亦联名上书要求对被告人从轻处罚。被告人与被害人过去曾在一起生活过，以后在生活中不免还有很多接触，在类似的案件处理中，应当充分尊重被害人的要求，尊重被害人及普通民众对司法裁决的接受程度，量刑时应尽量从宽，以免激化矛盾，影响家庭和亲属关系的缓和。

3. 被告人有案发后积极退赃的悔罪表现，且未造成严重的犯罪后果

被告人所盗窃钱物于案发当日已绝大部分追回，且被告人之父又主动对被害人进行了赔偿，已挽回被害人的损失，被告人的盗窃行为实际上未造成严重的犯罪后果。

4. 被告人犯罪时刚年满 18 周岁，归案后认罪态度好，又系初犯。

综上所述，被告人虽然盗窃数额特别巨大，但是发生在有共同生活背景的亲属之间，被害人表示谅解且不希望追究被告人的刑事责任，而且所盗窃财物于案发后随即被追回，并未造成被害人实际损失；另外，被告人犯罪时刚刚成年，犯罪主观恶性不大，犯罪实际造成的危害范围和程度有限，故可以尽量从宽处理。根据《审理盗窃案件解释》第 1 条第 4 项的立法精神和宗旨，可以适用《刑法》第 37 条的规定，认定被告人的盗窃行为“情节轻微，不需要判处刑罚”，从而判处被告人免予刑事处罚。

三、量刑时不能唯数额论的其他情形及其把握

量刑时不能唯数额论的其他情形，主要见于被告人对所盗物品的性质、价值存在重大认识错误的情况下，如将价值十几万元的铂块误认为锡块偷走[①]，将价值十几万元的高档手表误认为价值几百元的普通手表偷走[②]，等等。有人担心，在行为人既有盗窃故意又有盗窃行为，事实上也盗窃既遂时，如果行为人都辩解说对财物的性质或者价值有错误认识，不就都可以从轻甚至免予处罚吗？我们认为，对此类案件，应从以下几方面予以把握：

1. 从主观上进行考察

除考察行为人的供述、个人情况外，还要综合分析其行为的时间、地点、条件，行为人与被害人的关系等。同时，应从一般人的角度来分析，一般人均能认识的，

---

① 参见华俭学、楼炯燕：《对所窃物品性质存在重大认识错误的处罚》，载《人民司法》，2011（4）。

② 参见何树志、薛付奇：《对所盗物品的价值有重大认识错误的应如何处罚》，载《刑事审判参考》，总第 40 集。

应视为行为人认识到，以避免行为人推脱责任。对于那些抱着“能偷多少偷多少，偷到什么算什么”心态的行为人来说，其主观故意属于概括性的犯罪故意，因为无论财物价值多少都不违背行为人的本意，自应以实际价值论。

2. 从手段上进行考察

行为人采取特定手段进行盗窃即视为具有概括性的故意，犯罪数额以实际价值论。如惯窃、扒窃、入室盗窃、撬锁盗窃、团伙犯罪等，因其行为的严重性，可以推定其为概括性的犯罪故意，以实际价值认定其盗窃数额。

3. 从场合特定性上进行考察

这只能发生在行为人有合法或者合理机会接触被盗物品的顺手牵羊场合。被盗物品价值大又容易被误以为小的时候，才会产生认识错误问题。因此，只有在特定环境和条件下才能认定被告人是否对盗窃对象的价值存在严重的认识错误，避免出现客观归罪或主观归罪的现象。

【讨论归纳】

量刑必须做到罪责刑相适应，必须贯彻宽严相济的刑事政策，确保裁判法律效果和社会效果的统一。盗窃、诈骗等财产型犯罪一般以数额为量刑的主要依据，但也不能唯数额论。个案特殊情况使得严格适用数额标准量刑将导致极不公正的结果时，就需要准确理解和把握法律的精神与价值，结合案件的具体事实，借助于社会生活经验知识，大胆适用刑法总则条款，力求情、理、法平衡，实现个案的量刑公正。

【实务训练】

从实务中找一关于数额型财产性犯罪的真实案件，根据该案的事实、既有证据及争议焦点，写一份贯彻本主题的辩护词或判决书。要求格式规范、条理清晰、层次分明、说理透彻。

【延伸阅读】

1. 周光权．偷窃“天价”科研试验品行为的定性．法学，2004（9）
2. 罗翔．论财产犯罪中对数额的认识错误．法律适用，2009（2）
3. 最高人民法院《关于审理盗窃案件具体适用法律若干问题的解释》
4.《人民法院量刑指导意见（试行）》（2010 年）

案 26 共同犯罪案件中死刑政策的把握与适用

——郭某、娄某抢劫案

【问题提示】

在共同犯罪中如何掌握死刑政策的适用？

【案情摘要】

被告人：郭某，男，初中文化，农民；被告人娄某，男，小学文化，农民，2000年3月10日因犯盗窃罪、销售赃物罪被判处有期徒刑3年，缓刑5年。

被告人郭某、娄某伙同薛某（同案被告人，已判刑3年）预谋抢劫做宰牛生意的被害人李某（殁年62岁）。2007年五六月份的一天，郭某、娄某、薛某驾驶郭某的红色夏利轿车跟踪去某乡集市买牛的李某，欲在路上抢劫李某，后认为李某身上没钱而未动手。数日后，郭某、娄某又预谋在路上劫持李某，因认为人太少，娄某给其哥娄某旗（同案被告人，已判刑8年）打电话，称有人欠其钱，让娄某旗帮忙要账，把人弄车上。郭某、娄某、娄某旗驾驶郭某的红色夏利轿车跟踪去集市买牛的李某。在集市上，娄某打电话叫来薛某，由薛某骑摩托车带娄某，郭某和娄某旗开红色夏利轿车共同跟踪李某，因李某进入一农户家中而未动手。2007年7月1日，郭某、娄某再次预谋抢劫李某，娄某给娄某旗打电话，称次日去要账，让其帮忙把人弄上车。娄某准备了一件蓝色上衣、3个白色纱布口罩。次日上午11时许，娄某驾驶所借摩托车跟踪李某，并打手机告知郭某，郭某、娄某旗驾驶红色夏利轿车赶到。娄某将摩托车放在路边，三人乘坐夏利轿车追上李某。郭某开车将骑摩托车的李某撞倒，娄某、娄某旗下车将李某劫持到车上，娄某用口罩塞住李某的嘴，用蓝色上衣盖住李某的头部。之后娄某让娄某旗下车。郭某、娄某将李某拉至黄河边，用石头朝李某的头部猛砸数下，并用皮带将李某的双手反绑后将其扔入黄河。二人抢得李某现金1 700元及摩托车一辆（价值600元）。经法医学鉴定，李某系因颅脑损伤致死的可能性大，但由于尸体高度腐败，也不排除机械性窒息死亡的可能。

一审法院以抢劫罪判处被告人郭某、娄某死刑，剥夺政治权利终身，并处没收个人全部财产。被告人郭某、娄某不服，提起上诉。二审法院裁定驳回上诉，维持原判，并依法报请最高人民法院核准。最高人民法院经复核认为，娄某系罪责最为严重的主犯，故核准被告人娄某死刑（立即执行），并改判被告人郭某死刑缓期两年执行。

【分歧意见】

一种观点认为，被告人郭某、娄某共同预谋并共同杀害被害人，所起作用相当，难以区分，都是主犯，且本案是性质恶劣的抢劫杀人案件，系目前打击刑事犯罪的重点，故二人均可判处死刑。另一种观点认为，应当详细分析二人在共同犯罪中的地位和作用，原则上只判处罪责最为严重的主犯死刑。

【要点提示】

1. 共同犯罪致一人死亡的，能否同时判处2名以上被告人死刑？
2. 如果原则上只能一命偿一命，如何认定罪责最为严重者？

【问题讨论】

最高人民法院《关于贯彻宽严相济刑事政策的若干意见》规定："对于一般共同犯罪案件，应当充分考虑各被告人在共同犯罪中的地位和作用，以及在主观恶性和人身危险性方面的不同，根据事实和证据能分清主从犯的，都应当认定主从犯。有多名主犯的，应在主犯中进一步区分出罪行最为严重者。对于多名被告人共同致死一名被害人的案件，要进一步分清各被告人的作用，准确确定各被告人的罪责，以做到区别对待；不能以分不清主次为由，简单地一律判处重刑。”最高人民法院相关文件也规定：对于共同致一人死亡，依法应当判处被告人死刑立即执行的，原则上只判处一名被告人死刑立即执行。对于被告人地位、作用相当，罪责相对分散，或者罪责确实难以分清的，一般不判处被告人死刑立即执行。确需判处被告人死刑立即执行的，要充分考虑被告人在主观恶性和人身危险性等方面的不同，审慎决定。本案是共同致死一名被害人的一般共同犯罪案件，根据当前的死刑政策，原则上只判处罪行最严重者死刑。为此，必须充分查明详细的量刑事实，准确认定二被告人的罪责大小。

一、详细查明量刑事实

1. 关于谁提起犯意

经查，郭某供称是娄某提议抢劫被害人，娄某则供称是薛某首先提议抢劫，而薛某供称：“我知道娄某欠人家很多钱，也欠我两万多元。我问他欠人家这么多钱咋弄？娄某说包厂会上有个买牛的老头，每次买几头牛，肯定有钱，到时把他撞倒抢他的钱。过了几天，我又见他，他说郭某也没法过了，也愿意干，到时候开郭某的车去。”从现有证据分析，应是娄某因赌博欠钱而首先提议抢劫，得到同样因赌博欠钱且有交通工具的郭某的响应，而薛某为了讨回债务也同意参加。但鉴于被告人经过长期策划并多次跟踪踩点，故一、二审认定是三人共同预谋抢劫是适当的。

2. 关于谁砸被害人的头部

经查，郭某、娄某相互推诿。郭某始终否认其用石头砸被害人，供称：“我从地上捡个石头递给娄某，娄某用石头往老头的头上砸，砸几下不知道，他让我砸，我没砸。”而娄某则强调其与郭某都砸了，供称：“郭某下车从地上拾起一块三四斤的石头递给我，使眼色示意我砸老头，我就拿石头朝老头的头部砸，砸几下说不清了。我一砸老头就哼几声，浑身颤抖。我把石头又给郭某，郭某又朝老头砸了几下，砸的哪我也没敢看。”另外，娄某衣服上沾有被害人的血，后来脱掉用火烧了，而郭某的衣服上未沾血迹。故从现有证据看，认定娄某砸被害人头部的证据确实、充分，而认定郭某亲自砸的证据出现“一对一”的情况，特别是娄某也未明确供述郭某砸被害人的头部，故不予认定较妥。但鉴于娄某系用郭某递给的石头砸被害人，而郭某在本案特定环境下递石头显然是要娄某砸被害人，故一、二审认定是二被告人共同砸打被害人也无原则性错误。

3. 关于谁蒙堵被害人的口鼻部

对此问题二被告人供述一致，郭某在前面开车，娄某在后面控制住被害人。郭某供述：“路上老头说‘要钱给你们钱’，娄某就让老头张嘴用口罩塞住，又用一件蓝色衣服蒙住头，老头也喊不出声了。”娄某供述：“我让老头张开嘴，把一个口罩塞他嘴里，又用蓝工作服盖住他的头……我一摸蒙老头的蓝工作服可湿了，我一看是血，就又用那衣服把老头的头包了包。”故从现有证据看，可以认定是娄某蒙堵被害人的口鼻部。如果被害人系机械性窒息死亡的话，则直接致死人是娄某。

二、准确认定罪责大小

被告人郭某、娄某共同预谋，并多次踩点、跟踪，在实施抢劫犯罪中，行为积极主动，且相互配合，在共同犯罪中均起主要作用，系主犯。不过，二人虽然同为主犯，但在共同犯罪中的罪责还是有所区别的：

1. 郭某、娄某在共同犯罪中的地位基本相当

二被告人对于各自实施的行为基本没异议，但都辩解是受对方指使，自己的地位低于对方。一、二审法院均认定郭某在共同犯罪中起组织、指挥作用，地位较高，故将其列为第一被告人。最高人民法院经详细审查案件所有证据材料后，认为二人的地位相当。理由是：(1) 郭某年长，经济条件更好一点（因为郭某有一辆车，且所欠赌债也较少），案发前那段时间娄某也常帮郭某收瓜、卖瓜，故娄某可能会更尊重郭某一些，凡事都会征求郭某的意见；但是，娄某思考更周密、行为更狡猾，可能犯罪经验更为丰富，因此，郭某也基本上听从娄某的意见。二人在日常生活中是朋友关系，地位上是平等的。(2) 在本案参与共同犯罪的 4 人中，娄某旗是娄某叫来的，他基本上是听娄某的；薛某是娄某的债主，也是 4 人中最年长者，薛某在表示退出后，又被娄某叫去第三次跟踪被害人，说明薛某的地位不比娄某高。而娄某旗、薛某均未证实在郭某、娄某之间究竟谁指使谁、谁听谁的。娄某旗、薛某未能分辨或者感觉出郭某、娄某之间究竟谁指使谁，正好说明郭某、娄某二人的地位是平等的。(3) 在杀人这一关键环节上，二人事先只商议抢劫，从未预谋杀人灭口，事中也未商量是否杀死以及如何杀死被害人，但却配合默契、干净利落地实施完杀人抛尸行为，说明二人当时是心照不宣的，因此就更谈不上谁指使谁的问题。

2. 娄某在共同犯罪中的作用略大于郭某

从二被告人所实施的行为可以分析得出，娄某在共同犯罪中的作用略大于郭某，理由如下：(1) 娄某因赌博欠钱首先提议抢劫，郭某也因赌博欠钱积极响应，而后与薛某共同预谋、踩点和跟踪。(2) 在薛某表示退出后，娄某提议并与郭某协商后，纠集其哥娄某旗参加。(3) 在第三次跟踪被害人准备实施犯罪时，娄某恐人手不够，又打电话叫来薛某，后因被害人进入一农户家中而未动手。(4) 抢劫前一天，娄某到一家药店买了 3 个白色纱布口罩，准备抢劫时戴，以防被认出。(5) 抢劫当天，娄某骑借来的摩托车跟踪、锁定被害人，并给郭某打电话，郭某开车和娄某旗到达后，娄某上了郭某的车，继续跟踪、追击被害人。(6) 郭某开车追上被害人并将其撞翻后，娄某首先下车，从背后搂住被害人，并伙同娄某旗将被害人劫上车。(7) 将被害人劫上车后，郭某负责在前面开车，娄某在娄某旗协助下负责控制被害人，并用口罩塞住被害人的嘴，用衣服蒙住被害人的头。在控制住被害人并蒙堵住被害人的口鼻后，娄某让娄某旗下车。(8) 郭某开车到一偏僻地点停车并拾起一块石头递给娄某后，娄某拿石头朝被害人的头部砸了几下，被害人哼了几声，浑身颤抖，而后娄某将石头递给郭某，娄某发现被害人流血就又用衣服把被害人的头包紧。(9) 郭某开车到黄河边停车后，郭某、娄某共同将被害人的尸体扔进黄河。娄某还把被害人的裤子拽下来，从里面搜到一叠钱和一部手机。郭某想留下手机，但娄某

怕查出来，将手机卡抽出后连同手机扔河里去了，还将砸被害人的石头也扔河里了。(10) 回到郭某家后，娄某用其沾血的衣服把车后座的血擦了擦，后把衣服烧了。娄某清点抢得款项共一千六七百元，其给了郭某800元，其余自己拿着花完了。综合分析上述二人各自实施的一系列行为，可以得出娄某的行为更积极、犯意更坚决、经验更丰富。

综上，在郭某、娄某地位基本相当，不存在谁指使谁的前提下，娄某行为更积极、犯意更坚决，是直接致死被害人的主犯，在共同犯罪中所起作用相对较大，系罪责最为严重的主犯，且其有犯罪前科，主观恶性和人身危险性相对更大，故应当依法核准其死刑。虽然郭某亦系主犯，但其未亲手杀死被害人，在共同抢劫犯罪中的作用相对较小，罪责相对较轻，故改判其死刑缓期执行。

需要说明的是，对于共同致一人死亡的案件，只是原则上判处一名被告人死刑立即执行。在个别特殊情况下，还是可以同时判处两名被告人死刑立即执行的，比如下列两种情形：一是共同犯罪中，两名被告人均对被害人实施了致命打击，且均手段极其残忍、主观恶性极深、人身危险性极大，如两名被告人在抢劫过程中均持尖刀捅刺被害人胸部十多刀致被害人当场死亡，两人罪责确实难以区分，且均有前科劣迹，没有从轻情节；二是雇凶杀人犯罪中，雇凶者不仅组织指挥，还亲自到场参与具体的杀人行为，而受雇的职业杀手以极其残忍手段杀死被害人，两人均主观恶性极深、人身危险性极大，且罪责确实难以区分。

【讨论归纳】

对于共同致死一名被害人的一般共同犯罪案件，原则上只判处罪行最严重者死刑。因此，在此类案件中，必须在详细查明有关量刑事实的基础上，认真分析各主犯的地位和作用，准确认定罪责大小，并判处罪责最为严重者死刑。

【实务训练】

请根据本案的事实、既有证据及争议焦点，分别为郭某、娄某写一份辩护词。要求格式规范、条理清晰、层次分明、有理有据、入情入理。

【延伸阅读】

最高人民法院《关于贯彻宽严相济刑事政策的若干意见》

案27 故意犯罪致死多人并非就要适用死刑

——谢某故意杀人案

【问题提示】

致死多人的故意犯罪在何种情况下可以不判处死刑立即执行?

【案情摘要】

被告人：谢某，男，小学文化，农民。

被告人谢某长期从事泥鳅购销生意，2005 年以来高某、张某（殁年 24 岁）等人控制泥鳅购销市场，对谢某等泥鳅购销户进行强买强卖、强行收费。2006 年 6 月初，李某（殁年 40 岁）、高某、张某等人召集泥鳅购销户在酒店开会，公开宣布他们要控制市场，规定所有的泥鳅无论什么价格收购的，一律以每斤 3.8 元的价格卖给李某等人，否则后果自负，并派人到泥鳅收购地点进行监视。会后，谢某曾通过他人从中说情，并以请客、送礼、交费等方式示好，但最后李某等人仍不允许谢某收购泥鳅。谢某为了维持生计，决定继续购销泥鳅，并购置了钢管，并截成 2 尺左右长以便于使用。

2006 年 6 月 20 日下午，谢某外出收购泥鳅，还请了保安人员沿途押运，以防李某等人闹事。张某闻讯后带袁某（殁年 35 岁）前去谢某的渔业门市守候，李某接到张某的电话后也带任某赶到谢某的门市进行阻挠，高某则组织增援人员赶赴现场。谢某接到威胁电话后，组织其兄弟亲友及帮工到门市内以防不测。当日 17 时 30 分许，谢某因李某等人无理阻挠其从事正当生意，遂下令打击，谢某等 8 人手持事先准备好的钢管多次猛击李某、张某、袁某头部，将 3 人打死，并将任某和顾客郭某某（被误认为李某一伙的）打伤。经鉴定，被害人李某、张某系钝器多次打击头部致颅脑损伤死亡，被害人袁某系钝器打击致失血性休克死亡，被害人任某、郭某某的伤情均为轻微伤。打完后，谢某指使他人将自家的房屋玻璃、车玻璃砸烂，把泥鳅篓子掀翻，以伪造现场。案发后，谢某潜逃，后在亲友规劝下准备去投案时被抓获。

一审法院以故意杀人罪判处被告人谢某死刑，剥夺政治权利终身。被告人不服，上诉。二审法院裁定驳回上诉，维持原判，并依法报请最高人民法院核准。最高人民法院裁定不核准被告人谢某死刑，撤销二审裁定，发回重审。

【分歧意见】

一种观点认为，被害人虽然欺行霸市，但并未对被告人进行不法侵害，被告人故意杀死 3 人，犯罪后果极其严重，应依法判处死刑。另一种观点认为，被害人欺行霸市，有明显过错，被告人进行反抗是正义行为，得到普通民众的同情和支持，故应当对其从宽处罚，不宜判处死刑立即执行。

【要点提示】

1. 致死多人的故意犯罪在何种情况下可以不判处死刑立即执行？

2. 被害人有恶势力性质的明显过错的，即使致多人死亡，也可不判处死刑立即执行。

【问题讨论】

故意犯罪致死多人的，由于犯罪后果极其严重，即使有自首、立功等法定可以型从宽处罚的量刑情节，也难以抵罪，原则上还应判处死刑立即执行。只有在防卫过当或者与其类似的特殊情况下才可以免处死刑立即执行。对于被害人有过错的案件，需要根据过错的性质区别处理：如果是民间纠纷性质的过错，一般不能免处死刑立即执行；如果是带有恶势力性质的过错，则只要不是滥杀无辜，一般就可以免处死刑立即执行。本案中被害人有恶势力性质的明显过错，被告人反抗恶势力，虽然造成多人死亡，但可以借鉴防卫过当的处理精神，对其不判处死刑立即执行。

一、被害人有明显过错，民意要求对被告人从轻处罚

最高人民法院相关文件规定：被害人一方有明显过错或者对矛盾激化负有直接责任的，除犯罪情节特别恶劣、犯罪后果特别严重、人身危险性极大的被告人外，一般可考虑不判处死刑立即执行。但是，如果被害人有明显过错，且是恶势力性质的，则即使犯罪后果特别严重，也可不判处死刑立即执行。

关于本案被害人过错的性质和程度，被告人及一、二审法院的认识不尽一致。被告人及其辩护人认为，被害人强迫交易，强收保护费，具有黑社会性质，过错明显；一审法院认为，被害人为满足私欲而控制泥鳅购销市场，案发当日到被告人谢某家中阻挠谢某正常的生意，引发了本案的发生，具有明显过错；而二审法院认为：被害人为牟私利强行垄断泥鳅收购市场，具有过错。分歧主要在于性质上被害人是否具有恶势力，程度上被害人是否具有明显过错。对此，有必要详细了解案发起因和过程：首先，李某等人召集当地泥鳅购销户开会，公开宣布非法控制市场，强收保护费，并派人到泥鳅收购点监视。谁敢不从，遂遭暴力打击或者威胁。被害人的所作所为是不正义的，是公然的违法犯罪行为，可以说已经形成农村恶势力。当地百姓称呼被害人为“黑帮”就是明证。其次，谢某面对恶势力一开始没有反抗，而是通过李某彪等人从中说情，并以请客、送礼、交费等方式示好，但李某等人仍不允许谢某自行收购泥鳅。再次，对恶势力示软不行，寻求公安机关保护行吗？但是，1年前，谢某在遭受“黑帮”欺压，甚至车货被砸、其两个帮工被砍成轻微伤时，就曾报案，可公安机关一直未能破案。如果现在尚未受到实际的人身侵害就请求公安机关予以保护，显然是不切实际的。又次，谢某因“黑帮”控制市场而苦恼不已，多方问计后决定请保安人员沿途押运，并准备了相机，一旦“黑帮”闹事就拍照取证，而后报警。最后，谢某开始出门自行收购泥鳅，但李某等人很快就知道了，谢某还未回到家，“黑帮”人员就已经到了。双方发生争执，李某坚持不让谢某自行收购泥鳅后，谢某内心长期积累的不满和愤怒总爆发，才导致了本案的发生。

公安机关也已经证实，如果不是本案发生，当地派出所正准备调查被害人垄断、非法经营的情况。案发后，公安机关对李某的团伙成员以组织、参与黑社会性质组织犯罪进行立案侦查，最后其团伙成员高某、部某以强迫交易罪被判刑。只是由于3被害人已死亡，公安机关未再对其具体违法犯罪行为进行查证并依法追究其刑事责任。由此可见，被害人已经形成农村恶势力，属于非正义的、恶的一方，在案件起因上有明显过错。另外，谢某本身不是恶势力，谢某案发时是村长、优秀共产党员。上级镇党委、政府及派出所相关负责人均证实谢某平时表现不错，所在村委会、村干部及村民亦反映谢某表现良好。谢某是为了维持生计，而不是为了争夺地盘才被迫反抗恶势力的。

农村恶势力性质的过错与一般民间纠纷性质的过错有重大区别。农村恶势力是反社会的、非正义的，任何公民不仅有权举报，而且当面临恶势力的直接威胁时，应当有权进行反抗甚至打击，即使造成恶势力伤亡的，人民群众也会同情和谅解被

告人。而一般民间纠纷在事件发展过程中往往各有对错，难以立辨善恶，因此，面对有过错的被害人时，主张克制、谅解，以和为贵，不提倡以牙还牙、得寸进尺，更不允许主动打击。如果主动打击造成伤亡，民意就不可能一边倒地同情和支持被告人。本案被害人李某等人召集各泥鳅购销户开会，公然宣布对当地泥鳅市场进行非法控制，气焰非常嚣张，性质非常恶劣，所以案发后，民意一边倒，均请求对谢某从轻处罚。有十多个村委会出具证明及五千多名村民出具联名信，认为本案是一种反抗农村恶势力的正义行为，被害人为非作名、死有余辜，赞赏谢某为民除害的行为，请求对其从轻处罚。公安机关也调查了众多泥鳅购销户，他们均对被害人非法控制市场不满，认为被害人是罪有应得，强烈要求对被告人从轻处罚。相反，在公安机关侦查、检察院起诉和法院审判阶段，均没有接到同情被害人，要求从重处罚被告人的民意材料。民众之所以请求对被告人从轻处罚，原因就是民众从自身最朴素的正义观出发，认为被害人属于恶势力、是非正义的，而谢某不屈服于恶势力，敢于同恶势力作斗争，代表了被欺压民众的心声，所以认为被告人是正义的。

正义一方造成非正义一方重大伤亡时，应如何处理，的确也是个难题，其实这也是法律效果和社会效果如何统一的问题。本案中，三被害人都不是罪该至死的人，他们纠集人员结成恶势力团伙，欺行霸市、强买强卖，但他们若经审判，估计也只能判处有期徒刑。即使他们罪大恶极，罪当至死，也应当经过法院依法审判后才能由国家对其执行死刑，绝不允许任何公民剥夺他们的生命。被害人当天到谢某家后，双方并未发生激烈冲突，被害人主要是口头进行阻挠和威胁，未实施其他侵害行为，但谢某为了免遭以后可能甚至即将受到的不法伤害，主动进行打击，持钢管猛击头部，将三被害人打死，后果极其严重，其行为已经构成犯罪。但如何量刑必须通盘考虑。在民意一边倒，均请求对谢某从轻处罚的情况下，若坚持判处谢某死刑，显然不够尊重民意；更重要的是，没有满足人民群众最基本的公正诉求。本来当地群众普遍认为被害人是恶势力，谢某敢于同恶势力作斗争的勇气和行为是值得肯定的，是正义的，若判处谢某死刑，无疑宣告谢某的行为是完全非正义的，也表明人民群众面对恶劣力的威胁时无权进行反抗和打击，只能寻求并消极等待公安、司法机关的保护。这样处理，无疑背离了人民群众最基本的公正诉求，将严重打击人民群众自发反抗恶势力的积极性，助长恶势力的嚣张气焰。因此，应当清醒地认识到，当前乃至今后相当长一段时间内，公安司法机关的重点在于事后救济，而无法对任何事情都进行事前防范。在公权力难以企及的时间和空间内，允许甚至发动人民群众同恶势力作斗争，是正义的要求，也是现实的选择。站在人民的立场，从维护人民的正义诉求出发，从社会效果考虑，本案不宜判处谢某死刑。

二、可以认定被告人有自首情节

本案可以认定谢某有自首情节。最高人民法院《关于处理自首和立功具体应用法律若干问题的解释》规定："经查实确已准备去投案，或者正在投案途中，被公安机关捕获的，应当视为自动投案。"根据本案证据，已经查实被告人谢某在其亲友规劝下准备投案时被抓获，应当视为自动投案，且其能如实供述罪行，故应认定为自首。依法认定谢某有自首情节后，对谢某从轻、减轻处罚就有了法律依据，判决的法律效果和社会效果就统一起来了。当然，本案如果没有被害人有过错的情节，即使认定被告人自首，也不一定从轻处罚。

综上，最高人民法院认为，被告人谢某所犯罪行极其严重，但鉴于其有自首情节，且被害人有明显过错，对其判处死刑，可不立即执行。故依法裁定不核准被告人谢某死刑，撤销二审裁定，发回重审。

【讨论归纳】

故意犯罪致死多人的，由于犯罪后果极其严重，即使有自首、立功等法定可以型从宽处罚情节，也不能免处死刑立即执行。但如果是防卫过当或者与其类似的情形，则可能免处死刑立即执行。对于被害人有恶势力性质的明显过错，被告人在反抗恶势力过程中造成多人死亡的，也可以不判处死刑立即执行，以遏制恶势力、弘扬社会正气。

【实务训练】

从实务中找一关于致多人死亡而无须判处死刑立即执行的真实案件，根据该案的事实、既有证据及争议焦点，写一份贯彻本主题的辩护词或判决书。要求格式规范、条理清晰、层次分明、说理透彻。

【延伸阅读】

1. 最高人民法院《关于贯彻宽严相济刑事政策的若干意见》
2. 最高人民法院《关于处理自首和立功具体应用法律若干问题的解释》

案 28　特情介入对毒品犯罪量刑的影响

——刘某某贩卖毒品案

【问题提示】

特情介入是侦破毒品犯罪的有效手段，处理此类案件要注意特情介入的性质认定、特情介入后贩卖毒品罪既遂与未遂的认定及特情介入对贩卖毒品罪量刑的影响。

【案情摘要】

被告人：刘某某。

2009 年 1 月 14 日 12 时许，李某电话联系被告人刘某某求购 20 克海洛因，双方约定在甲市乙区石马河转盘交易，价格为每克 450 元。当日 13 时许，刘某某携带两包海洛因在约定地点等待时被抓获，民警从刘某某左手戴的手套内查获 20.1 克海洛因。随即，民警在刘某某的住处查获海洛因 138.2 克。刘某某此前曾因犯贩卖毒品罪于 2000 年被判刑，2003 年刑满释放。法院经审理认为，刘某某贩卖毒品海洛因 158.3 克，构成贩卖毒品罪。刘某某曾因犯贩卖毒品罪被判刑，且供述案发前多次贩卖海洛因，其贩卖毒品的主观故意并非因他人的引诱或者促使行为而产生，本案虽有特情介入，但并不存在犯意引诱。刘某某携带毒品前往交易现场，虽未实际交易，但贩卖毒品罪的犯罪构成要件已全部具备，其犯罪行为已既遂，故辩护人提出的本案系犯意引诱且系犯罪未遂的辩护意见不能成立。被告人刘某某曾因犯贩卖毒品罪被判刑，本次再犯贩卖毒品罪，系毒品再犯，应予以从重处罚。鉴于毒品尚未流入社会及查获的部分毒品系用于刘某某自己吸食等，可对刘某某酌情从轻处罚。遂判决被告人刘某某犯贩卖毒品罪，判处无期徒刑。

【分歧意见】

辩护人认为被告人贩毒是因为侦查机关的特情人员向被告人提出购买毒品，诱使被告人犯罪，系“犯意引诱”，应当依法从轻处罚。公诉人则认为本案虽有特情介入，但只是“机会引诱”，应当依法处理。

【要点提示】

1. 什么是毒品犯罪中的特情引诱、机会引诱、犯意引诱及数量引诱？

2. 特情介入毒品犯罪案件对于贩卖毒品罪的刑罚适用有无影响？

3. 对以下相关法律和司法解释的深入把握：《刑法》第 347 条、第 356 条，最高人民法院《全国部分法院审理毒品犯罪案件工作座谈会纪要》（2008 年）（以下简称“大连会议纪要”）。

【问题讨论】

一、本案中特情介入是“机会引诱”，并非“特情引诱”

毒品是违禁品，无论是吸食还是持有都是违法行为，毒品犯罪的涉案人员一般都会为了逃避法律责任而极力庇护毒品犯罪行为，使犯罪行为变得极为隐蔽。毒品又是消耗品，毒品交易一旦完成，会很快被消耗，难以取得毒品犯罪的实物证据。针对现状，世界各国普遍采用了特情侦破毒品犯罪案件这一有效手段，实践中很多毒品案件的侦破过程中，都存在不同程度的特情介入因素。

特情介入有多种情况：有的属于毒品犯罪分子已持有毒品待售或已准备实施大宗毒品犯罪，而仅仅通过特情来贴靠、接洽毒品犯罪分子，换言之，毒品犯罪分子本来就已经有犯罪意图，侦查机关的诱导只是为其实施犯罪提供了一种机会，此为“机会引诱”。有的则属于“特情引诱”。特情引诱包括“犯意引诱”与“数量引诱”。“犯意引诱”是指行为人本来没有毒品犯罪的故意，但在特情人员的引诱和促成下形成犯意，进而实施毒品犯罪；“数量引诱”是指行为人本来只有实施数量较小的毒品犯罪的故意，但在特情人员的引诱下，实施了数量更大的毒品犯罪。

“大连会议纪要”指出，运用特情侦破毒品案件，是依法打击毒品犯罪的有效手段，对于特情介入侦破的毒品案件，要区别不同情形予以分别处理。对于已持有毒品待售或者有证据证明已准备实施大宗毒品犯罪者，采取特情贴靠、接洽而破获的案件，不存在犯罪引诱，应当依法处理。对于因“犯意引诱”实施毒品犯罪的被告人，根据罪刑相适应原则，应当依法从轻处罚。对于因“数量引诱”实施毒品犯罪的被告人，应当依法从轻处罚，即使毒品数量超过实际掌握的死刑数量标准，一般也不判处死刑立即执行。对于不能排除“犯意引诱”和“数量引诱”的案件，在考虑是否判处死刑立即执行时，要留有余地。

“大连会议纪要”在量刑上将“机会引诱”、“犯意引诱”与“数量引诱”进行了区别对待，所以有必要将三种“引诱”进行区分。我们认为采取“二步分析法”可以科学区分这三种“引诱”：第一步，判断特情介入之前被告人的犯罪故意是否已经产生，若已产生，则是“机会引诱”或“数量引诱”；反之，则只能是“犯意引诱”。第二步，判断特情人员是否刻意引诱被告人而致使其提高了毒品犯罪的数量：若是刻意引诱而导致被告人提高了毒品犯罪的数量，则是“数量引诱”；反之，则只能是“机会引诱”。两个步骤中第一步将“犯意引诱”与“机会引诱”、“数量引诱”作了区分，第二步将“机会引诱”与“数量引诱”作了区分。

判断特情介入之前被告人的犯罪故意是否已经产生，就是要审查被引诱者在参与犯罪之前有无实施该毒品犯罪的倾向或犯意。认定行为人在犯罪行为前是否具有毒品犯罪的故意需要综合被告人与案件的基本情况予以判断。一般而言，犯罪嫌疑人的供述或熟知其生活状况的人的证言能证实行为人曾进行毒品犯罪，但这类证据现实中很难取得。结合有关理论与目前我国的司法实践，可在审理该类案件时从以下几方面综合考量和认定犯意引诱：(1) 考察被引诱者在被侦查机关引诱而实施毒品犯罪前是否有同类犯罪行为，据以初步判断其是否有实施此类犯罪的意图和倾向；(2) 考察侦查机关对被引诱者实施引诱侦查前，是否有足够的线索或合理的理由确信其有正在实施或即将实施毒品犯罪的迹象，从而对其采用此种侦查手段；(3) 考察此次被引诱者毒品犯罪的犯意系出自其本意、自发地产生，还是侦查机关刻意地诱发、怂恿所致。

判断特情人员是否刻意引诱被告人而致使其提高了毒品犯罪的数量则要相对简单些。一般来说，在贩卖毒品案件中，作为买方的特情人员一提出购买的邀约，不管数量大小，只要被告人加以承诺，即使其手中的毒品数量不够，也是“机会引诱”，因为无论数量多大，只要被告人表示愿意如数出售，就不是表明被告人只具有贩卖较少数量的故意，而是表明出售再大数量的毒品都在被告人的原始意愿之内。而作为买方的特情人员若明知被告人平时只是“小买小卖”，不大量“囤货”，或特情人员在与被告人洽谈中得知被告人只是有实施数量较小的毒品犯罪的打算，进而以利相诱，步步提高毒品交易数量的，则是“数量引诱”。“数量引诱”明显体现出人为地引导了被告人犯较大数量的毒品犯罪的故意，而“机会引诱”并不刻意追求毒品数量的多少。

本案中关于特情介入的种类依据上面“二步分析法”也可以准确予以判断。经过第一步判断得出结论：特情介入之前被告人刘某某的犯罪故意就已经产生，本案不存在“犯意引诱”。理由有三点：第一，刘某某供述其案发前多次贩卖海洛因，并得到刘某某之妻张某“刘某某曾贩卖海洛因给李某”的证言的佐证，可见刘某某一直保持贩毒的经历；李某之前也从刘某某处购买过毒品，侦查机关利用李某这一特情，也是有足够线索来源确信刘某某有正在实施毒品犯罪的事实。第二，刘某某此前曾因贩卖毒品罪于2000年被判刑，有毒品犯罪前科，具有毒品交易的倾向性。第三，被告人刘某某与李某电话联系出卖海洛因，商定价格，主动约定相对偏僻而又易于逃跑的交易地点，并将 20.1 克毒品藏匿于左手套内，可见其娴熟于毒品贩卖；刘某某被抓获后，民警从其住地查获了 138.2 克海洛因，数量如此之多的毒品显然并非仅用于其吸食，推断其具有贩卖的目的合情合理。经过第二步判断得出结论：特情人员没有刻意引诱而导致刘某某提高了贩卖毒品的数量，本案不存在“数量引诱”。这是因为李某向刘某某提出购买 20 克海洛因的邀约后，刘某某不但携带了 20.1 克海洛因赶往约定地点进行交易，而且在被抓获后公安民警还从其住处查获了 138.2 克海洛因，可见刘某某贩卖毒品的数量明显是不限于 20 克以内的，并不存在数量上的引诱。经过两个步骤的判断，可以认定本案中的特情介入是“机会引诱”，而不是“数量引诱”或“犯意引诱”，因此，辩护人提出本案系“持情引诱”的观点是不成立的。

二、对被告人判处刑罚应当考虑特情介入的影响

“犯意引诱”是行为人本人没有实施毒品犯罪的主观意图，而是在特情引诱下促成形成犯意，进而实施毒品犯罪，被引诱人是被教唆犯罪，犯罪的主观恶性相对较小，其社会危险性较低，可以从轻处罚。“数量引诱”案件中毒品数量应根据查获的涉案毒品数量认定，不能因为有数量引诱因素的介入而打折扣。但考虑到毒品数量的增加毕竟受到特情人员引诱的影响，故量刑时也可以予以从轻处罚。尤其当数量引诱的因素介入使毒品数量达到判处死刑的标准时，一般不应判处死刑立即执行。数量引诱对犯罪行为人来说主观上又很大的随意性，如果以引诱出的毒品数量直接定罪处罚，势必违背司法正义。

“大连会议纪要”强调：“毒品数量对毒品犯罪的定罪，特别是量刑具有重要作用。但毒品数量只是依法惩处毒品犯罪的一个重要情节而不是全部情节。”因此，执行毒品犯罪的数量标准不能简单化。对被告人量刑时，特别是在考虑是否适用死刑时，应当综合考虑毒品数量、犯罪情节、危害后果，被告人的主观恶性、人身危险性以及当地禁毒形势等各种因素，做到区别对待。对于虽然实际掌握的已达到判处死刑的毒品数量标准，但是具有法定、酌定从宽处罚情节的被告人，可以不判处死刑；反之，对于实际掌握的毒品数量接近判处死刑的数量标准，但既具有从重处罚情节又具有从宽处罚情节的，应当综合考虑各方面因素决定刑罚，判处死刑应当慎重。

本案被告人刘某某贩卖海洛因数量高达 158.3 克，又系毒品再犯，依法应予从重处罚，论罪可判处死刑。虽然“大连会议纪要”规定对于已持有毒品待售或者有证据证明已准备实施大宗毒品犯罪者，采取贴靠、接洽而破获案件的，不存在犯意引诱，应当依法处理，即对机会引诱并未规定可以从轻处罚，但落实到本案具体情况，由于特情的成功介入，“机会引诱”使得毒品的交易是在公安机关的掌控之下进行的，毒品未能实际流入社会，社会危害性相对降低，结合被查获的毒品有用于刘某某自己吸食的因素，可对刘某某酌情从轻处罚，故依法对其判处无期徒刑。本案将“机会引诱”导致的毒品没有流入社会造成进一步危害的情节作为酌定从轻情节予以认定是正确的，定罪量刑是准确的。

【讨论归纳】

特情介入毒品犯罪案件的侦查，可以分为“机会引诱”和“特情引诱”，“特情引诱”又包括“犯意引诱”与“数量引诱”。对于“机会引诱”应当依法处理；对于“犯意引诱”，根据罪刑相适应原则，应当从轻处罚；对“数量引诱”，也应当从轻处罚。毒品数量对毒品犯罪的量刑具有重要作用，但毒品数量并不是惩处毒品犯罪的全部情节，还要结合犯罪情节、危害后果与被告人的主观恶性、人身危险性以及当地禁毒形势等各种因素综合考虑。

【实务训练】

请根据本案的事实、既有证据及分歧意见，写一份判决书。学会如何归纳、总结控辩双方的观点，提炼争议焦点，并在理由部分予以评判。

【延伸阅读】

1. 于志刚．毒品犯罪中诱惑侦查案件定性问题探讨．人民检察，2004（3）

2. 周宏强，韩少华．浅析毒品犯罪中“特情引诱”的司法认定．中国检察官，2011（1）

3. 最高人民法院《全国部分法院审理毒品犯罪案件工作座谈会纪要》（2008 年）

4. 最高人民法院《全国法院审理毒品犯罪案件工作座谈会纪要》（2000 年）

案 29　限制刑事责任能力情节在量刑中的考量

——姚某故意伤害案

【问题提示】

故意伤害案件的一般量刑方法是什么？限制刑事责任能力情节在量刑中如何考量？

【案情摘要】

被告人：姚某。

2010 年 4 月 26 日 16 时许，被告人姚某在其住所地上海市某区其住房内，因在同妻子王某红进行离婚诉讼、房产分割时，与妻子的家人发生争执，遂持菜刀分别将其岳父被害人王某龙及其岳父的妹妹被害人王某秀的头部砍伤。经法医学鉴定，被害人王某龙、王某秀的伤势均已构成重伤。后姚某被出警民警当场抓获。经鉴定，姚某系尚未完全丧失辨认或控制能力的精神病人。

上海市某区人民法院经审理认为：被告人姚某故意伤害他人身体，致二人重伤，其行为已构成故意伤害罪。姚某系尚未完全丧失辨认或控制能力的精神病人犯罪，对其行为应依法从轻处罚。鉴于其能自愿认罪、悔罪，且已向被害人赔偿经济损失，并取得被害人的谅解，可酌情从轻处罚。遂依照《刑法》第 234 条第 2 款等的规定，以被告人姚某犯故意伤害罪，判处有期徒刑3年，缓刑3年。

【分歧意见】

一种观点认为，在对本案被告人姚某量刑时，在确定基准刑的基础上，应将姚某具有的全部量刑情节，根据“同向相加、逆向相减”的方法确定全部量刑情节的调节比例，再对基准刑进行调节；另一种观点认为，姚某所具有的限制刑事责任能力情节属于“修正的犯罪构成事实”，应首先调节基准刑，在此基础上，再用其他量刑情节进行调节。

【要点提示】

1.《人民法院量刑指导意见（试行）》规定的“三步骤”量刑方法该如何理解？如何依据此种方法，对被告人姚某裁量刑罚？

2. 被告人姚某具有的限制刑事责任能力情节在量刑过程中如何考量？

【问题讨论】

一、依《人民法院量刑指导意见（试行）》的方法，如何对被告人姚某裁量刑罚

《人民法院量刑指导意见（试行）》规定的量刑步骤如下：“（1）根据基本犯罪构成事实在相应的法定刑幅度内确定量刑起点；（2）根据其他影响犯罪构成的犯罪数额、犯罪次数、犯罪后果等犯罪事实，在量刑起点的基础上增加刑罚量确定基准刑；（3）根据量刑情节调节基准刑，并综合考虑全案情况，依法确定宣告刑。”从上述规定可以看出，量刑的第一步是确定量刑起点，第二步是确定基准刑，第三步是依法确定宣告刑。

1. 确定量刑起点

量刑起点是根据基本犯罪构成事实在相应的法定刑幅度内确定的。准确确定量刑起点，需要准确理解并把握以下三个问题：（1）基本犯罪构成事实与基本犯罪构成的关系。基本犯罪构成事实是量刑规范化改革过程中提出的一个全新范畴，用来指代量刑起点所涵摄的犯罪事实，依一般理解，基本犯罪构成事实应是某一罪名的“基本犯罪构成”所涵摄的犯罪事实，即基本犯罪构成针对的是抽象个罪，基本犯罪构成事实则是具体个案中基本犯罪构成所涵摄的犯罪事实，两者之间是抽象与具体的关系。在审判实务中，抽象的基本犯罪构成必然外化为具体的、特殊的基本犯罪构成事实。以盗窃罪为例，行为人以非法占有为目的，秘密窃取他人财物，达到数额较大起点，是盗窃罪的基本犯罪构成，这是针对抽象的盗窃罪而言的。在个案中，基本犯罪构成事实既可表现为甲扒窃乙现金1 000元，也可以表现为丙入户盗窃丁价值1 000元的彩电一台，等等。（2）基本犯罪构成事实与个罪法定刑的关系。根据刑法理论通说，基本犯罪构成相对于修正的犯罪构成，是指“刑法分则条文就某一犯罪的既遂状态所规定的犯罪构成。刑法分则条文大多是以单独的行为人犯罪的既遂状态为标准规定各个具体犯罪的构成的……因而对基本的犯罪构成未表述为刑法条文就单独犯的既遂犯所规定的犯罪构成”①。基于此种理解，单独犯的既遂状态

① 高铭暄、马克昌主编：《刑法学》（上编），91页，北京，中国法制出版社，1999。

的犯罪构成即属于基本的犯罪构成。以此为前提，预备犯、未遂犯和中止犯等未完成形态的犯罪构成以及组织犯、教唆犯和帮助犯等共犯形态的犯罪构成属于修正的犯罪构成。[①] 上述理解系我国刑法理论的通说，基本不存在争议。《人民法院量刑指导意见（试行）》显然不是在上述意义上理解“基本犯罪构成”的。以抢劫罪为例，我国刑法为抢劫罪设置了两种不同的法定刑，《人民法院量刑指导意见（试行）》也相应规定了两个不同的量刑起点，可以看出，《人民法院量刑指导意见（试行）》是依据具体个罪的法定刑来把握“基本犯罪构成”的，即一个罪名项下有几个法定刑，便有几个基本犯罪构成事实，也就相应有几个量刑起点。这与一个罪名具有一个基本犯罪构成的通说稍有区别，此处应格外注意。(3) 在量刑起点存在一个幅度的情况下，法官如何结合具体个案确定量刑起点？《人民法院量刑指导意见（试行）》对每个常见罪名分别在每个法定刑幅度内确定了相应的量刑起点幅度，法官在这一幅度内确定量刑起点时，要根据个案基本犯罪构成事实的具体特点，同时考虑宽严相济刑事政策的隐性要求、当地的社会治安状况以及刑罚目的等因素，综合予以确定。

就故意伤害罪而言，《人民法院量刑指导意见（试行）》根据刑法的规定，分别设定了不同的量刑起点，其中，“故意伤害致一人重伤的，可以在 3 年至 4 年有期徒刑幅度内确定量刑起点”。就本案而言，被告人姚某故意伤害致 2 人重伤，上海市浦东新区人民法院全面考虑本案的具体情况，并结合该地区的审判习惯、治安状况、刑事政策等情况，将本案的量刑起点确定为有期徒刑 4 年（48 个月）。

2. 确定基准刑

确定基准刑是量刑的第二个步骤，是根据其他影响犯罪构成的犯罪事实如犯罪数额、犯罪次数、犯罪后果等，在量刑起点的基础上调整刑罚量确定的。确定基准刑是量刑过程中不可逾越的必经步骤，是量刑公正的重要保证。个案的基准刑应当根据犯罪的社会危害程度来加以确定。故意伤害犯罪的社会危害程度主要体现为伤害人数、伤亡后果及残疾等级等事实。《人民法院量刑指导意见（试行）》规定，在量刑起点的基础上，可以根据故意伤害造成的伤亡后果、伤亡人数、手段的残忍程度等犯罪事实增加刑罚量，确定基准刑。根据《浦东新区法院量刑规范指导意见》的相关规定，每增加 1 人重伤，增加有期徒刑 1 年 6 个月，同 1 人多 1 处轻伤，增加有期徒刑 3 个月，同一人多 1 处重伤，增加有期徒刑 6 个月。本案中，被告人姚某故意伤害致 2 人重伤，且同一人有 2 处轻伤，故应增加刑罚量 2 年，确定基准刑为有期徒刑 6 年（72 个月）。

3. 量刑情节调节基准刑并综合全案情况确定宣告刑

《人民法院量刑指导意见（试行）》将量化引入量刑机制，以百分比的形式确定量刑情节从宽或者从重的调节比例，是量刑规范化改革的一个重要创新，是量刑机制的一个重大变革。量刑时，法官可根据量刑情节的具体情况，综合考虑案件事实等方面的因素，决定是否适用及其相应的调节比例，并根据量刑情节对基准刑的调节结果，依法确定宣告刑。

---

① 参见陈兴良：《本体刑法学》，222 页，北京，商务印书馆，2001。

(1) 提取量刑情节并确定相应的调节比例。

本案中具体的量刑情节有以下几个：

其一，限制行为能力的精神病人犯罪。刑事责任能力情节是指与刑事责任能力相关且根据刑法规定可以得到从宽处罚的量刑情节。《人民法院量刑指导意见（试行)》未对该情节作出规范，根据上海市高级人民法院的量刑实施细则的规定，重度限制责任能力的人犯罪，可以减少基准刑的50%以下；中度限制责任能力的人犯罪，可以减少基准刑的30%以下；轻度限制责任能力的人犯罪，可以减少基准刑的20%以下。本案中，根据上海市精神卫生中心司法鉴定所的鉴定意见，被告人姚某系尚未完全丧失辨认或控制能力的精神病人，应属中度限制责任能力的人，故确定对被告人姚某减少基准刑的30%。

其二，因家庭矛盾纠纷引起。《人民法院量刑指导意见（试行)》规定，因婚姻家庭、邻里纠纷等民间矛盾激化引发的故意伤害行为，可以减少基准刑的20%以下。本案中，被告人姚某系因在同妻子进行离婚诉讼、房产分割时，与妻子的家人发生争执，并将其岳父及岳父的妹妹砍成重伤，应属家庭矛盾引发的故意伤害行为。尽管被害人存在辱骂被告人的行为，但与被告人的严重伤害行为相比，被害人对犯罪行为的发生并无明显责任，故合议庭在量刑情节比例20%以下适当就低，确定对姚某减少基准刑的10%。

其三，持刀砍伤他人。上海市高级人民法院量刑实施细则规定，持枪支、管制刀具和斧、锤等凶器实施伤害行为，或有预谋地持其他凶器实施伤害行为的，可以增加基准刑的20%以下。为更有效地统一量刑，《浦东新区法院量刑规范指导意见》进一步将具备“持管制刀具、斧、锤等凶器实施犯罪的”行为，确定为增加基准刑的15%。本案被告人姚某系持菜刀将2名被害人砍成重伤，依照上述意见，确定对姚某增加基准刑的15%。

其四，赔偿被害人损失并获得其谅解。《人民法院量刑指导意见（试行)》规定，对于积极赔偿被害人经济损失的，综合考虑犯罪性质、赔偿数额、赔偿能力等情况，可以减少基准刑的30%以下。案发后，本案被告人姚某及其家属积极赔偿2名被害人的全部经济损失，并取得了被害人的谅解，有效地减轻了其犯罪行为所造成的社会危害，有利于纠纷解除、矛盾化解，根据量刑规定，确定对姚某减少基准刑的30%。

其五，自愿认罪，简化审理。《人民法院量刑指导意见（试行)》规定，对于当庭自愿认罪的，根据犯罪的性质、罪行的轻重、认罪程度以及悔罪表现等情况，可以减少基准刑的10%以下。《浦东新区法院量刑规范指导意见》进一步将上述比例确定为10%。本案被告人姚某当庭自愿认罪、悔罪态度较好，促普通程序案件得以简化审理，确定对姚某减少基准刑的10%。

(2) 依据《人民法院量刑指导意见（试行)》规定的方法调节基准刑，并综合全案情况，确定宣告刑。本部分的论述，详见下文分析。

二、被告人姚某具有的限制刑事责任能力情节在量刑过程中如何考量

量刑情节调节基准刑的方法，是建构量刑方法、量刑步骤的关键，《人民法院量

刑指导意见（试行）》规定：“（1）具有单个量刑情节的，根据量刑情节的调节比例直接对基准刑进行调节。（2）具有多种量刑情节的，根据各个量刑情节的调节比例，采用同向相加、逆向相减的方法确定全部量刑情节的调节比例，再对基准刑进行调节。（3）对于具有刑法总则规定的未成年人犯罪、限制行为能力的精神病人犯罪、又聋又哑的人或者盲人犯罪、防卫过当、避险过当、犯罪预备、犯罪未遂、犯罪中止、从犯、胁从犯和教唆犯等量刑情节的，先用该量刑情节对基准刑进行调节，在此基础上，再用其他量刑情节进行调节。”依据此种方法，量刑情节调节基准刑的方法，主要分两步骤进行，相对于“同向相加、逆向相减”一步到位的一般调节方法而言，这种特殊方法可以称为分步调节法，或者称为“部分连乘、部分相加减”法。本案中，被告人姚某所具有的限制行为能力的精神病人犯罪情节，即属于“优先适用的量刑情节”，即先用该量刑情节调节基准刑，在此基础上，再用其他量刑情节调节基准刑。之所以对特殊量刑情节采用先调节的方法，主要是考虑到以上情节本应当作为确定量刑起点和基准刑的根据，但是依据《人民法院量刑指导意见（试行）》的规定，确定具体犯罪的量刑起点和基准刑，都是根据相关犯罪构成事实的一般既遂状态来确定的，并未考虑以上情节。因此，在确定基准刑后，首先适用这些特殊量刑情节对基准刑进行调节，在确定不同犯罪主体的刑事责任的基础上，再用其他量刑情节进行调节，这样更符合刑法理论和量刑思维过程，得出的结果更具合理性。

依据《人民法院量刑指导意见（试行）》规定的方法，本案被告人姚某的拟宣告刑为：72个月×（1－30%）×（1－10%＋15%－30%－10%）＝33个月。

此外，《人民法院量刑指导意见（试行）》规定，根据案件的具体情况，独任审判员或者合议庭可以在一定的幅度内对调节结果进行调整。《人民法院量刑指导意见（试行）》同时规定，针对老年人实施犯罪的，要从重处罚。本案中，被害人王某龙系72岁的老年人，被告人对老年人实施伤害行为，应酌情重处，合议庭运用自由裁量权，在10%的自由裁量幅度内，对其增加有期徒刑3个月。同时，鉴于被告人姚某系尚未完全丧失辨认或控制能力的精神病人，且认罪、悔罪表现良好，其住所地的司法所亦出具书面材料表示愿意对其进行帮教，故对其适用缓刑不致再危害社会。据此，对被告人姚某作出如上判决，实现了社会效果和法律效果的统一。

【讨论归纳】

对故意伤害犯罪的量刑，应根据《人民法院量刑指导意见（试行）》规定的“三步骤”量刑法进行量刑，即：首先根据故意伤害犯罪的基本犯罪构成事实确定量刑起点；然后根据伤亡后果、伤残等级、手段的残忍程度等其他影响犯罪构成的犯罪事实增加刑罚量，确定基准刑；最后，适用个案量刑情节调节基准刑，依法确定宣告刑。其中，限制刑事责任能力情节，应该优先用来调节基准刑，以确保罪责刑相适应原则的落实。

【实务训练】

从实务中任找一真实案件，根据该案的事实、既有证据及争议焦点，写一份贯彻本主题的辩护词或判决书。要求格式规范、条理清晰、层次分明、说理透彻。

【延伸阅读】

1. 熊选国主编．《人民法院量刑指导意见》与“两高三部”《关于规范量刑程序若干问题的意见》理解与适用．北京：法律出版社，2010

2. 熊选国主编．量刑规范化办案手册．北京：法律出版社，2011

3. 最高人民法院《人民法院量刑指导意见（试行）》

4. 上海市高级人民法院《人民法院量刑指导意见实施细则（试行）》

案30　共同犯罪案件的量刑规范化方法量刑

——曹某等三人聚众斗殴案

【问题提示】

共同犯罪案件如何采用量刑规范化方法量刑？对持械斗殴者与非持械者，在量刑时如何体现区别？斗殴相对方存在过错，对量刑调节有何影响？聚众殴斗中作用较大分子，在其他共犯均落网后投案的，在量刑时如何掌握调节比例？

【案情摘要】

被告人：曹某、高忠某、牛建某。

2009年11月20日15时许，北京某电器公司员工于海某（已判刑）与深圳市某科技发展有限公司北京分公司员工被告人曹某在北京市某区某超市内因争夺客户发生纠纷。北京某电器有限公司员工高庆某（已判刑）与深圳市某科技发展有限公司北京分公司员工陈某（另案处理）进行谈判未果。后双方各自纠集人员前来帮忙，高庆某纠集姚千某（已判刑）、张某（已判刑）、刘某（已判刑）等十余人，陈某纠集了被告人曹某、高忠某、牛建某三人。后曹某向高忠某提议准备刀具，高忠某将装有刀具的推车推至曹某身边。当日20时许，牛建某被陈某叫回现场后，伙同曹某、高忠某继续与高庆某一方在某超市内对峙。高庆某一方纠集的人员在分发木棍后，经高庆某突然发令，与陈某一方纠集的人员开始互殴。期间，曹某持刀参与互殴，牛建某逃离现场。双方的互殴行为致陈某、曹某、刘某受伤，陈某、曹某的伤情均为轻伤，刘某的伤情为轻微伤。

2009年11月30日，被告人曹某、高忠某、牛建某被抓获，被劳动教养后释放。后高忠某、牛建某再次被公安机关抓获归案，曹某向公安机关投案。

北京市某区人民法院经审理后认为：被告人曹某、高忠某持械聚众斗殴，其行为均已构成聚众斗殴罪；被告人牛建某积极参与聚众斗殴，其行为已构成聚众斗殴罪。公诉机关指控曹某、高忠某、牛建某犯聚众斗殴罪的事实清楚、证据确凿，指控罪名成立，但指控牛建某持械聚众斗殴的情节有误，依法予以纠正。因为，牛建某虽积极参与聚众斗殴行为，但在曹某提议准备刀具的情况下，其未予以响应，亦未在之后的打斗过程中使用凶器，不宜认定其持械聚众斗殴。另外，曹某提议准备刀具，并在与对方相互打斗过程中使用，无论主观心态还是客观行为上均符合持械聚众斗殴的犯罪构成要件。牛建某经陈某纠集赶回事发现场，并与陈某等人一同与对方对峙，虽因对方人多势众，且突然发难等因素而临场退缩，但鉴于其是聚众斗殴行为的积极参与者，不宜认定其为从犯，其临场退缩行为亦不符合犯罪中止的构成要件。曹某主动向公安机关投案，并如实供述自己的罪行，系自首；结合其认罪态度较好，系初犯、偶犯等情节，应依法从轻处罚。但曹某提议准备刀具，并持刀参与斗殴，在共同犯罪中作用较大，在量刑时应对其酌予从严。高忠某、牛建某到案后能够如实供述犯罪事实，认罪态度较好，且均系初犯、偶犯，应对二被告人均依法从轻处罚。同时考虑到聚众斗殴的相对方具有较大过错，曹某、高忠某、牛建某等人未给对方造成严重伤害等因素，在量刑时亦应酌予考虑。最后，曹某、高忠某、牛建某曾因同一事实受到行政处罚，其行政处罚的期限应在本次判处的刑期中予以折抵。

综上，北京市某区人民法院以聚众斗殴罪，分别判处被告人曹某有期徒刑3年，被告人高忠某有期徒刑3年，被告人牛建某有期徒刑2年。

【分歧意见】

1. 被告人牛建某是否应承担持械聚众斗殴的责任？
2. 被告人牛建某中途退离的行为，能否认定为犯罪中止？
3. 对共同犯罪案件的各被告人如何采用量刑规范化方法量刑？

【要点提示】

1. 认定承担持械斗殴责任人员的范围，应以行为人对持械是否存在共同犯意为标准。
2. 行为人中途退离，但不能有效阻止犯罪继续或结果发生的，不能认定为犯罪中止。
3. 持械与非持械斗殴的责任差别，应在确定量刑起点时体现。
4. 较之行为人犯罪后及时投案自首，共同犯罪案件中作用较大的犯罪分子最后投案自首的，量刑调节幅度不宜过大。

【问题讨论】

一、被告人牛建某是否应承担持械聚众斗殴的责任

在聚众斗殴犯罪案件中，只有部分或个别犯罪人持械，其余人员没有持械时，承担持械聚众斗殴责任的人员范围如何确定？实践中，持械斗殴的形式及人员参与情况较为多样化：有纠集者或首要分子给各成员统一分发械具的，也有个别或部分人员私自携带或事发临时“就地取材”的。我们认为，认定持械责任人员的范围，关键是看这些人员是否存在持械斗殴的共同犯意。持械者本人，自然要承担持械聚众斗殴的责任。聚众斗殴中没有实际持械的人员，其对于“持械”行为是否承担责任，主要判断其与其他持械人是否存在犯意联络。一般情况下，对于事前有预谋的共同持械斗殴，各参加人对“持械”具有共同认识，形成持械共同犯意的，无论在斗殴过程中是否实际持械，对持械一方的首要分子和积极参加者均应认定为持械聚

众斗殴；对于未参加持械预谋，且斗殴时自己未持械的，不能认定为持械聚众斗殴；但对于事前明知其他同案人为斗殴而持械，其本人虽未携带和使用械具，但仍积极参与、配合其他同案人进行斗殴的，应认定为持械聚众斗殴。

本案中，携带刀具系由被告人曹某单独向被告人高忠某提出，高忠某在与曹某形成合意后，直接向曹某提供刀具。认定曹某、高忠某共同持械聚众斗殴不存在争议。但被告人牛建某并未参与曹某、高忠某准备刀具的预谋，对高忠某在曹某授意下为斗殴而准备刀具的情况事前也不明知；且牛建某在斗殴中未使用刀具，也未配合持刀斗殴的曹某，反而在打斗时中途退离。由于事先无通谋，事中未持械，亦未配合其他持械人打斗，且其主观上缺少持械的犯意，故对牛建某不应认定为持械聚众斗殴。

二、被告人牛建某中途退离的行为，能否认定为犯罪中止

我国《刑法》第 24 条规定，在犯罪过程中，自动放弃犯罪或者自动有效地防止犯罪结果发生的，是犯罪中止。犯罪中止除了具备被告人放弃犯罪的自动性之外，还必须具备中止犯罪的彻底性、有效性，即必须是行为人彻底放弃原来的犯罪，并且有效地阻止犯罪结果发生，特别是防止其已经实施的犯罪之法定结果的发生。在共同犯罪案件中，除本人自动放弃犯罪外，还必须有效地阻止共同犯罪的继续进行或有效地防止犯罪结果的发生，才能成立犯罪中止，否则，不能成立犯罪中止。即使行为人已经采取了一定的措施，如果仍不能有效阻止犯罪结果发生，也不能成立犯罪中止。

本案中，被告人牛建某在斗殴中途自行退离现场，虽有放弃继续实施斗殴行为的表征，但综合其犯罪前后的行为及整个犯罪案件的结果等情况来看，其缺乏犯罪中止的有效性特征，且放弃犯罪并非完全出于其主观自愿。首先，牛建某中途退离后，并没有采取任何阻止其他同案犯的积极斗殴行为的措施，其他同案犯仍在与对方继续殴斗，牛建某也没有采取任何有效措施，阻止斗殴伤害后果的发生，最终仍有人员受伤；其次，牛建某事前积极响应了纠集者陈某的纠集，特地赶回，参与了事前陈某聚众斗殴的合谋，并实施了站脚助威、与对方对峙、互殴等积极参与的行为，实施聚众斗殴犯罪的主观意志较为明确，只是在打斗期间，因对方人多势众且突然发难等意志以外因素而不得不逃离，放弃继续与对方殴斗。可见，牛建某放弃继续犯罪带有一定的被迫性，并非完全出于其自愿，故不能认定为犯罪中止。同理，牛建某积极参与聚众斗殴，属于积极实行犯，不宜认定为从犯。

三、本案各被告人的量刑过程

（一）确定量刑起点

《人民法院量刑指导意见（试行）》和《北京市高级人民法院〈人民法院量刑指导意见（试行）〉实施细则》（以下简称《北京实施细则》）关于聚众斗殴罪的量刑起点规定：构成聚众斗殴罪，情节一般的，可以在 6 个月至 1 年 6 个月有期徒刑幅度内确定量刑起点；持械聚众斗殴的，可以在 3 年至 4 年有期徒刑幅度内确定量刑起点。需要指出的是，在确定量刑起点时，要综合考虑当地社会治安状况以及同类案件的判刑等情况。

本案中聚众斗殴地点为人群密集的大型超市，且系为争夺客户而斗殴，带有一定的欺行霸市性质，情节严重，因此，在确定量刑起点时，总体上应体现从严；同时考虑到被告人曹某、高忠某所持刀具系在超市内临场抓取，亦非管制刀具，且只有曹某一人实际使用刀具，相对于其他事前早有预谋、携带并配发管制刀具等情形，情节相对较轻。据此，一审法院将曹某、高忠某的量刑起点确定为3年有期徒刑(36个月)。鉴于被告人牛建某不应承担持械聚众斗殴的责任，故将其量刑起点确定为1年6个月（18个月)。

（二）确定基准刑

《人民法院量刑指导意见（试行)》规定：在量刑起点的基础上，可以根据聚众斗殴人数、次数、手段等其他影响犯罪构成的犯罪事实增加刑罚量，确定基准刑。本案共有三个“其他影响基本犯罪构成的犯罪事实”：

其一，聚众人数为4人，较之聚众斗殴罪基本犯罪构成所隐含的最低“聚众”人数标准3人，超出1人。根据《北京实施细则》的规定，聚众一方参与人数达10人以上不满20人的，对首要分子和起组织、指挥作用的人，可增加3个月至6个月的刑期。鉴于本案聚众人数仅超出基本犯罪构成事实所隐含的标准人数1人，可不予增加刑罚量。

其二，造成一人轻微伤，二人轻伤的伤害后果。根据《北京实施细则》的规定，“每增加轻微伤一人，可增加3个月至6个月刑期；每增加轻伤一人，可增加6个月至1年刑期”。虽然，该实施细则对于受伤人员具体指斗殴双方受伤人员，还是对方受伤人员，抑或是聚众斗殴事件伤及的所有人员，未予以明确规定，但从立法权益保护及量刑的司法能效性等方面分析，我们认为，该受伤人员原则上应仅指对方受伤人员以及其他因本次聚众斗殴受伤的第三方人员。如果让被告人一方对己方受伤后果承担刑事责任，则会导致对同一事件后果的双重法律评价和重复追责，加重聚众斗殴双方的刑事责任，导致罪责刑不相适应。需要指出的是，对于己方受伤后果，受伤人员之外的聚众首要分子、纠集者以及积极挑起或扩大斗殴事件分子应当承担必要的事发过错责任，在量刑中酌予体现。因为聚众斗殴犯罪属于破坏社会管理秩序类犯罪，其不仅侵害相关人员的人身权益，还严重扰乱社会管理秩序。聚众斗殴的组织者、指挥者以及积极扩大事件者，非但没有顾忌他方人员安危，而且将己方人员陷入被侵害的危险之中，对己方最终因斗殴事件而受伤的后果，这些人员应当承担一定责任。因此，涉案人员受伤的后果对量刑起点的影响，以对方受轻微伤1人为主要依据，故对三名被告人在量刑起点上均增加4个月的刑罚量。同时，对于被告人牛建某和高忠某，还要酌情考虑己方2人受轻伤，被告人高忠某也被对方围打的后果；对被告人曹某酌情考虑除其自己之外的另1人受轻伤的后果，故分别对牛建某、高忠某、曹某再增加4个月、2个月、1个月的刑罚量。

其三，给涉案超市经营秩序造成负面影响，属聚众斗殴罪客观方面构成要件“社会影响恶劣”的组成部分。给涉案的某超市经营所造成的影响，是三名被告人行为的直接后果，也是反映聚众斗殴危害性的事实，应在确定基准刑时体现。因此，从该超市所处的城市地理位置、影响面及影响力，以及斗殴事件对群众正常购物环境的影响等方面考虑，对三名被告人的量刑起点再增加 4 个月的刑罚量。

据此，被告人曹某的基准刑确定为 3 年 9 个月，即 45 个月；被告人高忠某的基准刑确定为 3 年 10 个月，即 46 个月；被告人牛建某的基准刑确定为 2 年 6 个月，即 30 个月。

（三）用量刑情节调节基准刑并综合全案情况确定宣告刑

1. 提取量刑情节并确定相应的调节比例

本案量刑情节有以下 4 个：

其一，高庆某一方聚集人数众多，分发械具且首先发出斗殴指示，挑起事端，存在重大过错。《北京实施细则》规定："对于被害人有过错或对矛盾激化负有直接责任的，综合考虑案发的原因、犯罪的性质、被害人过错的程度或责任的大小情况，可以减少基准刑 20%以下。"本案中，斗殴双方均具有预谋聚众斗殴的故意，且高庆某等人作为本案的被害方，纠集人数多达十余人，是被告人一方的三倍多；且高庆某在斗殴前的对峙过程中已给参与人员分发了木棍，并最先发出殴斗指示，直接触发斗殴发生，对事件发生和扩大均负有重大过错。综上，可以减少三名被告人基准刑的 15%。

其二，共同犯罪中，被告人牛建某的作用轻于被告人高忠某，高忠某的作用轻于被告人曹某，即三名被告人在共同犯罪中的作用存在差别。《北京实施细则》规定："对于未区分主从犯，但在共同犯罪中作用相对较小的，可以减少基准刑的 30%以下的刑罚量。"本案中，曹某提议持械并使用械具参与斗殴；高忠某参与持械预谋，并为他人提供械具，积极参与斗殴；牛建某虽积极参与斗殴，但中途退离。综上，根据三名被告人各自的作用差别，对高忠某减少基准刑的 3%，对牛建某减少基准刑的 4%。

其三，被告人曹某具有自首情节。依据《人民法院量刑指导意见（试行）》和《北京实施细则》的规定，对于自首情节，综合考虑投案的动机、时间、方式、罪行轻重、如实供述罪行的程度以及悔罪表现等情况，可以减少基准刑的 40%以下。本案中，曹某是在其他同案犯均归案后才去投案的；而且其系在案发后不久先被公安抓获，先被劳动教养，在本案转为刑事案件后，才投案，投案时机不是特别及时；同时，结合其在犯罪中的积极作用，对其自首情节，不宜调节过大，故确定减少其基准刑的 7%。

其四，被告人高忠某、牛建某当庭自愿认罪。依据《人民法院量刑指导意见（试行）》及《北京实施细则》的规定，"对于当庭自愿认罪的，根据犯罪性质、罪行的轻重、认罪程度以及悔罪表现等情况，可以减少基准刑的 10%以下，依法认定自首、坦白的除外"。高忠某、牛建某在庭审中自愿认罪，根据其认罪程度及悔罪表现等因素，依法减少两人基准刑的 3%。

2. 依据《人民法院量刑指导意见（试行）》规定的方法调节基准刑，确定拟宣告刑

《人民法院量刑指导意见（试行）》在量刑的基本方法中规定，具有多种量刑情节的，根据各个量刑情节的调节比例，采用同向相加、逆向相减的方法确定全部量

刑情节的调节比例，再对基准刑进行调节；同时规定，对于未成年人犯罪等量刑情节，先用该量刑情节对基准刑进行调节，在此基础上，再用其他量刑情节进行调节。

本案是否存在优先适用的量刑情节？换言之，本案中“被害人”具有过错的情节以及各被告人在共同犯罪中作用存在差别的情节是否作为优先适用的量刑情节？在审判实践中存在争议。一种观点认为，《人民法院量刑指导意见（试行）》规定的优先适用的量刑情节，仅包括该意见明确列明的“刑法总则规定的未成年人犯罪、限制行为能力的精神病人犯罪、又聋又哑的人或者盲人犯罪、防卫过当、避险过当、犯罪预备、犯罪未遂、犯罪中止、从犯、胁从犯和教唆犯”的情节，除此以外的量刑情节，均系后适用的量刑情节。另一种观点认为，应将优先适用的量刑情节理解为“罪中量刑情节”。

《人民法院量刑指导意见（试行）》采取了概括式与列举式并用的方法对优先适用的量刑情节加以规定，即“对于具有刑法总则规定的未成年人犯罪……量刑情节的”，该规定的外延不是非常清晰，加之界分优先适用量刑情节和后适用量刑情节的标准在理论上不是很明确，这一方面为理解及解释该范围留下了空间，另一方面也使得各地审判实践在具体把握时存在差异。

就本案而言，北京市某区人民法院认为，“被害人存在重大过错”情节与“三名被告人在共同犯罪中作用有差别”情节属于优先适用的量刑情节，先用该两个情节对基准刑进行调节，然后再用各被告人所具有的其他量刑情节进行调节。据此，各被告人的拟宣告刑如下：

被告人曹某的拟宣告刑为：45个月×（1－15%）×（1－7%）≈35.6个月。

被告人高忠某的拟宣告刑为：46个月×（1－15%－3%）×（1－3%）≈36.6个月。[①]

被告人牛建某的拟宣告刑为：30个月×（1－15%－4%）×（1－3%）≈23.6个月。

3. 行使刑罚裁量权，确定宣告刑

从全案及同类案件量刑均衡的整体效果出发，北京市某区人民法院最终确定被告人曹某、高忠某的主刑宣告刑均为有期徒刑3年；被告人牛建某的主刑宣告刑为有期徒刑2年。

【讨论归纳】

在聚众斗殴犯罪中，在判断行为人是否应承担持械斗殴责任时，应以行为人对持械是否存在共同犯罪故意为标准。在聚众斗殴犯罪中，行为人中途退离，不能有效阻止犯罪继续或结果发生的，不能认定为犯罪中止。行为人持械与否，直接决定着对行为人适用的法定刑幅度，因此，“持械”应作为聚众斗殴罪的基本犯罪构成事实，在确定量刑起点时予以评价。

---

① 《人民法院量刑指导意见（试行）》规定的优先适用的量刑情节之间，应当采取“连乘”的方法，详请参见熊选国主编：《量刑规范化办案指南》，60、61页，北京，法律出版社，2011。需要指出的是，本案中，优先适用的量刑情节，仍然采取的是“同向相加、逆向相减”的方法。

【实务训练】

从实务中找一关于聚众斗殴的真实案件，根据该案的事实、既有证据及争议焦点，并结合《人民法院量刑指导意见（试行）》中具体规定的量刑方法、量刑步骤，写一份贯彻本主题的辩护词或判决书。要求格式规范、条理清晰、层次分明、说理透彻。

【延伸阅读】

1. 熊选国主编．《人民法院量刑指导意见》与“两高三部”《关于规范量刑程序若干问题的意见》理解与适用．北京：法律出版社，2010

2. 熊选国主编．量刑规范化办案手册．北京：法律出版社，2011

3. 江苏省高级人民法院刑事审判第三庭．关于聚众斗殴刑事案件适用法律问题专题研讨．见：最高人民法院刑事审判第一，二，三，四，五庭．中国刑事审判指导案例（妨害社会管理秩序罪）．北京：法律出版社，2009

4. 最高人民法院《人民法院量刑指导意见（试行）》

5. 北京市高级人民法院《人民法院量刑指导意见实施细则（试行）》

第六章　危害公共安全犯罪

案 31　用针刺方式向不特定人传播艾滋病行为的定性

——王某以危险方法危害公共安全案

【问题提示】

故意用针刺方式向不特定人传播艾滋病是否属于危害公共安全？如果行为人认为属于危害公共安全，但客观上不可能危害公共安全的，是否构成危害公共安全犯罪？

【案情摘要】

被告人：王某，无业。

2009 年 11 月上旬，重庆市某县被误诊为感染了艾滋病的吸毒人员王某认为自己活不了多久，对生活绝望，而又认为社会对自己不公，为让他人也染上艾滋病以发泄对社会的不满，王某用自己吸毒使用后的注射器在该县农贸市场扎刺买菜人员 5 人后潜逃。一时致该县人人自危、心怀恐惧，被扎人员及其亲人更觉恐慌。

案发后对王某和被扎人员作了数次检测，均未发现感染艾滋病，最后确诊王某未患艾滋病和其他可以通过血液传播的疾病。

【分歧意见】

对本案定性有以下几种观点：第一，认为王某构成以危险方法危害公共安全罪，属于手段不能犯未遂。第二，认为王某并未患艾滋病等血液传播疾病，其行为不可能危害公共安全，不会侵犯刑法所保护的客体，故不构成犯罪。第三，认为王某不具有危害公共安全的故意，其行为也不属于危害公共安全的行为，王某在故意杀人心理支配下实施了足以致人死亡的行为，属于手段不能犯未遂，构成故意杀人罪的未遂。第四，认为王某构成故意伤害罪，因血液传播艾滋病潜伏期较长，且随医药技术不断发达，艾滋病人存活期越来越长，故不宜定故意杀人罪；由于其是追求让他人染上艾滋病的结果，而染上艾滋病的伤害与重伤相当，尽管他人未染上艾滋病，也应认定王某构成故意伤害罪的未遂。第五，认为王某用针刺人来传播艾滋病，属于投放危险物质的行为，构成投放危险物质罪。

【要点提示】

1. 公共安全的含义。

2. 主观追求某种危害社会的结果但客观不可能危害社会时如何定性?

3. 如认为用针刺方式故意让不特定人染上艾滋病构成侵犯人身权利犯罪，由于被感染的几率非100%以及艾滋病病人存活期较长，应定故意杀人罪还是故意伤害罪?

4. 投放危险物质罪中“投放”的含义。

【问题讨论】

一、公共安全的含义

通说观点认为，公共安全是指不特定多数人的人身或重大财产安全。[①] 第二种观点认为除不特定多数人的人身或重大财产安全外，公共安全还包括特定多数人的人身或重大财产安全，或不特定少数人的人身或重大财产安全。[②] 第三种观点认为公共安全指不特定人的人身或重大财产安全。[③] 第四种观点认为不管对象特定与否，只要是多数人的人身或财产安全就属公共安全。[④]

对公共安全采不同观点，以此指导司法实践会造成打击力度的巨大差异：采第二种观点打击力度最大，因其会将其他几种观点认为是侵犯人身权利、侵犯财产权利等的犯罪也纳入其中。第四种、第三种观点次之，第一种观点打击力度最小。我们认为通说观点更合理，理由是：第一，我国刑法规定的法定刑本来就重，属于严刑峻法，如将公共安全含义理解过宽，会使本已严峻的刑法更严厉。第二，刑法对故意危害公共安全犯罪规定了许多危险犯，其危险结果与侵犯公民人身权利、财产权利的实害结果量刑相同，如公共安全还包括特定少数人的人身或重大财产安全，就没有理由这么设置法定刑。以这样的理解指导司法实践会导致打击力度过大和犯罪圈过大，如破坏电力设备罪，只要足以使不特定一个人的重大财产受损，哪怕未实际受损也要构成本罪，且要判处3年以上10年以下有期徒刑；又如破坏交通设施罪，行为人将商圈人行道公路的井盖盗窃走，即使未发生致人伤亡的后果，但已足以让行人落井伤亡，属既遂，也应构成破坏交通设施罪，这样定罪处刑不合理。故我们认为公共安全是指不特定多数人的人身或重大财产安全。对危害特定人的生产

---

① 参见高铭暄、马克昌主编：《刑法学》（下编），609页，北京，中国法制出版社，1999；何秉松主编：《刑法教科书》，下卷，670页，北京，中国法制出版社，2000。

② 参见张明楷：《刑法学》（下），556页，北京，法律出版社，1997。

③ 参见张小虎：《放火罪之理论探究》，载《河南政法管理干部学院学报》，2002（4）。

④ 参见刘志伟主编：《危害公共安全犯罪疑难问题与司法对策》，60页，长春，吉林人民出版社，2001。

资料，如厂房、机器等，尽管是特定个人财产，但因其具有生产资料性质，受到损害后会致工厂停产或减产等，工人、相关合作企业等单位也会受损，故也属公共安全。

不特定指行为人对自己行为会造成何人、何种伤害或死亡结果、何种财产损害、损害多大无法预见或无法控制。危害公共安全是指已危害或足以危害不特定多数人的人身或重大财产安全。

本章罪的故意犯罪法定最低刑一般为3年以上有期徒刑，最高刑多有死刑，故对危害程度的要求较高，即指正常情况下能致不特定多数人伤害或死亡，重大财产毁损。尽管危害不特定多数人的人身，但不会致人受轻微伤以上伤害，如往人群中扔燃放的爆竹，尽管也是危害不特定多数人的人身和财产安全，但由于不会导致人身受轻微伤以上伤害，不应构成爆炸罪；足以毁损不特定多数人的财产，但财产不重大的，也不属于公共安全，如放火烧毁不特定多数人远离住宅堆放在田间的草垛，草垛本身价值不过数百元或数千元，因其价值不重大，不能定放火罪。即使行为人只想烧毁自己的财物，但由于自己家住楼房或四周有多家邻居，烧自己的财物可能殃及邻居财物，因而构成放火罪。

公共安全还指行为人的一次行为会危及不特定多数人的人身安全或重大财产安全，如多次累计为“多数人”或“重大”的不是公共安全。如行为人采用毒死耕牛方式盗窃农户家中散养的耕牛，在1年时间内盗窃数十次，共毒死耕牛数十头，总价50多万元，不能定投放危险物质罪。如其一次往养牛场投毒致耕牛死亡多头或足以致多头耕牛死亡而盗窃的，构成投放危险物质罪。行为人在一个地方用手枪杀死素不相识的“多数人”，构成故意杀人罪；如其用机枪朝众人扫射，构成以危险方法危害公共安全罪。

用针刺方式故意让不特定人染上艾滋病的案件中，尽管一次行为只会让一个人染上疾病，但根据案件情况不同，可能的后果也不同。被害人明知被艾滋病人感染后，除了被害人故意又传播给他人的以外，不会让艾滋病扩散。但如被害人不明知行为人患有艾滋病或不知被刺时，被害人可能在不知不觉中又将病毒传染给其他人，故行为人在他人不明知情况下故意将艾滋病病毒传染给他人，即使采用危害不特定多数人的人身安全才属危害公共安全的观点，行为人的行为也属于危害公共安全。

以上述观点分析本案，即使王某患有艾滋病，但王某一次行为只能让不特定一人染上艾滋病，被害人又明知被扎和行为人系吸毒人员患有艾滋病，一次行为不足以使不特定多数人染上艾滋病，故不是危害公共安全，王某的行为不构成投放危险物质罪或以危险方法危害公共安全罪。

二、主观追求某种危害社会的结果但客观不可能危害社会时如何定性

主观追求某种危害社会的结果，但行为不可能危害社会的，按传统刑法观点，只要不属于迷信犯等绝对不能犯，也构成犯罪，应按行为人主观追求的结果定性，属于犯罪未遂。不能犯未遂包括手段不能犯未遂和对象不能犯未遂。但近年来有人认为因行为不可能侵犯法益，故不应以犯罪论处。这种观点并未得到理论界的公认和司法实践的认同，我们不赞同不能犯不构成犯罪的观点，传统刑法理论符合主客

观相一致原则。

三、如认为用针刺方式故意让不特定人染上艾滋病构成侵犯人身权利犯罪，定故意杀人罪还是故意伤害罪

当认为本案不属于危害公共安全而以侵犯人身权利罪定罪时，是定故意杀人罪还是故意伤害罪？我们认为，对艾滋病感染的研究和实践表明，艾滋病除输血感染的感染率是100%外，其余方式感染率不是100%，即使是输血感染，其潜伏期也长达数年，有的被感染的人员存活期高达十多年，故除了查明行为人希望被感染者死亡外，一般宜定故意伤害罪。即使有杀人故意定故意杀人罪，只要在判决前被害人未死亡的，也只能是故意杀人罪未遂。

四、投放危险物质罪中“投放”的含义

投放危险物质罪中的“投放”是指将危险物质放置在人、动物的食品中或人、动物能接触到的地点，且此行为有让不特定多数人或价值重大的动物食用后或接触后死伤的可能性。如多次投放才危及不特定多数人的人身或重大公私财产安全，一次投放只能危及不特定少数人安全的均不构成本罪的“投放”。投放可以是直接投放在食品中，也可将放射性物质放置在公共场所，或用工具装上危险物质进行喷、洒、涂等，还可以是邮寄放射性物质让其释放。故用针管装危险物质或用带有危险物质的针头扎刺或注入人体、动物体，如一次扎刺或注入会危及不特定多数人的人身或具有重大价值的动物的安全的也是投放。如认为本案是危害公共安全案，则行为人构成投放危险物质罪而不构成以危险方法危害公共安全罪。

【讨论归纳】

公共安全指不特定多数人的人身或重大公私财产安全，对人身的危害要足以致人伤害以上，财产损害必须是重大，否则不构成危害公共安全罪。当财产是生产资料时，即使其属于特定个人，只要价值重大也属于公共安全。本罪还要求行为人一次行为足以危害公共安全，数次侵害行为才为“多数人”或“重大”不属于公共安全。主观追求某种危害社会结果，但行为不可能危害社会，除迷信犯等绝对不能犯外，应按行为人主观追求的结果定性，属于犯罪未遂。用针刺方式追求不特定人传染上艾滋病的结果，除被害人不知情外，不构成危害公共安全犯罪，宜定故意伤害罪。投放危险物质罪的“投放”是指将危险物质放置在人、动物的食品中或人、动物能接触到的地点，且此行为有让不特定的多数人或者价值重大的动物食用后或接触后死伤的可能性。

【实务训练】

从实务中找一件关于危害公共安全犯罪的真实案例，根据该案的事实、既有证据及争议焦点，写一份起诉书或判决书。其中，要特别分析为什么该案不认定为危害公共安全犯罪。要求格式规范、条理清晰、层次分明、有理有据、入情入理。

【延伸阅读】

1. 高铭暄，马克昌主编．中国刑法解释．上卷．北京：中国社会科学出版社，2005

2. 何秉松主编．刑法教科书．下卷．北京：中国法制出版社，2000

3. 张明楷．刑法学．下．北京：法律出版社，1997

4. 刘志伟主编．危害公共安全犯罪疑难问题与司法对策．长春：吉林人民出版社，2001

5. 张小虎．放火罪之理论探究．河南政法管理干部学院学报，2002（4）

6. 林亚刚，赵晓雯．议危害公共安全罪的概念．甘肃政法学院学报，2000（2）

7. 屈学武．投放危险物质罪探析．法学杂志，2002（6）

案 32　危险犯型爆炸罪的未完成形态认定

——宋某、王某故意杀人案

【问题提示】

如何认定作为危险犯的爆炸罪的既遂和未遂，是实践中一个较为复杂的问题。当爆炸只是故意杀人的手段，且爆炸物未发生爆炸时，是定故意杀人罪还是爆炸罪，值得探讨。

【案情摘要】

被告人：宋某，某市人大常委会主任；王某，无业。

宋某与其情妇闹翻，宋某以 20 万元雇王某杀死情妇，并先行给付王某 10 万元，另 10 万元待事成之后支付。宋某将情妇住处、车号告诉了王某，还将情妇相片给了王某。王某购得手枪，枪中装了 4 发子弹，还购得炸药。王某在宋某情妇的车上安放了炸药，王某见宋某情妇从一单位出来上车（车停在闹市区公路旁）时，按了炸药的遥控装置以引爆炸药，炸药因受潮未爆。王某后悔杀人，未开枪，又怕宋某找自己麻烦，便外逃。

【分歧意见】

在本案的处理中，对宋某不构成爆炸罪只构成故意杀人罪，对王某只构成爆炸罪不构成故意杀人罪，没有争议。但王某对所构成的爆炸罪出于何种犯罪形态，即是爆炸罪的既遂还是未遂，存在较大争议。

【要点提示】

1. 危险犯是否存在未遂？如存在未遂，既遂标准是什么？

2. 区分危险犯型爆炸罪的既遂与未遂的标准是什么？

【问题讨论】

一、危险犯是否有未遂，如存在未遂，其既遂标准是什么

危险犯是与实害犯相对应的概念，但对何为危险犯争议很大。我们认为危险犯是指刑法规定的、犯罪的成立或既遂无须实害结果发生，只需有法定的危险状态发生的

犯罪形态。危险犯有如下特征：第一是法定性，如无刑法规定，我们不能随意认定某罪属于危险犯。第二是犯罪的成立或既遂不需要实害结果发生，无须实害结果发生就构成既遂是刑法设立危险犯的主要意义。危险犯主要存在于危害公共安全罪一章中，但不限于危险公共安全罪一章，如破坏社会主义市场经济秩序罪一章中的生产、销售不符合标准的医用器材罪，妨害社会管理秩序罪一章中的妨害传染病防治罪等。

在我国刑法理论上，将危险犯分为具体危险犯和抽象危险犯是通说。但如何界定具体危险犯和抽象危险犯争议很大。我们认为，所谓“抽象危险犯”，是指以行为人实施的危害行为对刑法所保护的社会关系造成抽象危险状态作为犯罪成立标准的犯罪形态；所谓“具体危险犯”，是指危险犯的危害内容已由刑法分则条文加以规定，具体危险状态有其相应的实害结果，无须实害结果发生而以危险状态发生作为犯罪既遂标准的危险犯。

不管是具体危险犯还是抽象危险犯均由刑法作出明文规定。具体危险犯与抽象危险犯存在如下几个区别：一是刑法规定方式不同。对具体危险犯刑法常作出系何种具体危险的规定，如《刑法》第116条规定的破坏交通工具罪，刑法要求足以使交通工具发生倾覆、毁坏危险；抽象危险犯不会规定具体危险结果，但不能得出刑法未规定具体危险结果就属抽象危险犯的结论，如《刑法》第118条规定的破坏电力设备罪、破坏易燃易爆设备罪，刑法用的是“危害公共安全”，似乎属于抽象危险犯，但由于刑法规定了与其对应的实害犯，故本罪属于具体危险犯而非抽象危险犯。二是对于具体危险犯，具体危险状态都有其相应的实害结果，这是具体危险犯与抽象危险犯的本质区别之处。对于有的具体危险犯，尽管刑法未直接规定何种危险状态，只泛泛规定“危害公共安全”，但只要规定了该罪造成实害结果的加重量刑档，就系具体危险犯而非抽象危险犯。三是既遂标准不同。抽象危险犯一般只要在法定的地点或以法定的方式实施行为完毕就属于既遂，而具体危险犯必须出现足以造成实害结果发生的危险状态才是既遂。四是法官是否负有审查责任不同。抽象危险犯，法官无须证明危险状态出现就可认定，如《刑法》第130条规定的非法携带危险物品危及公共安全罪，法官就无须具体审查危险状态是否发生，只要行为人携带危险物品进入了公共场所或公共交通工具就是既遂。而对具体危险犯，法官必须根据案件事实，考虑行为时具体环境、地点、人员财产状况、行为包含引起危害结果的原因力和行为后状况等因素，从而确定具体危险状态是否已发生。但具体危险犯与抽象危险犯的本质区别是刑法是否对危险结果与实害结果规定了不同的法定刑，规定了的是具体危险犯，未规定的是抽象危险犯。如危害公共安全罪一章中，《刑法》第114条、第116～119条、第124条是具体危险犯，其余的危险犯属抽象危险犯。故爆炸罪属于具体危险犯而非抽象危险犯。

危险犯是否存在未遂形态在理论上有三种观点：否定说[①]、肯定说、[②] 折中说。[③]

---

① 参见陈兴良：《陈兴良刑法学教科书之规范刑法学》，126页，北京，中国政法大学出版社，2003。

② 参见熊选国：《论危险犯》，载《中南政法学院学报》，1992（2）。

③ 参见赵秉志：《犯罪总论问题探索》，406～407页，北京，法律出版社，2003。

我们赞同折中说，认为抽象危险犯不存在未遂，具体危险犯存在未遂。具体危险犯以发生法定的危险状态为既遂要件，当行为人已经着手实行了具体危险犯的行为，没有出现法定的危险状态时，就成立具体危险犯的未遂。

对具体危险犯的既遂标准或者说何为危险状态也有多种观点。我们赞同以下看法：危险状态也是一种危害结果，是指危害行为可能引起危害公共安全实害结果发生的客观事实。[①] 危险状态具有以下几个特征：一是法定性，二是事后可预测性，三是实害结果发生的现实可能性，四是客观性，五是危险状态与危害行为具有内在本质的联系，危险行为中蕴涵着危险的因素。[②] 危险状态是否已发生，由法官进行判断，但法官应以行为人特别认识到的事实以及一般人可能认识到的事实为基础，以行为时为基准，从一般人的常识出发，将事前判断与事后判断结合起来，进行全面、客观的判断。认定危险状态的有无时，应着重考察以下因素：一是危害行为是否有导致实害结果的属性，二是危害行为的方法（手段）、侵害的对象，三是危害行为的实行程度，四是实害结果发生的现实可能性。

二、危险犯型爆炸罪的未完成形态问题

关于危险犯型的爆炸罪犯罪既遂的观点，大致有以下四种：（1）认为因炸药的特性，爆炸只是瞬间之事，故只要一着手就属于既遂，着手以后无未遂；（2）认为只要爆炸行为实施完毕，不管是否爆炸均属危险状态已经发生，构成既遂[③]；（3）认为除了爆炸行为实施完毕，还要求爆炸物发生了爆炸才为既遂；（4）因不赞同有具体危险犯和抽象危险犯之分，故认为爆炸物发生了爆炸且致人重伤、死亡或造成重大财产损害的才属于既遂。[④]

我们认为危险犯型爆炸罪属于具体危险犯，存在未遂形态。区分其既遂与未遂的标准就是看是否已着手实施了爆炸行为，且有足以使不特定多数人伤亡或重大公私财产毁损实害结果发生的现实可能性。既遂的前提是其采取的方法、所用的炸药量和炸药的品质、针对的对象、爆炸的场所足以危害不特定多数人的生命或健康安全或使重大公私财产受到损害。前述采取的方法、所用炸药量、炸药的品质、针对的对象、爆炸的场所等欠缺一样均不足以危害公共安全，如不拉导火索就将手榴弹扔出去，用的炸药量不够，炸药是不会致人死伤的伪劣炸药，针对单家独户的住宅实施爆炸等。上述第四种观点实质上否定了爆炸罪是危险犯的既遂，与我国刑法规定不符。第一种观点实质将爆炸罪当成了举动犯，不符合具体危险犯有未遂的刑法理论，以此指导司法实践也有很大问题，如行为人用的炸药是不足以致人伤亡的劣质炸药，或经鉴定行为人所用的引爆方法根本就不会致炸药爆炸，或行为人用的是不会爆炸的假炸药，行为人并不知情，但因行为人已着手也要认定是既遂，而这种“爆炸”行为是没有引起危害公共安全的内在根据的。另外，客观现实中爆炸行为着

---

① 参见林亚刚：《试论危害公共安全犯罪的公共危险状态》，载《中国刑事法杂志》，2003（2）。

② 参见李兰英：《论危险犯的危险状态》，载《中国刑事法杂志》，2003（2）。

③ 参见刘家琛主编：《新刑法条文释义》（新编本·上），439页，北京，人民法院出版社，2001。

④ 参见高铭暄、马克昌主编：《中国刑法解释》，983～984页，北京，中国社会科学出版社，2005。

手后要达到完成，在许多情况下并非一瞬间之事，如手榴弹，要先拉导火索，然后往目标物扔去才能危害公共安全，如未扔出去或未拉导火索就不会危害公共安全，如果这种情况也认定是既遂则不合理。如采第二种观点会将爆炸物本身有质量问题的情况也作为既遂认定，但由于此种爆炸物质量有问题，不可能造成危害公共安全的实害结果，欠缺实害结果发生的现实可能性，因而认定危险状态已发生名不符实。第三种观点也有不妥当之处，爆炸物发生了爆炸就是既遂，这只有在其炸药量、针对的对象、实施的场所足以危害公共安全的情况下才是正确的。故我们认为，在行为人使用的炸药量及品质、针对的对象、实施的场所均足以危害公共安全的情况下，爆炸物已发生了爆炸的，不管是否伤人毁财均属于既遂，因为此时完全能够使危害公共安全的实害结果发生，只是因为被害人在爆炸物爆炸前逃跑，或未在现场等行为人意志以外的原因未造成实害结果。采取这种观点使刑法的打击力度更合理。以此观点衡量前述案件，王某的行为属于爆炸未遂，因王某安放的炸药受潮，不具有爆炸的可能性。

【讨论归纳】

抽象危险犯无未遂，具体危险犯存在未遂。具体危险犯既遂的标准是造成实害结果发生的现实可能性已出现。判断实害结果发生的现实可能性是否已出现，要结合危害行为的方法（手段）、侵害的对象、场所等看行为是否能危害公共安全，是否具有实害结果发生的现实可能性。危险犯型爆炸罪既遂的标准是，行为人使用的爆炸物的量及品质、针对的对象、实施的场所均足以危害公共安全，且爆炸物已发生了爆炸。

【实务训练】

从实务中找一件关于危险犯未完成形态的真实案件，认真琢磨和验证上述观点的合理性和可行性，并根据该案的事实、既有证据及争议焦点，写一份辩护词或判决书。要求格式规范、条理清晰、层次分明、说理透彻。

【延伸阅读】

1. 刘志伟主编．危害公共安全犯罪疑难问题与司法对策．长春：吉林人民出版社，2001

2. 陈兴良，游伟，贾宇，李洁，胡云腾，张明楷．刑法修改中的若干主要问题．政治与法律，1997（1）

3. 叶高峰，彭文华．危险犯研究．郑州大学学报（哲学社会科学版），2000（6）

4. 高铭暄，马克昌主编．中国刑法解释．北京：中国社会科学出版社，2005

5. 舒洪水．危险犯研究．北京：法律出版社，2009

案 33　威胁目的达到后终止爆炸行为的定性

——宋某某盗窃爆炸物、爆炸案

【问题提示】

客观上有准备爆炸的行为并扬言爆炸威胁被害人，但当威胁目的达到后终止其实施的爆炸的行为，是定一罪还是数罪，在实践中存在争议。

【案情摘要】

被告人：宋某某，农民。

宋某某倾尽家中全部积蓄和借款共花十余万元所购的收割机出现质量问题，修理多次也不能正常使用，其多次要求厂家退货未果。宋某某从附近煤矿盗得炸药 5 千克、雷管若干，将其装在包中去收割机厂家办公楼，并将炸药、雷管给厂家工作人员看，还打燃打火机，以点燃炸药与大楼同归于尽相威胁，要挟厂家退货。厂家工作人员好言劝说，承诺退货，并在假意带宋某某去厂销售部办公室办理退货手续后报警。宋某某认为目的已达到便熄灭了打火机，随工作人员下楼，被赶来的民警抓获。经鉴定，宋某某携带的炸药足以炸毁整栋大楼。宋某某称，自己不会点燃炸药，只是想以此威胁厂方以求解决问题。此言得到其妻、弟证实。

【分歧意见】

1. 宋某某构成盗窃爆炸物罪和爆炸罪，两罪均是既遂，盗窃爆炸物罪与爆炸罪之间是牵连犯，从一重罪定爆炸罪。

2. 宋某某构成盗窃爆炸物罪和爆炸罪，爆炸罪是中止，盗窃爆炸物罪与爆炸罪之间是牵连犯，从一重罪定盗窃爆炸物罪。

3. 宋某某构成盗窃爆炸物罪和爆炸罪，爆炸罪是未遂，盗窃爆炸物罪与爆炸罪之间是牵连犯，从一重罪定盗窃爆炸物罪。

4. 宋某某携带爆炸物进入企业办公大楼的行为构成非法携带危险物品危及公共安全罪，扬言爆炸只是恐吓他人以达退货的目的，并无爆炸故意，故不构成爆炸罪。盗窃爆炸物罪与非法携带危险物品危及公共安全罪之间是牵连犯，从一重罪定盗窃爆炸物罪。

【要点提示】

1. 行为人客观上有点火要爆炸的行为并扬言爆炸以威胁他人，对此如何认定其主观罪过?

2. 刑法上的一行为与数行为的认定、牵连犯的认定和处理。

【问题讨论】

一、行为人客观上有点火要爆炸的行为并扬言爆炸以威胁他人，如何认定其主观罪过

爆炸罪是故意犯罪，行为人主观上必须具有希望通过爆炸危害公共安全或放任

爆炸危害公共安全结果发生的故意，从该案看，很难认定宋某某具有通过爆炸危害公共安全的故意。不能仅从其客观作出点火要爆炸的行为、扬言要爆炸就认定其主观上具有爆炸故意。现实生活中行为人真实意图与其扬言不一致的情况很多，如父母殴打子女、丈夫殴打妻子时常称“打死你”，但多数只是吓唬，并非真想打死对方。据宋某某本人供认及其妻、弟证实，宋某某并非真想实施爆炸行为，而是想以此恐吓、威胁厂家以实现退货。从情理分析，宋某某因倾尽全部积蓄并借款购买了收割机却不能正常使用，多次寻求解决未果，采取恐吓以达退货目的的供述是可信的。退一步说，即使其主观上有两手打算，不退货就爆炸，退货就不爆炸，这也属选择故意，应按后来发生的事实来认定，主观心态，爆炸了定爆炸罪，未爆炸的只属恐吓行为，不定爆炸罪。宋某某因欠缺爆炸罪的主观故意，不构成爆炸罪。但宋某某以爆炸来威胁他人以达退货目的，实施了携带危险物品进入工厂办公大楼的行为，工厂办公大楼人员众多、财产重大，属于公共场所，符合《刑法》第130条规定的非法携带危险物品危及公共安全罪构成特征，构成该罪。另外，宋某某为达到以爆炸来威胁他人为目的实施了盗窃炸药、雷管的行为，构成盗窃爆炸物罪。

二、刑法上的一行为与数行为的认定、牵连犯的认定和处罚

（一）刑法上的一行为与数行为的认定

按我国刑法通说的观点，行为是指在罪过支配下的身体动静，在一个罪过支配下实施了符合刑法分则一个罪的客观要件行为为一个行为，在两个罪过支配下实施了符合刑法分则两个罪的客观要件行为为两个行为，行为个数的认定要坚持主客观相统一原则，以刑法分则规定的犯罪构成要件为标准。刑法行为与自然行为有联系也有区别，数个自然行为可能只是一个刑法行为，但一个刑法行为至少有一个自然行为。判断是一行为还是数行为有以下几个标准：一是看行为人罪过的个数，二是看其客观上行为的个数，三是看符合刑法分则具体罪构成要件的行为的个数，实际上是看实行行为的个数。上述案例中，宋某某为了威胁他人而盗窃爆炸物，在盗窃爆炸物时是为了非法占有爆炸物，此行为是我国《刑法》第127条规定的盗窃爆炸物罪的实行行为；宋某某携带爆炸物进入企业办公场所，是我国《刑法》第130条规定的非法携带危险物品危及公共安全罪的实行行为，故宋某某实施了两个行为。宋某某将打火机点燃扬言要炸毁大楼，只是恐吓并非真要爆炸，因无实施爆炸的故意，不能视为是爆炸罪的行为，我国刑法未规定恐吓罪，故该行为不是刑法上的行为。

（二）牵连犯的认定和处罚

按我国刑法理论通说，所谓牵连犯是指出于一个最终目的，实施了数行为，其犯罪的方法（手段）或结果又触犯了其他罪名的情况。其构成条件是：行为人主观上出于一个最终目的，为达最终目的的过程中可有数个目的。客观上行为人实施了数个行为，数个行为触犯了刑法规定的不同性质的罪名，构成不同性质的犯罪。数行为之间有方法（手段）或结果上的紧密联系，方法（手段）或结果是服从于或派生于最终目的的行为。通说认为，对牵连犯除法律有特别规定的以外，一般从一重定处，定一罪严重违反罪刑相适应原则的，应数罪并罚。宋某某盗窃爆炸物罪与非

法携带危险物品危及公共安全罪系出于同一最终目的实施了数行为，触犯了刑法分则规定的异种数罪，二罪之间系牵连犯。

【讨论归纳】

行为人点火扬言要爆炸而威胁他人以满足个人要求，如行为前就做好目的达到就不爆炸的准备，客观上也未爆炸的，因无实施爆炸的故意，不能视为是爆炸罪的行为。在一个罪过支配下实施了符合刑法分则一个罪的客观要件行为为一个行为，在数个罪过支配下实施了符合刑法分则数个罪的客观要件行为为数个行为。出于一个最终目的，实施了数行为，其犯罪的方法（手段）或结果又触犯了其他罪名的为牵连犯，除法律有特别规定的以外，一般从一重定处，定一罪严重违反罪刑相适应原则的，应数罪并罚。

【实务训练】

从实务中找一件类似本主题的真实案件，根据该案的事实、既有证据及争议焦点，写一份辩护词。要求格式规范、条理清晰、层次分明、有理有据、入情入理。

【延伸阅读】

1. 钱六叶．犯罪实行行为着手研究．北京：中国人民公安大学出版社，2009
2. 姜伟．罪过形式论．北京：北京大学出版社，2008
3. 王明辉．复行为犯研究．北京：中国人民公安大学出版社，2008

案 34　他人不法行为引起火灾或爆炸行为的定性

——二村民失火、危险物品肇事案

【问题提示】

当他人的不法行为提供了引起火灾或爆炸的条件，行为人未预见自己的不当行为会发生危害社会结果的，应如何定性？

【案情摘要】

被告人：甲，农民；乙，农民。

甲于 2009 年 5 月路过一煤矿时，拾得一箱火药（重 10 公斤，因煤矿运火药车装捆不当而掉下）存放家中。2009 年 11 月 27 日因为火药受潮，甲遂将火药置于自家院坝上摊晒。因有事暂出家，甲将院门关闭，将门锁挂于门上但未锁闭。村民乙寻甲，打开甲院门进入，未注意到地上摊晒的火药，随手将未熄的烟头掷于地上（此地上除晾晒的火药外无其他物品），引起火药燃爆。乙见状惊走，呼人救火，但因火太大甲及数邻居家的住房悉数被焚毁，损毁财产价值达二十多万元。村民甲称自己根本未想到家门挂上锁还会有他人进来丢烟头引燃炸药致灾；村民乙称根本未想到村民甲会在家中地上晾晒火药，还认为地上晾晒的是粮食之类的物品。

【分歧意见】

对甲的行为的定性争议：

1. 构成非法储存爆炸物罪，且属于非法储存爆炸物罪之“情节严重”。

2. 构成过失爆炸罪。因其行为发生在 2009 年 11 月最高人民法院颁发的《关于修改〈最高人民法院关于审理非法制造、买卖、运输枪支、弹药、爆炸物等刑事案件具体应用法律若干问题的解释〉的决定》（以下简称 2009《高法决定》）生效以前，故不构成非法储存爆炸物罪，但其应当预见将火药晾晒在外可能会引起炸药爆炸而未预见，故构成过失爆炸罪。

3. 构成失火罪。因其行为发生在 2009《高法决定》生效以前，故不构成非法储存爆炸物罪。又因造成焚毁财产价值达二十多万元的不是爆炸力而是火灾，故不构成过失爆炸罪。其应当预见将火药晾晒在外可能会引起火灾而未预见，故构成失火罪。

4. 无罪。因其行为发生在 2009《高法决定》生效以前，故不构成非法储存爆炸物罪；而二十多万元财产被焚毁是村民乙乱扔烟头的行为导致的，没有村民乙的行为不会有财产被焚毁的结果，过失犯罪不存在共同犯罪，故甲的行为不构成失火罪或过失爆炸罪。

5. 尽管其行为发生在 2009《高法决定》生效以前，不构成非法储存爆炸物罪，但其行为符合危险物品肇事罪的构成要件，构成危险物品肇事罪。

对乙的行为的定性有以下几种观点：

1. 乙乱扔烟头的行为是不当行为，但地上如没有火药则不可能引起危害结果的发生，乙不应当预见甲会在家中院坝晾晒炸药，丢个烟头在地上就会引起火灾，故乙的行为不构成犯罪。

2. 炸药就摆在地上，只要乙小心谨慎一点就会看见，只要精神智力正常就应当预见随手扔烟头可能引起爆炸或燃烧，故村民乙应当预见随手扔烟头可能导致火药燃爆而未预见，构成过失爆炸罪。

3. 因财产损害不是爆炸物的爆炸力造成的，而是火灾造成的，故乙的行为不构成过失爆炸罪而构成失火罪。

【要点提示】

1. 如何理解 2001 年最高人民法院《关于审理非法制造、买卖、运输枪支、弹药、爆炸物等刑事案件具体应用法律若干问题的解释》（以下简称 2001《高法解释》）和 2009《高法决定》对非法储存爆炸物罪的解释？

2. 非法存放爆炸物不构成非法储存爆炸物罪时，是否可定危险物品肇事罪？二罪有何联系与区别？

3. 当他人的不法行为提供了引起火灾或爆炸的条件，行为人在此条件下有不当行为从而引起爆炸或火灾，行为人并未预见自己的行为会发生危害社会的结果时，如何认定行为人主观上应当预见？

4. 过失爆炸罪与失火罪的联系与区别何在？

【问题讨论】

一、非法储存爆炸物的含义

关于涉枪支、弹药、爆炸物犯罪的认定，最高人民法院先后作出了2001《高法解释》和2009《高法决定》两个司法解释，2001《高法解释》第8条规定："《刑法》第一百二十五条第一款规定的'非法储存'，是指明知是他人非法制造、买卖、运输、邮寄的枪支、弹药、爆炸物而为其存放的行为。"按照此解释，非法储存只指非法制造、买卖、运输、邮寄枪支、弹药、爆炸物的共犯中分工负责储存或保管的行为，而前述案件中村民甲的炸药是捡拾得来存放，刑法又未规定非法持有爆炸物构成犯罪，故甲的行为不构成非法储存爆炸物罪。而2009《高法决定》将该条修改为："刑法第一百二十五条第一款规定的'非法储存'，是指明知是他人非法制造、买卖、运输、邮寄的枪支、弹药而为其存放的行为，或者非法存放爆炸物的行为。"即在2001《高法解释》的基础上增加了"或者非法存放爆炸物的行为"。

刑法并未规定非法持有爆炸物罪，如无明确的司法解释，只非法持有爆炸物不属于非法储存爆炸物，不构成犯罪。

持有与储存的本质区别就在于立法目的不同，前者是堵截性罪名，在无法查清其来源、去向、目的时予以定罪，而后者是为打击非法制造、买卖的共犯或非法制造、买卖、运输爆炸物的后续行为而设。但随着我国经济的发展，使用民用爆炸物的单位、人员增多，因各种原因流落到社会上的爆炸物增多，实践中非法持有爆炸物引起重大危害的事故频发，对非法存放爆炸物不以犯罪论处不利于遏制这类行为，而刑法又未规定非法持有爆炸物构成犯罪，故2009《高法决定》新增非法持有爆炸物行为按非法储存爆炸物论处的规定，汉语"非法储存"的含义可以包容非法存放行为，故我们认为最高人民法院的解释不违反罪刑法定原则。

按2009《高法决定》，村民甲的行为构成非法储存爆炸物罪。但村民甲的行为发生在2009《高法决定》生效以前，最高人民法院、最高人民检察院2001年《关于适用刑事司法解释时间效力问题的规定》第3条规定："对于新的司法解释实施前发生的行为，行为时已有相关司法解释，依照行为时的司法解释办理，但适用新的司法解释对犯罪嫌疑人、被告人有利的，适用新的司法解释。"故村民甲的行为不构成非法储存爆炸物罪。

二、非法存放爆炸物不构成非法储存爆炸物罪时，是否可定危险物品肇事罪

当存放的对象是爆炸物时，非法储存爆炸物罪与危险物品肇事罪很容易混淆。二罪有如下区别：

一是犯罪主体不同：非法储存爆炸物罪的主体是一般主体，尽管法条未写明危险物品肇事罪的主体是特殊主体，但法条用语是："违反爆炸性、易燃性、放射性、毒害性、腐蚀性物品的管理规定，在生产、储存、运输、使用中发生重大事故，造成严重后果的，处……"，从其立法意图看，该罪处罚的是危险物品的生产者、经营者、运输者、保管者等的行为，其主体是特殊主体。

二是拥有爆炸物是否合法不同：于前者行为人拥有、储存危险物品本身就是非

法的，而于后者行为人拥有或储存危险物品不违法，而是其储存的方法、工具、地点等违反了爆炸物的管理规定而致事故发生（此点为本质区别）。

三是构成犯罪的标准或既遂条件是否需要危害结果不同：前者是行为犯，不管是定罪条件还是既遂条件均只需要有行为，不需要发生实害结果。后者属于结果犯，行为人尽管违反危险物品管理规定，但未发生重大事故的，不构成犯罪；发生了事故但不重大的，也不构成犯罪，故只要构成犯罪就是既遂，无犯罪未完成形态。

四是“非法”的含义不同：非法储存爆炸物罪的“非法”是指行为人未经许可而拥有，其违反的是2006年国务院颁布的《民用爆炸物品安全管理条例》第3条的规定：“国家对民用爆炸物品的生产、销售、购买、运输和爆破作业实行许可证制度。未经许可，任何单位或者个人不得生产、销售、购买、运输民用爆炸物品，不得从事爆破作业。严禁转让、出借、转借、抵押、赠送、私藏或者非法持有民用爆炸物品。”其立法目的在于打击未经许可的人拥有爆炸物。危险物品肇事罪中的“非法”尽管也是违反同一个条例，但是违反该条例第六章专门规定的储存条款，按该章有关条款规定，这里的“非法”是指专门生产、运输、使用爆炸物的单位、个人在生产、运输、使用中的保存、保管、存放地点、方式、数量、有关规章制度等不符合国务院《民用爆炸物品管理条例规定》。也即行为人储存行为本身不违法，违法的只是储存的地点、方式、数量、有关规章制度等。

违反爆炸物许可管理制度比违反生产、运输、使用、储存管理制度更恶劣，违反前者肯定违反后者，但违反后者不一定违反前者，故未违反爆炸物许可管理制度的行为肯定不构成非法储存爆炸物罪，如违反许可管理制度但未造成重大事故的，肯定不构成危险物品肇事罪。但违反许可管理规定之行为如引发了重大事故，则既构成非法储存爆炸物罪又构成危险物品肇事罪，属想象竞合犯，应从一重罪定处。因非法储存爆炸物罪量刑更重，故构成非法储存爆炸物罪。本案中的行为不构成非法储存爆炸物罪，但该行为造成了重大事故，符合危险物品肇事罪的构成要件，可以危险物品肇事罪定处。

对于本案，火灾并不是由村民甲的行为直接引起，而是介入了他人的不当行为，其非法存放行为与火灾发生之间没有直接因果关系，且过失犯罪不存在共同犯罪，故村民甲的行为不构成过失爆炸罪或失火罪。

三、他人的不法行为引起火灾或爆炸的行为时如何认定其主观心态

当他人的不当行为提供了引起火灾或爆炸的条件时，行为人在此条件下有不当行为引起爆炸或火灾，行为人并未预见自己的行为会发生危害社会的结果，如何认定行为人主观上有否过失？

失火罪也好，过失爆炸罪也罢，应当预见的内容是自己的行为可能会导致爆炸或失火而危害公共安全。是否应当预见既要考虑行为人本人的身体状态、知识经验、当时情况与环境，也要结合社会一般人在此情况下能否预见综合衡量。我们倾向认为村民乙的行为不构成犯罪。因地上有火药才引起燃爆致火灾，如不是火药，不会引起火灾。要求乙认识到甲家地上晒的是火药是强人所难，因甲或其家人不是造火药的，一般人也不会预见甲会非法存放爆炸物。故尽管火灾是由乙的行为所致，但

乙未预见，也不应当预见，其欠缺失火罪的主观罪过，故乙扔烟头致火灾系意外事件，不构成犯罪。

四、过失爆炸罪与失火罪之区别

过失爆炸罪与失火罪的主观罪过均是过失，当行为人过失致爆炸物爆炸后引起火灾，危害公共安全时，定何罪常引起争议。我们认为，二罪的本质区别在于危害公共安全的结果是火燃烧造成人员死伤、财产毁损还是爆炸物的爆炸力造成人员死伤、财产毁损，如是火灾造成的，应定失火罪，如是爆炸的物理力量造成的，应定过失爆炸罪。

【讨论归纳】

按2001《高法解释》，非法存放爆炸物不构成非法储存爆炸物罪；按2009《高法决定》，非法存放爆炸物构成非法储存爆炸物罪。未违反爆炸物许可管理制度的，肯定不构成非法储存爆炸物罪，如违反许可管理制度，但未造成重大事故的，肯定不构成危险物品肇事罪。但违反许可管理制度之行为如引发了重大事故，则可能既构成非法储存爆炸物罪又构成危险物品肇事罪，属想象竞合犯，应从一重罪定处。当行为人过失致爆炸物爆炸后引起火灾危害公共安全时，如是火灾造成危害公共安全的实害结果，应定失火罪；如是爆炸物理力量造成实害结果，应定过失爆炸罪。

【实务训练】

从实务中找一件类似本主题的真实案件，根据该案的事实、既有证据及争议焦点，写一份起诉书或判决书。要求格式规范、条理清晰、层次分明、有理有据、入情入理。

【延伸阅读】

1. 2001年、2009年最高人民法院《关于审理非法制造、买卖、运输枪支、弹药、爆炸物等刑事案件具体应用法律若干问题的解释》

2. 刘万青．是危险物品肇事罪还是过失致人死亡罪？．检察实践，2005（1）

案35 盗窃未遂后强踩刹车以逃跑行为的定性

——罗某“以危险方法危害公共安全”案

【问题提示】

如何理解“以危险方法危害公共安全罪”的行为边界？是否任何有公共危险的行为，都可以认定为本罪？

【案情摘要】

被告人：罗某，无业。

2006年4月7日15时许，被告人罗某、王某等4个小偷一起约定上公共汽车偷窃。王某在割被害人鄢某的裤袋时被发现，当时钱包已经露出一角，内有人民币1 200元。鄢某抓住王某时，罗某等另外三人围上去，称如果没有偷到就算了。鄢某的妻子刘某打电话报警，罗某见状立即跑到司机林某旁要求停车，林某称等警察来了再说。此时，罗某强行猛踩刹车，时速30公里/小时的大巴车骤停，导致某女乘客撞到扶手上而昏迷、鼻梁骨骨折，被鉴定为轻微伤（偏重）。法院认定罗某的行为成立"以危险方法危害公共安全罪"。

【分歧意见】

在司法实践中，对"以危险方法危害公共安全罪"进行宽泛理解，不按照本罪的特殊性对该罪中的"危险方法"进行实质判断和合理限定，是一种具有政策合理性的选择；但在理论上，"以危险方法危害公共安全罪"应当受到严格限定。

【要点提示】

1. "以危险方法危害公共安全罪"是具体危险犯还是抽象危险犯？

2. 作为具体危险犯，如何把握"以危险方法危害公共安全罪"中的危险相当性？

3. 具体危险犯中的危险性是否要求行为人认识到？

【问题讨论】

本案的核心问题是理解"以危险方法危害公共安全罪"的罪状，这需要从整体上把握以下问题：一是《刑法》第114条中的"其他危险方法"是与"放火、决水"等并列的行为方式，应当具有可罚的危险相当性；二是本罪在罪状中明确规定了"危害公共安全"，因此，本罪属于具体危险犯，对危险程度的认定比抽象危险犯更严格；三是《刑法》第114条在分则第二章中是第一个条文，相对于本章其他罪名，第114、115条是普通法条，在适用顺序上次于特别法条；四是第114条与第115条属于对同一类（个）犯罪的规定，必须把第114条和第115条结合起来理解"危险方法"的性质。

"以危险方法危害公共安全罪"与放火等罪属同一个法条，适用同一档法定刑，基于罪刑相适应原则的限制，本罪中的"危险方法"必须参照放火等罪的客观性质进行理解，即在危险性上应当与放火、爆炸等行为具有相当性。如何判定本罪的危险性具有和放火等罪相当的可罚性就成为问题的关键。

一、从"性质"上限定危险相当性：具有致人重伤、死亡的性质才是本罪危险性的实质

我们认为，《刑法》第114条中的危险方法应结合第115条进行解释，认定本罪中的"危险方法"与放火等罪在程度上具有相当性的客观标准是，具有造成人员重伤、死亡的可能性。《刑法》第114条与第115条属于对同个（种）犯罪的规定，这两条必须结合起来理解。撇开对结果的故意能否成立结果加重犯的争议不谈，我们倾向于把第115条作为放火等罪的既遂犯（结果犯），而把第114条作为放火等罪的

未遂犯（危险犯）的特别规定。[①] 既然这两个法条是对同种犯罪不同发展阶段的规定（第 114 条针对危险状态而设立法定刑，第 115 条针对结果状态而设立法定刑），那么，这两个法条中行为的性质就应当具有一脉相承性。第 114 条规定的是具体危险犯，肯定与第 115 条的实害状态有一脉相承性，因为具体危险的下一步只能是实害；如果第 114 条规定的是抽象危险犯，还不敢断言第 114 条中行为的危险性质与第 115 条中行为的结果具有一脉相承性，因为在抽象危险与实害结果之间，还有具体危险。其逻辑犹如杀人行为必须具有致人死亡的危险，没有致人死亡性质的行为只能被认定为故意伤害。

第 115 条明确规定了第 114 条中行为发展后的结果是“致人重伤、死亡”，那么，作为可以直接转化为犯罪结果的具体危险犯，第 114 条中放火、“其他危险方法”，在性质上就必须能够导致不特定或者多人重伤、死亡的结果。换言之，仅可以导致轻伤以下的危险方法，不属于《刑法》第 114 条所规定的危险方法。例如，行为人朝成年人人群站立的地面上扔普通鞭炮，无论是否导致他人轻伤，甚至极其例外地导致了他人重伤，都不可能成立爆炸罪。同理，骑自行车朝成年人人群撞去，从社会相当性的角度判断，也不会导致他人重伤、死亡，这一行为就不可能是《刑法》第 114 条所说的以危险方法危害公共安全。就本案而言，在平稳路上的急刹车行为，在生活中颇为常见，因刹车行为导致成年乘客因碰撞而重伤、死亡的概率微乎其微。判断危险的标准有多种，我们认为，目前最好的标准是意大利学者提出的“当时最好的科学法则和经验”[②]。依最好的科学法则和国民经验，都无法得出肯定的结论。如果可以肯定平稳路段的急刹车行为有导致乘客重伤、死亡的危险，那么，法律就必须就急刹车问题对车辆制造商和司机作出特殊规定[③]，放任这样一种可以导致乘客“重伤、死亡”的普通操作行为频繁发生，显系国家监管的失职。

需要强调的是，上述理解不涉及《刑法》第 114、115 条所规定的财产损失问题。

二、从“程度”上限定危险相当性：具体危险犯的认定标准更严格

（一）本罪是具体危险犯，应当严格解释

1. 本罪是具体危险犯

对于我国《刑法》第 114 条规定的是何种危险犯，有两种观点：第一种观点认为，在我国刑法中，对于抽象危险结果，一般是采用“危害公共安全”等词表达，与具体危险结果用“足以……危险”的表述进行区别，进而认为放火罪、以危险方法危害公共安全罪等属于抽象危险犯。[④] 第二种观点则把《刑法》第 114 条规定的

---

① 对这种未遂状态不再援引《刑法》总则第 23 条进行从轻或者减轻处罚，因为《刑法》已经按照总则的规定——“比照既遂犯从轻或者减轻处罚”，把比照第 115 条从轻或者减轻处罚的程度明确用第 114 条进行了独立规定。同时，如果判定有抽象危险的存在，第 114 条也存在未遂的情况。

② ［意］杜里奥·帕多瓦尼：《意大利刑法学原理》，陈忠林译，136 页，北京，法律出版社，1998。

③ 制造商对普通城市大巴没有设置安全气囊、安全带，政府也允许在上下班高峰搭乘站立的乘客。这种不采取额外保护措施的现状，也正说明了公交大巴的急刹车行为缺乏伤害乘客的危险性。

④ 参见鲜铁可：《新刑法中的危险犯》，100 页，北京，中国检察出版社，1998。

归入具体危险犯。[①] 我们同意第二种观点，以法条罪状中有无明确关于危险的要求作为判断具体危险犯和抽象危险犯之标准，符合罪刑法定原则对解释论的要求，也是德、意、日等国家的通说立场。

2. 对本罪应当严格解释

为区别于抽象危险犯，对具体危险犯必须作出更严格的解释。一旦认定“以危险方法危害公共安全罪”是具体危险犯，相对于抽象危险犯，无论是对行为客观危险性的判断还是对行为人主观认识内容的判断，其标准都大大提高。我国立法者把《刑法》第 114 条规定的犯罪设定成具体危险犯，在解释论上应当较设定成抽象危险犯的国家更为严格。我国《刑法》第 114、115 条设立的是几乎与杀人罪同等严重的重罪，为了缓和这一重刑的严厉性，必须对第 114、115 条进行严格解释。

对于具体危险犯，国外理论多逐渐采取严格限定的倾向。如早期德国联邦最高法院的判例确认的原则是，“一种损害的出现比其未发生更有可能”就成立具体危险犯。但新近判决中，这一点被具体化了，对具体危险犯的判决指出，这个构成性的行为“必须引入一种危急的情形”，这种危急情形必须“如此强烈地损害了一个确定个人的安全，以至于这种法益是否受到损害或者是否没有受到损害都还只能取决于偶然事件”。另外，在“一名无关的旁观者对此作出的估计是，这种情况会有一次进展顺利的”情况下，人们都可以谈论一种“对受威胁的法益高度存在的危急”或者一种“几乎发生的事故”[②]。新标准结合与法益损害紧密相连的状态来认定具体危险犯，显然比先前的高度盖然性标准更严格。

如果《刑法》第 114 条规定的是抽象危险犯，则罗某的行为还有讨论是否构成“以危险方法危害公共安全罪”的余地，因为关于抽象危险犯中是否需要单独判断危险存在，历来存在争议，如在意大利，司法实践中多认为，被立法者规定为抽象危险犯的行为，即使在具体情况下不可能对法益造成实际的危险，也不能成为免罪的理由。只要实施了法律禁止的行为，就可认定具有抽象的危险。[③] 不过，对抽象危险犯，德、意、日等国的学者多认为需要具体认定，而且，即使无须认定抽象危险，罗某的行为也难以符合抽象危险犯的行为构成。

（二）具体危险犯对罪过认识程度有严格要求

具体危险犯要求明确认识到具体危险性。对于故意犯罪，具体危险属于犯罪构成中的事实要素，必须被行为人认识（而不是预见）。这是大陆法系刑法理论的通说。根据我国《刑法》第 14 条的规定，行为人对构成要件事实认识的程度是明知具体危险的存在。

认识内容和能力事关遣责性，而责任要素是极为个体性的判断，认识能力应当受到生活经验和职业要求的制约，对非身份犯来说，只能按照生活经验的积淀知识判断其认识能力和内容。在本案中，在正常路况下踩急刹车，生活中颇多发生，除

---

① 参见肖中华、陈洪兵：《危险概念是一个危险的概念》，载《中国刑事法杂志》，2005 (6)。

② ［德］克劳斯·罗克辛：《德国刑法学总论》，王世洲译，276 页，北京，法律出版社，2005。

③ 参见［意］杜里奥·帕多瓦尼：《意大利刑法学原理》，陈忠林译，136 页，北京，法律出版社，1998。

非在高速公路、冰雪天气等特殊情况下，普通急刹车行为不会导致人员伤亡事故的发生，甚至普通事故发生的概率也很低，无法苛求行为人超越普通国民的经验判断而有特殊的认识能力。同时，还必须考虑特殊事实：罗某与乘客处在同一风险状态下，其踩刹车的行为至少可以从侧面证明他认识不到这一行为会导致包括自己在内的乘客重伤、死亡之结果。

三、具有公共危险的行为之处理原则

当前司法实践中对“以危险方法危害公共安全罪”定性的案件可以作三种处理：

一是针对或涉及生命、健康权的危害行为，可适用侵犯人身权利的相关罪名。此类案件由于导致了人员伤亡而引起社会关注，在没有明显可适用的罪名的情况下“被迫”适用本罪。但我国刑法对生命、健康权的保护较严密，不会出现治罪漏洞。如在繁忙路段上故意挤其他车的行为、在禁猎区设置“千斤砸”等大威力捕猎工具而误伤科考队员的行为，可按照过失致人死亡罪论处，在特定情况下也可考虑（间接）论以故意杀人罪；挟持乘客劫持火车、电车等行为，属于利用其他人对被绑架人的安危的忧虑，来满足罪犯改变路线等非法要求，可按照绑架罪论处。当然，适用侵犯人身权利的相关罪名不意味着一定要适用《刑法》分则第四章“侵犯公民人身权利、民主权利罪”中的罪名，也有可能构成其他章节中涉及生命、健康权的犯罪，如菜农贩卖喷洒过敌敌畏的蔬菜致人死亡，应按照生产、销售有毒、有害食品罪论处；本案中罗某的行为可以按照转化型抢劫罪论处，其踩刹车的行为属于“为抗拒抓捕而当场使用暴力或者以暴力相威胁”的情形。

二是侵犯生命、健康权的性质不明显而危害公共安全的性质明显的行为，应适用其他危害公共安全的罪名。有些案件未导致人员伤亡，如盗窃马路上的井盖、采用非劫持人质的方式劫持火车；有些案件虽然导致了人员死亡，但明显具有危害公共安全的性质，如上路拦截车辆引发交通事故。对此类犯罪应寻找在行为方式上与之具有类同性的其他危害公共安全的罪名，看能否对之进行扩张解释。盗窃高标准路段上的井盖的行为，属于足以造成汽车毁坏危险的破坏交通设施罪。采取针对火车本身的破坏行为而劫持火车的，属于破坏交通工具罪。需要注意的是，即便破坏火车非关键部位（如打砸门窗），由于在高速行驶状态中的危险性不同于常态，也可能引起乘客骚乱、干扰司机操作，具有导致火车出轨毁坏的危险。采取其他方法劫持火车（既不挟持人质也不破坏火车）的，可以考虑以劫持汽车论处，根据“刑法独立性原则”，刑法中的术语均有其独立含义，未必谋求与其他领域的对应性，把功能与汽车相同但更重要的火车解释成汽车，属于当然解释。强行拦车乞讨引发交通事故的，可按交通肇事罪论处。

三是既没有直接针对生命、健康也没有危害公共安全，即行为虽然看起来有危险，但根本不具有产生损害的性质，对这些案件多可考虑适用《刑法》分则第六章“妨害社会管理秩序罪”中的罪名。如被征地农民将液化气罐拉至施工现场并点燃火把，由于施工现场空旷、点火至爆炸尚有相当长时间，且农民尚未着手点气罐，故该行为导致生命、健康权和重大财产受损害的可能性微乎其微，属于“在公共场所起哄闹事，造成公共场所秩序严重混乱”的寻衅滋事罪。

【讨论归纳】

在风险社会中，应基于罪刑法定原则而特别警惕“以危险方法危害公共安全罪”被泛滥适用，理论工作者则应该警惕危险犯被宽泛性解释。如果不对包容性极强的本罪进行严格解释，《刑法》分则第二章中的多数罪名和其他章节中的某些罪名都可能名存实亡。

【实务训练】

1. 请根据本案的事实、既有证据及争议焦点，写一份辩护词。要求格式规范、条理清晰、层次分明、有理有据、入情入理。

2. 请搜集司法实践中认定为“以危险方法危害公共安全罪”的判例，对其进行详细分析，思考判决认定的罪名是否准确。

【延伸阅读】

1. 鲜铁可．新刑法中的危险犯．北京：中国检察出版社，1998

2. 肖中华，陈洪兵．危险概念是一个危险的概念．中国刑事法杂志，2005（6）

3. ［日］野村稔．刑法中的危险概念．见：［日］西原春夫主编．日本刑事法的形成与特色．李海东等译．北京：法律出版社；东京：成文堂，1997

4. 高艳东．谨慎判定“以危险方法危害公共安全罪”的危险相当性——兼析具体危险犯的可罚性标．中国刑事法杂志，2006（5）

案36　已作入罪要件的“逃逸”不能再作量刑情节评价

——左某某交通肇事案

【问题提示】

在交通肇事刑事案件中，行为人在肇事后驾车逃逸的行为是否一律可以认定为《刑法》第133条规定的“交通运输肇事后逃逸”这一加重处罚情节，从而适用“三年以上七年以下有期徒刑”的加重法定刑呢？

【案情摘要】

被告人：左某某，男，某单位驾驶员。

2009年9月10日23时许，被告人左某某驾驶轿车搭乘张某在甲县205省道118公里处，与相对方向由徐某驾驶的二轮摩托车相撞，造成徐某当场死亡、张某受伤、两车受损。左某某将伤者张某送至医院救治后弃车逃逸。2009年9月19日，左某某到甲县公安局投案自首。甲县公安局交警大队《道路交通责任事故认定书》认定：左某某驾驶机动车在交通肇事后弃车逃逸，其行为违反了《道路交通安全法》第70条第1款的规定；徐某驾驶机动车在没有中心隔离设施或中心线的道路上，遇相对方向来车时未减速靠右行驶，其行为违反《道路交通安全法实施条例》第48条第 1 项、第 92 条第 1 款的规定，左某某承担事故主要责任，徐某承担事故次要责任。

一审法院认为左某某违反交通运输管理法规驾驶车辆，发生重大交通事故，致一人死亡、一人受伤，负此次事故的主要责任，且在交通肇事后弃车逃逸，其行为构成交通肇事罪。鉴于左某某在逃逸后能投案自首，对其予以从轻处罚。遂判决左某某犯交通肇事罪，判处有期徒刑 3 年 6 个月。二审法院认为原判对左某某量刑时，将已作为入罪要件认定的逃逸行为再次作为量刑的加重情节进行处罚，违反了刑法禁止对同一行为重复评价的原则，量刑不当，遂改判左某某有期徒刑 2 年。

【分歧意见】

本案分歧之处在于，左某某弃车逃逸的行为，是否应认定为《刑法》第 133 条规定的“交通运输肇事后逃逸”这一加重处罚情节。一审法院将左某某弃车逃逸的行为认定为“交通肇事后逃逸”，并适用了“三年以上七年以下有期徒刑”的加重法定刑。二审法院认为左某某弃车逃逸的行为已作为责任认定（主要责任）的根据，因而作为其负刑事责任的入罪要件，在量刑时不能再评价为“交通运输肇事后逃逸”这一加重处罚情节，只能构成交通肇事罪的基本犯，而适用“三年以下有期徒刑或拘役”的法定刑。

【要点提示】

1.《刑法》第 133 条的理解，“交通运输肇事后逃逸”的理解，交通肇事罪中全部责任、主要责任与次要责任的划分及其依据。

2. 禁止重复评价原则的含义以及其对刑事司法的要求。

【问题讨论】

这是一起一、二审法院对交通运输肇事“逃逸”的理解与适用产生分歧的典型案例。我们认为二审法院的认定是正确的。一审法院之所以作出不正确认定，主要是对交通肇事逃逸及其法律评价缺乏全面把握所致。

一、交通肇事逃逸的种类与法律评价

所谓“逃逸”，按通常的理解，就是逃跑。何为“交通肇事逃逸”？按公安部颁布的《道路交通事故处理程序规定》（以下简称《规定》）第 85 条第 1 项的界定，是指“发生道路交通事故后，道路交通事故当事人为逃避法律追究，驾驶车辆或者遗弃车辆逃离道路交通事故现场的行为”。最高人民法院《关于审理交通肇事刑事案件具体应用法律若干问题的解释》（以下简称《解释》）第 3 条也作了类似的规定。综观当前相关立法和司法解释等的规定，实际上“交通肇事逃逸”可具体分为如下 5 种类型，对于这些类型的“逃逸”，在定罪量刑上有不同的法律评价。

（一）“责任认定根据”型逃逸

这是作为责任认定根据而成为入罪要件的逃逸。根据《解释》第 1 条、第 2 条的规定，交通肇事罪的认定要以分清事故责任为基础，且以行为人承担同等以上的责任为入罪要件。在行为人的驾驶行为没有违反交通运输管理法规，或违法行为与交通肇事的结果没有因果关系，或行为人在交通事故中仅负次要责任情形下，在没有“逃逸”时，行为人都无须承担交通肇事罪的刑事责任；但在以上情形下，若有“逃逸”行为，为严厉打击这种行为，根据《道路交通安全法》与《道路交通安全法实施条例》的规定，行为人需承担交通事故的全部责任或主要责任，从而使本无须负交通肇事刑事责任的行为，因“逃逸”而转化为应负交通肇事刑事责任的行为。这种类型的交通肇事逃逸，已用作行为人承担全部或主要责任的根据，继而作为交通肇事罪的入罪要件，因而在量刑时就不能再作为加重处罚情节予以评价，否则就是重复评价。

（二）“重伤组合”型逃逸

这是指交通肇事后逃逸与重伤一人以上的结果组合而成为入罪要件的情形。根据《解释》第2条第2款第6项，“交通肇事致一人以上重伤，负事故全部或者主要责任”，并具有包括“为逃避法律追究逃离事故现场”在内的6种情形之一的，以交通肇事罪定罪处罚。据此，这种逃逸是与“交通肇事致一人以上重伤，负事故全部或者主要责任”组合而作为入罪要件的，而不是作为“负事故全部或者主要责任”的责任认定根据，并进而作为入罪要件。因此，这种情况下的“逃逸”，是不同于以上“责任认定根据”型的另一种类型。司法解释之所以把该情形规定为犯罪，是因为交通肇事致一人以上重伤的结果，与《解释》第2条第1款中规定的作为入罪要件的“死亡一人或者重伤三人以上”的结果相比虽然要轻，但行为人在被害人最需紧急救助时，置被害人的生死于不顾，企图逃避法律责任而逃逸，这反映出行为人主观恶性的增加与行为社会危害性程度的提高，所以将逃逸作为入罪要件予以评价。从文义解释的角度来看，若将逃逸定性为这种类型，则负事故全部或者主要责任的认定根据应当是除逃逸以外的其他交通违法行为，因为从该项条文的并列关系来看，前后并列的内容不能同时指向同一逃逸行为。

（三）“逃而未致死”型逃逸

这是指行为人交通肇事导致人员伤亡时，虽有逃逸行为，但并未由此导致被害人因得不到救助而死亡。《解释》第3条对此种情形的逃逸进行了专门的界定，即“交通运输肇事后逃逸”是指行为人具有该解释第2条第1款和第2款第1～5项规定的情形之一，在发生交通事故后，为逃避法律追究而逃跑的行为。与前两种类型逃逸的不同之处在于：前两种类型的逃逸都是交通肇事罪基本犯的入罪要件，即若行为人没有逃逸则不构成交通肇事罪，逃逸是定罪情节；而即便没有逃逸，行为人之前的肇事行为原本就已经构成交通肇事罪时，这样的逃逸才属于第三种类型的逃逸，这种逃逸是加重处罚的量刑情节。依据《道路交通安全法》，行为人有救助被害人的义务，却拒不履行而潜逃的，行为人主观恶性的增加与被害人危险程度的提高已经不能再为基本犯所包容，根据罪责刑相适应的原则，刑法规定应当适用“三年以上七年以下有期徒刑”这一更为严厉的处罚，将其作为加重处罚情节予以评价。

（四）“因逃致死”型逃逸

根据《解释》第5条的规定，这种逃逸是指“行为人在交通肇事后为逃避法律追究而逃跑，致使被害人因得不到救助而死亡的情形”。与第三种类型逃逸的不同之处在于：根据《解释》第3条，第三种类型逃逸情形下虽然也可能存在死亡结果的发生，但这种结果的发生并非逃逸所致，应当理解为交通肇事致被害人当场死亡；而第四种类型逃逸情形下是行为人的逃逸导致被害人因得不到救助而死亡，比第三种类型逃逸主观恶性更大，故刑法规定应当适用“七年以上有期徒刑”这一极为严厉的处罚，将其作为加重处罚情节予以评价。

（五）“重罪转化”型逃逸

这是指由于逃逸而导致从交通肇事罪向故意杀人罪、故意伤害罪转化的情形。《解释》第6条规定，行为人在交通肇事后为逃避法律追究，将被害人带离事故现场后隐藏或者遗弃，致使被害人无法得到救助而死亡或者严重残疾的，应当分别以故意杀人罪或者故意伤害罪定罪处罚。这种类型的逃逸比前四种类型的逃逸更恶劣之处在于：行为人不但拒不履行救助义务，还为了逃避法律责任而将被害人带离事故现场后隐藏或者遗弃，导致被害人被发现和抢救的几率大为降低，行为人的主观恶性与行为的社会危害性明显重于前四种类型的逃逸。可见，行为人客观上实施了将被害人带离事故现场予以隐藏或者遗弃的行为，主观上明知可能发生被害人死亡、严重残疾的结果而予以放任，完全符合从交通肇事罪向故意杀人罪、故意伤害罪转化的主、客观条件，刑法因而将这种逃逸作为重罪转化的要件予以评价。

二、本案中“逃逸”已作为入罪要件，不能再作为量刑情节予以评价

就本案而言，根据《道路交通责任事故认定书》，认定左某某过错的法律依据是《道路交通安全法实施条例》第48条第1项，所以左某某承担事故主要责任的根据是交通肇事后弃车逃逸。本次交通事故发生的主要原因在于，徐某驾驶机动车在没有中心隔离设施或中心线的道路上，遇相对方向来车时未减速靠右行驶，即因徐某逆向行驶所致。就事故发生本身而言，左某某不应承担主要责任，但“逃逸”导致其责任加重才承担主要责任，结合发生一人当场死亡的危害结果，左某某的行为符合《解释》第2条第1款第1项规定的交通肇事罪基本犯的入罪标准。因此，左某某弃车逃逸应属于“责任认定根据”型逃逸。

一审法院认定左某某负事故主要责任的证据是《道路交通责任事故认定书》，而这份证据明显表明左某某负主要责任的根据是其弃车逃逸行为，但一审法院其后又认为左某某“且在交通肇事后弃车逃逸”。其逻辑是，左某某交通肇事致一人死亡，由于弃车逃逸而承担事故主要责任，因而构成交通肇事罪的基本犯，之后又将其弃车逃逸的行为再次认定为《刑法》第133条规定的“交通运输肇事后逃逸”这一加重处罚情节，从而升格适用了“三年以上七年以下有期徒刑”这一档法定刑。鉴于左某某具有自首情节，对其予以从轻处罚，判处左某某有期徒刑3年6个月。可见，一审法院在定罪时将左某某负主要责任根据的逃逸行为作为了入罪要件予以评价，之后在量刑时又作为加重处罚的量刑情节予以评价，明显违背了禁止重复评价原则。

二审法院仅将左某某的逃逸行为作为责任认定的根据，进而作为交通肇事罪基本犯的入罪要件，而不再将其认定为《刑法》第133条规定的“交通运输肇事后逃逸”这一加重处罚情节，从而选择适用了“三年以下有期徒刑或者拘役”这一档法定刑，改判有期徒刑2年，从而纠正了一审法院对逃逸行为进行重复评价的不当做法，对左某某判处了公正的刑罚。

总之，在交通肇事案件中，刑法及司法解释对“逃逸”有着不同类型的认定，准确理解和判断“逃逸”的类型，防止对“逃逸”进行重复评价对于正确地定罪量刑有着重要的指导意义。

【讨论归纳】

依据立法和司法解释，交通肇事“逃逸”在刑法评价上有“责任认定根据”型、“重伤组合”型、“逃而未致死”型、“因逃致死”型和“重罪转化”型共5种类型。其中，对已作为入罪要件的“逃逸”，不能再作为加重处罚的量刑情节予以评价，以免重复评价。

【实务训练】

请根据本案一审的审理结果，为被告人左某某写一份上诉状。要求根据一审认定的事实，准确分析其逃逸行为在交通肇事罪中的入罪作用，剖析是否构成“交通运输肇事后逃逸”这一加重处罚情节，合理提出减轻处罚的量刑请求。

【延伸阅读】

1. 张国琦．交通肇事逃逸行为的重新审视．贵州民族学院学报（哲学社会科学版），2007（1）

2. 李辰．从几种情形看交通肇事后逃逸的认定．中国检察官，2008（11）

3.《中华人民共和国道路交通安全法》及《中华人民共和国道路交通安全法实施条例》

4. 最高人民法院《关于审理交通肇事案件具体应用法律若干问题的解释》

第七章　破坏社会主义市场经济秩序犯罪

案37　销售从非正规渠道所购药品行为的定性

——李某销售假药案

【问题提示】

销售药品的行为是否构成销售假药罪，关键在于销售的药品是否是“假药”以及行为人是否“明知”是假药。

【案情摘要】

被告人：李某，个体工商户。

2008年被告人李某取得个体工商户营业执照后，经营、销售日杂用品。2011年5月至8月间，其经某女上门推销后，按照说明书上的联系方式多次以邮购方式从汪某（另案处理）处以每瓶人民币12元的价格购进标示为“内蒙古临河市王氏哮喘病中医药研究所”研制的“王氏喘除根”、标示为“内蒙古临河市风湿骨病中医药研究所”研制的“王氏疼除根”共计三百余瓶；从刘某（另案处理）处以每瓶13元的价格购进标示为“河南省濮济药业有限公司”研制的“肺痨回春丹”共计100瓶，上述药品均未标示批准文号。被告人在对药品的真假存有疑虑的情况下，将上述药品以每瓶20元的价格予以销售。2011年8月，被告人出售“王氏喘除根”、“王氏疼除根”和“肺痨回春丹”各1瓶时被食品药品监管部门当场查获，并从其门市内搜出尚未销售的“王氏喘除根”53瓶。被告人先后共获利约2 400元。

案发后，经食品药品监管部门调查，内蒙古临河市不存在“王氏哮喘病中医药研究所”和“风湿骨病中医药研究所”，“王氏喘除根”和“王氏疼除根”不是批准生产的药品。“河南省濮济药业有限公司”未获得食品药品监管部门核发的《药品生产许可证》，其生产的“肺痨回春丹”未经批准注册。经食品药品监管部门认定，“王氏喘除根”、“王氏疼除根”和“肺痨回春丹”均为假药，且均属处方类药品。

【分歧意见】

关于本案被告人李某的行为是否构成销售假药罪，一种意见认为无法认定被告人明知系假药而销售，故不构成销售假药罪；另一种意见认为明知是指“知道或应当知道”，被告人以邮购的方式向私人购买药品，且药品包装及说明书上均无批准文号，应当知道系假药或可能系假药而销售，故构成销售假药罪。

【要点提示】

1. 对销售假药罪中的“明知”及“假药”的准确认定。

2. 对相关法律、法规、司法解释如《刑法》第141条，最高人民法院、最高人民检察院《关于办理生产、销售假药、劣药刑事案件具体应用法律若干问题的解释》，《药品管理法》等的准确把握。

【问题讨论】

《刑法修正案（八）》第23条，将《刑法》第141条第1款修改为：“生产、销售假药的，处三年以下有期徒刑或者拘役，并处罚金；对人体健康造成严重危害或者有其他严重情节的，处三年以上十年以下有期徒刑，并处罚金；致人死亡或者有其他特别严重情节的，处十年以上有期徒刑、无期徒刑或者死刑，并处罚金或者没收财产。”修改后，此罪入罪门槛降低，只要有销售行为即可入罪。认定是否构成此罪的关键在于对“假药”及“明知”的准确认定。

1. 如何认定销售假药罪中的“假药”

销售假药罪的客观方面表现为销售者违反国家的药品管理法律、法规，销售假药。违反药品管理的法律、法规主要是指违反《药品管理法》以及为贯彻该法而制定的《药品管理法实施办法》、《药品生产质量管理规范》等法律、法规。上述法律、法规就药品标准、药品经营条件、药品监督等药品生产、经营和管理的内容作了明确规定。销售假药的行为是指一切有偿提供假药的行为。《刑法》第141条第2款规定：“本条所称假药，是指依照《药品管理法》的规定属于假药和按假药处理的药品、非药品。”《药品管理法》第48条规定，药品所含成分与国家药品标准规定的成分不符的，以及以非药品冒充药品或者以他种药品冒充此种药品的，为假药；以假药论处的情形包括：国务院药品监督管理部门规定禁止使用的，依照本法必须批准而未经批准生产、进口的，或者依照本法必须检验而未经检验即销售的，变质的，被污染的，使用依照本法必须取得批准文号而未取得批准文号的原料药生产的，所标明的适应证或者功能主治超出规定范围的。

本案中，被告人销售的药品“王氏喘除根”、“王氏疼除根”和“肺痨回春丹”未经药品监督管理部门批准注册，其生产企业也未取得《药品生产许可证》，系《药品管理法》第48条规定的以假药论处的情形。案发后，经药品监督管理部门认定，“王氏喘除根”、“王氏疼除根”和“肺痨回春丹”均为假药。因此，被告人销售的上述药品系“假药”。

2. 准确认定行为人是否“明知”是假药

“明知”是指行为人知道或者应当知道。认定“明知”，是从已经确定的事实推断出另一事实或结论，实质上就是对某些不确定状态或无法用证据直接证明的事项，以逻辑推理和情理判断的方式作出判定。现行法律、司法解释和规范性文件对“明知”问题已作过类似的规定。如《刑法》第219条第2款规定：“明知或者应知前款所列行为，获取、使用或者披露他人的商业秘密的，以侵犯商业秘密论。”最高人民法院和最高人民检察院2007年5月印发的《关于办理与盗窃、抢劫、诈骗、抢夺机动车相关刑事案件具体应用法律若干问题的解释》第6条规定，没有合法有效的来历凭证的，发动机号、车辆识别代号有明显更改痕迹却没有合法证明的，均应当认定行为人主观上“明知”。最高人民法院、最高人民检察院、海关总署2002年7月印发执行的《关于办理走私刑事案件适用法律若干问题的意见》第5条，也结合案件具体情况规定了可以认定为“明知”的情形。

认定“明知”时，应当以客观实际情况为依据，不能仅凭行为人是否承认，也不能主观臆断，而是应当根据已查明事实与待证事实之间的常态联系，综合考虑案件中的各种客观实际情况。如销售假药案中，依据购买药品的途径、销售的方式、药品的外观标示、说明书等，结合被告人的年龄、阅历、智力及掌握相关知识的情况，进行综合分析判断。但是注意，应允许行为人提出反证加以推翻。由于“明知”不是以确凿证据证明的，而是根据基础事实与待证事实的常态联系，运用情理判断和逻辑推理得出的，所以，有可能出现例外情况。如果行为人能作出合理解释，有证据证明确实受蒙骗，其辩解有事实依据或合乎情理，就不能认定其“明知”。

本案中，被告人接受他人上门推销后，通过邮购的方式从个人处购买“王氏喘除根”等上述药品，药品包装及说明书上均无“国药准”字样的批准文号，作为具有正常智力的成年人，按照普通理性人的标准，应知晓通过邮购等非正规渠道销售的药品有系假药的可能性，且药品外包装及说明书也没有国药准字号的批准文号，被告人应当知晓涉案药品系假药或可能系假药，因此应认定被告人“明知”是假药。

综上，被告人李某销售《药品管理法》规定的以假药论的药品，主观上明知是假药，依照《刑法》第141条的规定，应以销售假药罪对其追究刑事责任。

【讨论归纳】

采用非正规手段购买无批准文号的药品，应当知道系假药或可能系假药而销售，且销售的药品按《药品管理法》的规定是假药或以假药论的，构成销售假药罪。

【实务训练】

从实务中找一件类似本主题的真实案件，根据该案的事实、既有证据及争议焦点，写一份判决书。要求格式规范、条理清晰、层次分明、说理透彻。

【延伸阅读】

1. 刘吉恩．生产、销售假药罪司法适用中的几个问题．中国刑事法杂志，2000（2）

2. 肖中华．也论法条竞合犯．法律科学，2000（5）

案 38 销售病死猪肉行为的定性

——肖某销售不符合安全标准的食品案

【问题提示】

如何认定病死猪肉是不符合安全标准的食品？如何判断涉案食品足以造成严重食物中毒事故或者其他严重食源性疾患？

【案情摘要】

被告人：肖某，农民。

2011 年 3 月至 5 月期间，被告人肖某明知是病死猪而收购，后在其家中将猪肉分割，卖给叶某、李某等人约 155 公斤，从中获利 900 元。2011 年 5 月 28 日，某县公安局、畜牧兽医局执法人员在被告人肖某家的冰柜内查获准备销售的病死猪肉 130.5 公斤。省级疾病预防控制中心检验出查获的病死猪肉含可能造成严重食物中毒或其他严重食源性疾患的致病性典型埃希氏大肠杆菌。

【分歧意见】

关于被告人肖某的行为构成何罪存在不同的意见：一种意见认为被告人销售的病死猪肉属有毒、有害食品，构成销售有毒、有害食品罪；另一种意见认为，被告人肖某明知病死猪肉是不符合安全标准的食品而销售，且经鉴定足以造成严重食物中毒事故或者其他严重食源性疾患，构成销售不符合安全标准的食品罪。

【要点提示】

本案问题的解决，需着重把握如下几个问题：

1. 对“不符合安全标准的食品”的准确认定。

2. 司法实践中对销售不符合安全标准的食品罪的入罪标准的准确把握。

3. 销售不符合安全标准的食品罪与销售有毒、有害食品罪的正确界分。

4. 对如下相关法律、法规和司法解释的深入把握：《刑法》第 143 条、第 144 条，最高人民法院、最高人民检察院《关于办理生产、销售伪劣商品刑事案件具体应用法律若干问题的解释》，《食品安全法》相关规定。

【问题讨论】

被告人肖某明知是病死猪，收购后分割猪肉予以销售的行为是否构成销售不符合安全标准的食品罪，关键在于对本罪中“不符合安全标准的食品”的准确理解、入罪标准的把握、主观心态的认定及与销售有毒、有害食品罪的正确界分。

1. 关于“食品”的范围及“食品安全标准”

在食品安全犯罪案件中，首先要认定涉案的系“食品”且系不符合“安全标准”的食品，这是案件定性的前提。生产、销售不符合安全标准的食品罪以违反行政法为前提，刑法中“食品”的含义及对食品安全标准的理解均应以相关行政法律法规的规定为准。《食品安全法》第99条规定：“食品，指各种供人食用或者饮用的成品和原料以及按照传统既是食品又是药品的物品，但是不包括以治疗为目的的物品。”第19条规定：“食品安全标准是强制执行的标准。除食品安全标准外，不得制定其他的食品强制性标准。”第21条第4款规定：有关产品国家标准涉及食品安全国家标准规定内容的，应当与食品安全国家标准一致。因此，“食品安全标准”是食品违法犯罪案件中唯一的认定标准。

《食品安全法》第28条规定了不符合安全标准的食品包括的各种情形，其中第5项规定病死、毒死或者死因不明的禽、畜、兽、水产动物肉类及其制品属不符合安全标准的食品；第6项规定未经动物卫生监督机构检疫或者检疫不合格的肉类，或者未经检验或者检验不合格的肉类制品属不符合食品安全标准或者要求的食品。猪肉是一种常见的供人食用的物品，属于食品。本案中，被告人销售的病死猪肉属于病死的动物肉类，且未经动物卫生监督机构检疫，显然属于不符合安全标准的食品。

2. 关于“足以造成严重食物中毒事故或者其他严重食源性疾患”的认定

销售不符合安全标准的食品罪是危险犯，销售的食品“足以造成严重食物中毒事故或其他严重食源性疾患的”，才能构成此罪。是否达到“足以造成严重食物中毒事故或者其他严重食源性疾患”的危险程度在司法认定上有一定的难度。因生产、销售不符合安全标准的食品罪是生产、销售伪劣商品罪下的一个个罪，因而可适用最高人民法院、最高人民检察院《关于办理生产、销售伪劣商品刑事案件具体应用法律若干问题的解释》，其第4条规定：经省级以上卫生行政部门确定的机构鉴定，食品中含有可能导致严重食物中毒事故或者其他严重食源性疾患的超标准的有害细菌或者其他污染物的，应认定为《刑法》第143条规定的“足以造成严重食物中毒事故或者其他严重食源性疾患”。本案中，省级疾病预防控制中心检验出查获的涉案病死猪肉含可能造成严重食物中毒或其他严重食源性疾患的致病性典型埃希氏大肠杆菌，能够认定被告人销售不符合安全标准的食品，足以造成严重食物中毒事故或其他严重食源性疾患。

3. 关于对被告人主观方面“明知”的要求

销售不符合安全标准的食品罪的主观方面体现为行为人明知是不符合安全标准的食品而予以销售，至于其是否明知足以造成严重食物中毒事故或者其他严重食源性疾患的结果，则在所不问。本案中被告人肖某明知是病死猪肉而予以销售，按照普通理性人的标准，应知晓猪肉须经检疫，并且病死猪肉不符合安全标准是一个常识，肖某应当明知。

4. 正确界分生产、销售不符合安全标准的食品罪与生产、销售有毒、有害食品罪

从广义上讲，有毒、有害食品也是不符合安全标准的食品，二者的区别表现在：(1) 犯罪对象不完全相同，后者的犯罪对象范围小，仅限于有毒、有害食品；(2) 行为特点不同，当涉案食品均是有毒、有害食品时，后者在行为上表现为故意

往自己生产、销售的食品中掺入有毒、有害的非食品原料，或者明知是他人掺有有毒、有害的非食品原料的食品而予以销售的行为，前者仅限于明知是含有（不包括故意掺入，仅为自然含有）有毒、有害物质或被有毒、有害物质污染的食品而进行生产或销售的行为；（3）犯罪构成标准不同，前者是行为犯，后者属危险犯。本案中，被告人仅是销售本身含有有害物质的死猪肉，并未人为加入有毒、有害物质，因此，其行为不构成销售有毒、有害食品罪而构成销售不符合安全标准的食品罪。

综上，被告人违反《食品安全法》禁止经营病死动物肉类的规定，明知病死猪肉是不符合安全标准的食品而销售，案发后经省级以上卫生行政部门确定的机构鉴定，查获的病死猪肉含可能造成严重食物中毒或其他严重食源性疾患的致病性典型埃希氏大肠杆菌，足以造成严重食物中毒事故或者其他严重食源性疾患，应按销售不符合安全标准的食品罪追究其刑事责任。

【讨论归纳】

行为人明知是病死猪而收购并销售病死猪肉，因主观上明知是不符合安全标准的食品而予以销售，且销售的病死猪肉经省级以上卫生行政部门确定的机构鉴定，含有可能导致严重食物中毒事故或者其他严重食源性疾患的超标准的有害细菌或者其他污染物，故应当以销售不符合安全标准的食品罪追究其刑事责任。

【实务训练】

从实务中找一件类似本主题的真实案件，根据该案的事实、既有证据及争议焦点，写一份辩护词或判决书。要求格式规范、条理清晰、层次分明、说理透彻。

【延伸阅读】

1. 周建中，胡佳，曹俊华．危险犯的具体实践认定．法学，2009（5）
2. 张先科，应金鑫．论刑法中的明知．法律适用，2009（6）

案 39 销售含有三聚氰胺的婴幼儿奶粉行为的定性

——田某生产、销售伪劣产品案

【问题提示】

在明知所生产的婴幼儿奶粉已经致人伤亡的情况下，不立即召回产品，仍然销售问题奶粉的行为，是构成销售伪劣产品罪、销售有毒食品罪还是投放危险物质罪？

【案情摘要】

被告人：田某，三鹿集团原董事长。

自 2007 年 12 月起，三鹿集团陆续收到消费者投诉，反映部分婴儿食用三鹿牌婴幼儿系列奶粉后，出现尿液中有红色沉淀物等症状。2008 年 7 月 24 日，三鹿集团将所生产的 16 批次婴幼儿奶粉，送至河北省出入境检验检疫局检验技术中心检测。8月1日，该中心出具检测报告：送检的16批次奶粉样品中有15批次检出三聚氰胺。至8月1日，全国已有众多婴幼儿因食用三鹿牌婴幼儿奶粉出现泌尿系统结石等严重疾患，部分患者住院进行手术治疗，多人死亡。8月1日，三鹿集团副总裁王某将检测结果向董事长田某汇报，并在随后田某召开的会议上说明，婴幼儿奶粉中检测出的三聚氰胺及系列化工原料为非食品添加剂，不允许在奶粉中添加。8月13日，田某再次召开会议并决定：库存产品中三聚氰胺含量在10mg/kg以下的可以销售，10mg/kg以上的暂时封存，调集三聚氰胺含量在20mg/kg左右的产品从市场上换回三聚氰胺含量更大的产品。[①] 从8月2日至9月12日三鹿集团被勒令停产时，三鹿集团共生产含有三聚氰胺的婴幼儿奶粉813.74吨，销售金额约4 756.08万元。法院以“生产、销售伪劣产品罪”判处三鹿集团董事长田某无期徒刑。

【分歧意见】

“三鹿案”的判决，以“以危险方法危害公共安全罪”追究三聚氰胺提供者（农民）的刑事责任，对其判定最重的刑事责任（死刑）；以“生产、销售有毒食品罪”追究向原奶中添加三聚氰胺者（奶站经营者）的刑事责任，对其判定较重的刑事责任；以“生产、销售伪劣产品罪”追究少数企业高管的刑事责任，对其判定较轻的刑事责任（无期或有期徒刑）。这种“治罪与获利背反”的思路是否合理？

【要点提示】

1. 三聚氰胺的刑法性质，是否会因行为对象和认识内容的不同而发生变化？
2. 如何区别投放危险物质罪和销售有毒食品罪？
3. 销售行为能否解释为投放危险物质罪中的“投放”？

【问题讨论】

一、“三聚氰胺”的定性：当以婴幼儿为对象时，三聚氰胺就是危险物质

三聚氰胺的刑法性质，会随行为对象和认识内容两变量的变化而变化，三聚氰胺的刑法性质会有4种可能：

一是属于“伪劣产品”或“不符合卫生标准的食品”中的成分。“三鹿案”中，奶站管理者无法认识到其行为对象是婴幼儿——奶站中的原奶并非专门用于生产婴幼儿奶粉，因此，只能认定其行为对象是普通消费者。这样，对在原奶中添加三聚氰胺的奶站管理者而言，判断三聚氰胺危害性的基准就是社会一般人，而三聚氰胺对成人而言并非危险物质，在含量较小时也不是有毒、有害的非食品原料，故含有三聚氰胺的原奶只属于伪劣产品或不符合卫生标准的食品。

二是属于有毒、有害的非食品原料。如果生产商明知所销售的婴幼儿奶粉中含有三聚氰胺，即行为对象是脆弱群体（但尚不知道本人销售的问题奶粉已经导致具体的伤亡后果），此时，就要以该脆弱群体中的平均人为判断基准。由于婴幼儿的脆弱性，刑法须对其进行特殊保护，对成人无明显危害的添加物（如苏丹红、洗衣粉）

① 卫生部规定的三聚氰胺含量限度为：婴幼儿奶粉不得超过1mg/kg，其他奶制品不得超过2.5mg/kg。

被用于婴幼儿食品时，都应当认定为具有抽象危险性的有毒、有害性非食品原料。因三聚氰胺有致婴幼儿伤亡的危险性，假如能够认识到三聚氰胺对脆弱婴幼儿的抽象危险性，那么此时，三聚氰胺就是有毒、有害的非食品原料。

三是属于危险物质。田某不仅明知行为对象是婴幼儿，而且明知问题奶粉已经致人伤亡，在这种情况下继续销售，就能够肯定其认识到本人销售的问题奶粉有致人重伤、死亡的具体、现实危险性，甚至可以认定其“明知伤亡结果必然发生”。此时，三聚氰胺就转化成危害公共（脆弱群体）安全的危险物质。

四是属于故意伤害或杀人罪的犯罪工具。如果乙明知三鹿奶粉已致人伤亡，特地购买了大量三鹿牌婴幼儿奶粉，以杀人故意大量喂食给妻子与情夫所生的女婴。此时，乙的行为成立故意杀人罪（未遂），三聚氰胺就变成了具有致死性质的杀人工具。

二、投放危险物质罪与销售有毒食品罪：认识到伤亡的危险性程度不同

（一）在间接故意时如何区别两罪

我们认为，应以“对致人伤亡危险性的认识程度”来区分两罪：

一是销售有毒食品罪的行为人对非食品原料的有毒、有害性有认识，在有毒、有害性涉及生命健康时，行为人只能认识到致人轻伤的具体危险性、致人重伤和死亡的抽象危险性，但是，没有认识到致人重伤、死亡的具体危险性。换言之，在认识内容上，占主导地位的认识内容是食品的“可食用性”，而不是非食品原料具有致人重伤、死亡现实危险性的“有毒、有害性”。

二是如果行为人认识到了有毒食品有致人重伤、死亡的具体危险性，就成立投放危险物质罪。一旦行为人对有毒食品致人重伤、死亡的现实危险性有明确认识，行为在刑法上的性质就完全改变了，就不能再按照《刑法》分则第三章“破坏社会主义市场经济秩序罪”论处了，此时行为人侵犯的法益已经发生了质变，应按照危害公共安全罪或侵犯公民人身权利罪论处。

（二）以对危险的认识内容和程度来区分两罪，兼顾了法益与法定刑的差别

如果客观危害相同（两罪都可能造成不特定多数人重伤、死亡的危害后果），就应对重罪要求更严重的主观恶性，才能罚当其罪。在认识内容上，投放危险物质者认识到的危害后果更严重，对同样危害后果的危险认识程度更高。

首先，销售有毒食品罪属于相对轻罪，刑法相关法条和司法解释以轻伤、重伤、死亡作为法定刑升格的标准，因此，行为人应认识到“有毒、有害食品”有造成轻伤、重伤、死亡的危险性。如果认为行为人可以对伤亡后果完全无认识，显然与该罪极重的法定刑相悖，也与过失致人死亡罪的处罚失衡。换言之，行为人认识到了《刑法》第144条中的“有毒、有害”，就意味着认识到了致人伤亡的危险性。投放危险物质罪是相对重罪，刑法相关法条以重伤、死亡作为法定刑升格的标准，因此，行为人应认识到危险物质具有致人重伤、死亡的危险性。

其次，两罪的行为人都可能认识到致人重伤、死亡的危险性，但程度应有差别。针对同样的结果，轻重罪主观恶性的区别首先应体现在认识程度的差别上——认识到致人伤亡危险性的程度不同。这样，属于相对轻罪的销售有毒食品罪行为人在主

观上只能认识到重伤、死亡的抽象危险性，或轻伤的具体危险性，而属于相对重罪的投放危险物质罪行为人在主观上应认识到重伤、死亡的具体危险性。

三、田某认识到了致人重伤、死亡的具体危险性，其行为成立投放危险物质罪

（一）对危险性的认识程度决定了罪名不同

同样是含三聚氰胺奶粉的生产商，如果行为对象、对三聚氰胺危害性的认识不同，则导致对危险性的认识程度不同，罪名就不同：

一是对致人轻伤、重伤、死亡的危险性无认识。如奶粉商A明知全脂奶粉中掺有三聚氰胺而销售，但行为对象即奶粉的食用者是成年人，则无论A是否了解三聚氰胺，都可以肯定其没有认识到致人伤亡的危险性，应按照“生产、销售伪劣产品罪”或“生产、销售不符合卫生标准的食品罪”处理。

二是认识到了行为具有致人轻伤、重伤、死亡的抽象危险性。如奶粉商B明知婴幼儿奶粉中掺有三聚氰胺，既了解三聚氰胺，也明知行为对象是婴幼儿。但是，B虽然认识到了该含量的三聚氰胺对婴幼儿有害，但不能肯定该含量的三聚氰胺有致婴幼儿伤亡的现实性。如同类产品尚没有造成伤亡后果，没有相应致婴幼儿伤亡的含量标准，没有专业人士或机构告知其产品具有致婴幼儿伤亡的危险性，那么，在认识程度上，B只认识到了致人伤亡的抽象危险性——三聚氰胺是有轻微毒性的化工原料，可能对婴幼儿有严重损害，并没有认识到三聚氰胺致婴幼儿重伤、死亡的具体危险性。B的行为成立销售有毒食品罪。

三是认识到了致人重伤、死亡的具体危险性。如奶粉商C明知婴幼儿奶粉中掺有三聚氰胺，既了解三聚氰胺，也明知行为对象是婴幼儿，且通过以下途径认识到了致婴幼儿重伤、死亡的具体危险性：自己或他人的同类产品已经致人伤亡；有专业人士或机构告知产品致人伤亡的危险性；有规定明确说明了三聚氰胺的严重危险性，或被告知了致人伤亡的含量标准而该产品中的含量超过了此标准；从生活常识或个人经验判断，明显具有致人伤亡的现实危险性，如三聚氰胺含量已经达到奶粉总重的10%，奶粉已经失去了食用价值。此时，就应肯定C的行为成立投放危险物质罪。

（二）田某已经通过可靠途径，肯定了问题奶粉致人伤亡的现实性，就认识到了具体危险性

行为人认识到伤亡结果后，认识到的危险程度就从抽象危险转变为具体危险。有多种途径可以肯定行为人认识到具体危险性，其中结果发生是最可靠的证据，结果一发生，抽象就变具体。在“三鹿案”中，三聚氰胺致婴幼儿伤亡的抽象危险性通过伤亡后果被具体化、现实化，田某在知道了伤亡后果之后，就认识到了三聚氰胺致婴幼儿伤亡的具体危险性。如果田某仅知道产品中含有三聚氰胺，但尚未出现伤亡后果，那么销售问题婴幼儿奶粉，就是只认识到致人伤亡的抽象危险性，成立销售有毒食品罪。但田某的认识程度因伤亡后果的出现而发生了质变：2007年12月以后，三鹿集团就收到了消费者反映奶粉致病的投诉，至8月1日三聚氰胺检测报告出来时，全国已有众多患者住院、多人死亡。这时，田某就认识到了问题奶粉致人重伤、死亡的具体危险性，而田某直到9月12日才下令停止生产、销售问题奶

粉，这一阶段的行为构成投放危险物质罪。

总之，对致人伤亡后果的明知，决定了田某认识程度上的升格，使其有别于其他奶粉商（如同样含有三聚氰胺的雅士利、南山婴幼儿奶粉商）。

四、销售属于投放行为，不召回是不作为的投放

田某的“投放”行为表现在两方面：

（一）以销售的方式积极投放

“销售”符合投放危险物质罪的行为本质，把销售解释为投放，没有任何障碍。有的国家就把销售有毒食品规定为投毒的行为方式，如德国刑法关于投毒罪的规定，包括明知为有毒物品而使之在市面上流通的行为。德国刑法之所以如此规定，是考虑到一般所说的投毒，与明知为有毒物品而使其在市面上流通的行为，在性质与危害上并没有区别，故视之为投毒罪。[①] 许多国家和地区的刑法均规定，明知食品有毒而销售，就构成危害公共安全罪。

（二）不召回产品属于不作为的投放

8月1日田某在知道三聚氰胺检测结论及危害后果时，就应立即将已售出的婴幼儿奶粉无条件召回，但田某没有召回产品，就属于不作为犯罪。在作为义务的来源上，《食品召回管理规定》明确要求生产者应当主动召回不安全食品，田某具有无条件召回所有产品的法定义务，用三聚氰胺含量低的奶粉调换三聚氰胺含量高的奶粉，不属于即时而迅速的召回行为。

综上分析，可以肯定，“生产、销售伪劣产品罪”无法全面评价田某之行为的危害性。生产、销售伪劣产品罪属于相对轻罪，以销售金额作为量刑情节，没有将伤害后果作为构成要素或量刑情节，无法评价行为人对轻伤、重伤、死亡后果有认识且对人身健康造成侵害的情形。因此，田某明知已致人伤亡仍销售问题婴幼儿奶粉的行为，还同时触犯其他罪名。法院认定田某的行为构成“生产、销售伪劣产品罪”，没有考虑田某具有专家般的认识能力、已经认识到了伤亡后果、具有制止损害蔓延的法定义务等情况。行为针对的对象不同，三聚氰胺的性质完全不同：明知含有三聚氰胺而生产、销售成人液态奶，属于生产、销售伪劣产品罪；如果明知婴幼儿奶粉中含有三聚氰胺而生产、销售，属于生产、销售有毒、有害食品罪（简称为“销售有毒食品罪”），但田某明知婴幼儿奶粉含有三聚氰胺且已经造成伤亡后果而仍然销售，属于投放危险物质罪。

【讨论归纳】

在经济领域，身份往往意味着分工并决定着职责、义务和利益的差异。在白领犯罪中，不同身份者常因为知识与经历的差异而形成了不同的规范意识，使得同样罪行中的违法性认识存在差别；在规范学上，不同身份行为者的可罚性判断基准应当不同，表现在，同样的行为或后果，身份越高可罚性越重。刑法应体现“知识优势与社会责任成正比”的正义观，在违法行为相同时，名企高管的规范可罚性最强，

---

① 参见张明楷：《外国刑法纲要》，690页，北京，清华大学出版社，1999。

对行为违法性的认识程度最高，同样的经济罪行体现出其背离职业标准更大、偏离社会要求更远。

【实务训练】

1. 请根据“三鹿案”的事实，分析张某（三聚氰胺销售者）、耿某（向原奶中添加三聚氰胺的奶站经营者）的行为的性质。

2. 请对“三鹿案”的判决进行评析。

【延伸阅读】

1. 高艳东．身份、责任与可罚性：三鹿案判决的规范错误与立场偏失．见：陈兴良主编．刑事法评论．第27卷．北京：北京大学出版社，2010

2. 王玉珏．《刑法》第144条中“有毒有害非食品原料”的合理定位．法学，2008（11）

案40 假冒注册商标中相关数行为的定罪处罚

——杨某某等人假冒注册商标案

【问题提示】

行为人采用侵犯他人注册商标等方式仿冒他人商品用于销售获利的行为如何准确定罪?

【案情摘要】

被告人：杨某某、黄某某，某地烟花爆竹个体经营者。

2006年6月，国家工商行政管理总局商标局受理了龙鸣花炮厂注册申请的“龙鸣”商标，并核定使用商品为烟花、爆竹。2010年年初，被告人杨某某、黄某某在某县合伙经营烟花爆竹期间，发现“龙鸣”牌鞭炮与相同规格的其他鞭炮相比，销量好、价格高、利润大，二人遂商议共同出资在某村仿冒生产“龙鸣”牌鞭炮，运往某县销售牟利。后在某县购买了各种型号的带有“龙鸣”注册商标标识的鞭炮，准备仿冒生产“龙鸣”鞭炮。

2010年5月，二被告人找到某印刷厂的周某某（另案处理），要周某某按其提供的“龙鸣”牌商标及合格证样式印制带有“龙鸣”牌注册商标标识的鞭炮外包装及合格证。周某某在明知杨某某、黄某某无“龙鸣”注册商标所有人授权委托的情况下，通过扫描、电脑制版和机器印刷等方法，为杨某某、黄某某非法印制了3万余套带有“龙鸣”牌注册商标标识的鞭炮外包装及合格证。

2010年6月，被告人杨某某、黄某某到某烟花爆竹有限公司，按市场上“龙鸣”牌鞭炮的各种规格定做了4.8万余元的不同规格的没有外包装的鞭炮。而后，二被告人在××村租用仓库作为加工作坊，将从某烟花爆竹有限公司订购的鞭炮用非法印制的“龙鸣”牌外包装、合格证及某县安监局的烟花爆竹监封，雇用工人仿制各种型号的“龙鸣”牌鞭炮。

2010年12月，被告人杨某某、黄某某雇用他人装运仿冒的“龙鸣”牌鞭炮319箱到某镇销售，途中被某县公安局截获，所运仿冒“龙鸣”牌大地红鞭炮319箱被扣押。在某村杨某某、黄某某租赁的仓库内查获并扣押仿冒的“龙鸣”牌鞭炮250箱，经某县价格认证中心鉴定，查获的涉案鞭炮价值共计11万余元。

【分歧意见】

关于杨、黄二被告人的行为构成一罪还是数罪及如何定罪存在不同的意见：第一种意见认为，二被告人仅实施了一个犯罪行为，却触犯了数个罪名，属于法条竞合的情形，系实质的一罪，应从一重处罚；第二种意见认为，二被告人实施了数个犯罪行为，系数罪，应数罪并罚；第三种意见认为，二被告人事实上实施了三种危害行为，且触犯了三个罪名，但系出于一个犯罪目的，危害行为之间具有必然性的牵连关系，属于数罪，只是司法实践中按牵连犯“从一重处断”进行定罪处罚。

【要点提示】

本案问题的解决，需着重把握如下几个问题：

1. 关于一罪与数罪的正确区分。

2. 关于牵连犯的处罚原则。

3. 对如下相关法律、法规和司法解释的深入把握：《刑法》第140条、第213条、第215条，两高《关于办理生产、销售伪劣商品刑事案件具体应用法律若干问题的解释》、《关于办理侵犯知识产权刑事案件具体应用法律若干问题的解释》及《商标法》相关规定。

【问题讨论】

本案中，对二被告人委托他人非法制造“龙鸣”牌鞭炮的注册商标标识并在相同规格的鞭炮上使用以仿冒“龙鸣”牌鞭炮予以销售的行为如何定性，关键在于罪数的认定及对非法制造注册商标标识罪、假冒注册商标罪与生产、销售伪劣产品罪三罪的正确界分。

一、涉嫌的三罪名中“注册商标标识”的认定等是需重点关注的问题

（一）注册商标标识的认定

根据《刑法》第215条的规定，非法制造、销售非法制造的注册商标标识罪是指伪造、擅自制造他人注册商标标识或者销售伪造、擅自制造的注册商标标识，情节严重的行为。商标标识是指在商品本身或者其包装上使用的由文字、图形或者其组合所构成的商标图案，如本案中涉及的“龙鸣”商标。商标标识又有注册和未注册之分。我国商标法保护的仅仅是注册商标，刑法同样只为注册商标标识提供保护。因此，认定本案被告人的行为是否构成侵犯注册商标权的犯罪时，必须审查其犯罪对象是否为“注册商标”之标识。本案中“龙鸣”商标为注册商标非常明确，被告人的犯罪对象为他人注册商标标识没有疑问。

（二）“在同一种商品上使用与他人注册商标相同的商标”要件之认定

根据《商标法》的规定，假冒注册商标行为包括：在同一种商品上使用与他人

注册商标相同或相近似的商标，以及在类似商品上使用与他人注册商标相同或相近似的商标。而我国《刑法》仅仅将“在同一种商品上使用与他人注册商标相同的商标”的行为纳入其规制范围，本案中被告人以合法商标持有单位的注册商标及商品为样本完全仿制，是典型的在同一种商品上使用与他人注册商标相同的商标的行为。

（三）如何判断被告人主观方面是否“明知”

明知是他人的注册商标标识，自己无权制造，而有意非法制造或销售非法制造的注册商标标识，是构成非法制造、销售非法制造的注册商标标识罪所必须具备的主观要件，其余两罪也需被告人明知是他人的注册商标而予以非法使用，明知是伪劣产品而予以销售，而此类案件的被告人大多会辩称，不知生产产品上所存有的是他人的注册商标标识等。因而如何判断行为人是否具有“明知”，就成为准确定罪的关键。根据相关司法解释对假冒注册商标罪中的“明知”的解释，我们可以推出，应当明确，上述三罪中主观故意上要求的“明知”，不是要求行为人十分肯定地知道，只要已经意识到可能是他人的注册商标标识等，而没有任何根据在心理上加以否定，那就属于“明知”的范围。在坚持此立场的基础上，再根据案件中被告人客观方面的表现来分析被告人是否“明知”。本案中，被告人杨某某、黄某某制假、售假，主观故意明显，客观上的伪造、仿冒行为充分地展示了对其行为之制假性质的主观认知。

二、二被告人犯一罪还是数罪，如何定罪

只有准确地区分一罪与数罪，才能对犯罪行为正确地定罪量刑。根据我国刑法的规定及刑法学的通说，区分罪数应以犯罪构成的个数为标准，除法律的特殊规定外，行为人如果出于一个故意或过失，相应地实施了一个危害行为，侵犯了一个直接客体，就是一罪；出于数个故意或过失，相应地实施了数个危害行为，侵犯了数个直接客体，即为数罪。本案中，二被告人为仿制他人商品用于销售，明知是他人的注册商标标识而予以非法制造，构成非法制造注册商标标识罪；又在“明知”的情况下，将非法制造的注册商标标识用于同一种商品上，构成假冒注册商标罪；而仿冒他人商品用于销售这一目的行为，又构成生产、销售伪劣产品罪。二被告人在整个犯罪过程中，为了生产、销售仿冒的“龙鸣”牌鞭炮以获利这一个目的，实施了三个犯罪行为，系犯数罪。

《刑法》第三章“破坏社会主义市场秩序罪”规定了生产、销售伪劣产品罪及仿冒注册商标罪等侵犯知识产权类罪。在现实中常常发生伪劣产品的生产者、销售者为了顺利地将伪劣产品卖出牟利而在其产品或其包装上使用与他人注册商标相同的商标，实施了侵犯知识产权的犯罪行为。对这种案件的处理，存在三种不同观点：第一种观点认为，行为人具有数个故意，实施了数个行为，触犯了数个罪名，因此应数罪并罚。第二种观点认为，此情形属于法条竞合现象，按重法优于轻法的原则，应选择生产、销售伪劣产品罪的条文处罚。第三种观点认为，此情形属于牵连犯，但又应当数罪并罚。我们认为：第一种观点没有看到两个行为之间的牵连关系。第二种观点没有认识到构成法条竞合的前提是发生一个犯罪行为，而此情形是实施了数个行为。第三种观点对牵连犯的处罚原则存在认识偏差。牵连犯是指以实施某一犯罪为目的，其方法行为或结果行为又触犯了其他罪名的情形。行为人在生产、销售伪劣产品的同时假冒他人注册商标，是为了顺利卖出伪劣产品而获利，即假冒注册商标的行为是为生产、销售伪劣产品服务的，二者构成手段行为与目的行为之间的牵连关系。最高人民法院、最高人民检察院《关于办理生产、销售伪劣商品刑事案件具体应用法律若干问题的解释》第10条规定：实施生产、销售伪劣商品犯罪，同时构成侵犯知识产权、非法经营等其他犯罪的，依照处罚较重的规定定罪处罚。本案中杨、黄二被告人以次充好，通过非法制造注册商标标识并在同种商品上使用的方式，仿冒他人商品用于销售，其目的行为触犯了生产、销售伪劣产品罪，手段行为触犯了非法制造注册商标标识罪、假冒注册商标罪，应当从一重处断。按照《刑法》第140条及上述解释，构成生产、销售伪劣产品罪，销售金额应达到5万元以上，尚未销售的，货值金额应达到15万元以上；按照《刑法》第213条及最高人民法院、最高人民检察院《关于办理侵犯知识产权刑事案件具体应用法律若干问题的解释》第1条第1款第1项之规定，非法经营在5万元以上或者违法所得数额在3万元以上的，属于"情节严重"；按照《刑法》第215条及最高人民法院、最高人民检察院《关于办理侵犯知识产权刑事案件具体应用法律若干问题的解释》第3条第1款第1项之规定，伪造的注册商标标识数量在2万件以上的属"情节严重"。本案中两被告人非法制造的注册商标标识为3万余件，非法经营数额为11万余元，仅达到了非法制造注册商标标识罪及假冒注册商标罪的起点数额，尚未达到生产、销售伪劣产品罪的入罪要求，而被告人非法制造他人注册商标标识并在同一种商品上使用，属非法制造他人注册商标标识与假冒注册商标的牵连，目的行为触犯的是假冒注册商标罪，因此，对杨、黄二被告人的行为应以假冒注册商标罪定罪处罚。

综上，杨、黄二被告人无注册商标标识所有人的授权，委托他人非法制造"龙鸣"注册商标标识3万余件，已构成非法制造注册商标标识罪；将伪造的他人注册商标标识用于同一种商品，构成假冒注册商标罪，被告人杨某某、黄某某通过在仿制的产品上非法使用他人注册商标，仿冒他人商品并销售，构成生产、销售伪劣产品罪，系手段行为与目的行为的牵连犯，按从一重处断的原则，对二被告人应以假冒注册商标罪定罪处罚。

【讨论归纳】

行为人采用侵犯他人注册商标等方式仿冒他人商品用于销售获利的行为，虽实施了数个满足不同犯罪构成的犯罪行为，但系出于仿冒他人商品销售获利这一个犯罪目的，属于手段行为与目的行为的牵连犯，一般按目的行为触犯的罪名定罪处罚，同时要考虑重法优于轻法的原则，即对牵连犯按从一重处断的原则定罪处罚。

【实务训练】

1. 请根据本案的事实、既有证据及争议焦点，写一份辩护词。要求格式规范、条理清晰、层次分明、有理有据、入情入理。

2. 请根据本案的事实、既有证据及争议焦点，写一份判决书。要求格式规范、条理清晰、层次分明、说理透彻。

【延伸阅读】

1. 王志群，姚兵编．罪数形态专题整理．北京：中国人民公安大学出版社，2009

2. 高铭暄，叶良芳．再论牵连犯．现代法学，2005（2）

案41　洗钱罪与掩饰、隐瞒犯罪所得、犯罪所得收益罪的界分

——刘某涉嫌洗钱案

【问题提示】

从立法的规定来看，洗钱罪和掩饰、隐瞒犯罪所得、犯罪所得收益罪都针对或涉及犯罪所得、犯罪所得收益问题，这就使得在司法上如何界分二罪，在有些情况下并非易事。

【案情摘要】

被告人：刘某，男，无业。

被告人刘某的好友张某用贩卖鸦片获得的巨款购买了一辆轿车之后，将购车的资金来源告诉刘某，并要他不告诉别人。张某被逮捕后，刘某将轿车开回自己家。当司法机关找刘某调查轿车的来源时，刘某谎称轿车是借一位外国朋友的钱买的，自己准备开出租车营利。其实，刘某是想将轿车卖掉获得现金。

【分歧意见】

在本案中，对于张某的行为定性没有争议，但对于刘某的行为如何定性，有两种不同意见：第一种意见认为，刘某的行为构成洗钱罪；第二种意见认为，刘某的行为构成掩饰、隐瞒犯罪所得、犯罪所得收益罪。

【要点提示】

1. 洗钱罪的构成特征及司法认定；

2. 掩饰、隐瞒犯罪所得、犯罪所得收益罪的构成特征及司法认定；

3. 洗钱罪与掩饰、隐瞒犯罪所得、犯罪所得收益罪的关键区别。

【问题讨论】

一、洗钱罪的构成特征及司法认定

洗钱（Money Laundering）一词源于美国。据说，早在20世纪20年代美国芝加哥黑手党开了一个洗衣店，每天将贩毒等非法所得的赃款加入当天的洗衣收入中，再向税务部门申报纳税，从而使税后钱款全部变成了可以自由流通使用的合法收入。此行为，已是国际社会公认的需重点打击的犯罪行为之一，它使大量的黑色收入流入金融市场，从而使正常的金融秩序和市场经济受到破坏，继而可能带来社会动荡。我国1979年《刑法》没有规定洗钱罪，1990年12月28日全国人大常委会通过的《关于禁

毒的决定》中作了类似规定，1997年修订的《刑法》在此基础上正式增设洗钱罪，并先后通过《刑法修正案（三）》和《刑法修正案（六）》两次对其予以拓展。

根据我国现行《刑法》第191条的规定，我国刑法上的洗钱罪是指，行为人明知是毒品犯罪、黑社会性质的组织犯罪、恐怖活动犯罪、走私犯罪、贪污贿赂犯罪、破坏金融管理秩序犯罪、金融诈骗犯罪的所得及其产生的收益，为掩饰、隐瞒其来源和性质，而为这些犯罪人提供资金账户，协助将财产转换为现金、金融票据、有价证券，通过转账或者其他结算方式协助资金转移、协助将资金汇往境外和以其他方法掩饰、隐瞒犯罪所得及其收益的来源和性质的行为。据此，洗钱罪的构成需同时具备如下特征：在犯罪客体上，其为复杂客体，即国家关于金融活动的管理秩序、社会管理秩序以及司法机关查处犯罪的正常活动，其中，国家金融管理秩序，是其主要客体；在犯罪客观方面，是实施了为毒品犯罪、黑社会性质的组织犯罪、恐怖活动犯罪、走私犯罪、贪污贿赂犯罪、破坏金融管理秩序犯罪、金融诈骗犯罪犯罪人提供资金账户，协助将财产转换为现金、金融票据、有价证券，通过转账或者其他结算方式协助资金转移、协助将资金汇往境外和以其他方法掩饰、隐瞒犯罪所得及其收益的来源和性质的行为；在犯罪主观方面，是故意且是直接故意，并具有掩饰、隐瞒犯罪所得及其收益的来源和性质的目的；在犯罪主体上，为上游犯罪的实行犯或其共犯以外的自然人和单位，通常表现为共同犯罪主体，如非金融机构的工作人员和金融机构的工作人员、一般自然人和金融机构、单位和单位等。

洗钱犯罪是犯罪人有组织发展其犯罪产业的重要手段，它作为一种“下游犯罪”，总是发生在某一具体经济目的的主罪即其“上游犯罪”（毒品犯罪、黑社会性质的组织犯罪、恐怖活动犯罪、走私犯罪、贪污贿赂犯罪、破坏金融管理秩序犯罪和金融诈骗犯罪）之后，其目的是掩饰、隐瞒“上游犯罪”所得及其收益的非法性质，从而使“上游犯罪”与洗钱罪有着密不可分的关系，并带来洗钱犯罪与“上游犯罪”共同犯罪的界分困难。

在司法实践中，洗钱犯罪与“上游犯罪”共同犯罪的界分关键在于事前、事中是否有通谋。如果行为人事前或事中与“上游犯罪”者有通谋而后实施洗钱行为的，则因完全符合刑法关于共同犯罪的规定而仅构成“上游犯罪”的共同犯罪①，其后的洗钱行为可以认为成立承继的共同犯罪行为，而不单构成洗钱罪。如果行为人事前或事中与“上游犯罪”者没有通谋，而在这些“上游犯罪”实施后实施了“提供资金账户，协助将财产转换为现金、金融票据、有价证券，通过转账或者其他结算方式协助资金转移、协助将资金汇往境外和以其他方法掩饰、隐瞒犯罪所得及其收益的来源和性质”的洗钱行为，则应对行为人以洗钱罪论处。

二、掩饰、隐瞒犯罪所得、犯罪所得收益罪的构成特征及司法认定

根据现行《刑法》第312条的规定，我国刑法上的掩饰、隐瞒犯罪所得、犯罪

① 我国现行《刑法》第156条也规定：“与走私罪犯通谋，为其提供贷款、资金、帐号、发票、证明，或者为其提供运输、保管、邮寄或者其他方便的，以走私罪的共犯论处。”

所得收益罪，是指行为人明知是犯罪所得及其产生的收益而予以窝藏、转移、收购、代为销售或者以其他方法掩饰、隐瞒的行为。据此，其有如下几个方面的构成特征：在犯罪客体方面，破坏了刑法所保护的司法机关查明犯罪所得、犯罪所得收益的正常秩序；主观方面，只能是故意，包括直接故意和间接故意，即明知是犯罪所得的赃物（明知肯定是赃物与明知可能是赃物），而予以窝藏、转移、收购或者代为销售；在犯罪客观方面，包括“窝藏、转移、收购、代为销售或者以其他方法掩饰、隐瞒”的行为；在犯罪主体方面，是一般主体，包括自然人和单位，即凡是年满16周岁、具有刑事责任能力的自然人和《刑法》第30条规定的单位，在具备其他要件的情况下，都可能构成本罪，但一般而言，本罪主体不包括“上游犯罪”实施人，仅是帮助犯罪分子掩饰、隐瞒犯罪所得、犯罪所得收益的其他人。

我国1979年《刑法》第172条仅规定了窝赃和代为销赃两种犯罪行为，1997年《刑法》在1992年最高人民法院、最高人民检察院《关于办理盗窃案件具体应用法律若干问题的解释》相关规定的基础上，将转移赃物的行为从窝藏行为中分离出来，将代为销售的行为从收购行为中转移出来，从而使本罪客观方面的行为包括“窝藏、转移、收购、代为销售”4种。2006年《刑法修正案（六）》又对其作了进一步扩大，增加了“以其他手段掩饰、隐瞒犯罪所得、犯罪所得收益的”兜底性条款，解决了实践中遇到以其他手段掩饰、隐瞒犯罪所得及收益难以定罪的问题。

在司法实践中，本罪与窝藏罪容易混淆。二者区分的关键在于，本罪“窝藏”（掩饰、隐瞒）的是赃款、赃物等犯罪所得及其收益，后者“窝藏”的是犯罪分子；本罪是通过“窝藏”（掩饰、隐瞒）赃款、赃物等犯罪所得及其收益来帮助犯罪分子，后者是通过“窝藏”犯罪分子本人予以直接帮助。同时，本罪还易与相关犯罪的共同犯罪相混淆，其区分的关键是，与犯罪分子事前或事中有通谋，事后对赃款、赃物等犯罪所得及其收益予以窝藏、转移、收购或者代为销售的，应当以相应犯罪的共同犯罪论处，而不构成本罪。

三、洗钱罪与掩饰、隐瞒犯罪所得、犯罪所得收益罪的关键区别

从立法技术的角度来看，修正后的《刑法》第191条规定的洗钱罪与第312条所规定的掩饰、隐瞒犯罪所得、犯罪所得收益罪，在犯罪行为的构成方式上应当是统一的，即《刑法》第312条针对的“上游犯罪”范围应当是“除《刑法》第191条规定的‘上游犯罪’以外的所有犯罪”[①]，从而在很大程度上实现了我国刑法关于洗钱罪和掩饰、隐瞒犯罪所得、犯罪所得收益罪的规定的内部协调一致，并与《联合国反腐败公约》所规定的内容基本趋同。也正因此，二罪容易发生混淆。

比较二者的异同，它们相互区别的关键点主要表现为：（1）“掩饰、隐瞒行为”在犯罪构成中的要件性质不同。在洗钱罪中，“掩饰、隐瞒行为”即“掩饰、隐瞒其来源和性质”，是本罪的法定犯罪目的，使犯罪所得或其收益合法地进入金融流通领域，属于本罪的主观构成要件；在掩饰、隐瞒犯罪所得、犯罪所得收益罪中，“掩

---

① 黄太云：《〈中华人民共和国刑法修正案（六）〉的理解与适用》，载《刑事审判参考》，总第51集。

饰、隐瞒行为”是本罪的客观行为，属于本罪的客观方面要件。（2）“掩饰、隐瞒行为”的具体行为方式不同。对于洗钱罪，其“掩饰、隐瞒行为”的具体行为方式为：为某种法定“上游犯罪”提供资金账户、协助资金转移、协助将资金汇往境外、以其他方法掩饰、隐瞒犯罪所得及其收益的来源和性质的行为；掩饰、隐瞒犯罪所得、犯罪所得收益罪的“掩饰、隐瞒行为”的具体行为方式为：窝藏、转移、收购、代为销售或者以其他方法掩饰、隐瞒的行为。比较以上行为方式，二者并无司法上的交叉，即只有符合洗钱罪中所明确规定的目的和行为方式的行为，才能够以洗钱罪定罪处罚，其余行为如果符合掩饰、隐瞒犯罪所得、犯罪所得收益罪的，则应当根据《刑法》第312条的规定定罪处罚。据此，在洗钱行为中，如果不存在掩饰、隐瞒其来源与性质，或者明知程度不够的情形，只能按照《刑法》第312条定罪处罚。

本案中，张某、刘某的行为都不构成洗钱罪，但刘某的行为构成掩饰、隐瞒犯罪所得、犯罪所得收益罪。如前分析，“上游犯罪”者张某本人不仅不构成洗钱罪的主体，而且张某自己也没有实施相应的洗钱行为。至于刘某，虽然张某被逮捕后，将其轿车开回自己家，并谎称轿车是借一位外国朋友的钱买的，自己准备开出租车营利，或者其真实想法是想将轿车卖掉获得现金，但这不是帮助张某将犯罪所得或其收益合法地进入金融流通领域，而是帮助犯罪分子张某掩饰、隐瞒犯罪所得、犯罪所得收益自身，不符合洗钱罪的构成特征，但符合掩饰、隐瞒犯罪所得、犯罪所得收益罪的构成特征。

【讨论归纳】

《刑法》第191条规定的洗钱罪与第312条所规定的掩饰、隐瞒犯罪所得、犯罪所得收益罪，容易混淆。二罪相区别的关键点主要表现为：一是“掩饰、隐瞒行为”在犯罪构成中的要件性质不同，分别属于二罪的主观构成要件与客观方面要件；二是“掩饰、隐瞒行为”的具体行为方式不同，二者并无司法上的交叉，即只有符合洗钱罪中所明确规定的目的和行为方式的行为，才能够以洗钱罪定罪处罚，其余行为如果符合掩饰、隐瞒犯罪所得、犯罪所得收益罪的，则应当根据《刑法》第312条的规定定罪处罚。

【实务训练】

从实务中找一关于洗钱罪或掩饰、隐瞒犯罪所得、犯罪所得收益罪的真实案件，根据该案的事实、既有证据及争议焦点，写一份辩护词或判决书。要求格式规范、条理清晰、层次分明、说理透彻。

【延伸阅读】

1. 黄太云．《中华人民共和国刑法修正案（六）》的理解与适用．刑事审判参考，总第51集

2. 张明楷．刑法分则的解释原理．北京：中国人民大学出版社，2004

3. 邵沙平．跨国洗钱的法律控制．武汉：武汉大学出版社，1998

案 42 金融等诈骗类犯罪“非法占有目的”的认定

——张某贷款诈骗案

【问题提示】

根据刑法的规定，包括金融诈骗在内的所有诈骗类犯罪的成立均需以“非法占有”为目的。然而，如何理解和认定“非法占有”的主观目的，并非一件容易的事情。

【案情摘要】

被告人：张某，秦皇岛市港务局病退工人。

1995 年 1 月，被告人张某以秦皇岛市 H 经济咨询公司的名义，购买秦皇岛市港城信用社综合楼一栋，价款为人民币 360 万元，并依法办理了房产过户登记手续。同年 4 月，张某用上述房产作抵押，以秦皇岛市 H 经济咨询公司的名义，以付租船费为理由，从中国农业银行秦皇岛分行河北大街办事处贷款人民币 150 万元，贷款期限为 1 年。经催要，张某于 1998 年 10 月以一台豪华轿车折抵部分贷款，其余欠款至案发时尚未偿还。1995 年 5 月至 6 月间，张某谎称已用于以上抵押的房产证丢失，骗取公安机关证明，补办了新的房产证。1996 年 2 月，张某用补办的房产证作抵押，以其在工商行政管理机关注册的“秦皇岛市 T 铝业有限公司”作为借款方，以付货款为由，从中国农业银行 M 办事处贷款人民币 200 万元，贷款期限为 10 天。张某以其中的 100 万元做期货生意，亏损 82.3 万元人民币；将另 100 万元用于购买秦皇岛市 F 有限公司。贷款到期后，经催要，张某于 1997 年 8 月偿还了一季度贷款利息 7.3 万元人民币，并多次订立还款计划，但均未履行。1998 年 5 月份，张某将 F 有限公司转让给杨某，并协议将其在中国农业银行 M 办事处的 200 万元人民币贷款的债务转让给杨某，1998 年 10 月双方正式签订了公司转让协议并办理了法人变更登记。后二人与中国农业银行 M 办事处协商，以“F 有限公司”的厂房及土地作抵押，从中国农业银行 M 办事处贷款 200 万元人民币用以偿还张某在该办事处的贷款。1998 年 10 月，F 有限公司以其房产作抵押，与中国农业银行 M 办事处签订了抵押贷款合同，贷款 106 万元人民币，并进行了公证。同年 11 月，F 有限公司以其地产作抵押，从 M 办事处贷款 94 万元人民币，并注明“收回再贷”。上述两笔共计 200 万元人民币的贷款已办理了中国农业银行 M 办事处的内部审批手续，可中国农业银行 M 办事处在报请分行审批时，分行未予批准，并认为张某的行为已构成犯罪，遂向公安机关报案。公诉机关认为，张某的行为已构成贷款诈骗罪，请求依法追究被告人张某贷款诈骗罪的刑事责任。

【分歧意见】

一审法院以贷款诈骗罪，判处张某无期徒刑，剥夺政治权利终身，并处没收个人全部财产。被告人张某不服，提起上诉。二审法院以事实不清为由，撤销原判，发回重审。重审一审宣告张某无罪。公诉机关提起了抗诉，二审法院依法裁定驳回抗诉，维持原判。

【要点提示】

诈骗类犯罪的“以非法占有为目的”的理解及司法认定。

【问题讨论】

根据我国现行刑法的规定，所有经济诈骗犯罪的成立需以“非法占有”为目的。[①] 这就要求对该罪的司法认定，不仅要证明行为人采取了“虚构事实、隐瞒真相”的诈骗方法，还要证明行为人在主观上“以非法占有”为目的。易言之，即使行为人事实上采取了虚构事实、隐瞒真相的欺诈行为，但若不能证明行为人在主观上具有“非法占有”的目的，仍不能以该罪论处。这是因为，既然是诈骗，行为人当然具有非法占有的目的。有些诈骗犯罪如集资诈骗罪、贷款诈骗罪，立法之所以明确规定了以非法占有为目的，是因为若法律不明确规定，就将使这些犯罪与刑法规定的其他犯罪如非法吸收公众存款罪和高利转贷罪相混淆，而其他诈骗犯罪的立法之所以不作明确规定，是因为这些条文都使用了“诈骗活动”一词，表明了它们的非法占有目的。对此，最高人民法院 2001 年《全国法院审理金融犯罪案件工作座谈会纪要》也要求：对于确有证据证明行为人不具有非法占有的目的，因不具备贷款的条件而采取了欺骗手段获取贷款，案发时有能力履行还贷义务，或者案发时不能归还贷款是因为意志以外的原因，如因经营不善、被骗、市场风险等，不应以贷款诈骗罪定罪处罚。因此，司法实践中，不能单纯因行为人使用欺诈手段实际获取了贷款或者贷款到期不能归还，就认定行为人主观上具有非法占有贷款的目的，而应具体分析行为人贷款时的履约能力、取得贷款的手段、贷款的使用去向、贷款无法归还的原因等客观事实因素。[②]

本案中，张某确实是通过使用虚假的产权证明作担保的欺诈手段，获取了银行贷款，且贷款后擅自改变贷款用途，不将其用于偿付货款，而用于购买固定资产和炒期货。但依此并不能认定张某主观上具有非法占有的目的。首先，从贷款时的履约能力看，张某用价值 360 万元的港城信用社大楼共抵押贷款 350 万元，表明张某在贷款时有履约能力。其次，从贷款用途看，张某贷款后没有挥霍、恶意处分或携款潜逃，而是将贷款用于经营活动和购买工厂，虽然张某自己或与杨某用同一座楼先后共抵押贷款 4 笔，但除起诉的这一笔外，其他三笔有两笔已归还，另一笔属正常贷款，也归还了近半数本金。这表明，张某并无非法占有的目的。至于张某利用欺诈手段取得款物后用于经营活动，即使是高风险的经营活动，如炒股、炒期货、开发房地产等，造成资金客观上无法归还的，如果无其他证据证明行为人有非法占

---

① 金融诈骗罪共有 8 种具体犯罪，其中只有《刑法》第 192 条集资诈骗罪、第 193 条贷款诈骗罪以及第 196 条中的恶意透支型的信用卡诈骗罪分别规定“以非法占有为目的”为该罪的构成要件，而其余几种金融诈骗罪的条文均未对犯罪的主观目的作出规定。据此，是否所有金融诈骗罪都需有“以非法占有为目的”，刑法学界虽有不同观点，但基于“诈骗”的本质，我们认为所有诈骗犯罪都需有该目的。

② 参见王延祥：《如何认定诈骗罪中的“以非法占有为目的”》，载《政治与法律》，2003 (3)。

有的目的，也不能以金融诈骗犯罪予以处罚。最后，从还贷情况看，张某欲将F有限公司转让给杨某，及双方与中国农业银行M办事处协商以该公司的土地及厂房抵押贷款200万元，并以贷还贷，是张某、杨某和中国农业银行M办事处的真实意思表示，表明张某并无拒还贷款的故意，且也确实于1997年3月归还利息7.3万元。综上，张某主观上不具有非法占有银行贷款的目的，其行为并不构成贷款诈骗罪，一、二审法院经过重审宣告张某无罪是正确的。[①]

另外，认定行为人是否具有“非法占有的目的”，也不能仅看某一个阶段，而应综合整个贷款合同履行过程来判断。例如，1997年5月，个体建筑业主殷某与某村联合开发村民联建楼，双方议定由殷某出售该楼2层至4层内的住房。1997年年底，购房户何某某通过该项工程土建负责人张某购买该楼301室，并交清购房款10万元。1998年10月，何某某从殷某处取得301室钥匙并装修后入住，并交320元要求殷某代为办理301室房产证。1999年4月，殷某伪造“何卫兵”购买301室的联建协议、购房收据，到某市房屋产权监理所以“何卫兵”名义骗领301室产权证明。随后，殷某提供虚假的购房合同、工资证明等手续，以骗领的产权证明作担保，骗得中国建设银行某市分行信任，贷得住房贷款5.5万元。贷款合同规定：按月扣本带息每月还款1 080.26元，至2004年4月12日还清。在履行合同中，殷某还款2个月后因资金周转困难而连续31个月没有还款。在离还款终期尚有2年的2002年3月，殷某因受举报而被公安机关以贷款诈骗罪立案侦查和逮捕。[②]从本案来看，殷某在客观表象上，确实是使用了事实上并不存在的“何卫兵”的假房产证明办理了住房贷款，但其办理了贷款后，起初也按贷款合同的约定履行了按月支付本金和利息的义务，后虽因资金周转困难，连续31个月未还款，但贷款合同的期限于2004年4月届满，抵押贷款合同仍在执行中，在2002年3月份“案发”时，还不能认定殷某的行为属于合同期限届满后拒不偿还的行为。因此，仅从履行贷款合同的某一个阶段来看，行为人可能确有“非法占有”的外在表征，但不能由此就认定行为人一定具有非法占有的目的。是否具有该目的，需综合整个贷款合同的履行（包括签订）过程来判断。

【讨论归纳】

根据我国现行刑法的规定，所有诈骗类犯罪的成立需以“非法占有”为目的。这就要求对该类罪的司法认定，不仅要证明行为人采取了“虚构事实、隐瞒真相”的诈骗方法，还要证明行为人在主观上具有“非法占有”的目的。易言之，即使行为人事实上采取了虚构事实、隐瞒真相的欺诈行为，但若不能证明行为人在主观上具有“非法占有”的目的，仍不能以该罪论处。同时，因刑法规定的各类诈骗犯罪侵害的法益等的不同，金融诈骗犯罪、合同诈骗犯罪和普通诈骗犯罪的“非法占有

---

① 2006年6月29日施行的《刑法修正案（六）》规定：以欺骗手段取得银行贷款，给银行造成重大损失或者有其他严重情节的，可构成骗取贷款罪。本案虽存在“以欺骗手段取得银行贷款”的事实，但没有“给银行造成重大损失或者有其他严重情节的”后果，因而不构成骗取贷款罪。

② 参见中国法院网，2005-11-04。

目的”在认定上还有不同的具体表现形态。

【实务训练】

从实务中找一类似本主题的真实案件，根据该案的事实、既有证据及争议焦点，写一份辩护词或判决书。要求格式规范、条理清晰、层次分明、说理透彻。

【延伸阅读】

1. 陈泽宪主编．经济刑法新论．北京：群众出版社，2001

2. 李永升，朱建华主编．经济刑法学．北京：法律出版社，2011

3. 王延祥．如何认定诈骗罪中的“以非法占有为目的”．政治与法律，2003（3）

案 43　对信用卡诈骗罪中“恶意透支”的认定

——蒋某某信用卡诈骗案

【问题提示】

行为人明知自己的贷记卡上无存款而透支消费，经发卡行多次催收仍不归还，能否认定为恶意透支。

【案情摘要】

被告人：蒋某某，女，重庆某公司营业人员。

蒋某某于 2003 年 8 月在中国工商银行重庆某支行申请办理了一张牡丹贷记卡，后明知自己卡上无存款但仍从 2003 年 9 月至 11 月期间，共十余次使用此卡从自动取款机上提取现金并使用此卡进行消费，合计透支八千余元。蒋某某办理信用卡的银行允许其透支额为 1 万元。2004 年 1 月起发卡银行多次对其催收，但蒋某某仍不归还。2004 年 6 月，银行向公安机关报案，蒋某某在公安机关侦办此案过程中退还了透支的本金和由此产生的利息。蒋某某在讯问时辩称：自己确实收到银行的催收通知单，但认为不过透支几千元，自己的收入足以保证还清透支额，加之自己懒惰，才未能及时归还。

【分歧意见】

一种观点认为，根据 1996 年最高人民法院关于信用卡诈骗案中“恶意透支”的司法解释，蒋某某恶意透支数额较大，且自收到发卡银行的催收通知之日起 5 个月内仍不归还，已构成信用卡诈骗罪。另一种观点认为，蒋某某的行为不构成犯罪。按照最高人民法院的司法解释，蒋某某的透支金额未超过信用卡准许透支的范围，在允许透支范围内的透支行为，不论时间多久，都属民事借贷关系，不能认定为犯罪。

【要点提示】

本案问题的解决，需着重把握如下几个问题：

1. 对最高人民法院关于恶意透支的司法解释应当如何理解?

2. 催收后仍不归还能否认定行为人有非法占有的目的?

3. 如何理解恶意透支的立案标准?

【问题讨论】

本案争议的焦点在于蒋某某主观上是否存在“非法占有”的目的，这就涉及如何认识透支型信用卡诈骗犯罪的构成特征，如何理解和运用刑法与相关司法解释的相关内容，也关涉如何在司法实践中坚守刑法谦抑原则。

一、恶意透支行为的入罪沿革以及其相关规定的理解

1995年6月，全国人大常委会通过《关于惩治破坏金融秩序犯罪的决定》，创设了信用卡诈骗罪，恶意透支成为信用卡诈骗罪的表现形式之一。1996年12月，最高人民法院下发《关于审理诈骗案件具体应用法律若干问题的解释》，规定，“恶意透支”是指持卡人以非法占有为目的，或者明知无力偿还，透支数额超过信用卡准许透支的数额且数额较大，逃避追查，或者自收到发卡银行的催收通知之日起3个月内仍不归还的行为。1997年修订的《刑法》第196条第2款对恶意透支进行了重新规定：前款所称恶意透支，是指持卡人以非法占有为目的，超过规定限额或者规定期限透支，并且经发卡银行催收后仍不归还的行为。

在司法实践中，一般认为1996年的司法解释和1997年《刑法》的规定可以结合适用。从语义上分析，二者都强调主、客观的有机统一，只是外延不同而已。就主观方面而言，二者都要求“非法占有目的”；就客观方面而言，新刑法在原来的基础上新增了一种情形：超过规定期限透支。即使没有超过发卡行允许透支的规定限额，但透支额较大，且经发卡银行催收后仍不归还的行为具有严重的社会危害性，在其他法律无法维护信用卡管理秩序的时候需要刑法的介入。要求经发卡银行催收后仍不归还才能追究刑事责任，更好地体现了刑法谦抑原则：只有在发卡银行无法收回透支款的时候，即民法无法调整的时候，刑法才有介入的必要。这样，1997年《刑法》的规定较1996年的司法解释而言，更为全面、合理。

二、关于恶意透支行为诈骗性的理解

恶意透支是信用卡诈骗罪的表现形式之一，其应当具备诈骗的特征：虚构事实或者隐瞒真相，使对方因此陷入错误的认识、作出错误的财产处分决定，进而实现非法占有的目的。在实践中，恶意透支主要表现为：积少成多型，交叉担保型，内外勾结型，私相授受型。主张恶意透支不具有诈骗性的学者认为，信用卡交易的规则是，加盟店只要确认信用卡的有效性与署名同一性，不必要确认信用卡会员有无支付意思与能力，行为人呈示其信用卡不能说是欺诈行为；加盟店只要将销售发票送给信用卡公司，信用卡公司就必须代付持卡人应支付的款项，故不能认为加盟店有财产上的损害；发卡行收到加盟店送来的发票后，即便明知会员无支付意思与能力，也必须向加盟店代付会员购买商品的货款，不存在发卡行陷入错误而交付财物的问题。但首要的问题是：合法持卡人是如何取得信用卡的？如果一开始就有非法占有的目的，尽管提供了真实的报表材料，但如果发卡行知道行为人的这一目的显

然是不会发卡授信的，也就不会遭受财产的损失，此时存在明显的诈骗性。在消费过程中产生非法占有目的的情形下，加盟店是从形式上推定行为人没有非法占有的目的才进行交易的，但这种推定并不符合事实，虽然加盟店没受到损失，但发卡行却因此会遭受损失。事实上，诈骗并非总是呈现出直接的线性结构，也存在间接的三角结构，即受骗者与受害者分离的情形，如冒用他人的信用卡。

三、主观上“非法占有目的”的认定

这里的非法占有并非暂时的占有和控制，而是侵犯财产所有权的不法所有的意思。“经发卡行催收后仍不归还”实际上不是对“非法占有目的”的一种推定，而是在已经存在非法占有目的的情况下表明行为的应受刑罚惩罚性的客观特征。因此，这种非法占有目的的存在需要依据案件的相关事实予以认定，而不能简单地以“经发卡行催收后仍不归还”来直接推定。按照2009年最高人民法院、最高人民检察院《关于办理妨害信用卡管理刑事案件具体应用法律若干问题的解释》（以下简称《信用卡刑事案件解释》）的规定，有下列情形之一的，应当认定为具有非法占有的目的：(1) 明知没有还款能力而大量透支，无法归还的；(2) 肆意挥霍透支的资金，无法归还的；(3) 透支后逃匿、改变联系方式，逃避银行催收的；(4) 抽逃、转移资金，隐匿财产，逃避还款的；(5) 使用透支的资金进行违法犯罪活动的；(6) 其他非法占有资金，拒不归还的行为。需要说明的是，在证明行为人主观上的非法占有目的时，不能因为行为人事实上没有归还欠款就一律认定行为人具有非法占有的目的，必须认真分析行为人不能归还的原因，是“想还而不能还”，还是“能还而不想还”，并确定行为人是否有特定的免责因素，如持卡人因长期出差或出国等原因，未能收到发卡行的催收通知而造成的拖欠现象；行为人资金周转困难，暂时无法按期返还；因不可抗力暂时丧失偿还能力，等等。

就本案而言，蒋某某在收到银行的催收通知单后虽未及时归还透支款，但其认为透支款不过几千元，自己的收入足以保证还清透支额，加之自己懒惰，才未能及时归还。由于此种情况在现实中确实存在，所以发卡行的催收程序往往是分三步走：首先发出书面通知催告还款，然后派外勤人员上门索要，最后诉请法院发出支付令。若经三次催要仍无效，即可认定行为人主观上存在非法占有的目的。而本案中发卡行仅对蒋某某进行了几次书面催收，且行为人在有还款能力、承认透支事实又不逃避侦查的情况下，很难实现非法占有的目的，因此，难以认定行为人主观上存在这一目的。

四、“催收后仍不归还”的理解与适用

恶意透支的非法占有目的是主观的超过要素，不需要客观要件与之对应，因此，“催收后仍不归还”应当具有自己的客观要件的意义：限制入罪范围，即它是与超过规定限额或者规定期限透支并列的客观必备要件。“催收后仍不归还”并非一个必经的程序性规定，而是恶意透支行为“民转刑”的一个提示性内容，即如果发卡行不能通过民事的手段维护其财产权，则需要刑法的介入。携款潜逃和逃避侦查的恶意透支行为已经表明，发卡行不可能通过民事的手段索回透支款，刑法介入的必要性不需要发卡行以催要来证明。当然，一般情况下发卡行允许持卡人透支的期限为1

个月，要求持卡人在 30 天内归还透支金额和利息。如果在 1 个月内透支人不能还本付息，发卡行在进入第二个月时会派外勤人员催要透支款，在催要透支款无着落的情况下，才诉请人民法院发支付令给透支人以追还透支款，透支人在法定的 15 天内可以提出异议，若没有异议，人民法院即予以执行。

以本案论之，行为人并未逃避侦查，且有还款能力，发卡行完全可以通过民事的手段索回蒋某某的八千余元透支款，没必要依靠国家的刑法资源来维护财产权。这不仅是刑法谦抑性品格所要求的，也是银行信用卡业务源于透支功能所特有的金融风险的必然选择，只有将商业纠纷尽可能消弭于私法秩序之中，才能进一步促进这一业务的良性发展。

五、透支数额的入罪标准

根据刑法的规定，恶意透支须达到“数额较大”，才可能构成犯罪。对于恶意透支的数额如何计算，有两种不同意见：第一种意见认为，应按照 1996 年最高人民法院的司法解释，透支 5 000 元以上为数额较大。第二种意见认为，应以超过透支限额5 000元为犯罪起点标准。按照 2009 年最高人民法院、最高人民检察院《关于办理妨害信用卡管理刑事案件具体应用法律若干问题的解释》，持卡人超过规定限额或者规定期限透支，并且经发卡银行两次催收后超过 3 个月仍不归还的，应当认定为恶意透支。以此观之，本案蒋某某透支八千余元并未超过规定限额（1 万元），但其超过规定期限透支，经发卡行多次催收后超过 5 个月仍未归还，已构成“恶意透支”。

综上所述，本案蒋某某虽然有“恶意透支”的行为，但其主观上“非法占有目的”并不明确，且透支数额没有超过信用额度，按照刑法谦抑原则，不应当追究其刑事责任。

【讨论归纳】

恶意透支型信用卡诈骗罪，既要求主观方面有非法占有的目的，也需要在客观方面具有超过规定限额或者规定期限透支、经催收仍不归还的行为。在办理利用信用卡诈骗案件时应当坚持刑法谦抑原则，只有在发卡银行无法收回透支款，即民法无法调整的时候，刑法才有介入的必要。

【实务训练】

从实务中找一件类似本主题的真实案件，根据该案的事实、既有证据及争议焦点，写一份辩护词或判决书。要求格式规范、条理清晰、层次分明、说理透彻。

【延伸阅读】

1. 刘明祥．财产罪比较研究．北京：中国政法大学出版社，2001

2. 刘华．信用卡犯罪中若干疑难问题探讨．见：刑法问题与争鸣．北京：中国方正出版社，2001

3. 罗会宝．关于信用卡透支行为罪与非罪的界定．中外法学，1995（6）

4. 杨迎泽，郭立新主编．刑法分则适用疑难问题解．北京：中国检察出版社，2000

案44 贷款诈骗罪与合同诈骗罪的界分

——张某贷款诈骗案

【问题提示】

贷款诈骗罪也往往借助合同诈骗的方式来实现，对此，是定贷款诈骗罪还是定合同诈骗罪，如何界分贷款诈骗罪与合同诈骗罪，常常是司法中的一个难点。

【案情摘要】

犯罪嫌疑人：张某，L省D市YL（集团）公司董事长。

L省D市YL（集团）公司（以下简称YL集团）是一家家族公司，张某为董事长，董事会成员皆为其亲属。1998年年底，YL集团欠D市商业银行贷款本息达1亿多元，贷款抵押物为YL大酒店、YL大厦等固定资产，双方签订了抵押合同并办理了抵押登记和公证。1998年9月1日还贷日期临近，YL集团经营状况不好，张某担心因不能偿还贷款本息而使抵押财产被银行抵偿债务。为了保住家庭财产，张某伪造了一系列证据，证明YL集团向张某某（张某之弟，YL集团副总经理）和宋某（张某之女婿，YL集团副总经理）借款合计本息九千多万元。然后由张某某、宋某起诉YL集团归还借款。1998年10月30日，L省高级人民法院作出“民事调解书”，确认由YL集团偿还张某某、宋某本息9 119万元，并依张、宋二人申请，将YL大酒店查封，并以资抵债，将其所有权划归张某某、宋某所有。D市商业银行遂向公安机关报案，张某被逮捕。

【分歧意见】

关于本案犯罪嫌疑人张某的行为是否构成贷款诈骗罪，有肯定和否定两种观点。否定者认为，贷款诈骗中实施欺诈行为应在贷款时，非法占有的目的应产生于获取银行贷款之前，而本案的欺诈行为显然不在贷款行为时而在还款过程中，故不可能构成贷款诈骗罪，应定合同诈骗罪。肯定者的理由主要是，贷款诈骗是特别的合同诈骗，在贷款合同履行过程中也可以构成贷款诈骗罪，本案是在贷款合同履行过程中的贷款诈骗行为，故构成贷款诈骗罪。

【要点提示】

1. 贷款诈骗罪的法律规定及构成要件。
2. 贷款诈骗罪与合同诈骗罪相区分的关键点。

【问题讨论】

我国1979年《刑法》没有专门针对贷款诈骗行为立法，对于实践中的贷款诈骗犯罪行为，一般是以“诈骗罪”（第151条）定罪处罚，或仅作为民事纠纷进行处理。首次专门将该行为入罪的立法，是1995年全国人大常委会颁布的《关于惩治破坏金融秩序犯罪的决定》(第 10 条)。1997 年《刑法》修订时又把以上规定全部吸收到新刑法中(作为其第 193 条)。根据《刑法》第 193 条的规定，所谓贷款诈骗罪，是指行为人(自然人)以非法占有为目的，以编造引进资金、项目等虚假理由或者使用虚假的经济合同、证明文件、产权证明作担保或者超出抵押物价值重复担保及其他方法，骗取贷款，数额较大的行为。在构成上，它有如下几个主要特征：

在客观方面，本罪表现为采用虚构事实、隐瞒真相的方法诈骗银行或者其他金融机构的贷款，数额较大的行为。其中，这里的犯罪对象为贷款，即作为贷款人的银行或者其他金融机构对借款人提供的并按约定的利率和期限还本付息的货币资金。银行和其他金融机构是这里的实体被害人，是“贷款”的所有者或合法占有者，但不能是犯罪对象本身。这里的行为方法为“虚构事实、隐瞒真相”即“诈骗”。根据《刑法》第 193 条的规定，该方法具体包括：(1) 编造引进资金、项目等虚假理由骗取银行或者其他金融机构的贷款；(2) 使用虚假的经济合同诈骗银行或者其他金融机构的贷款；(3) 使用虚假的证明文件诈骗银行或其他金融机构的贷款；(4) 使用虚假的产权证明作担保或超出抵押物价值重复担保，骗取银行或其他金融机构的贷款；(5) 以其他方法诈骗银行或其他金融机构的贷款，具体指前述四种情况以外的行为，如伪造单位公章、印鉴骗贷；伪造货物存单骗贷；伪造本票和委托书骗贷；先借贷后采用欺诈手段拒不还贷；以贿赂等非法、不正当手段骗贷；贷款后携带贷款潜逃；未将贷款按用途使用而是挥霍，致使贷款无法偿还；使用贷款进行违法犯罪活动，致使贷款无法偿还；改变贷款用途，将贷款用于高风险的经济活动，造成重大经济损失，致使贷款无法偿还；为谋取不正当利益，改变贷款用途，造成重大经济损失，致使贷款无法偿还；提供虚假的担保申请贷款，造成重大经济损失，致使贷款无法偿还，等等。

在犯罪主体方面，本罪的主体是自然人犯罪主体的一般主体，即任何年满 16 周岁、具有刑事责任能力的自然人。银行或其他金融机构的工作人员与诈骗贷款的犯罪分子串通并为之提供帮助的，应以贷款诈骗罪的共犯论处。

在主观方面，本罪在主观上由故意构成，且以非法占有为目的。至于行为人非法占有贷款的动机是挥霍享受，还是转移、隐匿，都不影响本罪的构成。反之，如果行为人在申请贷款时使用了欺骗手段，但不具有“非法占有”的目的，则不能定本罪或不以犯罪处理。也就是说，按照 2006 年 6 月 29 日施行的《刑法修正案(六)》的规定，在“给银行或者其他金融机构造成重大损失或者有其他严重情节”的情况下，可构成骗取贷款罪；若该行为发生在 2006 年 6 月 29 日之前，按罪刑法定原则，不能以犯罪论处，可由银行根据有关规定采取停止发放贷款、提前收回贷款或者加收贷款利息等办法处理。

从立法、司法和法学理论上看，贷款诈骗罪与合同诈骗罪容易混淆。根据现行《刑法》第 224 条和第 231 条的规定，所谓合同诈骗罪是指行为人以非法占有为目的，在签订、履行合同过程中，骗取对方当事人财物，数额较大的行为。合同诈骗罪与贷款诈骗罪，有如下几个方面的不同：一是，犯罪客体不同。合同诈骗罪的客体是市场管理秩序和他人的财产所有权；而贷款诈骗罪的客体是国家金融管理制度和银行或者其他金融机构对有关贷款的合法占有权益。二是，犯罪的客观方面不同。合同诈骗罪在客观方面实施了以虚构的单位或者冒用他人名义签订合同；以伪造、变造、作废的票据或者其他虚假的产权证明作担保；没有实际履行能力，以先履行小额合同或者部分履行合同的方法，诱骗对方当事人继续签订和履行合同；收受对方当事人给付的货物、货款、预付款或者担保财产后逃匿；以其他方法骗取对方当事人财物等行为；其犯罪对象可以是包括贷款在内的任何合同标的。而贷款诈骗罪在客观方面表现为采用虚构事实、隐瞒真相的方法诈骗银行或者其他金融机构的贷款，数额较大的行为。其中，这里的犯罪对象为贷款，也即作为贷款人的银行或者其他金融机构对借款人提供的并按约定的利率和期限还本付息的货币资金。三是，犯罪主体不同。合同诈骗罪在主体上，为一般主体，包括单位和自然人。而贷款诈骗罪的主体只是自然人。综上，合同诈骗罪与贷款诈骗罪，在都是以“合同”作为诈骗途径的时候，实际上就发生一种法条竞合的关系，即一般法与特别法的关系。其中，自然人实施的贷款诈骗行为，既完全符合贷款诈骗罪的构成，也完全符合合同诈骗罪的构成，但依法条竞合时“特别法优于普通法”的处理原则，只能按作为特别法的贷款诈骗罪处理；但若是单位实施的贷款诈骗行为，因在主体上不符合贷款诈骗罪的要求，只能按普通法也即合同诈骗罪论处。

综上，贷款诈骗罪与合同诈骗罪都需具有“非法占有”被害人钱财的“目的”，因而单从主观要件分析，根本不能就本案作出定性界分。而且，除合同诈骗罪外，包括贷款诈骗罪在内的所有金融诈骗犯罪，也可采取签订“合同”的手法来骗取特定“标的”，也即这些诈骗罪也大多需要签订合同。可见，以签订“合同”的方式行骗，不仅仅是合同诈骗罪的行为特征，因而单从是否签订了合同，也不能区别行为究竟是合同诈骗行为还是贷款诈骗行为。那么，在都具有非法占有目的、都签订了合同的情况下，如何区别行为究竟是构成合同诈骗罪还是构成贷款诈骗罪呢？我们认为，这当中，实际上存在刑法分则不同法条间的交叉竞合关系，应按特别法条优于普通法条的原则处理。据此，就现行刑法的规定，区分某个行为究竟构成合同诈骗罪还是构成贷款诈骗罪等具体金融诈骗罪的基本点在于行骗“标的”或行骗“凭证”上的区别，即凡属诈骗刑法明文规定为特定犯罪之特定“标的”者或以特定“凭证”诈骗者，行为就不再构成一般的合同诈骗罪，而构成特定金融诈骗罪，如当其诈骗“标的”为贷款时，行为应构成贷款诈骗罪。然而，本案之基本特征是：行为人既使用了合同诈骗之手法，又不存在特殊的诈骗“标的”或以特殊“凭证”诈骗的问题。可见，仅仅是特定的标的、特定之凭证，还不足以据此界分其他各种金融诈骗罪与合同诈骗罪。基于此，结合本案分析，既然本案行为人也使用了合同行骗的手段，界分其行为究竟构成合同诈骗罪还是构成贷款诈骗罪的主要方法就在于：其一，行为人侵犯的直接客体究竟是单纯的合同管理秩序及他人财产权益，还是包括为我国刑法所调控的金融管理秩序？其二，行为人之行骗手段，究竟是仅仅用于诈骗相对个别的合同相对人，还是用于获取金融机构的贷款？

从本案的情况来看，YL 集团从 D 市商业银行的贷款（本金 1.03 亿元，利息四千多万元），有 YL 大酒店、YL 大厦、车辆、仓库等固定资产作抵押，并办理了抵押登记和公证。这表明，YL集团在贷款时并不是“以非法占有为目的”。但面对集团不好的经营状况和还贷日的临近，为了逃避抵押财产被银行抵偿债务以保住家产，张某伪造了一系列证据，证明YL集团向其弟张某某、其婿宋某借款本息合计9 119万元，并由张某某、宋某起诉YL集团归还借款，致使YL大酒店的所有权被划归张某某、宋某所有。这表明，虽然YL集团因经营不善而不能正常归还贷款是意志以外的客观原因，但YL集团仍有能力用抵押的财物偿还银行贷款。可张某及YL集团采用这些欺诈行为，“拒不归还”贷款，应认定为“以非法占有为目的”使用虚假的经济合同（借款合同）通过诉讼诈骗银行贷款的行为。而且，贷款行为在本质上是一种合同行为，无论借贷还是还贷，都是贷款合同行为的组成部分，因此，以上还款中使用虚假经济合同通过诉讼诈骗银行贷款的行为，也应属于法定贷款诈骗罪的行为方式。

然而，据此还不能认定YL集团及张某的行为就能构成贷款诈骗罪。根据我国现行《刑法》第193条的规定，贷款诈骗罪在犯罪主体上只能是自然人而不能是单位。本案中，YL（集团）公司虽是一家家族公司，但它完全属于我国现行《刑法》第30条规定的“单位”（公司）的范畴。张某作为该单位的董事长，伪造证据，借助司法程序，将已用于贷款抵押的YL大酒店的所有权转移给均为公司副总经理的张某某、宋某，逃避抵押财产被银行抵偿债务以保住“家产”，应属于“单位”（公司）的行为。根据2001年1月21日最高人民法院《全国法院审理金融犯罪案件工作座谈会纪要》的规定，对于单位实施的贷款诈骗行为，不能以贷款诈骗罪定罪处罚，也不能以贷款诈骗罪追究直接负责的主管人员和其他直接责任人员的刑事责任。如此，则无论是YL（集团）公司还是张某，其行为均不构成贷款诈骗罪。①

又根据2001年1月21日最高人民法院《全国法院审理金融犯罪案件工作座谈会纪要》的规定，对于司法实践中单位十分明显地以非法占有为目的，利用签订、履行借款合同诈骗银行或其他金融机构贷款，符合《刑法》第224条规定的合同诈骗罪构成要件的，应当以合同诈骗罪定罪处罚。而根据现行《刑法》第224条和第231条的规定，所谓合同诈骗罪是指行为人以非法占有为目的，在签订、履行合同过程中，骗取对方当事人财物，数额较大的行为。它具有如下几个构成特征：在客体上，本罪侵犯了市场管理秩序和他人的财产所有权。在客观方面实施了以虚构的单位或者冒用他人名义签订合同；以伪造、变造、作废的票据或者其他虚假的产权证明作担保；没有实际履行能力，以先履行小额合同或者部分履行合同的方法，诱骗对方当事人继续签订和履行合同；收受对方当事人给付的货物、货款、预付款或者担保财产后逃匿；以其他方法骗取对方当事人财物等行为。在主观方面，为故意，并且具有非法占有的目的。在主体上，为一般主体，包括单位和年满16周岁、具有刑事责任能力的自然人。本案中，张某的行为属于“公司”行为，符合该罪的主体要求；其“采用欺诈手段拒不还贷”的行为符合《全国法院审理金融犯罪案件工作座谈会纪要》对该罪在客观方面的要求；张某“以非法占有为目的”的主观心理符

① 既然张某的行为属于“单位”（公司）行为，且现行《刑法》第270条没有把“单位”规定为侵占罪主体，则张某的行为也不可能构成侵占罪。

合该罪在主观方面的要求；张某的该行为破坏了借贷合同的市场管理秩序和银行的财产占有权益，符合该罪对客体的要求。综上，对张某的行为可按合同诈骗罪定罪处罚。

【讨论归纳】

界分某行为究竟构成合同诈骗罪还是构成贷款诈骗罪的主要方法就在于：其一，行为侵犯的直接客体究竟是单纯的合同管理秩序及他人财产权益，还是包括为我国刑法所调控的金融管理秩序？其二，行为人之行骗手段，究竟是仅仅用于诈骗相对个别的合同相对人，还是用于获取金融机构的贷款？

【实务训练】

从实务中找一件类似本主题的真实案件，根据该案的事实、既有证据及争议焦点，写一份辩护词或判决书。要求格式规范、条理清晰、层次分明、说理透彻。

【延伸阅读】

1. 张明楷．诈骗罪与金融诈骗罪研究．北京：清华大学出版社，2006

2. 屈学武．金融刑法学研究．北京：中国检察出版社，2004

第八章　侵犯公民人身权利、民主权利犯罪

案 45　故意伤害罪与故意杀人罪的区分

——胡某故意杀人案

【问题提示】

因琐事发生争吵，击打被害人要害部位致其死亡，构成故意伤害罪还是故意杀人罪？在概括故意支配之下，出现死亡的结果时，应如何定性？

【案情摘要】

被告人：胡某，男，农民。

1994 年 3 月 29 日下午 2 时许，被告人胡某与妻子刘某各扛一把锄头去田里劳动，途经村民胡甲、胡乙身旁时，听见其兄胡丙及嫂子钟某与胡乙、胡甲在商量交换菜地，被告人胡某认为此事未与自己商量，便很生气地走开。当走到村民胡丁家附近时，被告人胡某觉得事情要早点讲清楚，免得以后麻烦，遂扛锄头返回。当胡某返回经过胡甲身旁时，其嫂钟某对胡某说："阿叔，胡乙要跟我们换一块菜地，你看行不行？"胡某即骂道："你们有房子住，什么东西都拿去卖掉，我一锄头砸死你。"此时正坐在水泥电杆上的胡丙对胡某说："你要砸就砸下来。"胡某听后就举起锄头，用锄头背朝胡丙头的右顶部敲下去，胡丙当即瘫倒在其身旁的胡甲身上，胡甲即将胡丙背回家，叫村医诊治，由于未见好转，当晚送至县医院抢救。次日早晨，被害人胡丙因病情恶化抢救无效而死亡。被告人胡某得知胡丙死亡消息后，畏罪外逃。1999 年 7 月 30 日被抓获归案。

【分歧意见】

一种观点认为，被告人胡某对被害人胡丙欲将菜地与他人交换不满，竟用锄头

背砸被害人的头部，其明知自己的行为可能会造成他人死亡的结果，却放任结果发生，造成被害人死亡的严重后果，其行为已构成故意杀人罪；另一种观点认为，被告人胡某因琐事与被害人发生争吵，用锄头击打被害人，其主观上并没有杀死被害人的故意，其行为构成故意伤害（致人死亡）罪。

【要点提示】

1. 对概括故意行为如何定性?

2. 如何区分故意杀人罪与故意伤害罪?

【问题讨论】

一、对概括故意行为如何定性

在刑法理论上，根据故意的确定性程度将其划分为确定的故意与不确定的故意，概括故意属于不确定故意的一种。不确定故意犯罪与确定故意犯罪的区别在于故意的认识因素，即行为人对危害结果的认识内容与认识程度。因此，如果行为人对其行为的事实和后果有明确预见而作出决意，并在实施行为过程中希望结果发生即为确定故意。在确定故意的情况下，行为人的犯意明确而坚定，行为人不仅认识到自己行为的危害社会的性质，而且决心通过自己的行为追求危害结果的发生，因而确定注意是主观恶性最大的一种犯罪心理。而不确定故意作为确定故意的对称，指行为人虽然明知自己的行为会发生危害社会的结果，但对危害结果发生的具体内容及发展趋向的认识并不明确，而希望或放任危害结果发生的心理态度。

一般认为，不确定故意中的“不确定”主要体现在以下三个方面：(1) 对故意的具体内容认识不明确，包括：对侵害的性质认识不明确，如对自己的行为会发生死亡结果还是伤害结果，处于不确定状态；对侵害的对象认识不明确，即其行为直接作用的对象是甲还是乙并不确定；对侵害的范围认识不明确，即自己的行为会造成多大的危害结果或会涉及多少犯罪对象处于不确定的状态。(2) 故意的认识程度不确定，即行为人认识到自己行为的发展趋向具有多种可能性：危害结果是否发生并不确定，可能发生，也可能不发生；或者危害结果如何发生不确定。(3) 对于这种不明确的危害结果的发生行为人持希望或者放任的态度。不确定故意又可进一步分为概括故意、择一故意和未必故意。概括故意一般被认为是行为人明知自己的行为会发生危害社会的结果，但是对侵害范围和侵害性质的认识并不太明确。“概括”是指行为人对侵害的范围或侵害的性质有一个大体的了解或基本的认识，但是对于侵害的客体认识不明确，或者对危害范围认识不明确，或者对侵害的对象认识不明确。比如，行为人向聚集在一起的人群开枪，但其开枪的行为到底会打死多少人，在行为人的心中并不确定，是把人打死还是打伤或者打死甲还是打死乙也都不确定。再如危害公共安全罪中，行为人会认识到其行为将造成不特定多数人的伤亡或者是公私财产的损失，此时行为人的认识就是概括的认识，因此，可以说概括故意正表明了危害公共安全罪的特点。择一故意通常被理解为行为人虽不确定自己的行为会对数个对象中的哪一个发生危害结果，但明知必对其中之一发生此结果。它与概括故意的区别主要在于“不确定”的程度不同，即择一故意的“不确定”是有限制的，行为人确知侵害的对象非此即彼，但是具体是哪一个并不确定。未必故意指的是行为人明知自己的行为可能发生危害社会的结果，仍希望或放任这一结果发生。尽管学者对于未必故意是否等同于间接故意仍有争议，但均认为在未必故意中，行为人对其行为的侵害对象之认识是确定的，只是对于结果发生的认识尚不明确，即危害可能发生，也可能不发生，因此，未必故意仍被视为不确定故意的一种。

至于对概括故意行为的定性，应由行为人对其认识范围以内的实际结果负刑事责任，即以实际结果确定罪名。这是主、客观一致原则的要求。例如，行为人对自己的行为造成他人的死或伤认识不明确，便按实际结果定罪量刑，即出现致人死亡结果的，为故意杀人罪，出现致人伤害结果的，为故意伤害罪。当然，如果行为人追求某种危害结果，尽管这一结果没有发生，其也要对这一结果承担未遂的罪责。

二、如何区分故意杀人罪与故意伤害罪

在理论上，对于如何区分故意杀人罪与故意伤害罪，有不同的观点，归纳起来主要有以下几种：

1. 目的说

这种观点认为，故意杀人罪与故意伤害罪的区别在于犯罪目的不同，因此，只有根据犯罪人的犯罪目的来认定有关案件的性质才是正确的。其理由是：犯罪目的是犯罪活动的出发点，它统率犯罪活动的全过程，贯穿于犯罪活动的一切方面和整个过程的始终，并实现在犯罪结果上。犯罪目的在认定故意杀人罪和故意伤害罪中的重要作用是客观存在的。故意杀人罪的目的是非法剥夺他人的生命，故意伤害罪的目的是损害他人的身体健康。非法剥夺他人生命这一点是故意杀人罪的质的规定性。这两种罪之所以能区别，就是因为它们分别具有杀人目的和伤害目的这两个不同的质的内在属性，而这种内在属性又决定了与之相适应的行为方式以及带来的符合规律的结果。因此，判断一个案件是故意杀人还是故意伤害，关键在于确定行为人的犯罪目的是置人于死还是置人于伤。凡是行为人的犯罪目的是剥夺他人生命的，不论出于何种动机，不论行为的方式、手段如何，也不论后果是既遂或未遂，其行为性质就是杀人，构成故意杀人罪；凡是行为人的犯罪目的是损害他人的身体健康，不管其他情况如何，也不论后果是致死还是致伤，其行为性质都是伤害，构成故意伤害罪。所以，区分故意杀人罪与故意伤害罪，只能以行为人的犯罪目的为标准，而不能另立其他标准。

2. 故意说

此说为多数学者所主张。此说认为：故意杀人罪与故意伤害罪的根本区别在于故意内容的不同，只有根据犯罪故意的实际内容才能准确区分这两种犯罪。明知自己的行为会引起他人死亡的结果并且希望或者放任这种结果发生的，就具有剥夺他人生命的故意，不论是否造成被害人死亡的结果，行为的性质都是故意杀人；只具有伤害他人身体健康的故意，即使造成他人死亡的结果，也只能认定为故意伤害（致人死亡）罪。有的学者指出，之所以要以故意内容作为区分这两种犯罪的标准，是因为：（1）行为人的主观意识是决定其行为的主观根据，这种主观根据决定行为的性质。(2) 刑法上所称的行为是行为人的犯罪意识表现于外部的身体动作。如果行为人没有犯罪意识而在客观上造成他人死亡，就不能称为杀人行为。(3) 故意内容不同就可能构成不同的罪名。故意杀人罪和故意伤害罪的客观后果可能是相同的，行为大体也是相似的，因而要区分这两种罪往往需从主观方面去寻找它们不同的根据。以故意内容区别这两种犯罪行为，行为人的犯罪目的是不可忽视的，但也存在着没有犯罪目的的间接故意的罪过形式，因此，仅凭有无杀人目的去判断，而不考虑间接故意，同样会导致定罪错误。

3. 事实说

此说认为，区分故意杀人罪与故意伤害罪，应当以案件的客观事实为标准，而不能以犯罪人的主观故意内容为标准。① 例如，使用可以致人死亡的工具，打击人的致命部位，就可以认定为故意杀人罪。

对于上述三种观点，我们认为：目的说以有无杀人的目的来区分是故意伤害还是故意杀人，这种标准是不确切的。因为故意杀人有直接故意，也有间接故意，而间接故意是谈不到杀人目的的。所以，只用杀人目的来区分，等于否认了间接故意杀人的存在。事实说只看到了案件的客观事实，忽略了行为人的主观特征，有悖于犯罪构成的原理。故意说是现在刑法理论的通说，但是，仅将故意内容的不同视为故意杀人罪与故意伤害罪的关键区别还存在疑问。所以，应当坚持主、客观相统一的原则，将故意说与事实说相统一，以正确地区分故意杀人罪和故意伤害罪，即：客观上实施了杀人行为，主观上对死亡具有认识和希望或放任心理的，构成故意杀人罪；客观上实施了伤害行为，仅对伤害结果具有认识和希望或放任心理的，构成故意伤害罪；即使客观上实施了杀人行为，但行为人没有认识到死亡结果的（没有杀人故意），也不能认定为故意杀人罪；而行为人是否具有杀人故意，要通过考察客观事实来认定：(1) 使用的工具及打击的部位；(2) 侵害行为的起因；(3) 打击的强度；(4) 行为人与被害人的平时关系等。

本案中被告人胡某对其兄胡丙欲将菜地与他人交换不满，竟用锄头背砸被害人的头部，致其死亡。行为人在客观上实施了杀人行为，而且从行为人使用可以致人死亡的工具，打击致命部位，反映出其主观上对死亡结果的出现是具有认识的，而明知自己的行为可能会造成他人死亡的结果，却放任结果发生，造成被害人死亡的严重后果，构成故意杀人罪。

【讨论归纳】

对于故意杀人罪和故意伤害罪的区分，应当坚持主、客观相统一的原则，只有行为人在客观上实施了杀人行为，主观上对死亡结果具有认识和希望或放任心理的，才成立故意杀人罪；客观上实施了伤害行为，仅对伤害结果具有认识和希望或放任心理的，则构成故意伤害罪。

【实务训练】

从实务中找一件类似本主题的真实案件，根据该案的事实、既有证据及争议焦

① 参见王作富主编：《刑法分则实务研究》（下），881页，北京，中国方正出版社，2003。

点，写一份辩护词或判决书。要求格式规范、条理清晰、层次分明、说理透彻。

【延伸阅读】

1. 王作富主编．刑法分则实务研究（下）．北京：中国方正出版社，2003

2. 赵秉志主编．刑法分则要论．北京：中国法制出版社，2010

3. 袁秀岩，邵磊．论故意杀人罪与其他相关犯罪的区别．国家检察官学院学报，2005（6）

案46 相约自杀未死者的行为的定性处理

——夏某故意杀人案

【问题提示】

相约自杀的当事人一方中途放弃自杀念头，未实施自杀行为的，是否构成故意杀人罪？相约自杀有哪些表现形式？相约自杀案件中刑事责任应如何确定？

【案情摘要】

被告人：夏某，男，小学文化。

被告人夏某与吴某系原配夫妻，夫妻关系一直融洽。2004年1月的一天，吴某在结冰的路上行走时滑倒，致一条腿骨折。此后，吴某陷入伤痛之中，加之面临经济困难，产生自杀念头。被告人夏某在劝说吴某打消轻生念头没有效果之后，在眼前艰难处境的压力下也产生了不想活的念头，便与吴某商量两人一起上吊结束生命。同年5月12日凌晨1时许，夏某在租住的地下室准备了一高一矮两张凳子，并准备了绳子，接着先将吴某扶到矮凳子上，又从矮凳子上扶到高凳子上，让吴某站立在高凳子上，将绳子一端系在吴某的脖子上，另一端系在室内下水管上，然后夏某将吴某脚下的凳子拿开，吴某的脚动了几下即窒息而死。过了十几分钟，夏某也准备上吊自杀，但想到这样会连累房东，即打消了自杀念头，于天明时到派出所投案自首。

【分歧意见】

一种观点认为，被害人吴某虽已有自杀意图，但被告人夏某帮助被害人自杀，其主观上明知会出现他人死亡的结果仍故意为之，客观上积极主动地帮助被害人吴某自杀，导致吴某死亡结果的发生，其行为已构成故意杀人罪；另一种观点认为，被告人夏某与被害人吴某是相约自杀，被告人夏某主观上没有杀人的故意，因此，其行为不构成故意杀人罪。

【要点提示】

1. 相约自杀的概念、特征及表现形式。

2. 相约自杀未死者在何种情况下构成故意杀人罪？

【问题讨论】

一、相约自杀的概念、特征及表现形式

（一）相约自杀的概念、特征

相约自杀，又名共同自杀，是指两个或两个以上的行为人在共同故意的心理状态下所实施的结束自己生命的行为。它的主要特征是：（1）相约自杀的主体必须是两个或两个以上的自然人。相约自杀是与单独自杀相对而言的，其根本区别就在于其主体的多元性。（2）相约自杀行为人必须都有一定的行为能力，且意思表达自由。所谓行为人有一定的行为能力，是指行为人能够清楚地认识自杀行为的性质和后果。如果行为人中有一人是无行为能力者或精神病患者，“相约”就是虚假的，不能认为是相约自杀。所谓意思表达自由，是指行为人的自杀决意是自愿作出的，而不是在暴力、胁迫、威逼下作出的。若是在暴力、胁迫、威逼下作出自杀决意，行为人的意思表达就是不自由甚至虚假的，不能看作是相约自杀，而是故意杀人。（3）相约自杀必须基于共同的自杀故意。这有两方面的含义：其一，行为人各自都有自杀的故意；其二，行为人自杀的故意具有共通性，即每个行为人都知道或者希望对方与自己一起实施自杀行为。这是相约自杀区别于单独自杀的根本所在，也是区分“相约”中是否有欺骗行为的标准。如果一方以“相约自杀”为名，骗使另一方自杀，这就不是相约自杀，而是故意杀人了。这种共同自杀的心理状态在外部的表现便是共谋实施自杀的行为人经事前谋划，就自杀意愿和方法达成统一。因此，它是共同自杀故意产生的前提和基础。（4）实施了共同自杀的行为。仅仅是思想上有共同自杀的故意尚不构成相约自杀，须最终落实到行动上，即相约自杀行为人实施了共同自杀的行为。

（二）相约自杀的表现形式

相约自杀情况十分复杂，归纳起来其表现形式有如下几种：

1. 单纯的相约自杀

单纯的相约自杀是指相约人在各自产生自杀意念后，经过谋划，产生共同自杀的故意，而后，各自独立地实施自杀行为。这期间没有一方教唆、帮助另一方自杀的情况，也没有一方受嘱托或得承诺而杀死另一方的情况。

2. 教唆型相约自杀

这是指他人原本无自杀意图，行为人唆使他人自杀，并表示自己也要和被教唆者一起自杀。构成教唆型相约自杀，首先，被教唆者须原无共同自杀的故意，经教唆人教唆后方产生；其次，教唆者须有教唆行为，且这种行为同被教唆者产生共同自杀的故意和实施共同自杀行为之间存在着刑法上的因果关系；再次，教唆人主观上有教唆他人共同自杀的故意。教唆型相约自杀的形式可多种多样，有语言上的或文字上的，但其中不能包含威逼、胁迫、诱骗等因素。

3. 帮助型相约自杀

这是指相约自杀行为人基于共同自杀的故意，一方帮助另一方结束其生命，而后，帮助人再实施自杀行为。这种“帮助”可以是物质上的，如提供自杀工具、场所，也可以是精神上的，如在一方自杀信念发生动摇时，另一方坚定其信念。帮助行为可以是行为人单方的帮助，也可以是双方相互帮助，有时还会出现物质、精神上的交叉帮助、竞合帮助。

4. 受托型相约自杀

这是指相约自杀行为人在产生共同自杀故意后，一方因无自杀能力或勇气，遂嘱托另一方先将其杀死，而后受嘱托人自杀的情况。构成受嘱托型相约自杀，嘱托人须有自杀之决意，有真诚的意思表示，且主动要求受嘱托人杀死自己，受嘱托人有结束嘱托人生命的故意而后又自杀。

5. 诱骗、强制型相约自杀

这是指行为人诱骗、强制他人自杀，并表示自己也要和被诱骗、强制自杀者一起自杀，但实际上行为人并不想与对方一起自杀。

二、相约自杀中的刑事责任问题

1. 在单纯的相约自杀中，谈不上刑事责任问题

行为人经过谋划产生共同自杀故意，而后又各自独立地实施自杀行为的，每个相约自杀人的行为都不涉及侵害另一方生命的问题，即在其共同自杀过程中，其内部不存在他杀因素。行为人主观上无罪过，客观上没有实施犯罪行为，不构成犯罪，因而无刑事责任。需要注意的是：相约人产生共同自杀故意，一方先实施了自杀行为，另一方看到其自杀的痛苦情状后，突然改变主意，不再自杀了。对于这种情况，因未自杀者的行为不符合犯罪构成理论，故不产生刑事责任。

2. 在教唆型相约自杀中，教唆人自杀未遂，应追究其刑事责任

被教唆者的自杀故意和自杀行为的产生和出现，都与教唆行为存在着刑法上的因果关系，教唆者主观上存在着剥夺他人生命的故意，理应负刑事责任。但教唆者的教唆犯意必须通过被教唆者的行为才能实现，所以，在量刑时应当从轻或减轻处罚。对于教唆未遂，即被教唆者没有实施共同自杀行为的，教唆者亦应负一定的刑事责任。

3. 在帮助型相约自杀中，自杀未遂的帮助者应负刑事责任

在帮助型相约自杀中，帮助者主观上明知被帮助者有死亡的故意，而且在客观上实施了物质上的帮助行为，或在精神上坚定其共同自杀的信念，因而，在主观上也具有剥夺他人生命的故意，应负刑事责任。但帮助行为的前提是被帮助者已经具备自杀的故意，因而，在量刑时也应当从轻或减轻处罚。在处理这类案件时，还应区分物质上的帮助和精神上的帮助。自杀行为较为特殊，它是基于自己的想象和情感作出的，因而，精神上的帮助较之物质上的帮助具有更大的危害性，在量刑时应较物质上的帮助为重。

4. 在受托型相约自杀中，受嘱托人自杀未遂的，应负担刑事责任

我们认为，自己结束自己的生命不为罪，却不可结束他人的生命。因此，双方即使有共同自杀故意，一方亦不可以受另一方嘱托为名，先结束嘱托人的生命，再结束自己的生命，以达到共同自杀的目的。一方面，受嘱托人主观上有杀人的故意；另一方面，受嘱托人客观上实施了杀人行为，因而，如果受嘱托人自杀未

遂，就要负担刑事责任。但这种杀人行为毕竟是在嘱托人有共同自杀故意的前提下作出的，且是嘱托人提出的，受嘱托人本人也实施了自杀行为，所以应酌情从轻或减轻处罚。

5. 在诱骗、强制型相约自杀中，诱骗、强制者应负刑事责任

在这种自杀中，行为人主观上具有非法剥夺他人生命权利的故意，客观上实施了欺骗、迫使他人剥夺自己生命权利的行为。他人自杀的行为是被诱骗、被强迫而实施的，是违背自己意愿的。也可以说，行为人是借他人之手来剥夺他人的生命，他人是行为人实施杀人行为的工具。因此，行为人具备主观与客观相统一的故意杀人罪的犯罪构成要件，其行为构成故意杀人罪，而且原则上不能从宽处罚。

本案中，被害人吴某早已有自杀意图，被告人夏某在艰难处境的压力下也产生不想活的念头，便与吴某商量两人一起上吊结束生命，因此，被告人夏某与吴某是相约自杀。由于吴某一条腿骨折了，被告人夏某准备了一高一矮两张凳子，并准备了绳子，接着先将吴某扶到矮凳子上，又从矮凳子上扶到高凳子上，让吴某站立在高凳子上，将绳子一端系在吴某的脖子上、另一端系在室内下水管上，然后其将吴某脚下的凳子拿开。

被告人夏某的这些行为是为吴某的自杀提供物质帮助，属于帮助型相约自杀。而按照我国刑法，帮助他人自杀并不是排除犯罪性的正当行为，法律不允许任何人帮助他人剥夺其生命。因此，帮助自杀实质上是帮助杀人，应构成故意杀人罪，但在量刑时应当从轻或减轻处罚。

【讨论归纳】

相约自杀，又名共同自杀，是指两个或两个以上的行为人在共同故意的心理状态下所实施的结束自己生命的行为。根据不同的情况，可以把相约自杀分为：单纯的相约自杀，教唆型相约自杀，帮助型相约自杀，受托型相约自杀，诱骗、强制型相约自杀。在相约自杀中，一方死亡，另一方由于种种原因未死的，就产生未死者的刑事责任问题。除了单纯的相约自杀案件之外，在其他几类相约自杀中，未死者都要承担一定的刑事责任。

【实务训练】

从实务中找一件类似本主题的真实案件，根据该案的事实、既有证据及争议焦点，写一份辩护词或判决书。要求格式规范、条理清晰、层次分明、说理透彻。

【延伸阅读】

1. 冯凡英．教唆、帮助自杀行为刍议．人民检察，2004 (2)
2. 林通．自杀参与行为的定性分析．广西公安管理干部学院学报，2002 (3)
3. 张绍谦．论教唆、帮助他人自杀行为的定性及处理．法学评论，1993 (3)

案 47 “婚内强奸”行为的定性处理

——王某强奸妻子案

【问题提示】

在婚姻关系存续期间，丈夫强行与妻子发生性行为，是否构成强奸罪？在什么特殊情况下，可以认定丈夫强奸妻子构成犯罪？

【案情摘要】

被告人：王某，男，某村村民。

王某与妻子赵某婚后感情不好，经常发生争吵。婚后一年左右，在一次争吵后，赵某回娘家居住，并向王某提出离婚要求。经村委会初次调解，双方因彩礼退还数额争执不下而未达成协议，双方约定次日再行调解。当天晚上 21 时许，王某来到赵某娘家索要彩礼，赵某正要脱衣服睡觉，王某见状，亦要脱衣服住赵某娘家，并将赵某强行按倒，欲与其发生性关系。赵某不允，奋力与王某厮打。后王某拿来剪刀威胁，并用剪刀剪开赵某衬裤，用裤带将赵某的手绑住，强行与赵某发生了两次性关系，前后长达五个多小时，致赵某抽搐、昏迷，后被人送医院，经抢救苏醒。

【分歧意见】

第一种意见认为，在合法的婚姻关系存续期间，丈夫强行与妻子发生性关系的行为不属于刑法意义上的违背妇女意志与妇女发生性关系的行为，因此，丈夫强行与妻子发生性关系的行为不构成犯罪。

第二种意见认为，现行刑法并未排除丈夫作为强奸罪的主体。本案中，王某在妻子赵某显然不愿发生性关系的情况下，使用暴力强行与其性交，致其抽搐、昏迷，情节、后果严重，应认定为强奸罪。

第三种意见认为，不能简单地确定丈夫强行与妻子性交的行为构成或者不构成犯罪，应具体情况具体分析。本案中被告人王某在婚姻关系濒临破裂、被害人极力反抗的情况下实施暴力强奸，可认定为构成强奸罪，但在处理上要与社会上一般的强奸案件有所区别。

【要点提示】

1. 刑法关于强奸罪的规定是否明文排除了丈夫作为犯罪主体？

2. 丈夫强奸妻子在什么情况下可以构成强奸罪？

3. 婚内强奸的证据问题。

4. 对如下法律、司法解释的正确把握：《刑法》第 236 条，《婚姻法》第 2 条、第 3 条、第 4 条，最高人民法院、最高人民检察院、公安部《关于当前办理强奸案件中具体应用法律的若干问题的解答》，最高人民法院《关于适用〈中华人民共和国婚姻法〉若干问题的解释（一）》等。

【问题讨论】

"婚内强奸"是近些年来司法实践中出现的新问题，如何处理，值得研究。

一、刑法关于强奸罪的主体规定

《刑法》第236条第1款规定："以暴力、胁迫或者其他手段强奸妇女的，处三年以上十年以下有期徒刑。"这是我国刑法关于强奸罪的基本规定。我国刑法理论上通常认为，强奸罪是指违背妇女意志，以暴力、胁迫或者其他手段强行与妇女发生性交的行为。[①] 从刑法条文的字面上看，并没有对犯罪主体作特殊规定，理论上通常认为，任何年满14周岁、具有刑事责任能力的男性都可以成为强奸罪的犯罪主体。女性不能单独构成强奸罪的直接正犯，但可以构成强奸罪的教唆犯、帮助犯和间接正犯。不过，合法婚姻关系中的丈夫是否能成为强奸妻子的犯罪主体，理论上不无争议。

二、关于"婚内强奸"的争议

在我国传统法律文化中，"婚内强奸"这一概念本是无容身之地的。"夫为妻纲"的观念在封建时代的中国人头脑中是根深蒂固的。按照过去的旧俗，"嫁鸡随鸡"，女子嫁入夫家便是夫家人，只有顺从丈夫、小心伺候才称得上有"贤德"。作为妻子，反抗丈夫提出的性要求是不可想象的。这一传统法律文化对现代中国社会的影响仍然巨大，不少民众都反对婚内有"奸"的说法，即丈夫不可能因为强奸妻子而获罪。在法学界，20世纪90年代以前的刑法教科书中，"婚内强奸"也基本上没有作为一个"问题"被提出。但是，随着时代的变迁，权利思想的觉醒与深化，"婚内强奸"问题开始引发人们的热议，实践中也出现了比较恶劣的"婚内强奸"而妻子不堪忍受，选择报案的例子，颇令司法机关棘手。

大致看来，关于丈夫能否成为强奸妻子的犯罪主体，目前理论界有否定论、肯定论和折中论三种观点。否定论认为，虽然刑法没有明确否定丈夫可以成为强奸妻子的犯罪主体，但从我国的司法实践来看，如果认可"婚内强奸"，会出现诸多问题：其一，因为对婚姻不满、夫妻感情不和以及其他家庭纠纷等种种原因，不排除妻子可能会利用"婚内强奸"这一"事实"控告丈夫，从而引起更大的社会矛盾；其二，"婚内强奸"的认定在取证方面十分困难，容易导致诉讼不能；其三，即使控告成功，丈夫被判刑坐牢，许多家庭也就因此而破裂，对未成年子女的成长以及家庭社会的稳定都不利；其四，如果允许妻子控告丈夫强奸，则男性在婚姻关系中会处于十分被动和不利的地位，由此变成了弱势群体，显失公平。[②] 张明楷教授亦认为，从我国现实的国情出发，承认"婚内强奸"所引发的问题很多，现阶段尚不宜认定。[③] 否定说的理由还有很多，要么认为妻子在婚内具有性义务，丈夫强迫妻子性交不具有违法性；要么认为承认"婚内强奸"会引起更大的社会矛盾，当前不宜作为犯罪来处理。相反，肯定说则认为，从刑法对强奸罪的描述来看，既未将妻子

---

① 因为强奸罪还包括了奸淫幼女的情形，因而此处仅指普通强奸罪的概念。

② 参见单民、刘方：《刑事司法疑难问题解答》，469页，北京，中国检察出版社，2002。

③ 参见张明楷：《刑法学》，2版，692～693页，北京，法律出版社，2003。

排除在被害人范围之外，也未将丈夫从犯罪主体中剔除，认为丈夫享有强奸妻子的“豁免权”是毫无法律依据的。[①] 著名性学家李银河也对“婚内强奸”持肯定态度。[②] 但持肯定说的学者目前在我国尚属少数，尤其在刑法学界。目前，越来越多的刑法学者赞同折中论，而其具有代表性的观点是：在婚姻关系正常存续期间，丈夫不能成为强奸罪的主体；在婚姻关系非正常存续期间，丈夫可以成为强奸罪的主体。所谓“非正常”，是指婚姻关系虽然存在，但已进入法定解除程序，即一方已经起诉离婚，法院尚未判决或者判决尚未生效的阶段。[③]

三、“婚内强奸”在特定情况下可以构成犯罪

笔者认为，“婚内强奸”在特定情况下是可以构成犯罪的，丈夫强奸妻子并无法律上的免责依据，但不分情况地一律将丈夫强迫与妻子发生性交认定为强奸罪的做法在实践中也不可取。相比而言，折中论的主张是较为合理的，但还值得进一步完善。

否定说的种种理由是站不住脚的，值得一一批驳。否定说认为承认“婚内强奸”，可能会导致妻子故意诬陷丈夫，从而将男性置于非常不利的地位，引起社会矛盾。其实这是放大了这一矛盾，将罕见的情况当作普遍的情况对待。我国司法实践中早已有“婚内强奸”入罪的判决，但并没有导致妇女大规模“报复”丈夫的情况出现。事实上，女性往往更加珍惜婚姻关系的稳定性，控告丈夫“强奸”绝对不是正常的婚姻关系中妇女所愿意作出的选择。众所周知，强奸是重罪，一旦丈夫因此获刑，婚姻家庭关系便难再维系，这是一般人都不愿看到的结局。换句话说，如果不是实在不堪忍受性暴力，一般人都不会选择控告丈夫强奸。否定说还认为“婚内强奸”面临取证难的困境。这虽然是一个问题，但并非不可以解决。司法实践中应该积累经验，注意到“婚内强奸”与婚外强奸在证明方面应该有所区别。相比社会上发生的强奸案，“婚内强奸”的受害人可以明确指认加害人是谁，可以指明犯罪发生的特定场合，可以邀请邻居、亲友作证，也可以自行搜集现场证据，如伤痕、犯罪工具等。更值得说明的是，由于“婚内强奸”一般都是婚姻关系处于非正常时期妻子才提出的控告，夫妻关系、分居事实、离婚协议等都是具有证明效力的证据。应该说，举证问题绝非一个不可解决的问题，而且这一问题存在于所有的刑事案件中。否定说还有一个重要理由是所谓“婚内强奸”不符合现阶段国情，不利于社会稳定。应该说，社会观念是随着时代的变化而改变的。夫权主义是封建社会的旧习俗，与现代法治社会的平等、权利意识格格不入。一味维护婚内无奸的立场，无异于为婚内暴力找到了一个免责的借口，这是与我国现行法制不相容的。至于极端的

---

① 参见王琪：《婚姻契约观下对妻子性权利的再认识——也谈婚内强奸》，载《经济与社会发展》，2006(5)。

② 参见李银河：《我为什么赞成婚内强奸》，载李银河个人博客：http：//blog. sina. com. cn/liyinhe/2010-12-13。

③ 参见赵秉志主编：《刑法教学案例》，301页，北京，法律出版社，2007；李希慧主编：《刑法各论》，218页，武汉，武汉大学出版社，2009；韩玉胜主编：《刑法学原理与案例教程》，2版，440页，北京，中国人民大学出版社，2009。

否定论者所提出的婚内性义务的观点，更是没有法律依据。相反，《宪法》第37条、第38条明文规定了公民的人身权利、人格尊严不受侵犯，《婚姻法》第3条也明确规定了“禁止家庭暴力”，这些都说明了婚内性暴力的非法性。最高人民法院在《关于适用〈中华人民共和国婚姻法〉若干问题的解释（一）》中也肯定了“因感情不和分居满二年”是起诉离婚的重要理由，从而间接承认了分居是一种事实上的独立权利，而分居的重要内容就是不过性生活。也就是说，丈夫如果忍受不了妻子拒绝过性生活，可以提出离婚，但无权采用暴力强迫妻子性交。

另一方面，如果采用肯定说的立场，无视婚姻家庭中的复杂矛盾，对丈夫强迫妻子性交的行为一律以强奸罪论处，可能产生更为消极的社会效果，并不符合立法初衷。因此，折中说既考虑了刑法、婚姻法的规定，又顾及现实生活中的复杂情况，是一种比较灵活的处理方式。这就需要司法人员本着高度的责任感，综合考虑案情进行处理。一般来说，可以依据下列情况来判断婚姻关系处于非正常状况：（1）有证据证明夫妻关系长期不好，或者夫妻双方已经处于分居状况；（2）一方已经提出离婚（包括口头的、书面的），或者双方已经协议离婚（包括口头的、书面的）；（3）离婚手续正在民政部门办理，或者离婚诉讼正在进行中；（4）离婚判决已经作出，尚未生效。当然，婚姻关系处于非正常状况只是判断“婚内强奸”的必要条件，而非充分条件。只有满足强奸罪的全部构成要件，才能对实施婚内性暴力的行为人定罪，但是考虑到“婚内强奸”毕竟与社会上一般的强奸犯罪有所区别，在量刑上可以酌情从宽。需要补充的是，在正常的夫妻关系中，如果丈夫以暴力手段强迫妻子性交，给妻子造成人身或者精神损害，情节或者后果严重的，可以考虑按照故意伤害罪或者虐待罪追究其刑事责任。

在本案中，被告人王某与妻子长期感情不好，且妻子已经提出离婚并且回娘家居住，显然已经不愿意与王某过性生活，婚姻关系已经处于非正常状况。王某利用“丈夫”身份闯入妻子娘家，暴力奸淫受害人两次，导致其抽搐、昏迷，手段、后果都比较严重，完全符合《刑法》第236条的规定，应当以强奸罪论处。

【讨论归纳】

丈夫强奸妻子是否可以以强奸罪论处，至今仍处于争议之中。刑法学界有否定说、肯定说与折中说三种观点。否定说主要以婚内契约、婚内无“奸”、举证困难、国情等理由论证“婚内强奸”的非罪性；肯定说则立足于刑法的条文规定证明丈夫并未被排除在强奸罪的主体之外。但综合考虑，折中说是基本妥当的。实践中，应根据具体案情，分析婚姻关系是否已处于非正常状况，并结合证据，判断被告人的行为是否可以构成强奸罪。

【实务训练】

从实务中找一件类似本主题的真实案件，根据该案的事实、既有证据及争议焦点，写一份起诉书或判决书。要求格式规范、条理清晰、层次分明、说理透彻。

【延伸阅读】

1. 梁健．强奸犯罪比较研究．北京：中国人民公安大学出版社，2010

2. 蔡道通．婚内有奸的法理探究．见：陈兴良主编．刑事法评论．第10卷．北京：中国政法大学出版社，2002

3. 王文生．强奸罪判解研究．北京：人民法院出版社，2008

4. 王作富主编．刑法分则实务研究（下）．北京：中国方正出版社，2003

5. 杨德寿．婚内强迫性行为的法律责任论．中国刑事法杂志，2001（5）

6. 祝铭山主编．强奸罪．北京：中国法制出版社，2004

案48　以自残逼迫妇女与其发生性关系的定性处理

——洪某强奸案①

【问题提示】

强奸罪的核心在于违背妇女意志，但行为人采用暴力、胁迫或者其他手段达到何种程度可以判定为违背妇女意志？

【案情摘要】

被告人：洪某。

被告人洪某追求邻家女子姚某，姚某因有男友而不同意。2010年2月21日晚，洪某约姚某外出唱歌。当夜，两人从歌厅出来后已是凌晨，洪某以天太晚没有公交车为由，与姚某一同进宾馆，分床而睡。半夜，洪某起来，要求与姚某发生性关系，姚某不愿意。洪某就拾起宾馆房间内的烟灰缸照自己头部猛砸，并对姚某说："你不跟我玩，我就打死自己好了！"姚某担心洪某发生危险，被迫与洪某发生性关系。后某区人民法院经审理认定洪某以自残的手段胁迫被害人姚某与其发生性关系，构成强奸罪，判处其有期徒刑7年。

【分歧意见】

一种观点认为，洪某并没有直接针对被害人使用暴力、胁迫，无法对被害人造成身体或精神上的强制，也并未能达到压制被害人反抗的程度，不构成强奸罪。另一种观点认为，洪某以自残的手段胁迫被害人与其发生性关系，属于一种精神上的胁迫，符合强奸罪的"其他手段"，应该构成强奸罪。

【要点提示】

1．"违背妇女意志"的理解与认定。

2．强奸罪的客观行为方式中"其他手段"的理解。

3．重点把握1984年4月26日最高人民法院、最高人民检察院、公安部《关于当前办理强奸案件中应用法律的若干问题的解答》。

---

① 转引自于志刚主编：《案例刑法学（各论）》，203页，北京，中国法制出版社，2010。

【问题讨论】

一、强奸罪“违背妇女意志”的理解与认定

强奸罪是严重侵犯妇女性自主权的犯罪，普通型强奸罪的客观行为方式表现为使用暴力、胁迫或其他手段，违背妇女意志，强行与其发生性关系的行为。首先，存在妇女不同意发生性关系的前提。其次，行为人通过暴力、胁迫或其他方式使得被害妇女不知反抗、不能反抗或不敢反抗而实施奸淫行为。由于妇女的意志是主观的东西，在司法实践中是否违背被害妇女的意志需由客观的外在证据加以认定。一般来说，违背妇女意志的外在表现及原因主要有三种：不敢反抗多是在精神受强制时产生；不能反抗多是在身体受强制时产生；不知反抗多是在丧失反抗意识时产生。1984 年 4 月 26 日最高人民法院、最高人民检察院、公安部《关于当前办理强奸案件中具体应用法律的若干问题的解答》规定：“认定强奸罪不能以被害妇女有无反抗表示作为必要条件。对妇女未作反抗表示，或者反抗表示不明显的，要具体分析，精心区别。”在本罪既遂形态下，认定违背妇女意志可以大体上分为三种。其一，被害人存在明显反抗时，这很显然地表明行为人的行为违背了妇女意志。其二，在被害人存在反抗意识而不能反抗或不敢反抗时，应当仔细考察被害人当时所受到的暴力与胁迫的程度是否足以压制被害人的反抗。首先，需判断与被害人具有相同或相似特征的一般妇女的身体与心理承受能力。其次，考察被害人自身所具有的身体与心理特征，以及行为后被害人的种种反应，通过综合与被害人相似群体的一般特征与个体特征来判断是否违背了妇女意志。例如，针对一般妇女，仅仅打一巴掌的轻微暴力难以认定为能够压制被害人反抗的暴力。[①] 其三，在被害人丧失反抗意识而不知反抗的情形下，如使用药物麻醉妇女等方式，除非事先得到被害人明确承诺，出于保护妇女法益的考虑，宜推定这种情形符合强奸罪的客观要件，即违背了妇女意志。

二、强奸罪的客观行为方式中“其他手段”的理解

关于强奸罪中“其他手段”的理解，学界通说认为，所谓其他手段，“是指采用除暴力、胁迫以外的其他使妇女不知抗拒或无法抗拒的各种手段”。“应当注意，立法并没有将‘其他’手段限制为强制手段。”[②] 但这种手段应当具有与暴力、胁迫相同的强制性质。根据 1984 年 4 月 26 日最高人民法院、最高人民检察院、公安部《关于当前办理强奸案件中具体应用法律的若干问题的解答》的规定，“其他手段”是指犯罪分子用暴力、胁迫以外的手段，使被害妇女无法抗拒。例如，利用妇女患重病、熟睡之机进行奸淫；以灌酒、药物麻醉，以及利用或者假冒治病等方法对妇女进行奸淫。至于被害人因受骗而与行为人发生性行为是否属于“其他手段”，值得研究。在这种情况下，应当考察被害人对性行为的对象和行为的社会意义、性质等是否具有明确的认识：如果被害人存在较为明确的认知，或存在期待一定的对价与

---

① 相关案例参见陈利：《强奸罪违反妇女意志的细化分析》，载《人民司法》，2008 (22)。

② 陈忠林主编：《刑法分论》，147 页，北京，高等教育出版社，2007。

回报等情形，则宜认定为被害人对自身法益的放弃，其所实施的性行为是出于自愿的，不宜认定为违背妇女意志。如果被害人并不知道性行为的对象或者不理解性行为的性质，则宜认定为采用其他手段奸淫妇女。例如，医生以治疗需要为名欺骗妇女而实施奸淫的，如果被骗的妇女对与医生发生性行为具有明确的认知，即使误以为与医生发生性行为能够治疗其疾病的，也不宜认定为强奸。因此，对于“骗奸”的情形，应当区别对待，不能一概认定为强奸罪。

本案中，被告人洪某使用自残的方法，使得被害人姚某因担心洪某发生危险而与其发生性行为，我们认为这并不属于以其他手段违背妇女意志而强行发生性行为的情形。因为姚某对洪某并不存在法定的救助义务，且洪某的自残行为属于自损法益，并未危害到姚某的人身与健康法益。强奸罪中的被害人处于一种法益受损的地位，但本案中的姚某并非如此。且按照一般妇女的认知标准，洪某的自残行为难以达到压制被害妇女反抗的程度，姚某完全可以采取其他的措施阻止其自残，即使其不加阻止，也不会受到任何法律上的责难。姚某也完全清楚地认识到自己与洪某发生性的行为性质，此种情形难以认定为违背妇女意志，只应认定为姚某自愿与洪某发生了性行为。某区人民法院将被告人洪某的行为定性为强奸罪是有失偏颇的。

【讨论归纳】

违背妇女意志与行为人采用暴力、胁迫或其他手段之间存在一种因果关系，违背妇女意志是普通型强奸罪的实质特征，而行为的强制性又是认定暴力、胁迫或其他手段的核心。关于其他手段，其应达到与暴力、胁迫相当的足以压制被害人反抗的程度方能认定为违背妇女意志。这样理解才能更好地解决司法实践中的疑难问题。

【实务训练】

从实务中找一件类似本主题的真实案件，根据该案的事实、既有证据及争议焦点，写一份辩护词或判决书。要求格式规范、条理清晰、层次分明、说理透彻。

【延伸阅读】

1. 陈兴良，周光权．刑法学的现代展开．北京：中国人民大学出版社，2006
2. 于志刚主编．案例刑法学（各论）．北京：中国法制出版社，2010
3. 王作富主编．刑法分则实务研究（下）．北京：中国方正出版社，2003
4. 祝铭山．强奸罪．北京：中国法制出版社，2004
5. 陈利．强奸罪违犯妇女意志的细化分析．人民司法，2008（22）

案 49　强奸罪中轮奸情节的认定与处理

——陈某某等强奸案

【问题提示】

轮奸是强奸罪的加重处罚情节，二人共同强奸妇女，一人强奸既遂，一人未实施强奸的，应否认定为轮奸？轮奸有无既遂、未遂的问题？

【案情摘要】

被告人：陈某某，黄某某。

2010 年 6 月 5 日 21 时许，被告人陈某某、黄某某驾驶一辆面包车去广州市荔湾区某饭店吃饭，后二被告人将该饭店员工——被害人蒙某某带至佛山市南海区一大排档吃夜宵。次日凌晨 3 时许，被告人陈某某、黄某某驾驶面包车将蒙某某强行带至广州市荔湾区的江边，陈某某在面包车上要求蒙某某与其发生性关系，遭到蒙某某拒绝后即对蒙某某进行恐吓和殴打，之后黄某某强行与蒙某某发生了性关系，而陈某某放弃了对黄某某的奸淫。

【分歧意见】

对于本案构成强奸罪没有异议，但对于是否构成轮奸，分歧较大。反对者认为，轮奸要求二人以上实际实施了奸淫行为才能构成，一人实施了奸淫，另一人未能实施奸淫的，不构成轮奸情节，只能按强奸罪的基本犯处理。肯定者认为，只要各共犯人均有轮奸的故意，实施了奸淫的，认定为轮奸的既遂；未能实施奸淫的，认定为轮奸的中止或未遂。

【要点提示】

1. 轮奸的成立条件。

2. 轮奸的处罚。

【问题讨论】

一、轮奸的成立条件

轮奸是指二男以上出于共同强奸的故意，在同一段时间内，对同一妇女（或幼女）连续地轮流或同时强奸（或奸淫）的行为。[①] 轮奸是一种共同犯罪，这要求数行为人存在共同的犯罪故意与意思联络。在数行为人同时对妇女实施奸淫时，此数行为人主观上应对其实施奸淫的先后顺序有所认识。换言之，数行为人都想先后实施奸淫，在这种犯意的支配下，只要其中一人现实地实施了奸淫行为，根据“部分实行、全部责任”原则，可以认定为基本犯的既遂。问题在于：轮奸作为强奸罪的法定加重情节，是否有其独立的构成要件？

我们认为，犯罪构成虽然是针对特定的犯罪而言的，但犯罪的加重处罚情节由于在法定刑上进行了升格，涉及更严重的法益侵害性和刑罚处罚，应该确定明确的构成要件来加以正确认定。另外，刑法理论界如今已普遍地对结果加重犯的构成要件进行单独分析，这在一定程度上间接地承认了结果加重犯存在着与基本犯相对独立的构成要件。从概念的外延上看，结果加重犯只是加重犯的一种类型，加重犯是与基本犯相对的概念，加重犯具有不同于基本犯的要件与处罚后果，虽然其不具有单独的罪名，但在具体分析与应用时应当与基本犯区别对待。因此，在分析轮奸的

---

① 参见张明楷：《刑法学》，656 页，北京，法律出版社，2007。

构成时，应当与强奸罪的基本犯罪构成相区别，即单独分析其构成要件与既遂标准。

二、轮奸的认定与处罚

我国刑法分则的条文是由罪状和法定刑构成的，这种表述模式一般是以犯罪既遂形态为标准的。例如，“故意杀人罪”的条文表述为“故意杀人的，处死刑、无期徒刑或者十年以上有其徒刑；情节较轻的，处三年以上七年以下有期徒刑”。这是故意杀人罪既遂模式的构成与处罚。关于未遂犯、中止犯等其他犯罪形态的处罚原则规定在刑法总则里面。照这种逻辑去理解现行《刑法》第236条第3款第4项，即“二人以上轮奸的”，这里的轮奸也应该是一种既遂形态的表述。可见，轮奸的构成要件包括两个方面。其一，数行为人主观上存在针对同一被害人的轮奸的故意；其二，客观上存在轮奸的行为。并且，只有二个或二个以上的犯罪人现实地实施了奸淫行为才能认定为轮奸的既遂。例如，二人共同以轮奸的故意去实施强奸行为，只有一人完成了奸淫的，不能认定为轮奸的既遂，而应当根据“部分犯罪共同说”分别对各行为人定性。如果另一人出于意志以外的原因未能实施奸淫的，则二人的行为都应认定为轮奸的未遂，但在量刑时区别对待。如果另一共犯人在强奸时出于自己内心的不忍而放弃了奸淫的，那么对该犯罪人应认定为轮奸的中止，而对于实施了奸淫的犯罪人应认定为轮奸的未遂。① 但如果各共犯人均具有轮奸的故意，但均未能奸淫被害人，则均应认定为强奸罪基本犯的未遂。

具体到本案中，被告人陈某某与黄某某都具有强奸蒙某某的故意，且具有犯意联络，黄某某实施了奸淫，陈某某并未实施奸淫。对于强奸罪的基本犯而言，二人的行为均已构成强奸罪的既遂。然后在此基础上讨论轮奸的既遂问题。二人有轮奸的故意与行为，但陈某某主动放弃强奸，使得二人的行为并未充足轮奸的构成要件，故不能成立轮奸的既遂。陈某某在实施轮奸的过程中主动放弃强奸，在客观上阻止了轮奸的成立，符合中止的自动性、有效性、时间性等特征，应当认定为轮奸的中止犯，对其应当减轻处罚。虽然黄某某个人实施了强奸行为，但其共同的犯意乃在于轮奸，这种犯意由于陈某某的主动放弃而未能实现，对于黄某某而言，应当认定为轮奸的未遂犯，依据未遂犯的处罚原则，在轮奸的法定刑内可以对黄某某从轻或者减轻处罚。

【讨论归纳】

虽然轮奸只是强奸罪的法定加重处罚情节，但其有独立的构成要件和既遂标准。在数人共同强奸同一被害人的情形下，其所造成的法益侵害性较之一人单独实施的强奸行为更为严重，虽然只有一人奸淫得逞，但仍应在基本犯既遂的前提下适用轮奸的法定刑。

【实务训练】

从实务中找一件类似本主题的真实案件，根据该案的事实、既有证据及争议焦点，写一份辩护词或判决书。要求格式规范、条理清晰、层次分明、说理透彻。

---

① 轮奸未遂的案例请参见张文菁：《唐胜海、杨勇强奸案》，载《刑事审判参考》，总第36集。

【延伸阅读】

1. 张明楷．刑法学．北京：法律出版社，2011
2. 李永升主编．刑法分论．北京：法律出版社，2011
3. 朱伟德．谢茂强等强奸、奸淫幼女案．见：刑事审判参考，总第26辑
4. 张文菁．唐胜海、杨勇强奸案．见：刑事审判参考，总第36集

案50　强制猥亵、侮辱妇女罪与侮辱罪的区分

——周某萍等侮辱妇女案

【问题提示】

强制猥亵、侮辱妇女罪客观方面的猥亵与侮辱的含义是否同一？此罪的侮辱行为与侮辱罪的侮辱行为应如何区分？

【案情摘要】

被告人：周某萍，女；周某美，男，系被告人周某萍之父；倪某香，女，系被告人周某萍之母。

2010年8月1日晚11时许，被告人周某萍同其父母周某美、倪某香等人到大邹镇简家村，捉其丈夫钱某某与别人通奸。周某萍等冲进房后，看到钱某某和一女子林某某睡在一起，即上前掀开被单，抓住林某某的头发往客厅拖，并殴打林某某脸部，脚踢林某某身体。倪某香也帮忙拖拉林某某，并剥光林其某身上的睡衣，致使林某某全身赤裸。后周某美叫周某萍将林某某捆绑起来扔到草丛里。周某萍即用家里的绳带捆绑林某某，林某某反抗，倪某香上前抓住林某某的膀子，与周某萍一起将全身赤裸的林某某捆绑于客厅。周某萍在客厅里装上灯泡并点亮，围观村民达十余人。后有邻居劝说周某萍和倪某香让林某某穿上衣服，周某萍、倪某香不肯，并扬言该女与钱某某通奸，要出出林某某的洋相，待天亮后将其扔到公路上给大家看。后经邻居再三劝说，三被告人才让林某某穿上衣服，将林某某的绳子解开。

【分歧意见】

一种观点认为，被告人周某萍等的行为构成非法拘禁罪，属于非法剥夺他人人身自由的行为。另一种观点认为，被告人周某萍等使用暴力公然贬低他人人格，破坏他人名誉，情节严重，构成侮辱罪。第三种观点认为，被告人周某萍等使用暴力侮辱妇女，侵犯了妇女的性羞耻心与性自主权，应按强制侮辱妇女罪定罪处罚。

【要点提示】

1. 强制侮辱妇女行为的认定。
2. 强制侮辱妇女罪与侮辱罪之关系。

【问题讨论】

一、强制侮辱妇女行为的认定

强制猥亵、侮辱妇女罪是指行为人使用暴力、胁迫或者其他手段，违背妇女意志，强制猥亵妇女或者侮辱妇女的行为。本罪是选择性罪名，包括强制猥亵妇女罪和强制侮辱妇女罪。有学者提出，猥亵行为与侮辱行为具有同一性。[①] 但从刑法条文的叙述来看，《刑法》第237条第1款规定："以暴力、胁迫或者其他方法强制猥亵妇女或者侮辱妇女的，处五年以下有期徒刑或者拘役。"可以看出，立法者将猥亵行为与侮辱行为视为两种不同的行为。并且从现行司法解释所确立的罪名表述模式来看，选择性罪名的典型特征在于对罪名中可选择的因素（如行为方式、行为对象等）用顿号隔开。另外，在司法实践中，法院审理案件时也分别适用"强制猥亵妇女罪"与"强制侮辱妇女罪"[②]。综上可以认定，本罪的猥亵行为与侮辱行为不具有同一性，是两种不同性质的行为。

强制猥亵、侮辱妇女罪主要侵犯妇女的性权利，因此，认定本罪时主要判断行为人是否违背妇女意志而实施了侵犯妇女性羞耻心的行为。[③] 虽然侵犯的法益相同，但强制猥亵妇女与强制侮辱妇女仍存在较为明显的区别，二者的主要区别在于主观目的不同：猥亵是指对妇女采用奸淫以外的下流无耻淫秽动作来满足性欲或者挑逗他人引起性兴奋或性满足的行为。其主观上强调性欲的满足。而侮辱是指使妇女的性羞耻心和性决定权受到侵犯，人格或名誉受到损害，蒙受羞辱的行为。侮辱并不强调主观上满足性欲的目的，而是除此之外的其他目的或动机。因此，行为人出于报复的目的或动机而使用暴力使妇女当众赤裸身体的，应认定为强制侮辱妇女。

二、强制侮辱妇女罪与侮辱罪之关系

认定强制侮辱妇女罪应注意其与侮辱罪的区别。侮辱罪同强制侮辱妇女罪一样，属于侵犯公民人身权利的犯罪，其是指行为人以暴力或者其他方法公然侮辱他人的行为。这两罪的主要区别在于：首先，两罪侵犯的法益和客体的侧重点不同。强制侮辱妇女罪侵犯的法益主要是妇女的性羞耻心和性自主权，而侮辱罪侵犯的法益主要是性权利以外的人格尊严和名誉等。其次，两罪在客观方面存在差异。强制侮辱妇女罪客观上表现为行为人使用暴力、胁迫或其他足以压制被害妇女反抗的方式侮辱妇女，而侮辱罪则不限于这些方式。强制侮辱妇女罪不要求公然实施，侮辱罪则要求公然实施。

根据上述分析，结合本案例来看，被告人周某萍等的行为应构成强制侮辱妇女罪。周某萍等被告人将全身赤裸的林某某捆绑于客厅，让十余名村民围观，这从客观上侵犯了林某某的性羞耻心，且周某萍等并无满足性欲的目的，因此，其行为符

---

① 参见张明楷：《刑法学》，659页，北京，法律出版社，2007。

② 强制猥亵妇女罪案例参见"刘强强奸妇女、冯志平强制猥亵妇女案"，载北大法宝数据库·经典案例评析，http://vip.chinalawinfo.com/newlaw2002/slc/slc.asp?db=fnl&gid=117466334，访问时间：2011-08-12。强制侮辱妇女罪案例请参见上海市青浦区人民法院（2008）青刑初字第504号刑事判决书。

③ 参见陈兴良、周光权：《刑法学的现代展开》，555页，北京，中国人民大学出版社，2006。

合强制侮辱妇女罪的特征，宜按强制侮辱妇女罪处罚。受案法院最后认定周某萍等被告人的行为构成侮辱罪，我们认为是不甚恰当的。

【讨论归纳】

强制猥亵、侮辱妇女罪中猥亵行为与侮辱行为是两种不同的行为。认定强制侮辱妇女罪，应主要把握该罪具有的强制性、与性权利相关、对象特定等特征。正确区分强制侮辱妇女罪与侮辱罪主要从两罪的客体与客观方面去判定。

【实务训练】

从实务中找一件类似本主题的真实案件，根据该案的事实、既有证据及争议焦点，写一份辩护词或判决书。要求格式规范、条理清晰、层次分明、说理透彻。

【延伸阅读】

最高人民法院刑事审判第一，二，三，四，五庭．中国刑事审判指导案例（侵犯公民人身权利、民主权利罪）．北京：法律出版社，2009

案 51　绑架过程中故意杀人未遂行为的定性处罚

——李某、杨某绑架案

【问题提示】

如何理解绑架罪中“致使被绑架人死亡”与“杀害被绑架人”这两种法定刑升格事由？行为人在绑架犯罪中实施了杀害被绑架人的行为，但因其他原因没有造成被绑架人死亡的，是否以刑法中的“杀害被绑架人的，处死刑”定性处罚？

【案情摘要】

被告人：李某、杨某。

被告人李某因琐事对其妻弟王某心存怨恨，遂起意绑架王某之子王子。2005 年 4 月 12 日下午 5 时许，李某以王子母亲服毒自杀，在 H 市住院，要带王子前去探望为由将王子骗至 N 市，并住进事先由被告人杨某在 L 旅社开好的房间。当晚 8 时 40 分至 13 日下午 5 时期间，李某数次指使杨某按照其意思与王某电话联系，声称王子在她手中，向王某勒索赎金 3 万元，并威胁不准报警。13 日下午 5 时许，王某将 3 万元赎金分两次存入事先由杨某按照李某安排开具的邮政储蓄账户。之后，因怕罪行暴露，李某又起意杀人灭口。当晚 8 时许，李某将王子带至 N 市境内的 S 山上，将王子上衣掀起裹住头部后，先用手机充电器电线勒住其颈部，并拳击其头部，而后又抓住其头往地上撞击。在认为王子已死亡后，李某即逃离现场。经法医鉴定，王子所受损伤属轻伤。一审法院以绑架罪对被告人李某、杨某定罪处罚，其中对主犯李某判处无期徒刑。一审宣判后，检察院提出抗诉：李某在绑架犯罪中实施了杀害被绑架人的行为，尽管由于其意志以外的原因没有造成被绑架人死亡的结果，同样应当适用《刑法》第239条关于“杀害被绑架人的，处死刑”的规定。二审法院经审理认为：“杀害被绑架人”，不仅要有故意杀人的行为，还要有死亡结果的发生，因此，对李某不应适用死刑。遂判决驳回抗诉，维持原判的刑事部分。

【分歧意见】

本案中，对于被告人李某、杨某的行为被定性为绑架罪没有疑问，分歧点在于，对于被告人李某故意杀人未遂的行为是否适用“杀害被绑架人的，处死刑，并处没收财产”的绝对确定的法定刑条款。一种观点认为：“杀害被绑架人的”，不仅要有故意杀人的行为，还要有死亡结果的发生，因此，对前述行为不适用死刑；另一种观点认为：只要行为人在绑架过程中实施了杀害被绑架人的行为，即使没有出现被绑架人死亡的结果，同样应当适用《刑法》第239条关于“杀害被绑架人的，处死刑”的规定。

【要点提示】

1. 如何理解绑架罪中“致使被绑架人死亡”与“杀害被绑架人”这两种法定刑升格事由？

2. 在绑架过程中故意杀害被绑架人未遂的，如何处刑？

【问题讨论】

一、如何理解绑架罪中“致使被绑架人死亡”与“杀害被绑架人”这两种法定刑升格事由

《刑法》第239条第2、3款规定：“以勒索财物为目的绑架他人的，或者绑架他人作为人质的，处十年以上有期徒刑或者无期徒刑，并处罚金或者没收财产；情节较轻的，处五年以上十年以下有期徒刑，并处罚金。犯前款罪，致使被绑架人死亡或者杀害被绑架人的，处死刑，并处没收财产。”绑架行为给被害人及其近亲属的人身、财产权益造成了严重的侵害，因而是一种极为严重的犯罪，绑架罪的起点刑和最高刑都相当高。在《刑法修正案（七）》出台之前，该罪的起点刑是10年有期徒刑；而对于绑架罪的两个法定刑升格事由——“致使被绑架人死亡”和“杀害被绑架人”，立法更是配置了“处死刑，并处没收财产”这一绝对确定的法定刑。这在我国刑法典中是极为罕见的。因此，理论上对这两项加重事由的正确解读，对于司法实务部门在具体案件中的运用具有十分重要的意义。

（一）“致使被绑架人死亡”

“致使被绑架人死亡”是指在绑架过程中由于绑架行为过失造成被绑架人死亡，属于结果加重犯。关于“致使被绑架人死亡”的理解，学界一般认为包含以下两种情形：（1）故意伤害后因过失致使被绑架人死亡，此时是典型的结果加重犯。（2）行为人过失致使被绑架人死亡。其具体又包含以下几种情形：行为人在以暴力控制被绑架人过程中捆绑太紧或部位不当致被绑架人死亡；被绑架人因冻饿或突发疾病而死亡；被绑架人因精神或身心遭受重大刺激而自杀等。

（二）“杀害被绑架人”

“杀害被绑架人”是指绑架后故意杀人。对于“杀害被绑架人”属于何种犯罪

形态，理论上一直存有争议，主要有以下几种观点：(1) 结果加重犯。有学者主张，将“杀害被绑架人”的规定解释为结果加重犯，是较为圆满解决杀人未遂问题的思路。(2) 结合犯。有学者认为，在我国，可以将绑架杀人理解为结合犯，这样就可以根据结合犯的原理讨论绑架杀人之类的犯罪类型。(3) 包容犯。有学者认为，只要在绑架过程中的控制人质阶段行为人犯意发生变化，出于“撕票”或灭口的目的而杀害被害人的，依法以绑架罪的加重构成所规定的法定刑判处刑罚，刚好符合包容犯的特征。(4) 包容加重犯。有学者指出，可以将行为人在实施某一犯罪的过程中又实施另一犯罪，而刑法明文规定以其中一罪论处，并规定加重法定刑的特殊犯罪形态称为“包容加重犯”，“杀害被绑架人”是“包容加重犯”的典型形态。

二、在绑架过程中故意杀害被绑架人未遂的，如何处刑

在绑架犯罪过程中对被绑架人实施故意杀人行为并造成被绑架人死亡的情况下，应适用《刑法》第239条第1款后半段的规定“处死刑，并处没收财产”，这不存在任何疑问。这里需探讨的问题是：在没有出现被绑架人死亡结果的情况下，能否适用《刑法》第239条第1款后半段的规定？对此，刑法学理论界存在不同的观点[①]：

第一种意见认为，对于故意杀害被绑架人未遂的，依然适用《刑法》第239条“杀害被绑架人”的规定，而不适用刑法关于未遂犯从轻、减轻处罚的规定。其理由是：(1)“杀害被绑架人”就其实质而言就是故意杀人的行为，只不过是在绑架犯罪过程中实施的故意杀人行为而已。而故意杀人存在杀死与未杀死两种结果，因此，“杀害被绑架人”也就存在杀死与未杀死的问题。这样，“杀害被绑架人”就应当是指“杀害”的行为而非“杀死”的结果。(2) 故意杀人未遂的社会危害性重于过失致人死亡；同样，绑架犯罪中故意杀人未遂的社会危害性也必然重于绑架过失致人死亡。既然后者的法定刑为绝对的死刑，那么对前者更应当适用绝对的死刑。(3)“杀害被绑架人”属于情节加重而非结果加重；立法者评价“杀害被绑架人”的社会危害性并配置绝对死刑的基点是“杀害被绑架人”的行为危险性，而非“杀害被绑架人”的结果实害性。(4) 以“杀害被绑架人”为结果加重不利于对于在绑架中杀害人质后毁尸灭迹的犯罪分子的打击。这是因为，在将“杀害被绑架人”视为结果加重时要求必须有死亡事实的发生，而在没有找到被绑架人的尸体，因而没有直接证明死亡事实的情况下，便不能对行为人适用死刑，这有违最大限度地保护被绑架人人身安全的立法本意。

第二种意见认为，《刑法》第239条所规定的“杀害被绑架人”仅限于杀害被绑架人既遂，而不包括未造成被绑架人死亡结果的故意杀人行为。故意杀人未遂的，应按刑法关于绑架罪第1款的规定即普通绑架罪来处罚。

第三种意见认为，对于绑架杀人未遂的，视应否处死刑分别定罪处罚：如果绑架杀人未遂情节严重，应当判处死刑的，就认定为绑架罪中的“杀害被绑架人”，判处死刑；如果绑架杀人未遂情节并不严重，不应当判处死刑的，则认定为绑架罪与

① 参见王志祥：《绑架罪中“杀害被绑架人”新论》，载《法商研究》，2008（2）。

故意杀人未遂，实行数罪并罚。

我们赞成第二种意见，“杀害被绑架人”仅限于杀害被绑架人既遂，而不包括未造成被绑架人死亡结果的故意杀人行为。对于在绑架中故意杀人未遂的，应以刑法关于绑架罪第1款的规定即普通绑架罪来处罚。理由是：第一，“杀害”一词在《现代汉语词典》中的意思是“杀死”或“害死”，其含义不仅包括“杀”的行为，更强调出现“害”即“死”的结果。因此，“杀害被绑架人”仅指杀人既遂的情形，那么杀人未遂就当然不能适用死刑的规定。第二，将“杀害被绑架人”理解为杀死被绑架人而不包括故意杀人未遂的情形，有利于实现罪刑相适应原则。如果将在绑架过程中杀害被绑架人未遂或具有预备、中止等情形的都以“杀害被绑架人”来处理，必然导致轻罪重判的结果。第三，将“杀害被绑架人”理解为杀死被绑架人而不包括故意杀人未遂的情形，有利于保护被绑架人的生命安全。如果对杀害被绑架人，无论既遂还是未遂，都一律适用死刑，不利于保护被绑架人的生命安全，甚至还有可能“鼓励”或促使行为人想方设法将被绑架人杀死，以绝后患。

本案中，被告人李某、杨某为泄愤报复、勒索钱财而绑架无辜儿童，其行为已构成绑架罪，在绑架犯罪过程中，被告人为灭口又实施故意杀人行为，但因意志以外的原因而未得逞，致被绑架人轻伤。《刑法》第239条第2款规定：“犯前款罪，致使被绑架人死亡或者杀害被绑架人的，处死刑，并处没收财产。”但我们认为，此处“杀害被绑架人”仅限于杀害被绑架人既遂，而不包括未造成被绑架人死亡结果的故意杀人行为。故对李某不适用死刑，而是按照刑法分则绑架罪的第1款规定即普通绑架罪来处罚。一审、二审法院的判决是合理的。

【讨论归纳】

《刑法》第239条规定的“致使被绑架人死亡”，是指在绑架过程中由于绑架行为过失造成被绑架人死亡。包含以下情形：故意伤害后因过失致使被绑架人死亡的；行为人在以暴力控制被绑架人的过程中捆绑太紧或部位不当致被害人死亡；被绑架人因冻饿或突发疾病而死；被绑架人因精神或身心遭受重大刺激而自杀等。其规定的“杀害被绑架人”是指绑架后故意杀人，对其适用“处死刑，并处没收财产”的规定仅限于杀害被绑架人既遂，而不包括未造成被绑架人死亡结果的故意杀人行为；对于在绑架过程中故意杀人未遂的，应以刑法关于绑架罪第1款的规定即普通绑架罪来处罚。

【实务训练】

从实务中找一件类似本主题的真实案件，根据该案的事实、既有证据及争议焦点，写一份辩护词或判决书。要求格式规范、条理清晰、层次分明、说理透彻。

【延伸阅读】

1. 刘树德．绑架罪案解．北京：法律出版社，2003
2. 王志祥．绑架罪中“杀害被绑架人”新论．法商研究，2008（2）
3. 张明楷．绑架罪中“杀害被绑架人”研究．法学评论，2006（3）
4. 曾亚杰．如何理解“杀害被绑架人”．人民法院报，2004－09－20

案52 索债型非法拘禁的认定以及其结果加重犯与转化犯的区分

——陈某、何某非法拘禁案

【问题提示】

为索取法律不予保护的债务而采取扣押、拘禁等非法手段限制他人人身自由的行为构成绑架罪还是非法拘禁罪？行为人在构成非法拘禁罪的情况下以暴力手段致被害人轻伤的行为认定为非法拘禁罪还是故意伤害罪？

【案情摘要】

被告人：陈某、何某。

2007年11月期间，被告人陈某伙同陆某、李某等人在C市J区某酒店聚众赌博，李某输钱后向陆某借钱续赌，因无力还债而溜回在L县的家。陈某见陆某为此不快，便欲为陆某出头。11月17日，陈某叫何某了解李某的行踪，当知道李某在L县X镇街一网吧上网后，陈某驾驶一辆出租车搭载同伙“阿伦”、“阿华”（另案处理）等人到L县X镇街上。当天下午，陈某与陆某、“阿伦”等人在何某的指引下，将李某挟持到C市J区J镇Q村小学附近，对李某进行踢打，逼其还赌债，其中“阿伦”还用匕首刺伤李某的背部。陈某见李某受伤流血，害怕出事，便驾车送李某到J镇卫生院包扎伤口。陈某、何某伙同陆某等人又押李某到T屯，在叫李某的家人帮还钱未果后，再次将李某转移到Q村A屯附近一处林地限制其人身自由。次日上午6时许，陈某一伙在得知道李某的家属报警后，才放李某回家。李某受伤后到C市人民医院住院治疗。经法医鉴定，李某的背部损伤属于轻伤。

【分歧意见】

一种意见认为，两被告人为勒索财物，绑架他人，构成绑架罪。另一种意见认为，两被告人为索取非法债务，限制他人人身自由，构成索债型非法拘禁罪，非法拘禁过程中致被害人受伤，属非法拘禁罪的结果加重情节。还有一种意见认为，两被告人为索取非法债务，限制他人人身自由，构成索债型非法拘禁罪；何某指引其他同案犯对被害人实施暴力，致其轻伤的行为，转化为故意伤害罪。

【要点提示】

1. “索债型”扣押、拘禁他人的行为，构成绑架罪还是非法拘禁罪？

2. 行为人在构成非法拘禁罪的情况下以暴力手段致被害人轻伤的行为认定为非法拘禁罪还是故意伤害罪？

3. 对如下相关法律、法规和司法解释的深入把握：《刑法》第238条、最高人民法院《关于对为索取法律不予保护的债务非法拘禁他人行为如何定罪问题的解释》等。

【问题讨论】

非法拘禁罪是指故意非法拘禁他人或者以其他方法非法剥夺他人人身自由的行为。在司法实践中经常会碰到因追索债务而非法绑架、扣押、拘禁他人的案件，对这类案件究竟应当以绑架罪还是非法拘禁罪来对行为人进行定罪处罚时常引发争议。

一、“索债型”扣押、拘禁他人的行为，构成绑架罪还是非法拘禁罪

（一）索债型非法拘禁中的“债务”是否包含“非法债务”

《刑法》第238条第3款规定：“为索取债务非法扣押、拘禁他人的，依照前两款的规定处罚。”即以非法拘禁罪认定。最高人民法院《关于对为索取法律不予保护的债务非法拘禁他人行为如何定罪问题的解释》规定：“行为人为索取高利贷、赌债等法律不予保护的债务，非法扣押、拘禁他人的，依照刑法第二百三十八条的规定定罪处罚。”据以上规定可知，债权人（以及为了债权人利益的其他人）为索取债务（包括非法债务）而拘禁他人（包括债务人及与其关系密切的亲属）的，成立非法拘禁罪。

（二）“索债型”非法拘禁罪中超额索取的“债务”部分应当如何定性

“索债型”非法拘禁罪的主观目的是索要现实存在的债务，而不是非法占有他人财物。因此，当行为人索要的是其真实的债务数额时，应构成非法拘禁罪；但对于索要超过真实债务数额的财物时，按照通说，其行为性质取决于对超过部分的程度及其合理性的判定：如果数额太大，明显超出真实的债务数额，表明此时行为人的主观意图从最初的追索债务变成了既要追债又想勒索为他人所有的财物，已同时触犯了“索债型”非法拘禁罪和绑架罪，应从一重罪处罚，以绑架罪定罪量刑。如果数额相差不大，说明行为人主观上并没有非法占有他人财物的目的，只是在债务范围、数目的认定上存在异议，此时，仍应认定为“索债型”非法拘禁罪。

（三）“索债型”非法拘禁罪与“勒索财物型”绑架罪的区别

“索债型”非法拘禁罪与“勒索财物型”绑架罪在客观上具有相似性，即均以绑架、拘禁形式非法剥夺他人人身自由，以索取财物。但两者也存在很大的区别：第一，犯罪目的不同。前者的目的是索要现实存在的债务；而后者则是为了将他人财物非法据为己有。第二，对象不同。前罪中被害人（包括债务人及与其关系密切的亲属）是与行为人之间存在着债权债务关系的人，因此，其犯罪对象是特定的；而后罪中行为人与被害人或第三人之间一般不存在债权债务关系，其选择的犯罪对象具有随机性。第三，侵犯的客体不同。前者不以非法占有为目的，只侵犯被害人的人身权益，其客体为单一客体；而后者既侵犯被害人的人身权益又侵犯其财产权益，其客体为复合客体。第四，“索债型”非法拘禁罪中既可以是向被拘禁的债务人本人索债，也可以是向与其关系密切的亲属索要债务；而绑架罪中限于针对第三人勒索财物。

综上所述，“索债型”非法拘禁罪的犯罪目的是索要债务，因而是否存在债权债务关系是认定能否构成“索债型”非法拘禁罪的前提。是否以非法占有为目的是区分“索债型”非法拘禁罪和“勒索财物型”绑架罪的本质之所在。

二、非法拘禁中以暴力致人轻伤的行为是认定为非法拘禁罪还是故意伤害罪

《刑法》第238条规定：非法拘禁他人的，处3年以下有期徒刑、拘役、管制或者剥夺政治权利。具有殴打、侮辱情节的，从重处罚；致人重伤的，处3年以上10年以下有期徒刑；致人死亡的，处10年以上有期徒刑；使用暴力致人伤残、死亡的，依照本法第234条（故意伤害罪）、第232条（故意杀人罪）的规定定罪处罚。

刑法理论界通说认为，非法拘禁致人重伤、死亡的，为非法拘禁罪的结果加重犯，例如，因长时间捆绑而使被拘禁人死亡，或者由于过失致使被拘禁人冻、饿、病而死亡，或者被拘禁人不堪忍受而自杀死亡等。构成非法拘禁罪的结果加重犯，必须具备两个条件：第一，行为人对于被害人重伤、死亡的加重结果在主观上出于过失；第二，被害人重伤、死亡的加重结果与行为人的非法拘禁行为存在刑法上的因果关系。《刑法》第238条第2款后段的规定——非法拘禁他人，使用暴力致人伤残、死亡的，分别以故意伤害、故意杀人论处，属于非法拘禁罪的转化犯，即行为人出于故意在非法拘禁他人的过程中，使用超出非法拘禁行为本身（因为非法拘禁行为本身也可能会表现为一定的暴力的行为）的手段致人伤残、死亡的，应按照故意伤害罪、故意杀人罪定罪处罚，此时，行为人主观上只能出于故意，而不能出于过失。

在司法实践中，往往出现行为人在非法限制被害人人身自由、构成非法拘禁罪的前提下，故意使用暴力手段致被害人轻伤的情形，对此如何认定常常产生分歧意见。有人认为，使用暴力"致人伤残、死亡"中的"伤残"不包括轻伤，而是指重伤。理由是，故意伤害罪中致人轻伤的，量刑的刑种和幅度与非法拘禁罪中一般情节的量刑刑种和幅度一致，并且非法拘禁罪中非法行为的涵盖面要比故意伤害罪的轻伤行为略大，在非法拘禁犯罪中实施的故意伤害致人轻伤的行为，在刑事可罚性上已足以为非法拘禁罪所包容，据此成为吸收犯，而作为从重情节在最终处理上以一罪处罚。

我们不同意这种观点。首先，根据公安部公布的《道路交通事故受伤人员伤残评定》（现已失效）和国家质量监督检验检疫总局公布的《国家标准道路交通事故受伤人员伤残评定》的规定，伤残是指因道路交通事故损伤所致的人体残废，包括精神的、生理功能的和解剖结构的异常及其导致的生活、工作和社会活动能力不同程度的丧失。所以，伤残侧重于因外伤造成的人体残废，根据损伤所致的组织器官功能障碍程度，伤残分十个等级。而根据最高人民法院、最高人民检察院、司法部、公安部《人体重伤鉴定标准》、《人体轻伤鉴定标准》（试行）的规定，重伤是指使人肢体残疾、毁人容貌、丧失听觉、丧失视觉、丧失其他器官功能或者其他对人身健康有重大伤害的损伤；轻伤是指物理、化学及生物等各种外界因素作用于人体，造成组织、器官结构的一定程度的损害或者部分功能障碍，尚未构成重伤，又不属于轻微伤害的损伤。可见，伤残与重伤、轻伤并不是对等的概念，两者划分的标准也不相同：伤残不仅反映了人体受伤害的程度，而且反映了人体受伤害后各种能力的下降；重伤和轻伤则仅仅反映了人体受伤害的程度。因此，伤残既包括重伤，也包括轻伤。

此外，量刑建立在定罪的基础之上，司法实践中审理具体案件时，先是区分行为是否构成犯罪、构成何种犯罪、是一罪还是数罪，在此基础上再科处适当的刑罚。

如果仅仅从两个罪名量刑的刑种和幅度来简单推定非法拘禁罪可以包容、吸收故意伤害致人轻伤的行为，就会存在“先量刑、后定罪”这种明显违背刑事司法活动客观规律的问题。

综上所述，我们认为，非法拘禁中“使用暴力致人伤残、死亡”中的“伤残”既包括重伤也包括轻伤，行为人在构成非法拘禁罪的情况下以暴力手段致被害人轻伤的行为应被认定为故意伤害罪。

本案中，被告人陈某、何某为了替他人追讨非法赌债，采用非法拘禁的方式限制被害人的人身自由，按照最高人民法院《关于对为索取法律不予保护的债务非法拘禁他人行为如何定罪问题的解释》的规定，“行为人为索取高利贷、赌债等法律不予保护的债务，非法扣押、拘禁他人的，依照刑法第二百三十八条的规定定罪处罚”，陈某、何某的行为定性为非法拘禁罪，不构成绑架罪。其间，陈某、何某等在已经控制了被害人后，仍然对其使用暴力，致其轻伤，我们认为，该行为是“使用暴力致人伤残、死亡”，应转化为故意伤害罪，法院认为是非法拘禁的结果加重犯并不妥当。

【讨论归纳】

为索取债务非法扣押、拘禁他人的，依照非法拘禁罪定罪处罚。此处的债务既包括合法债务也包括非法债务。“索债型”非法拘禁罪中超额索取的“债务”部分若明显超出真实的债务数额，以绑架罪定罪量刑。是否以非法占有为目的是区分“索债型”非法拘禁罪和“勒索财物型”绑架罪的本质之所在。非法拘禁中“使用暴力致人伤残、死亡”中的“伤残”既包括重伤也包括轻伤，行为人在构成非法拘禁罪的情况下以暴力手段致被害人轻伤的行为应被认定为故意伤害罪。

【实务训练】

从实务中找一件类似本主题的真实案件，根据该案的事实、既有证据及争议焦点，写一份辩护词或判决书。要求格式规范、条理清晰、层次分明、说理透彻。

【延伸阅读】

张韵声，陈祥军．析绑架罪与非法拘禁罪之异同．法律适用，2003（8）

案53　出卖亲生子女行为的定性处理

——王某某拐卖儿童案[1]

【问题提示】

对行为人将自己的亲生子女送给别人，同时获得价金的行为如何定性处理？

---

① 本案例参见上海市高级人民法院组织编写：《上海法院典型案例丛编（行政·刑事案例）》，457页，上海，上海人民出版社，2001。

【案情摘要】

被告人：王某某。

被告人王某某与浙江省临海县女青年朱某非法同居，并生下一女婴。产后一个月朱某离开被告人父女返回原籍，女婴则由被告人的父亲抚养。后被告人产生卖女牟利的念头，并与另一男青年桂某约定将自己的女儿以人民币 2 万元的价格卖给桂某。被告人王某某在与桂某交易时被民警抓获。

【分歧意见】

一种观点认为，出卖自己亲生子女的行为构成遗弃罪，因为父母负有抚养自己亲生子女的法定义务，拒绝履行这种义务而将子女出卖的行为符合情节恶劣的要素，因此可以评价为遗弃罪。另一种观点则认为，此种行为构成拐卖儿童罪。

【要点提示】

1. 对拐卖儿童罪中“拐卖”的理解。

2. 拐卖儿童与遗弃行为的区别。

3. 对如下相关法律、法规和司法解释进行深入把握：《刑法》第 240 条，2010 年 3 月 15 日最高人民法院、最高人民检察院、公安部、司法部《关于依法惩治拐卖妇女儿童犯罪的意见》。

【问题讨论】

一、对拐卖儿童罪中“拐卖”的理解

拐卖妇女儿童罪，是指以出卖为目的，拐骗、绑架、收买、贩卖、接送、中转妇女、儿童的行为。拐卖儿童只是一种情形。“儿童”是指不满 14 周岁的男女儿童。正确认定本罪的关键是对“拐卖”的理解。我国现行刑法条文并未明确对拐卖的含义进行界定。根据理论上的定义和学理解释，凡以出卖为目的的拐骗、绑架、收买、贩卖、接送、中转的行为都是拐卖的行为表现。我们认为，拐卖儿童罪应当是复行为犯，其由“拐”与“卖”两个行为构成。“拐”的核心在于使儿童脱离原有的监护关系，“卖”的核心在于将人身作为商品进行出卖以获取对价。由于儿童不具有完整的行为能力和自主决定权，其要受到一定的监护，无论是否征得儿童的同意，使儿童脱离原有的监护都是不允许的。故而“拐”的行为侵犯了儿童的人身自由。同时由于人身不能作为商品进行买卖，故“卖”的行为侵犯了儿童的人格尊严。作为复行为犯，拐卖儿童罪应同时齐备“拐”与“卖”，这也可以视为手段行为与目的行为的统一。单纯的“只拐不卖”与“只卖不拐”的行为不宜认定为本罪。但如果存在上下游犯罪或因犯罪的有机分工而只负责“拐”或“卖”时，则由于存在共同犯意联络而构成共同犯罪。以偷盗婴幼儿为例，单纯的偷盗行为只能评价为“拐”的行为，根据其目的行为的不同而认定为不同的犯罪：以此威胁相关第三方以勒索财物的，属于绑架；将婴幼儿自己收养的，则认定为拐骗儿童；将婴幼儿出卖的，则认定为拐卖儿童。

但捡拾路旁被人遗弃的儿童而收养，后又出卖的，是否属于“拐卖”则值得研究。根据我国《收养法》的规定，收养必须符合法定的条件和程序，同时收养应当向县级以上人民政府民政部门登记，收养关系自登记之日起成立。因此，如果行为人符合收养的条件且向民政部门进行了登记的，则合法、有效的收养关系成立。那么，此时行为人将该儿童出卖的，符合“拐卖”的构成要素，可以评价为拐卖儿童罪。但如果行为人未成立合法的收养关系，就应细加分析其将该儿童出卖的对象。其一，若行为人明知对方是或者可能是拐卖儿童的“人贩子”而出卖的，则应当认定为拐卖儿童罪的共犯。其二，若对方符合收养的一般条件或者具备收养的真实意思表示的，不宜认定为本罪。

二、拐卖儿童与遗弃行为的区别

拐卖儿童罪的对象，一般是受他人监护的儿童，但如果将自己的亲生子女予以出卖，能否评价为拐卖儿童罪？抑或构成其他犯罪？根据2010年3月15日最高人民法院、最高人民检察院、公安部、司法部《关于依法惩治拐卖妇女儿童犯罪的意见》的规定，以非法获利为目的，出卖亲生子女的，应当以拐卖儿童罪论处。而区分借送养之名出卖亲生子女与民间送养行为的关键在于行为人是否有非法获利的目的。将自己的亲生子女出卖的行为固然符合“卖”的特征，但是否符合“拐”的要求？我们认为，如上所述，理解“拐”的核心应为使儿童脱离原有的监护关系和状态。父母将自己的亲生子女出卖于他人，使子女脱离自己原有的监护，应该符合“拐”的特征。加上后面的出卖行为，可以评价为拐卖儿童。

但是，作为父母，其负有法定的监护职责与抚养义务，而根据我国刑法的规定，对于年老、年幼、患病或者其他没有独立生活能力的人，负有扶养义务而拒绝扶养，情节恶劣的，构成遗弃罪。从客观方面来看，出卖自己子女的行为与遗弃行为存在一定的相似之处。这是否意味着还可以将此行为评价为遗弃？遗弃罪要求情节恶劣，如果出卖的行为符合情节恶劣，那么也可以将其认定为遗弃罪，在这种情况下，属于拐卖儿童罪与遗弃罪的想象竞合犯，从一重罪处断，即按拐卖儿童罪论处。当然，将出卖自己子女的行为评价为拐卖儿童，应当正确分析行为是否属于司法解释中的“出卖”。上述司法解释也对“出卖”的行为类型进行了一定的列举，具有如下情形的，可以认定为出卖亲生子女，应当以拐卖儿童罪论处：将生育作为非法获利手段，生育后即出卖子女的；明知对方不具有抚养目的，或者根本不考虑对方是否具有抚养目的，为收取钱财将子女“送”给他人的；为收取明显不属于“营养费”、“感谢费”的巨额钱财而将子女“送”给他人的；其他足以反映行为人具有非法获利目的的“送养行为”。因此，对于符合上述司法解释列举的情形的，可以直接按拐卖儿童罪处理。但如果难以认定为“出卖”，而又情节恶劣的，可以按遗弃罪论处。[①]

另外，拐卖儿童罪与遗弃罪的其他区别也比较明显。首先，犯罪对象不同。拐卖儿童罪的对象只能是儿童，而遗弃罪的对象是被扶养者。其次，犯罪客体不同。拐卖儿童罪的客体是复杂客体，包括人身自由和人格尊严；遗弃罪的客体则是人身

① 出卖自己子女以遗弃罪定罪的相关案例，请参见河南省商丘市民权县人民法院（2011）民刑初字第38号刑事判决书。

健康。最后，拐卖儿童罪要求存在交易的对价，而遗弃罪没有对价。

结合本案例来看，被告人具有卖女牟利的念头，存在出卖的故意，同时具备出卖的行为，其行为可以评价为拐卖儿童罪。因此，受案法院的判决是恰当的。

【讨论归纳】

拐卖儿童罪属于复行为犯，包括使儿童脱离原监护关系的行为和出卖的行为，这二者缺一不可。若单从第一个行为看，也可能属于拒绝履行法定扶养义务的遗弃行为。在出卖亲生子女的情形下，区分拐卖儿童与遗弃一方面在于是否属于“出卖”，另一方面在于是否对儿童的人身健康造成具体的危险。如果同时满足两罪的构成要件，则宜从一重，按拐卖儿童罪论处。

【实务训练】

从实务中找一件类似本主题的真实案件，根据该案的事实、既有证据及争议焦点，写一份辩护词或判决书。要求格式规范、条理清晰、层次分明、说理透彻。

【延伸阅读】

1. 杨金彪．拐卖妇女儿童罪的几个问题．现代法学，2004（5）
2. 王志祥．论拐卖妇女、儿童罪的既遂标准．社会科学论坛，2007（7）

案 54　诬告陷害罪与诽谤罪的区分

——福建三网民诽谤案

【问题提示】

家属质疑司法机关的鉴定结论，将疑点在网上公布的行为，是否属于“捏造事实”？诬告陷害罪与诽谤罪的异同之处。

【案情摘要】

被告人：范某，女，高中文化；游某，男，大学本科文化；吴某，女，初中文化。

2008年2月11日晚，闽清籍女子严某在与聂某同居的承租房内，因肚子疼痛被送往闽清县医院经抢救无效死亡。经法医鉴定，严某系输卵管妊娠破裂致出血性休克死亡。严某母亲林女对鉴定结论不服，多次上访，并在上访中认识了被告人范某。

2009年6月21日，被告人范某在听了林女及其兄林男讲述严某死亡的相关情况，看了严某死亡的法医鉴定等材料后，着手杜撰了《福建闽清警匪轮奸26岁女青年致死后还继续奸尸，惨绝人寰，诉告无门》（以下简称“网文一”）一文并发布到境外网站。“网文一”在互联网上发布后，被国内外多家网站纷纷转载，引起大量不明真相的网民攻击、谩骂、诋毁被害人涂某、林某、聂某等人。经过认真调查核实，发现被告人范某所写的“网文一”虚构事实，纯属捏造。6月24日上午，被告人游某在“K网”看到了“网文一”后，与被告人吴某策划将林女、林男接到游某家中制作视频。将“网文一”、严某的死亡照片以及林女兄妹的口述制作成视频，以“诉说”为标题发到“T”上，广泛传播，进一步对被害人的人格、名誉造成损害。6月26日上午，被告人范某接到林女电话，称“闽清公安局邱副局长带人到其家中吓唬她”。被告人范某马上就杜撰了一篇题为“闽清公安局邱副局长等十几个领导干部恐吓严某母亲林女”（以下简称“网文二”）的文章，捏造了事实，后将该文发送到境外网站和X网编辑蔡某的邮箱上。其行为使被害人邱某某、陈某某等人的人格受到严重损害，名誉受到严重破坏，从而严重影响了他们的正常工作和生活并造成极其恶劣的社会影响。

【分歧意见】

检察院以“诬告陷害罪”对三被告人提起公诉，后经法院审理，以诽谤罪定罪处罚。

【要点提示】

1. 对诬告陷害罪中“捏造事实”、“告发”的正确理解。

2. 诬告陷害罪与诽谤罪的异同。

【问题讨论】

一、对诬告陷害罪中“捏造事实”、“告发”的正确理解

我国《刑法》第243条规定：“捏造事实诬告陷害他人，意图使他人受刑事追究，情节严重的，处三年以下有期徒刑、拘役或者管制；造成严重后果的，处三年以上十年以下有期徒刑。国家机关工作人员犯前款罪的，从重处罚。不是有意诬陷，而是错告，或者检举失实的，不适用前两款的规定。”

（一）对“捏造事实”的理解

对此有三种不同观点：

第一种观点认为：所谓“捏造事实”，是指行为人所捏造的事实客观上符合我国刑法所规定的具体犯罪的构成，而不是行为人主观上认为是犯罪的事实。如果行为人自以为他所捏造的是某种犯罪事实，而实际上不符合刑法所规定的具体犯罪的构成，则不能构成诬告陷害罪。①

第二种观点认为：所谓“捏造事实”，即指无中生有，栽赃陷害，借题发挥，把杜撰的犯罪事实强加于被害人。如果捏造的不是犯罪事实，而是一些违法、违纪事实，则不构成诬告陷害罪。关于这一点虽然在刑法条文中未明确标示，但“意图使他人受到刑事追究”表明了行为人捏造的只能是犯罪事实。这是我国学界大多数人赞同的观点。②

第三种观点认为：捏造不仅可以表现为完全虚构，还可表现为部分虚构，只要是故意歪曲事实的行为，都可以视为捏造。而且，捏造的事实并不仅限于犯罪事实。

---

① 参见李希慧：《诬告陷害罪若干问题研析》，载《法学评论》，2001（6）。

② 参见赵秉志主编：《妨害司法活动罪研究》，35～36页，北京，中国人民公安大学出版社，1994。

因为1997年刑法并没有像1979年刑法那样将事实限定为犯罪事实。捏造事实只是诬告陷害情节严重的一种情形，是成立犯罪的充分条件而非必要条件。即使行为人捏造的不是犯罪事实，只要行为人自认为是犯罪事实，并且有借司法机关权力陷害他人的意图，情节严重的，也同样可以构成犯罪，这完全符合立法原意。[①]

我们认为，诬告陷害罪中的捏造事实主要还是指犯罪事实，如果行为人捏造的不是犯罪事实，就不能引起司法机关的追究，也不能达到构成犯罪的情节严重的地步。因此，通说的观点还是可取的。

（二）对“告发”的理解

对于何谓“告发”及告发机关与告发方式等，立法上均未作具体规定，理论界的观点概括起来大致有如下五种：

第一种观点认为：构成诬告陷害罪，必须有告发行为，向司法机关或所在机关或单位告发，都可构成本罪。因为，向当地机关或单位告发，按照一般原则，它们都会将告发材料转送司法机关，从而引起对被害人的刑事追究。[②] 这是一种比较通行的观点，即只有主动告发才构成本罪，“主动告发”是指行为人捏造事实，自觉地、有目的地将其予以扩散，以期引起司法机关追究被诬告者的刑事责任。如果一个人在受审时被刑讯逼供而被迫乱咬乱攀，诬陷了好人，甚至牵连了好多人，使他们受到了冤枉，这种情况不宜按诬告陷害罪处理。因为这不是主动告发，而是受刑不过，被迫所为。

第二种观点认为，不能将告发的形式仅限于把捏造的事实向司法机关或有关单位和组织告发，还有非直接的变相告发形式，如栽赃陷害的告发形式。

第三种观点认为：告发只是在捏造犯罪事实后陷害他人的一种方法和手段，并不是全部。在司法实践中，明显地存在着栽赃陷害他人的方法和手段，栽赃陷害并不用告发，即可达到陷害他人的目的。

第四种观点认为：对于向谁告发才构成犯罪不宜作狭义的限制，不管向谁告发，只要足以引起司法机关对诬陷的对象进行刑事追究即可构成犯罪。例如，可以是向公、检、法机关告发，也可以是向其他国家机关或组织告发，还可以是向有关人员告发。告发的方式是多种多样的，可以是口头的，也可以是书面的；可以是行为人直接实施告发行为，也可以是利用不知情的人甚至新闻媒体进行告发。

第五种观点认为，“告发”是诬告陷害罪成立的前提条件之一，但告发的含义应指行为人采取的一切足以引起司法机关对被诬告者追究刑事责任的方法和手段，既包括典型的直接向公安机关、检察机关、法院进行控告和间接的向党政机关以及本单位的党组织、保卫组织、城乡基层组织等有关单位揭发，也包括栽赃陷害以及向公众传播虚构的某人的犯罪事实等足以引起司法机关对被诬告者追诉的方法和手段。

对于向公众传播虚构的某人的犯罪事实是否构成诬告陷害罪，一般持否定意见，我们认为这种情况应区别对待。凡捏造犯罪事实尚未引起司法机关对被害人进行刑事追诉的，构成诽谤罪；捏造犯罪事实向公众传播，又引起司法机关对被害人进行

① 参见谢彤：《诬告陷害罪探析》，载《法学论坛》，2001（1）。

② 参见高铭暄主编：《中国刑法学》，492页，北京，中国人民大学出版社，1989。

刑事追诉的，既构成诽谤罪，又构成诬告陷害罪，属于刑法理论上的想象竞合犯，应按诬告陷害罪论处。

二、诬告陷害罪与诽谤罪的异同

诽谤罪是指捏造事实并加以散布，公然损害他人的人格和名誉，情节严重的行为。诬告陷害罪与诽谤罪具有一定的相同点，即都是针对特定的对象，都是捏造一定的事实，一定条件下两者都侵犯了公民人身方面的权利。但两者也存在不同的地方：首先是客体不同。前者侵犯的是国家司法机关的正常活动及公民的人身权利和民主权利；而后者主要是侵犯他人的人格权和名誉权。其次，客观方面不同。前者的客观面是捏造犯罪事实并加以告发的行为，当然，捏造犯罪事实也必然使他人的人格和名誉受到侵犯，在这一意义上诬告陷害行为也是一种诽谤行为，但是它远远超过诽谤的程度，行为人的行为必须达到足以使他人受到刑事追究的程度；诽谤罪捏造的事实一般不是犯罪事实，即使行为人捏造犯罪事实也只是为了降低他人的声誉，并不存在使他人受到刑事追究的目的，故：如果行为人捏造的犯罪事实足以引起司法机关对被害人进行刑事追究的，应定诬告陷害罪。如果行为人捏造的犯罪事实不足以引起司法机关对被诬陷人进行不当的刑事追究，同时符合诽谤罪的犯罪构成的，则应当认定为诽谤罪。

本案中，三位被告人的行为构成诬告陷害罪或诽谤罪，关键的问题是其所撰写的文章及拍摄的视频是否是“捏造的事实”。关于严某的死因，公安机关作出的鉴定意见是宫外孕。严某的母亲林女根据严某尸体的种种迹象，对公安机关的鉴定结论产生怀疑，三位被告人撰写的文章与拍摄的视频只是对林女所口述的内容进行记录，并没有捏造，而且对于林女“口述”内容是否属实，法院也没有作出认定。即便内容有不实之处，也不是三位被告人在“捏造事实”，最多只是传播“不实之言”，因此，三位被告人的行为不构成诬告陷害罪，也不构成诽谤罪。

【讨论归纳】

诬告陷害罪与诽谤罪虽然在侵害的客体与客观方面都有相同之处，但二者在客观方面与主观目的上有着重大的区别：在客观方面，前者表现为捏造犯罪事实并进行告发的行为，后者表现为捏造贬损他人人格、名誉的事实，并予以散布的行为；在主观目的上，前者具有使他人受到刑事追究的目的，而后者只有贬损他人人格、名誉的目的。

【实务训练】

从实务中找一件类似本主题的真实案件，根据该案的事实、既有证据及争议焦点，写一份辩护词或判决书。要求格式规范、条理清晰、层次分明、说理透彻。

【延伸阅读】

1. 赵秉志主编．妨害司法活动罪研究．北京：中国人民公安大学出版社，1994
2. 李希慧．诬告陷害罪若干问题研析．法学评论，2001（6）
3. 谢彤．诬告陷害罪探析．法学论坛，2001（1）

第九章　侵犯财产犯罪

案 55　以暴力、胁迫手段逼人交出财物行为的定性

——刘某某抢劫案

【问题提示】

抢劫罪与勒索型绑架罪在客观方面都存在行为人对被害人采用暴力、胁迫等强制手段，且在主观上都是直接故意，但在司法实践中应当如何对二者加以区别？其区分的标准何在？

【案情摘要】

被告人：刘某某，男，无业。

被告人刘某某与在逃的王某某密谋，欲劫取女青年黄某的钱财。2001 年 6 月 20 日晚，被告人刘某某将黄某骗至其租住的房间。次日 8 时许，被告人刘某某伙同王某某、“小国”（真实姓名不详，在逃）在黄某睡觉的房间内，采取用胶带捆绑手脚、用木棒和拳头殴打、持刀威胁等手段，逼黄某交出财物。黄某称她只有人民币 14.8 万元，且在胶州老家存放。刘某某等人便逼黄某以做生意急需用钱 20 万元为名打电话给其家人。黄某的母亲信以为真，即从胶州市通过邮局电汇人民币 20 万元至 W 市黄某的账户。6 月 22 日，被告人刘某某使用伪造的身份证两次从 W 市邮政局将 20 万元人民币全部取走，自己分得赃款 6.5 万元，黄某被放走。案发后，公安机关从刘某某身上及其住处追回赃款 63 200 元，已返还被害人黄某。

【分歧意见】

对于本案的定性有两种不同意见：第一种意见认为，被告人刘某某的行为应认定为绑架罪。其理由是：被告人刘某某等人并未直接劫取黄某的财物，而是从被害

人的亲属处获取20万元人民币，其行为显然符合绑架罪的特征。第二种意见认为，被告人刘某某的行为构成抢劫罪。其理由是：被告人从黄某账户上提取现金并占有，应视为当场直接劫取了黄某的财物。其行为符合抢劫罪的构成要件，应以抢劫罪对其定罪处罚。

【要点提示】

1. 抢劫罪与勒索型绑架罪在犯罪构成方面的异同。
2. 对“当场劫取财物”的正确理解。
3. 抢劫行为是否包括间接取财的行为?
4. 对如下相关法律、法规和司法解释的深入把握：《刑法》第239条、第263条，最高人民法院《关于审理抢劫案件具体应用法律若干问题的解释》、《关于审理抢劫、抢夺刑事案件适用法律若干问题的意见》等。

【问题讨论】

一、抢劫罪与绑架罪各自的构成特征

(一) 抢劫罪的构成特征

所谓抢劫罪，是指行为人以非法占有为目的，对公私财物的所有人、保管人或者其他在场人当场实施暴力、威胁或者采用其他方法，迫使被害人当场交出财物或者当场夺走其财物的行为。其构成特征是：(1) 本罪侵犯的客体既包括公私财产权利，也包括公民的人身权利，其中前者是主要客体，后者是次要客体。(2) 本罪在客观方面表现为行为人采用对公私财物的所有人、保管人或者其他在场人当场实施暴力、威胁或者其他方法，迫使被害人当场交出财物或者当场夺走其财物的行为。其中，侵犯人身的行为是本罪的手段行为，侵犯财产的非法取财行为是本罪的目的行为。从理论与实践的结合来看，本罪的目的行为较易理解，一般不会产生问题。而本罪的手段行为较为复杂，容易产生问题，因而正确理解本罪的手段行为，对于准确认定本罪具有重要的意义。根据刑法的规定，本罪的手段行为包括暴力行为、威胁行为及其他侵犯人身的行为三种。其中，暴力行为是本罪最常见的手段行为，其内涵是侵犯公民人身自由权、健康权直至生命权的施加于人身的强力打击和强制行为，其外延包括捆绑、强力禁闭、扭拖、殴打、伤害直至杀害等程度不同的侵犯人身的表现形式。胁迫行为也是本罪常见的手段行为，它是指行为人对被害人以当场实施暴力相威胁，来迫使被害人当场交出财物或者当场夺走其财物的行为。其他侵犯人身的行为，虽不如暴力、胁迫手段常见，但也时有发生，它是指暴力或者胁迫以外的其他人身强制行为。以上三种行为，只要行为人实施其中之一，即可构成本罪。(3) 本罪的主体属于一般主体，即年满14周岁、具有刑事责任能力的人。(4) 本罪的主观方面只能是直接故意，而且是以非法强行占有他人财物为目的。间接故意和过失不可能构成本罪。

(二) 绑架罪的构成特征

所谓绑架罪，是指行为人以勒索财物或者其他不法利益为目的，采用暴力、胁迫或者其他方法挟持或实际控制他人，以及以勒索财物为目的偷盗婴幼儿的行为。

其构成特征是：（1）本罪侵犯的客体既包括公民的人身自由权利，也包括他人的财产权利，其中前者是主要客体，后者是次要客体。（2）本罪在客观方面表现为行为人采用暴力、胁迫或者麻醉等方法，劫持他人的行为。它包括两种情况：一种是以勒索财物为目的的绑架他人的行为，一种是绑架他人作为人质的行为以及偷盗婴幼儿的行为。同时还需注意以下几个问题：1）绑架方法可以多种多样，只要足以控制被绑架人，使其丧失人身自由，并直接危及被绑架者的人身权利，就属于绑架行为。绑架人以勒索财物为目的以其他暴力方式或公然抢夺或拐骗等手段使婴幼儿脱离监护的，也属于绑架行为。2）绑架行为并不以“将被害人劫离原地”为必要条件。3）勒索财物或者提出其他不法要求的对象是被绑架人质以外的其他人，不能仅理解为行为人向被绑架人质以外的其他人发出勒索要求，还应当包括行为人逼迫被绑架人向其亲友提出勒索要求。（3）本罪的主体属于一般主体，即年满14周岁、具有刑事责任能力的人。（4）本罪的主观方面只能是直接故意，即明知是非法剥夺他人的人身自由，而决意为之。其犯罪的目的是勒索财物或实现其他非法目的。但犯罪目的是否实现、犯罪动机是什么，均不影响本罪的成立。

二、抢劫罪与绑架罪的异同

从抢劫罪与绑架罪的构成特征来看，它们二者有很大的区别，其界限主要表现在以下几个方面：

首先，抢劫罪和绑架罪侵犯的客体都是复杂客体，即不仅侵犯了公私财产所有权，也侵犯了被害人的人身权利。但是二者还是有区别的。《刑法》把抢劫罪归于侵犯财产这一大类犯罪中，强调的是对财产权利的保护。抢劫罪已被公认为是最严重的侵犯财产的犯罪。虽然在抢劫中使用的手段也侵犯了人身权利，但其目的还是抢劫财物。而《刑法》将绑架罪归于侵犯人身权利、民主权利这一大类犯罪中，其立法的本意是强调对公民人身权利的保护。绑架罪通常表现为强行将他人劫持，再以杀伤、杀害或不归还人质相要挟，勒令与人质有关的人员在一定期限内交出财物。这种犯罪侵犯的对象常常是多个被害人，其侵犯的客体虽然包括财产权利，但最主要的是被害人的人身权利。由此看来，绑架罪的危害性比抢劫罪的要大。在本案中，被告人刘某某知道黄某有钱，便将其拘禁，主要目的是非法占有黄某的钱财。其使用捆绑、殴打、持刀威胁等暴力手段，也是为其劫取钱财服务的。被告人的行为未对黄某的人身造成较大的伤害，但将其20万元人民币劫走，说明被告人对黄某的财产权利的侵犯是主要的，对人身权利的侵害是次要的。因此，认定被告人的行为构成抢劫罪是符合抢劫罪的立法本意的。

其次，从主观故意上看，抢劫罪与绑架罪的区别在于：抢劫罪的主观故意是“以非法占有为目的”，即行为人当场实施暴力的目的就是非法占有被害人的财物，但能占有多少，没有明确的认识，只是希望数额越大越好，实际操作中也是当场有多少就劫多少。而贪财型绑架罪则是以“勒索财物为目的”，在实施行为前，行为人往往对勒索财物的数额有一个大概的认识，其勒索的财物往往数额巨大。在本案中，被告人刘某某虽知道黄某较富裕，但对于能劫取被害人多少财物，却没有认识，而是在施暴过程中了解到其有14.8万元人民币后，才提出20万元的数额。被告人索要的20万元与被害人拥有的14.8万元这一数额相比也是比较接近的。可见，被告人的主观故意不是“以勒索财物为目的”而是以“非法占有为目的”的。

最后，从对被害人的威胁范围上看，抢劫罪与绑架罪也是不同的。抢劫罪所威胁的仅限于被害人本人，而绑架罪的被害人除了“本人”外，还涉及“本人”的家属或者其他有关人员，系双重被害人。而实施绑架行为的犯罪分子就是利用了被绑架人的家属或者其他有关人员对被绑架人安危的忧虑，迫使被绑架人的家属或者其他人交出一定数量的财物，以换取被绑架人的人身安全，从而达到获取财物或者其他不法利益的目的。其财物不是当场劫取的，也不是由被绑架人直接交出，而是由被绑架人的家属或者其他有关人员交出。在本案中，虽然这20万元系被害人黄某的母亲从胶州汇出的，但是黄母是在得知女儿“做生意急需用钱”的情况下，将20万元及时地汇到了女儿的账户上，黄母并不知道女儿遭到劫持，也未对女儿的安危产生任何担心。可见，本案中的被害人只有黄某一人。因此，从受害人的范围上看，被告人的行为也是符合抢劫罪的特征的。

三、对“当场劫取财物”的理解

抢劫罪与绑架罪有一个很大的区别就在于是否“当场实施暴力、当场劫取财物”。我们认为，抢劫罪中的当场，不能浅显地理解为在同一地点，而应探寻“当场”的实质内涵。由于犯罪行为人实施暴力的同时逼迫其交出财物，被害人只能在要么交出财物保住人身安全，要么不交出财物而冒立即遭受被伤害甚至被杀害的危险之间作出选择。从这一意义上讲，被害人根本就没有回旋余地，更没有报案时间。因此，只要是在这一行为过程中劫取财物，就应当视为“当场劫取财物”。而绑架罪中没有“当场”这一概念，而是在绑架之后勒令有关人员限期交钱赎人，它与抢劫罪相比，是有一定的回旋余地的，而且与被绑架人相关的人员有报案时间。本案中，被害人黄某被被告人等控制在被告人刘某某租房处达两天之久，始终处于交出财物和自己的人身安全受到威胁的选择之间。被害人根本没有回旋余地，更没有报案时间。因此，被告人的行为是符合抢劫罪“当场劫取财物”这一特征的。

四、关于间接取财是否构成抢劫罪的问题

一般来讲，对于抢劫罪而言，行为人大多是从被害人手中直接劫取财物，那么行为人间接劫取财物的行为是否也应当认定为抢劫，是本案值得研究的又一个问题。在本案中，被告人刘某某虽然不是从黄某手中直接劫取财物，而是从黄某账户上劫取了财物，但该账户上的钱款属于黄某所有，不能因为黄某被挟持，不能操纵账户上的钱，就认为被告人不是直接劫取被害人的财物。何况，在现实生活中，被害人一般也不可能将大量的现金带在身上。故被告人刘某某从黄某的账户上将钱款非法提取并占有，应认定为是从黄某处直接非法占有。

【讨论归纳】

对于本案被告人刘某某实施的行为，我们认为，与绑架罪无论是在客观行为方面还是在主观目的方面均有所不同，被告人的行为符合抢劫罪“当场劫取财物”这一特征，其虽然是从黄某的账户上将钱款非法提取并占有，但应认定为从黄某处直接非法占有。据此，我们认为，被告人刘某某的行为完全符合抢劫罪的构成要件，应当以抢劫罪定罪处罚。

【实务训练】

从实务中找一件类似本主题的真实案件，根据该案的事实、既有证据及争议焦点，写一份辩护词或判决书。要求格式规范、条理清晰、层次分明、说理透彻。

【延伸阅读】

1. 赵秉志主编．侵犯财产罪疑难问题司法对策．长春：吉林人民出版社，2000
2. 刘明祥．财产罪比较研究．北京：中国政法大学出版社，2001
3. 王作富主编．刑法分则实务研究（下）．北京：中国方正出版社，2003
4. 最高人民法院《关于审理抢劫案件具体应用法律若干问题的解释》
5. 最高人民法院《关于审理抢劫、抢夺刑事案件适用法律若干问题的意见》

案 56　利用自助提款机出错窃取巨款行为的定性

——许某盗窃案

【问题提示】

盗窃罪是司法实践中常见的一种侵犯财产的犯罪，其表现形式是多种多样的。本案争议的焦点在于，对于被告人利用提款机的错误，从自助提款机中取款并占为己有的行为，应当如何定性。

【案情摘要】

被告人：许某，男，农民。

2006 年 4 月 21 日晚 10 时许，许某到广州市一家商业银行的自助提款机上取款，但在取款过程中发现提款机系统出现错误，他本想取款 100 元，但结果自助提款机出钞 1 000 元，而银行卡账户里却只被扣除存款 1 元。于是，许某连续用自己的借记卡取款 54 000 元。当晚许某的同伴郭某某（另案处理）得知后，两人结伙频繁提款。等郭某某回住所拿了自己的借记卡后，许某再次用银行卡取款 16 000 元，随后两人离开现场。4 月 22 日凌晨零时许，两人第三次返回作案地点，本次许某取款 10 万余元。2007 年 5 月 22 日，携款潜逃 1 年后，许某在陕西宝鸡落网。

【分歧意见】

对于本案中被告人的行为的性质，有以下几种观点：第一种观点认为，被告人许某的行为不构成犯罪，因此，不应按照犯罪处理，通过民事手段解决即可。第二种观点认为，许某的行为系秘密窃取金融机构的财产，应当以盗窃罪论处，但可以在量刑上予以从宽处理。第三种观点认为，被告人的行为不构成盗窃罪，而构成侵占罪。第四种观点认为，被告人的行为构成诈骗罪，原因是自助提款机是有思想的主体，故许某不构成盗窃，而应当按诈骗罪处理。第五种观点认为，许某的行为是利用信用卡“恶意透支”，构成信用卡诈骗罪。

【要点提示】

1. 利用提款机的错误，从自助提款机中取款并占为己有的行为是否构成犯罪？

2. 利用提款机的错误，从自助提款机中取款并占为己有的行为为什么不能构成侵占罪、诈骗罪和信用卡诈骗罪？

3. 利用提款机的错误，从自助提款机中取款并占为己有的行为为什么构成盗窃罪？

4. 对如下相关法律、法规和司法解释的深入把握：《刑法》第 196 条、第 264 条、第 266 条、第 270 条，最高人民法院《关于审理盗窃案件具体应用法律若干问题的解释》等。

【问题讨论】

一、被告人许某的行为构成犯罪

在本案中，对于被告人许某的行为，有不少人主张不构成犯罪。其理由是：第一，许某的行为是民法上的不当得利，因该不当得利行为所取得财产的返还问题，应通过民事诉讼程序解决，而不应当追究行为人的刑事责任。第二，根据罪刑法定原则和刑法的谦抑性原则，在许某行为的性质十分模糊而又充满争议的情况下，应当依照“疑罪从无”和“罪刑法定”原则来进行处理。

我们认为，以许某的行为是民法上的不当得利，从而否定其成立犯罪的理由是不成立的。首先，对于许某行为的性质，应当进行具体分析。许某在第一次取款时，无意中获得意外之财，在性质上属于不当得利，应该是确定无疑的。但是，许某在明知银行自助提款机有错误时，出于非法占有财物的目的非法获得财产的行为，不能认定为不当得利。其次，在许某的行为完全符合“盗窃金融机构”构成要件的情况下，不能以该行为属于不当得利、民事侵权为由，宣告该行为无罪。不当得利、民事侵权与犯罪行为并不是相互排斥的关系。事实上，不当得利、民事侵权行为中原本就有一部分构成犯罪。杀人、伤人在民法上都属于侵权行为，但不影响其构成犯罪。

我们认为，被告人的行为符合盗窃罪的构成要件（下文再详细论证）。认为许某的行为在刑法上没有规定，从而根据罪刑法定原则否定其犯罪性的观点，也是不成立的。关于谦抑性原则对本案的影响，我们认为：首先谦抑性原则作为一项刑法立法和司法的基本原则，主要体现在宏观上对刑法介入范围的约束，包括刑事立法上的谦抑和刑事司法上的谦抑。其中，在司法上的谦抑并不排除罪刑法定。也就是说，如果某行为符合刑法规定的构成要件，就不得以刑法的谦抑性为由，否定其犯罪性。其次，谦抑性原则也不是处理个案的方法。倘若将谦抑性当作处理个案的具体方法，那么，任何案件都必须先经过民事诉讼程序，只有当民事判决不能得到被害人或者国民的认可时，才采取刑事诉讼程序，刑法上的一切犯罪都成为告诉才处理的自诉罪，公诉罪将被废除。这是难以想象的。

二、被告人许某的行为不构成侵占罪

对于本案中行为的性质，有人认为构成侵占罪。这种观点是不对的。侵占罪所侵害的财产是代为保管的他人财物或者他人的遗忘物或埋藏物，财产不在该他人占有之下却属于其所有，行为人取得这种财产并不需要从他人那里夺取或转移对财产的占有，所以，侵占罪是一种非夺取罪、不转移占有权的犯罪。侵占罪中，行为人对财物的占有是一种和平的占有。

侵占罪中行为人对财物占有的原因，只能限于物的所有者或者公务机关与行为人之间具有委托关系，这种委托关系是根据当事者之间的信任关系而产生的。而在本案中，被告人对财物的占有是通过自助提款机的错误得来的。那么非法占有基于错误给付的财物是否构成侵占罪呢？世界各国的规定不同，如在意大利刑法中，就规定了“侵占遗失物、埋藏物和因错误或意外事件而得到的物品”罪。但是，在我国，侵占罪中，行为人对财物的占有只包括基于委托关系产生的占有和对遗失物、埋藏物的占有。本案中，被告人对财物的占有，不符合成立侵占罪的前提。因此，被告人的行为不构成侵占罪。

三、被告人许某的行为不构成诈骗罪

诈骗罪是指用虚构事实或者隐瞒真相的方法，骗取公私财物，数额较大的行为。诈骗罪的客观方面表现为，行为人虚构事实或者隐瞒真相的欺诈行为，致使被害人产生错误性认识，从而处分财产。具体在本案中，有两个关键点可以否定行为人的行为成立诈骗罪：其一，本案中，被告人没有虚构事实或者隐瞒真相的欺诈行为。被告人用自己的银行卡进行取款，其身份和行为都是真实的，并没有欺诈行为。其二，在诈骗罪中，被害人产生错误性认识的原因在于受到行为人的欺诈。有人认为，“自助提款机是有思想的主体”，自助提款机也可以构成诈骗罪的对象。我们认为，在“自助提款机是有思想的主体”的前提下，恰恰不能成立诈骗罪，因为，在本案中，是自助提款机本身发生错误。该“有思想的主体”的错误性认识的产生并不是行为人的欺骗行为所致。因此，许某的行为也不符合诈骗罪的构成要件。

四、被告人许某的行为不构成信用卡诈骗罪

对于本案的性质，还有一种观点认为构成信用卡诈骗罪。持该种观点的学者认为：“根据全国人大常委会作出的《关于〈中华人民共和国刑法〉有关信用卡规定的解释》，我国刑法中的‘信用卡’是从广义上而言的，包含借记卡，但普通的信用卡并不具有透支的功能。由于自助提款机出故障，许某所用借记卡能够在自己卡中仅存170余元的情况下取出17万余元现金，表明其借记卡已具有了透支的功能（即在卡中无存款记录的情况下先支取钱款）。如果他是以非法占有为目的，经发卡银行催收后仍不归还，那就是恶意透支。”[①] 因此，被告人的行为成立信用卡诈骗罪。我们认为，被告人使用的是普通的借记卡，本身就无法透支，更无法被恶意透支。在本

---

① 刘明祥：《财产罪比较研究》，326页，北京，中国政法大学出版社，2006。

案中，被告人之所以能取出超过自己存款数额的现金，原因是自助提款机发生错误，是一种在特定情况下的偶然情况。把偶然出现的情形解释为通常情况下借记卡不可能具有的透支功能，有些牵强，超出了刑法解释的“社会相当性”界限和通常原则。在本案的情形下，不宜认为借记卡在特定情况下具备透支功能，也不宜认为被告人的行为是恶意透支行为。

五、被告人许某的行为属于盗窃金融机构，应当构成盗窃罪

（一）许某的行为成立盗窃罪

盗窃罪，是指以非法占有为目的，秘密窃取公私财物，数额较大，或者多次盗窃、入户盗窃、携带凶器盗窃、扒窃的行为。在本案中，对被告人具有非法占有目的和达到数额较大的入罪标准，应该没有争议，争议的焦点是许某的恶意取款行为是否符合盗窃罪的秘密窃取的特征。持否定观点的人认为，许某使用本人的实名银行卡到有监控系统的自助提款机上取款，输入的是自己的密码，因而取款行为是公开的，不符合盗窃罪所要求的秘密窃取的特征。

盗窃罪的秘密窃取的特征，在实践中大体上包括两种情形：其一是行为人认为财物占有人不知道，实际上财物占有人也不知道；其二是行为人认为财物占有人不知道，实际上财物占有人知道。也就是说，只要行为人采取自认为秘密的、不为财物占有人知晓的方式将财物取走，就成立盗窃，财物占有人是否知晓，不影响盗窃罪的成立。

在本案中，许某关于其明知取款时“银行应该不知道”、“机器知道、人不知道”的当庭供述，均表明许某系利用自助提款机系统异常之机，自以为银行工作人员不会及时发现而非法获取银行资金，毫无疑问符合盗窃罪中秘密窃取的特征，构成盗窃罪。

（二）许某的行为属于盗窃金融机构

关于自助提款机是否是金融机构的问题，有三种观点：第一种观点认为，自助提款机是金融机构；第二种观点认为，自助提款机不是金融机构；第三种观点认为，自助提款机是金融机构，但是和一般的金融机构不同。我们持第一种观点，理由如下：银行作为一种金融机构，其法人主体只有一个。自助提款机实际上是电子商务的终端，是金融机构的一个组成部分。自助提款机里面的资金来自于银行，为银行所有。另外，1998 年 3 月 10 日最高人民法院《关于审理盗窃案件具体应用法律若干问题的解释》第 8 条规定，《刑法》第 264 条规定的“盗窃金融机构”，是指盗窃金融机构的金融资金、有价证券和客户的资金等，如储户的存款、债券、其他款物、企业的结算资金、股票，不包括盗窃金融机构的办公用品、交通工具等财物的行为。毫无疑问，自助提款机中的资金，是银行的经营资金，只不过存放在自助提款机中供办理业务所需。因此，盗窃自助提款机中现象的行为，应当属于盗窃金融机构。

【讨论归纳】

利用提款机的错误，从自助提款机中取款并占为己有的行为，因行为人是数次实施，所以不构成民法中的不当得利，而应当构成犯罪。与此同时，被告人对财物

的占有是通过自助提款机的错误得来的，而不是基于某种委托关系，所以不构成侵占罪。另外，自助提款机错误性认识的产生并不是行为人的欺骗行为所致，因此，也不符合诈骗罪的构成。此外，被告人的行为不属于恶意透支行为，因此也不构成信用卡诈骗罪。综上所述，被告人利用自助提款机的错误，从自助提款机中取款并占为己有的行为属于盗窃金融机构的行为，应当构成盗窃罪。

【实务训练】

从实务中找一件类似本主题的真实案件，根据该案的事实、既有证据及争议焦点，写一份辩护词或判决书。要求格式规范、条理清晰、层次分明、说理透彻。

【延伸阅读】

1. 董鑫主编．盗窃罪个案研究．成都：四川大学出版社，1994
2. 董玉庭．盗窃罪研究．北京：中国检察出版社，2002
3. 李克非．盗窃罪的立法沿革与比较研究．政法论坛，1997（3）
4. 逄锦温．论盗窃罪适用中的几个问题．国家检察官学院学报，2002（2）
5. 高艳东．从盗窃到侵占：许霆案的法理与规范分析．中外法学，2008（3）
6. 石经海．量刑个别化的基本原理．北京：法律出版社，2010
7. 最高人民法院《关于审理盗窃案件具体应用法律若干问题的解释》

案57　利用发货方疏忽重复提货行为的定性

——陈某某诈骗案

【问题提示】

不当得利是一种明知没有合法根据而获取利益，又不主动退还的民事侵权行为，由不当得利引起的诈骗犯罪行为与非罪行为应当如何区分？尤其是不当得利的恶意占有及消极获得利益和诈骗罪在主观与客观上应当如何划分？

【案情摘要】

被告人：陈某某，男，个体运输驾驶员。

1999年12月20日上午，江苏省扬州市平山供销社批发部仓库保管员杨某，交给被告人陈某某一张扬州糖业烟酒公司的销售发票提货联，委托他到该公司提运“扬州粮食白酒”200箱，计5 000瓶。陈某某与个体运输驾驶员闵某某一起，各开一辆手扶拖拉机前去提货。两辆手扶拖拉机满载共装上80箱（2 000瓶）白酒，尚有120箱白酒不能一次提完，糖业烟酒公司仓库发货员杨某某遂开出一张120箱“扬州粮食白酒”暂存收据，交给陈某某。随后，平山供销社的一辆货车开来公司，陈某某即要求杨某某将暂存的120箱白酒让货车装上一并带走。杨某某在发出120箱白酒后，因一时疏忽，未将交给陈某某的暂存收据收回。当天上午，平山供销社仓库保管员即将由陈某某等人提回的200箱白酒收讫。当天晚上，陈某某在整理有关单据时，发现发货方未将120箱白酒的暂存收据收回，便产生了重复提取该项白酒占为己有的想法。后来，陈某某怕自己亲自前往提取会被识破，遂将暂存收据交给个体运输驾驶员闵某某，由闵某某将120箱白酒提出，运到陈某某指定的地点。陈某某将这批价值5 250元的白酒销售后得款4 490元余。事后，陈某某主动向公安机关交代了上述事实。

【分歧意见】

在本案审理过程中，对于被告人陈某某的行为应当如何定性，有两种意见：第一种意见认为，被告人陈某某的行为属于民事法律关系中的不当得利。第二种意见认为，被告人陈某某的行为构成诈骗罪。

【要点提示】

1. 民法中不当得利的构成要件。
2. 刑法中诈骗罪的构成特征。
3. 不当得利与诈骗罪在主、客观方面的差别。
4. 对如下相关法律、法规和司法解释的深入把握：《刑法》第266条，最高人民法院《关于审理诈骗案件具体应用法律若干问题的解释》。

【问题讨论】

一、民法中不当得利的构成要件

不当得利是指没有法律或者合同上的根据，使他人受损害而取得利益，如售货时多收货款，拾得遗失物据为己有等。不当得利的成立，必须具备以下四个要件：(1) 须一方受益。受益仅指财产权益，可以是受益人财产数额的直接增多，如售货时多收货款；也可以是财产数额该减少的没有减少，如雇人劳动，少给报酬。(2) 须他方受损害。受损害是指财产减少。不应支出财产而支出，或者应增加财产而未增加，都是受损害。(3) 一方受益与另外一方受损须出于同一原因事实，亦即受益与受损间有因果关系。也就是说，一方受益，是他方受损的结果；一方受损，是他方受益的原因。(4) 须没有合法根据。这里是指没有法律、协议、合同等合法根据。没有合法根据可以是在受益人取得利益时没有合法原因，也可以是受益时有合法原因，其后该合法原因不再存在，例如，一方依据可撤销的民事行为取得对方的财产，该民事行为被撤销以后，合法原因即不存在，则构成不当得利。

二、刑法中诈骗罪的构成特征

诈骗罪是指以非法占有为目的，采用虚构事实和隐瞒真相的欺骗方法，使受害人陷于错误，骗取数额较大的公私财物的行为。其构成特征有：(1) 本罪侵犯的客体是公私财产所有权。(2) 本罪在客观方面表现为行为人采用虚构事实和隐瞒真相的方法，使对方产生错觉，“自愿地”将财物交给行为人。一般来讲，本罪的客观要素包括：行为人实施了诈骗行为，诈骗行为使他人陷于错误，他人基于错误性认识处分财产，行为人获得财产或者财产性利益。(3) 本罪的主体是自然人一般主体，即达到刑事责任年龄和具有刑事责任能力的自然人。根据刑法之规定，单位不能构成本罪的主体。(4) 本罪在主观上表现为直接故意，并具有非法占有公私财物的目的。具体来说，即行为人明知自己采取虚构事实和隐瞒真相的欺骗方法，会使公私财物的所有人或经管人信以为真，发生“自愿地”交出财物的结果，并且希望这种结果发生。非法占有公私财物并不限于自己占有，还包括第三人占有。没有非法占有他人财物的目的，不能构成诈骗罪。

三、不当得利与诈骗罪在主、客观方面的差别

本案从其根本原因来考察是杨某某在发出120箱白酒后，因一时疏忽，未将交给陈某某的暂存收据收回引起的，因此从表面来看，陈某某在没有合法根据的情况下，利用发货方的疏忽，采用重复提取的方式，恶意占有糖业烟酒公司120箱白酒。其行为貌似不当得利，但实质上已构成诈骗罪。理由是：

其一，陈某某在主观上具有诈骗的故意。陈某某明知供销社委托他提运的200箱白酒已经全部提运完毕，但他发现发货方未将120箱白酒的暂存收据收回，便产生了利用发货方的过错，骗取糖业烟酒公司120箱白酒的故意。这种故意与不当得利的恶意占有有着本质的区别。不当得利的恶意占有，是受害方由于自己的过错造成经济损失，使受益方取得不当利益，而不当得利人明知没有合法根据仍然予以接受和占有。而陈某某的诈骗故意，则是在受害方的实际损失尚未造成，自己也未获得实际利益的情况下形成的，其目的是要采取欺骗手段非法占有他人的财物。陈某某不敢亲自提货而委托他人提货，表明他对自己的行为的危害后果是明知的，但他望这种结果发生。陈某某的行为符合诈骗罪的主观要件。

其二，陈某某在客观上实施了诈骗的行为。陈某某明知自己手中的暂存收据是一种实际交付过的有据无货的单据，但他却隐瞒事实真相，委托他人去重新提货，这无疑是一种诈骗行为。这种诈骗行为与不当得利行为也有明显的区别。不当得利的前提条件，必须是不当得利本人并无违法行为。不当得利的法律事实的出现，往往是受害一方自己（有时也可能是第三人）的过错造成的，而不是受益方即不当得利人的违法行为引起的。不当得利人只是消极地获得利益，而不是积极主动地去攫取利益。而本案中陈某某的行为，则是为了非法占有他人财物而主动实施的。正是陈某某采取了隐瞒真相的方法，蒙骗了发货方，让他们“自愿地”发出120箱白酒，其犯罪目的才得以实现。因此，陈某某的行为符合诈骗罪的客观要件。

【讨论归纳】

利用发货方的疏忽，采用重复提取的方式，恶意占有他人财物的行为不能构成不当得利，而只能以诈骗罪论处。这是因为这种行为在主观上符合诈骗罪的主观要件，即明知是他人的财物而非法占有；在客观上符合诈骗罪的客观要件，即被告人采取了隐瞒真相的方法，使对方产生错觉，“自愿地”将120箱白酒发出，从而非法占有了他人的财物。

【实务训练】

从实务中找一件类似本主题的真实案件，根据该案的事实、既有证据及争议焦点，写一份辩护词或判决书。要求格式规范、条理清晰、层次分明、说理透彻。

【延伸阅读】

1. 邓又天，李永升．关于欺诈性犯罪的若干问题研究．现代法学，1996（5）
2. 王延祥．如何认定诈骗罪中的“以非法占有为目的”．政治与法律，2003（3）
3. 张明楷．诈骗罪与金融诈骗罪研究．北京：清华大学出版社，2006
4. 最高人民法院《关于审理诈骗案件具体应用法律若干问题的解释》

案58 以帮助嫌疑人家属捞人骗取巨款行为的定性

——王某某侵占案

【问题提示】

侵占罪是司法实践中较为常见的一种侵犯财产的犯罪，关于本罪的对象除了一般合法的财物外，基于不法原因的委托取得的财物能否成为侵占罪的对象？

【案情摘要】

被告人：王某某。

2005年6月，被告人王某某以朋友多，能帮助程某某将因涉嫌犯罪在广州被羁押的丈夫曾某某放出来为由，让程某某筹集人民币123万元。同年6月20日，被告人以交罚金为名，要求程某某从珠海汇钱至广州，骗走程某某的人民币123万元后关闭移动电话并逃匿。同年9月21日，被告人王某某在武汉市被抓获，追回赃款人民币674 974元。

【分歧意见】

在本案审理过程中，对于被告人王某某的行为应当如何定性，有两种意见：第一种意见认为，被告人王某某的行为构成诈骗罪。第二种意见认为，被告人王某某的行为构成侵占罪。

【要点提示】

1. 基于不法原因的委托是否可以成立侵占罪？
2. 侵占罪中的“代为保管”应当如何理解？
3. 对如下相关法律、法规和司法解释的深入把握：《刑法》第266条、第270条，最高人民法院《关于审理诈骗案件具体应用法律若干问题的解释》。

【问题讨论】

一、侵占罪的构成特征及分类

侵占罪，是指以非法占有为目的，将代为保管的他人财物，或者他人遗忘物、埋藏物非法据为己有，数额较大，拒不退还的行为。其构成特征是：（1）本罪侵犯的客体是公私财产的所有权，具体而言，是刑法所规定的“他人”的财物所有权。

(2) 本罪在客观方面表现为行为人将自己代为保管的他人财物非法占为己有，数额较大，拒不退还，或者将他人的遗忘物或者埋藏物非法占为己有，数额较大，拒不交出的行为。(3) 本罪的主体是一般主体，即达到刑事责任年龄和具有刑事责任能力的自然人。(4) 本罪的主观方面只能是故意，并且具有非法占有他人财物的目的。换言之，行为人明知是自己代为保管的他人财物，或是他人的遗忘物、埋藏物，自己有义务按照约定或者法律规定将其退还给所有人或者交出，拒不退还或交出，意图由自己非法占有。如果行为人不知道自己所侵占的是上述财物，则不构成本罪。

从理论上讲，侵占罪分为普通侵占罪和特殊侵占罪。在基本的意义上，侵占行为侵害的是当事人直接的委托信任关系和被害人的财产权，如，甲由于某特定的原因，将某物转由乙占有，乙以所有的意思占有财物，并拒绝归还甲的行为构成侵占。委托信任关系的发生，包括但不限于当事人之间"一对一"的直接委托如租赁、借用、承揽、寄送、运送等合同的存在；因质权、留置权等物权关系持有他人之物亦可产生这种关系；再如，基于无因管理、习惯、生活常理、诚实信用原则亦可产生委托信任关系，所有这些委托关系的存在，都有成立侵占罪的余地。

二、对侵占罪中"代为保管"的理解

在本案中，要认定行为人的行为是否构成侵占罪，主要涉及的是"代为保管"应当如何理解。对于此，刑法学界的观点颇多，主要有以下几种观点①：第一种观点认为，"代为保管是指受他人委托暂时代其保管"。第二种观点认为，"代为保管是指接受他人委托或者根据事实上的管理而成立的对他人财物的持有、管理"。第三种观点认为，"应将代为他人保管理解为占有（与盗窃对象——他人占有的财物中的占有含义相同），即对财物具有事实上或法律上的支配力的状态，只要行为人对财物具有这种支配力即可，不要求事实上握有该财物"。第四种观点认为，这里的"代为保管"不能仅限于委托保管，而应包括基于委托租赁、借用、担保、无因管理等原因而保管他人财物。此外，因为雇佣关系、居间关系、违法行为等，都可能出现"代为保管"他人财物的情形，所以，"代为保管"有比直接的委托保管更为广泛的内容。

根据以上各种不同的学说，"代为保管"成立的条件有所不同。在本案中需要解决的主要问题包括两个方面：其一是受害人与被告人之间是否存在委托关系，其二是基于不法原因的委托是否能构成立侵占罪。对于第一个问题，答案毫无疑问应当是肯定的。被害人程某某的丈夫曾某某因走私被广州黄埔海关羁押，为了帮助丈夫早日获释，被害人程某某通过其在台湾的朋友高某某找到在大陆居住多年的被告人王某某，希望王某某予以帮助，为此交付给王某某123万元人民币，委托其办理相关事宜。有争议的是第二个问题。对于"不法委托"能否成立侵占罪，历来存在肯定说与否定说之争。否定说认为，在不法委托的场合，交付人与受托人双方均有不法行为，对于基于不法行为而为之交付，法律没有保护的必要，所以，一方面，委

① 转引自刘志伟、左坚卫主编：《刑法各论案例分析》，208～209页，北京，中国人民大学出版社，2009。

托人已经对委托之物失去了所有权；另一方面，受托人对委托人而言不负返还义务。对于这种在民法上没有返还义务的人，强制其不得处分不法交付之物，成为侵占罪的行为主体，破坏了法制的统一性。此外，侵占罪不只是侵犯财产，在侵占代为保管的财物的场合，还有破坏委托信任关系的一面，而不法委托人的委托与受托人的收受之间，并不存在一种法律上的委托信任关系。[①] 因此，基于不法原因的委托，不构成侵占罪。肯定说则认为，在此种情况下，应当对刑法上的关系和民法上的效果分别考虑。民法上因不法原因而为的给付，不能请求返还体现了一种债权关系，而非所有权得丧的物权关系。交付人虽有不法行为，对其给付之物纵然不能依法主动请求返还，但取得持有之受托人并不因此而取得所有权，受托人变持有为所有，自然可以成为侵占罪的行为主体。所以对刑法上有无犯罪性的讨论，应当离开民法是否保护这一前提。[②] 肯定说进一步认为，对基于不法原因而交付的财物而言，虽然交付人已无返还请求权，但并不意味着收受人就取得了财物所有权。事实上，该财物的所有权应属于国家。因此，该财物对于收受人而言，仍是他人之物，可以成为侵占的对象。并且，即使从民法上看，收受人将他人不法交付的财物占为己有也是非法的。[③]

一般认为，肯定说是通说，并且肯定说得到了司法实践的支持。在司法实践中，对于基于不法原因的委托而交付的财物，被委托人拒不归还的，也可以成立侵占罪。因此，本案中，被告人的行为成立侵占罪，并没有理论上的障碍。

三、侵占罪与诈骗罪的异同

既然肯定基于不法原因的委托而交付的财物，被委托人拒不归还的，也可以成立侵占罪，那么，现在的问题是：本案中，被告人的行为是否有成立诈骗罪的可能呢？

诈骗罪是指以非法占有为目的，采用虚构事实和隐瞒真相的欺骗方法，使受害人陷于错误，骗取数额较大的公私财物的行为。诈骗罪在客观上表现为使用欺骗方法骗取数额较大的公私财物。诈骗罪客观方面的构成包括以下几个环节：（1）行为人实施了欺诈行为。欺诈行为从形式来看，包括两类，一是虚构事实，二是隐瞒真相。（2）行为人的欺诈行为使受害人产生错误认识，受害人错误认识的产生是行为人的欺诈行为所致。如果对方不是因欺诈行为产生错误认识而处分财产，就不成立诈骗罪。即使对方在判断上有一定的错误，也不妨碍欺诈行为的成立。（3）被害人基于错误认识而处分财产。处分财产表现为直接交付财产，或者承诺行为人取得财产，或者承诺转移财产性利益。（4）被害人处分财产后，行为人便获得财产。（5）被害人的财产受到损害。

侵占罪与诈骗罪都是侵犯财产罪，其犯罪客体都是他人的财产所有权，都是故意犯罪并且都以非法占有他人财产为目的，犯罪主体都是一般主体。但是二者存在本质的区别，具体而言有两个方面：其一，犯罪对象不同。侵占罪的对象较窄，仅

---

① 转引自刘志伟、左坚卫主编：《刑法各论案例分析》，209页，北京，中国人民大学出版社，2009。

②③ 转引自上书，210页。

限于代为保管的他人财物和他人的遗忘物或埋藏物，而诈骗罪的对象为各种公私财物。其二，犯罪客观方面表现不同。侵占罪在客观方面表现为行为人将代为保管的他人财物非法占为己有，数额较大，拒不退还，或者将他人的遗忘物、埋藏物非法占为己有，数额较大，拒不交出的行为。诈骗罪在客观方面则表现为行为人采用虚构事实或隐瞒真相的欺骗方法，使受害人陷于错误，骗取数额较大的公私财物的行为。

总的来讲，侵占罪与诈骗罪的区别是较为明显的。司法实践中值得注意的是以欺诈的方法非法占有代为保管的他人财物的行为的定性，例如，在代为保管他人财物后，将代为保管的他人财物藏匿，谎称被盗或遗失而拒不退还，等等。这时，虽然行为人使用了虚构事实和隐瞒真相的欺骗方法占有他人财物，但因行为人意图占有的财物在行为前已被其代为保管，符合侵占罪的特征，仍应认定为侵占罪。认定这种行为的关键在于，行为人非法占有他人财物之前已因代为保管而合法持有该财物。诈骗罪的行为人一般并不先行合法持有他人财物，其采用虚构事实或隐瞒真相的欺骗方法的直接目的，在于取得对财物的非法控制。因而先取得财物而后以诈骗方法拒不退还的，是侵占罪；未合法取得财物，而以诈骗方法非法取得对财物的控制权的，属于诈骗行为。行为人将代为保管的他人财物非法占为己有后，处分被侵占的财物的，属于一种不可罚的后续性行为，也不应再认定为诈骗罪。

综上所述，我们认为，对本案被告人王某某的行为应定侵占罪。理由如下：从客观方面来分析，被告人王某某是基于受害人的委托，合法取得这笔钱的占有权的。正如前面所述，“在本案中，被害人程某某的丈夫曾某某因走私被广州黄埔海关羁押，为了帮助丈夫早日获释，被害人程某某通过其在台湾的朋友高某某找到在大陆居住多年的被告人王某某，希望王某某予以帮助，为此交付给王某某 123 万元人民币，委托其办理相关事宜”。被告人王某某取得这些钱是基于被害人程某某自己的意思。被害人程某某把钱从台湾地区汇到大陆后，作出让被告人王某某代为取款和暂时保管这些钱的意思表示，主要是根据其对王某某的信任。被告人在取得受害人交付的财物的过程中，既没有虚构事实，也没有隐瞒真相。因此，被告人在客观上没有实施任何欺诈行为，所以，对于被告人王某某以帮助犯罪嫌疑人家属程某某捞人为由骗取巨款的行为应定侵占罪，而非诈骗罪。

【讨论归纳】

侵占罪是不转移占有的犯罪，即行为人只是基于不法所有的意图，将原已占有的他人财物不法取得的行为。改“占有”为“不法所有”是侵占罪的本质特征，也是该罪区别于转移占有的盗窃、抢劫、诈骗等其他财产犯罪的关键所在。因此，被告人对财物占有的取得，是通过受害人委托，还是通过欺骗的方式，是区别侵占罪和诈骗罪的关键。如果是以欺骗的方法取得财物的占有，则被告人的行为成立诈骗罪，否则，成立侵占罪。

【实务训练】

从实务中找一件类似本主题的真实案件，根据该案的事实、既有证据及争议焦点，写一份辩护词或判决书。要求格式规范、条理清晰、层次分明、说理透彻。

【延伸阅读】

1. 刘志伟. 侵占犯罪的理论与司法适用. 北京：中国检察出版社，2000

2. 樊凤林. 论侵占罪. 见：高铭暄主编. 刑法修改建议文集. 北京：中国人民大学出版社，1997

3. 于世忠. 侵占罪立法比较与借鉴. 当代法学，2002 (2)

4. 周光权. 侵占罪疑难问题研究. 法学研究，2002 (3)

5. 杜国强. 关于侵占罪若干问题的思考. 法学评论，2002 (6)

案 59 以色情为诱饵诈取嫖客钱财行为的定性

——陈某、莫某敲诈勒索案

【问题提示】

为了达到非法占有他人财物之目的，以“妓骗”的方法诈取他人的钱财的，应如何定性？

【案情摘要】

被告人：陈某，男，农民；莫某，女，农民。

被告人陈某、莫某于某日在怀城镇相识，两人合谋商定，由莫某以色情引诱嫖客，由陈某冒充派出所民警向嫖客敲诈钱财。两人谋划好敲诈方案之后，被告人莫某便先后 4 个晚上在怀城镇北门某基建工地、镇医院对面某门市部、镇副食品公司北门某门市部及镇某路东巷等地先后主动引诱 5 名男嫖客，同时将嫖宿的具体时间和地点告知被告人陈某。陈某即按事先商定的办法，身穿旧式警服，腰插火药枪，冒充公安民警前往作案地点，先后对正在与莫某奸宿的 5 名嫖客进行威胁与恐吓，有时还拍腰间的火药枪，叫嫖客到派出所交代问题，若不去派出所就当场或限期交出罚款。两被告人采用这一手段，共索取人民币两千九百余元、手表 5 块及收录机 1 台等物。后两被告人在作案时被公安机关当场抓获。

【分歧意见】

在本案审理过程中，对陈某、莫某已构成共同犯罪没有异议，但对两被告人的行为如何定性，却存在以下两种不同的意见：第一种意见认为，被告人陈某、莫某主观上具有非法占有他人财物之故意，客观上冒充公安民警，腰插火药枪，对嫖客当场实施了精神强制行为，符合以胁迫方法抢走他人财物的客观特征，因此，两被告人的行为均应定为抢劫罪。第二种意见认为，被告人陈某、莫某以非法占有为目的，共同谋划，对嫖客实施恐吓和要挟，使嫖客产生精神恐惧而被迫交出财物，其行为应定敲诈勒索罪。

【要点提示】

1. 抢劫罪与敲诈勒索罪各自的构成特征。

2. 抢劫罪与敲诈勒索罪的异同。

3. 对如下相关法律、法规和司法解释的深入把握：《刑法》第263条、第274条，最高人民法院《关于审理抢劫案件具体应用法律若干问题的解释》、《关于审理抢劫、抢夺刑事案件适用法律若干问题的意见》等。

【问题讨论】

一、抢劫罪与敲诈勒索罪各自的构成特征

（一）抢劫罪的构成特征

所谓抢劫罪，是指行为人以非法占有为目的，采用对公私财物的所有人、保管人或者其他在场人当场实施暴力、威胁或者以其他方法，迫使被害人当场交出财物或者当场夺走其财物的行为。其构成特征是：（1）本罪侵犯的客体是复杂客体，既包括公私财产权利，也包括公民的人身权利，其中前者是主要客体，后者是次要客体。（2）本罪在客观方面表现为行为人对公私财物的所有人、保管人或者其他在场人当场实施暴力、威胁或者以其他方法，迫使被害人当场交出财物或者当场夺走其财物的行为。其中，侵犯人身的行为是本罪的手段行为，侵犯财产的非法得财行为是本罪的目的行为。从理论与实践的结合上看，本罪的目的行为较易理解，一般不会产生问题。而本罪的手段行为较为复杂，容易产生问题，因而正确理解本罪的手段行为，对于本罪的准确认定具有重要的意义。根据刑法的规定，本罪的手段行为包括暴力行为、威胁行为及其他侵犯人身的行为三种。其中，暴力行为是本罪最常见的手段行为方式，其内涵是侵犯公民人身自由权、健康权直至生命权的施加于人身的强力打击和强制行为，其外延包括捆绑、强力禁闭、扭抱、殴打、伤害直至杀害等程度不同的侵犯人身的表现形式。胁迫行为也是本罪常见的手段行为，它是指行为人对被害人以当场实施暴力相威胁，来迫使被害人当场交出财物或者当场夺走其财物的行为。其他侵犯人身的行为，虽不如暴力、胁迫手段常见，但也时有发生，它是指暴力或者胁迫以外的其他人身强制行为。以上三种行为，只要行为人实施其中之一，即可构成本罪。（3）本罪的主体属于一般主体，即年满14周岁、具有刑事责任能力的人。（4）本罪的主观方面只能是直接故意，而且是以非法强行占有他人财物为目的。间接故意和过失不可能构成本罪。

（二）敲诈勒索罪的构成特征

所谓敲诈勒索罪，是指行为人以非法占有公私财物或非法取得财产性利益为目的，对被害人实施威胁或者要挟的方法，迫使其交付数额较大的公私财物或者提供财产性利益的行为。其构成特征是：（1）本罪侵犯的客体是复杂客体，既包括公私财产的所有权，也包括他人的人身权利或者其他利益。（2）本罪在客观方面表现为通过对被害人实施威胁或者要挟的方法，迫使其交付数额较大的公私财物或者提供财产性利益并实际占有或取得数额较大的财物或者财产性利益的行为。它由三方面的客观行为构成：一是对被害人实施威胁或者要挟的行为，二是迫使被害人交付数额较大的公私财物或者提供财产性利益的行为，三是行为人非法占有数额较大的公私财物或者非法取得数额较大的财产性利益。其中，前两方面的行为是手段行为，第三方面的行为是目的行为，同时，它又是敲诈勒索罪危害结果的表现形式。(3) 本罪的主体是自然人一般主体，即达到刑事责任年龄、具有刑事责任能力的自然人。根据刑法之规定，单位不能构成本罪的主体。(4) 本罪在主观上只能由直接故意构成，即行为人明知自己的威胁或者要挟的行为会引起他人丧失数额较大的公私财物或者财产性利益以及人身权利或者其他利益并决意而为之。与此同时，行为人在主观上还具有非法占有数额较大的公私财物或者非法索取数额较大的财产性利益的目的。

二、抢劫罪与敲诈勒索罪的异同

抢劫罪与敲诈勒索罪均属侵犯财产罪，犯罪的客体、主体及主观方面基本是相同的，区别在于客观行为方式不同。抢劫罪的客观方面表现为行为人对公私财物的所有人、保管人或者其他在场人当场实施暴力、威胁或者以其他方法，迫使被害人当场交出财物或者当场夺走其财物的行为。敲诈勒索罪的客观方面表现为行为人只能依靠威胁，且以将用暴力加害被害人及其亲属，或者以将要揭发被害人的隐私、毁坏其财产等相威胁、要挟的方法取得数额较大的财物或者财产性利益。二者的区别集中反映在所实施的威胁手段不同，具体表现为：(1) 实施威胁的方式不同。抢劫罪中的威胁只能针对被害人直接实施；而敲诈勒索罪中威胁可以针对或不针对被害人，直接或者间接实施。(2) 实施威胁的内容不同。抢劫罪中威胁都是直接侵犯人的生命健康的暴力威胁，如以杀害、伤害相威胁；敲诈勒索罪中威胁的内容较广泛，包括直接侵犯人的生命健康的威胁，以及毁坏财物、揭发隐私的威胁等。(3) 扬言实施威胁内容的时间不同。抢劫罪中是当场，敲诈勒索罪中一般是在将来。(4) 威胁索取的利益性质不同。抢劫罪中只能是财物，而且是动产；而敲诈勒索罪中可以是财物（动产和不动产），也可以是其他财产性利益（如提供劳务）。(5) 非法取得利益的时间不同。抢劫罪中只能当场取得；敲诈勒索罪中有时是当场，更多的是在若干时日以后（一般是罪犯指定或同意的时间）。威胁行为只有同时符合抢劫罪的上述五个特点时，才能定为抢劫罪；只要其中有一点不符合，就应定敲诈勒索罪。

在本案中，被告人陈某、莫某为了达到非法占有他人财物之目的，事先共同策划以“妓骗”的方法诈取他人的钱财，这说明他们在主观上不仅出于故意，而且具有非法占有的目的。从客观来看，被告人陈某、莫某事前设下圈套，在被告人莫某引诱嫖客上钩后，互通信息，在莫某与嫖客奸宿的过程中，陈某冒充公安民警，利用被自己抓住的“把柄”，以带嫖客去派出所交代问题相威胁，使被害人产生精神上的恐惧感，迫使他人当场或限期交出“罚款”。这一系列行为完全符合敲诈勒索罪的客观特征。因此，对本案两被告人的行为定敲诈勒索罪是完全正确的。

那么，为什么不能对本案两被告人的行为定抢劫罪呢？这是因为，虽然本案被告人的行为都是直接针对被害人实施，实施威胁的内容都是实施暴力或者以实施暴力相威胁，扬言实施威胁内容的时间是当场或限期，威胁索取的利益是钱财，非法取得利益的时间是当场，但是，本案两被告人并非是当场使用暴力或者以暴力胁迫等手段直接从他人手中劫取财物，而是利用自己抓住他人嫖娼乘机进行敲诈，使他人在精神恐惧的情况下交出财物，因此，他们的行为不符合抢劫罪的构成要件，不能以抢劫罪论处。

【讨论归纳】

在本案中，被告人陈某、莫某为了达到非法占有他人财物之目的，事先共同策划以“妓骗”的方法诈取他人的钱财，说明他们在主观上不仅出于故意，而且具有非法占有的目的。再从客观上看，被告人陈某、莫某事前设下圈套，在被告人莫某引诱嫖客上钩后，互通消息，在莫某与嫖客奸宿的过程中，陈某冒充公安民警，利用被自己抓住的“把柄”，以带嫖客去派出所交代问题相威胁，使被害人产生精神上的恐惧感，迫使他人当场或限期交出“罚款”。这一系列行为完全符合敲诈勒索罪的客观特征。因此，本案二被告人的行为应当认定为敲诈勒索罪。

【实务训练】

从实务中找一件类似本主题的真实案件，根据该案的事实、既有证据及争议焦点，写一份辩护词或判决书。要求格式规范、条理清晰、层次分明、说理透彻。

【延伸阅读】

1. 赵秉志主编．侵犯财产罪疑难问题司法对策．长春：吉林人民出版社，2000
2. 刘明祥．财产罪比较研究．北京：中国政法大学出版社，2001
3. 成国平．关于敲诈勒索罪几个问题的探讨．人民检察，1990 (5)
4. 最高人民法院《关于敲诈勒索罪数额认定标准问题的规定》

案 60 以犯罪方法救济合法民事权利行为的定性

——秦某、高某涉嫌诈骗案

【问题提示】

对于“民刑交叉”案件，如以犯罪方法救济合法民事权利的行为，应如何定性?

【案情摘要】

被告人：秦某，执业律师，某公司常年法律顾问；高某，某公司法定代表人兼董事长。

2009 年下半年，某公司法定代表人、董事长黄某因背负刑案，在异地躲藏。其通过电话指令的方式向公司其他高管和法律顾问秦某安排工作，遥控管理公司事务。2010 年年初，秦某告诉黄某的妻子张某，可以找人到北京找高层疏通关系，以帮助黄某规避法律责任，但需要一笔好处费与活动费。张某将此事告诉黄某后，得到黄某认可。经讨价还价，秦某与黄某夫妇以100万元成交。随后，张某安排人将100万元打到秦某指定的账户（实为高某的个人银行卡账户）。半个月后，黄某了解到秦某是通过高某去疏通关系，而黄某对高某其人其事曾有所耳闻，感觉高某没有能量办成此事，遂觉上当受骗。于是，黄某立即通过其妻张某告知秦某，要求将钱打回来。秦某又将情况告知了高某，高某便将100万元打到秦某的个人银行卡账户上。在秦某欲将100万元打给张某时，张某告诉秦某，黄某指示暂时将钱放在秦某处，将来自己如果出事，就作为请秦某为自己辩护的律师费。2010年下半年，黄某归案，牵出此事。

【分歧意见】

关于本案如何定性，存在如下4种基本观点：

第一种观点认为，秦某、高某构成诈骗罪的共犯，犯罪数额为100万元。

第二种观点认为，秦某、高某虽构成诈骗罪的共犯，但案发前已将犯罪所得全部归还被害人，根据最高人民法院《关于审理诈骗案件具体应用法律的若干问题的解释》与最高人民法院研究室《关于申付强诈骗案如何认定诈骗数额问题的电话答复》的相应规定，诈骗罪不再成立。

第三种观点认为，鉴于秦某对黄某任法定代表人的公司享有合法民事债权（律师费），即便通过违法犯罪手段实现合法权利，也不宜认定为犯罪。

第四种观点认为，秦某、高某根本不成立诈骗罪的共犯。

【要点提示】

以犯罪方法救济合法民事权利行为的实质。

【问题讨论】

刑事案件都是真实、生动的，其间往往杂糅着多种法律关系，“刑民交叉”或“民刑交叉”尤为常见。如果一厢情愿地只见树木、不见森林，可能导致案件定性、定量上的偏差。

一、秦某、高某是否构成诈骗罪共犯

指控秦某、高某成立诈骗罪共犯的控方证据有三类：一是犯罪嫌疑人、被告人的供述和辩解，二是被害人陈述，三是银行打款、转账记录等书证。从证据理论上讲，涉及言词证据和书证两类。在一审开庭时的法庭调查环节，二被告人均否认存在诈骗罪共谋及实施了诈骗犯罪行为。其中，秦某提出，所指控的100万元系黄某给自己补偿的律师费；高某提出，接受黄某、张某关于到北京找高层疏通关系以帮助黄某规避法律责任的委托后，其立刻乘飞机去了一趟北京，找过一位姓赵的能够帮助与高层“搭桥”的朋友，只是因为黄某很快取消了委托，找高层疏通关系一事只有作罢。

我们认为，从形式逻辑上看，秦某、高某的说法最多只有一真。正因为可能存在一真，如果控方现有证据无法排除这种可能的真实性，有罪指控就无法达到排除合理怀疑的证明标准。而英美法系的排除合理怀疑及大陆法系的内心确信与我国刑事诉讼法所要求的“事实清楚，证据确实、充分”只不过是同一证明标准的不同法系话语表述而已。根据一审开庭时的控方全部证据，首先未能排除被告人高某说法的真实性。根据现实情况，乘飞机采取实名制，因而乘机记录是较容易调取的书证。如果高某确实乘飞机去过北京，而时间正好是接受委托以后，就与起诉书所指控的“二人虚构到北京找高层疏通关系”具有了时间与空间两个基本维度的矛盾点。又由于高某提供了去北京所找的人，这也是可以调取的证人证言，其能证明高某去北京到底是虚晃一枪还是确确实实是去疏通关系了。很显然，如果高某确实去过北京找人疏通关系，尽管为帮助他人逃避法律责任而找关系是一种违法行为和不正当诉求，但不管事情办到何种程度、有没有办成的可能性，鉴于高某（当然也包括秦某）确实在真实履行黄某所托之事，这就不符合虚构事实、隐瞒真相的诈骗罪本质。控方没有核实上述情况，因而违反了 1996 年《刑事诉讼法》第 43 条之规定（审判人员、检察人员、侦查人员必须依照法定程序，收集能够证实犯罪嫌疑人、被告人有罪或者无罪、犯罪情节轻重的各种证据），属于证据锁链的严重缺失。如果检察机关不依法进行补充侦查，抑或人民法院不依职权主动调查核实，则诈骗罪共犯的指控将面临事实不清、证据不足的风险。

二、秦某是通过犯罪手段实现合法债权，其行为不宜认定为犯罪

秦某在侦查阶段的讯问笔录中曾提及黄某任法定代表人的某公司欠自己的律师费，黄某对此予以认可并承诺会补偿，还提及了一些人证，但侦查机关对此未进行核实。在一审的法庭调查阶段，秦某再次以黄某的公司欠自己律师费为由抗辩 100 万元的诈骗罪指控。秦某的辩护人向法庭提交了一系列证人证言和书证，均提取自秦某所在的某律师事务所。相关言词证据和书证能证明如下几个方面的事实：其一，截至案发前，秦某已连续担任黄某任法定代表人的某公司的法律顾问 6 年之久，其间签订过两份法律顾问合同，约定每年的法律顾问费为 10 万元～30 万元不等，6 年来黄某任法定代表人的某公司已累计支付秦某所在的律师事务所法律顾问费 100 万元左右。其二，每份法律顾问合同均约定，法律顾问费为基本律师费，秦某所在的律师事务所为黄某任法定代表人的某公司所办理的诉讼、非诉及仲裁案件需另行收费。其三，6 年来，秦某所在的律师事务所已累计为黄某任法定代表人的某公司办理过数十件需另行收费的案件，人民法院的裁判文书、仲裁委员会的仲裁文书等书证能够证明这些案件的真实存在，但黄某任法定代表人的某公司并未支付该笔费用。如果秦某的辩护人向法庭所举示的上述证据之“三性”得到合议庭的确认，那么将作为本案的证据加以使用。如此就产生一个基本问题：黄某任法定代表人的某公司欠秦某的律师费能够对抗诈骗罪指控（如果诈骗罪成立的话）吗？

2000 年 7 月 13 日最高人民法院颁行的《关于对为索取法律不予保护的债务非法拘禁他人行为如何定罪问题的解释》明确规定：“行为人为索取高利贷、赌债等法律不予保护的债务，非法扣押、拘禁他人的，依照刑法第二百三十八条的规定定罪处罚。”根据该司法解释，即便是为实现非法债务而以非法拘禁为手段迫使被害人的亲友、单位交付财物，并不构成绑架罪或敲诈勒索罪，非法拘禁情节严重，达到犯罪程度的，依非法拘禁罪论处。对于该司法解释所透出的基本精神，我们需要准确把握，我们的解读是：即便是非法债务，由于仍然是“债”，至少具有某种道义上的

正当性，比如民间所说的“赌债也是债”，因此，行为人实现非法债务的意图，与刑法上的“以非法占有为目的”就具有某种微妙而重要的区分，主观恶性和客观实害性相对较低，故而不应将实现非法债务本身与非法占有相提并论。当然，倘若实现非法债务的手段超出了财产范畴，侵犯了人身权，依法可以构成相应的侵犯人身权利的犯罪。就本案而言，如果秦某对黄某任法定代表人的某公司所享有的律师费债权能够得到确认，这显然是合法债权，举重以明轻，即便其以诈骗手段（未侵犯人身权等其他权益的纯财产犯罪）实现合法债权，也不能作为诈骗罪评价，进而高某也就不能与秦某成立诈骗罪的共犯。如果诈骗行为属实，且控方能够证明诈骗所得的100万元超出了合法的律师费债权且数额较大，则秦某、高某可构成诈骗罪共犯。如果难以证明，根据存疑有利被告原则，诈骗罪的指控不能成立。

三、本案的诈骗数额应当如何认定

这涉及诈骗罪本身能否成立的问题。如果检察机关通过补充侦查或法院依职权经过调查取证，排除了秦某、高某无罪主张的可能性，并通过控方现有有罪证据的补强证明秦某、高某虚构事实、隐瞒真相的行为确实存在，鉴于100万元已达数额特别巨大的标准，检方的诈骗罪共犯指控似乎能够成立。由于二被告人的辩护人提出了本案存在全额退赃，故即便存在诈骗行为，但诈骗罪依然不能成立的辩护意见，这使得本案的定性工作更加扑朔迷离。

1996年12月16日，最高人民法院制发了《关于审理诈骗案件具体应用法律的若干问题的解释》（未失效），该解释第9条规定：“对于多次进行诈骗，并以后次诈骗财物归还前次诈骗财物，在计算诈骗数额时，应当将案发前已经归还的数额扣除，按实际未归还的数额认定，量刑时可将多次行骗的数额作为从重情节予以考虑。”该规定表明，诈骗罪的犯罪数额以案发时实际未归还的数额认定。从刑法原理看，诈骗罪得手即意味着犯罪既遂，既遂后返还财物的行为本属于退赃的悔罪表现。但是，上述司法解释的规定明显修正了诈骗罪的犯罪构成，认为归还的情形可否定相应数额的既遂。鉴于司法解释（也包括立法解释）在我国、在某些时候实际发挥着立法、修法的功能，同样是罪刑法定原则的规范支撑，因此在认定诈骗罪的成立与否及数额大小时，必须考虑司法解释之规定。从法理层面解析，诈骗罪作为纯侵财犯罪，其犯罪客体为单一客体——财产权，如果犯罪人在案发前归还犯罪所得，则诈骗犯罪行为所造成的危害在很大程度上得以修复。根据宽严相济刑事政策，上述司法解释将犯罪既遂后的悔罪规定为非罪（排除已归还的数额），是符合刑事政策基本精神的。此外，1991年4月23日最高人民法院研究室在《关于申付强诈骗案如何认定诈骗数额问题的电话答复》（河南省高级人民法院请示）中认为，“……在具体认定诈骗犯罪数额时，应把案发前已被追回的被骗款额扣除，按最后实际诈骗所得数额计算。但在处罚时，对于这种情况应当做为从重情节予以考虑”。该电话答复虽非司法解释，但并未失效，对于司法实践应当具有参考价值。该电话答复与上述司法解释的精神是一以贯之、一脉相承的。

我们认为，本案中秦某、高某存在案发前归还财产、被害方追回诈骗所得的情形。因为，当黄某通过其妻张某要求秦某将钱打回来时，秦某即将情况告知了高某，高某遂将100万元打到秦某的个人银行卡账户上。在秦某欲将100万元打给张某时，张某告诉秦某，黄某指示钱暂时放在秦某处，将来自己如果出事，就作为请秦某为自己辩护的律师费。可见，秦某、高某在诈骗罪既遂后，根据被害人的要求，已经启动归还犯罪所得的行动。但在此过程中，被害人作出由犯罪人（秦某）保管犯罪所得的真实意思表示，秦某遵从这一指示（民事委托），持有该款项直至案发。本案中，秦某、高某是否已退赃，由于实际案情复杂、缠绕，不能单纯看被害人是否实际拿回了款项，如此便容易陷入形而上学的境地。本案在该重大节点上存在“民刑交叉”的情况，既有刑法层面的犯罪、退赃，又有民法层面的委托、代理。鉴于该100万元款项虽未实际回到被害人手中，但被害人能够支配该款项的去向、流转，即具有有效的管理、支配权，而犯罪人也愿意听从和接受被害人的指令，在实质层面，应当认为犯罪人已退赃，被害人已追回赃款。犯罪所得是100万元，实际退回100万元，“完璧归赵”，故此，秦某、高某二人先成立诈骗罪共犯，后不再构成犯罪。这一“匪夷所思”的转变完全基于刑事法律的规定和刑事政策的基本精神，体现了罪刑法定原则在司法实务维度的生动再现。

【讨论归纳】

对于“民刑交叉”案件，应综合运用各部门法的知识、规范、原理全面分析，深究本质，忌浮于浅表。

【实务训练】

1. 请根据本案的事实、既有证据、还可能调取的新证据及争议焦点，写一份辩护词。要求格式规范、条理清晰、层次分明、有理有据、入情入理。

2. 请根据本案的事实、既有证据、还可能调取的新证据及争议焦点，写一份判决书。要求格式规范、条理清晰、层次分明、说理透彻。

【延伸阅读】

1. 赵秉志主编．刑法分则要论．北京：中国法制出版社，2010

2. 周道鸾，张军主编．刑法罪名精释．3版．北京：人民法院出版社，2007

3. 最高人民法院《关于对为索取法律不予保护的债务非法拘禁他人行为如何定罪问题的解释》

4. 最高人民法院《关于审理诈骗案件具体应用法律的若干问题的解释》

5. 最高人民法院研究室《关于申付强诈骗案如何认定诈骗数额问题的电话答复》

案61　以收条原件起诉相威胁索款行为的定性

——张某某、黄某某敲诈勒索案

【问题提示】

被告人在利用股金收条复印件收回股金后，扬言将以股金收条原件为证据向法院起诉要求退回股金，以此向受害人索取钱财，是否符合敲诈勒索罪“威胁或要挟”的行为特征，是否构成敲诈勒索罪？

【案情摘要】

被告人：张某某、黄某某，均系当地恶势力人员。

2002年，A区某镇的刘某在镇上修建一屠宰场并办理了屠宰证等合法手续。后镇政府为了规范屠宰市场，将此镇的屠宰经营权公开拍卖，结果李某中标。镇政府要求刘某将其屠宰场及经营权转卖给李某，但刘、李双方未能达成协议。二被告人见刘某正转让屠宰场，认为可能有利可图，便以种种借口滋扰，强行要求入股。后刘某同意二被告人以4.5万元入股屠宰场共同经营，刘某于2002年5月2日收到4.5万元之后向二被告人出具收条。其间，镇政府又向刘某提出购买其屠宰场。同年5月11日，刘某与镇政府经协商达成协议。二被告人认为向镇政府转让屠宰场中有2万元收益，即以刘某在二人入股过程中对屠宰场的债权有所隐瞒、不耿直为由，提出退股并要求分得“利润”2万元，遭到刘某拒绝。随后，二被告人以退股为由，持刘某出具的收条复印件在刘某之妻肖某处收回了投入的4.5万元股金。二被告人又持收条原件威胁刘某：“如不拿出2万元利润，将持收条原件向法院起诉要求退还股金4.5万元。”刘某被迫贷款2万元交给张某某、黄某某。

【分歧意见】

一种意见认为，二被告人共谋收回股金，又不交还股金收条原件，以将要起诉，使刘某产生更大损失为要挟，致使刘某被迫交出2万元，其行为构成敲诈勒索罪。另一种意见认为，二被告人对入股4.5万元是否实际产生了利润与被害人存在认识差异，且起诉手段属合法方式，此案仅是民事纠纷，不构成敲诈勒索罪。

【要点提示】

1. 对敲诈勒索罪中“威胁、要挟”的理解。

2. 准确把握《刑法》第274条的规定。

【问题讨论】

我们同意第一种意见。我国《刑法》第274条规定，敲诈勒索罪是指以非法占有为目的，对被害人使用威胁或要挟的方法强行索要数额较大的公私财物的行为。因此，看一个案件是否构成敲诈勒索罪，要看其行为人是否具有非法占有的目的，是否使用了威胁或要挟的方法，索要财物的数额是否较大。在本案审理过程中，对于二被告人是否构成敲诈勒索罪产生了分歧，焦点集中在提出将要向法院起诉是否构成敲诈勒索罪的“威胁”或“要挟”的行为特征。

敲诈勒索罪的客观方面表现为行为人采用威胁、要挟等手段，迫使被害人交出财物。威胁、要挟的本质特征均是以将要实施的暴力或其他损害相威胁，使被害人为避免暴力伤害或为保护自己更大的利益而被迫交出行为人非法索要的财物。

向法院起诉本是公民在发生纠纷时寻求法律支持以解决纠纷的一种合法途径，

为维护自身合法权利称将向法院起诉本身并不是以威胁、要挟等非正当手段获取非法利益。而近年来出现了虚构事实，伪造证据，并向法院提起民事诉讼，诱使法院作出有利于自己的判决，从而获取他人财产或财产性利益的“诉讼欺诈”行为。“诉讼欺诈”主要表现为两种类型：一种是行为人自己伪造有关债权债务关系存在或不存在的证明，如借据、还款协议、债务担保协议等，并以此作为依据向法院提起诉讼，要求被害人履行“债务”；另一种是行为人利用被害人的失误，以被害人已经履行完毕但没有索回或销毁的债务文书为凭据，向法院提起诉讼，要求被害人再次履行。

本案中，二被告人便是利用被害人之妻在退回股金时未要回股金收条原件的失误，以将向法院起诉要求被害人再次履行退回股金之“债务”。被告人所谓的将向法院起诉并非在行使合法权利，而是以将实施“诉讼”致使被害人遭受更大的损失要挟被害人。因而，表面上看似完全合法的向法院起诉的行为也可能构成敲诈勒索罪中的“要挟”：若仅是为维护自身合法权益而采用将向法院起诉的策略，则只是普通的民事维权，而故意制造事端或恶意利用证据规则，虚构事实，以将向法院起诉致使被害人遭受更大损失而胁迫被害人交出财物的，如本案中二被告人蓄意以复印件收回股金后持原件威胁被害人将向法院起诉要求退回股金的行为，完全符合敲诈勒索罪中抓住把柄或制造借口，对被害人采取“以将要产生其他损害相威胁”的行为特征。

综上，二被告人在屠宰场面临转让、无法正常经营的情况下，凭借自己在当地的恶劣影响强行入股，入股数日后即要求退股并分得“利润”2 万元，二被告人的该行为并非正常合伙经营的民事行为，具有非法占有的故意。二被告人以非法占有为目的，采取收回股金后故意不交还股金收条原件并以此威胁将向法院起诉导致被害人遭受更大损失的方法，致使被害人产生心理压力，被迫交出 2 万元实际并不存在的利润。二被告人的行为已构成敲诈勒索罪。

【讨论归纳】

敲诈勒索罪中的威胁、要挟手段，其本质特征是以将要实施暴力或其他损害行为使被害人产生恐惧，迫使被害人为避免遭受暴力伤害或防止更大利益的损失而被迫交出财物，因而行为人以看似合法的手段如检举、揭发、控告、起诉等相威胁，以达到非法占有他人财物的不法目的的，同样构成敲诈勒索罪。

【实务训练】

从实务中找一件类似本主题的真实案件，根据该案的事实、既有证据及争议焦点，写一份辩护词或判决书。要求格式规范、条理清晰、层次分明、说理透彻。

【延伸阅读】

1. 刘树德．敲诈勒索罪判解研究．北京：人民法院出版社，2005
2. 叶良芳．权利行使与敲诈勒索罪的界限．中国刑事法杂志，2007（3）

案 62 保险公司聘用人员虚构退保事实骗保行为的定性

——李某某职务侵占案

【问题提示】

保险公司聘用人员在任保险代理员期间，获取客户身份证件、授权委托书等信息资料虚构退保事实骗取保险退费的行为构成诈骗罪还是职务侵占罪?

【案情摘要】

被告人：李某某，A 保险股份有限公司保险代理员。

被告人李某某于 2004 年到 A 保险股份有限公司某区支公司工作，系该公司聘用工作人员。2005 年 8 月，李某某作为公司保险代理员，代表公司为客户刘某某办理了保险费为 15 000 元的某险种。同年 9 月，刘某某向李某某提出增加保险受益人，李某某假意答应并向刘某某要得刘某某的身份证复印件，后持该身份证复印件以刘某某的名义向 A 保险股份有限公司某区支公司申请保单挂失并取得补发保险单。随后，李某某持刘某某的身份证复印件和通过挂失取得的保险单以及李某某填写的退保申请资料（该申请资料中包括格式授权委托书，委托人刘某某的签名系李某某代签）到 A 保险股份有限公司某区支公司以刘某某的名义申请退保。同年 10 月，李某某从 A 保险股份有限公司某区支公司客户服务中心将刘某某的保险费 14 160元（保险费 15 000 元扣除手续费）领出，占为已有。2009 年 3 月，刘某某持到期的保险合同到 A 保险股份有限公司某区支公司办理给付业务，致使案发。后法院经审理，以职务侵占罪对李某某定罪处罚。

【分歧意见】

一种观点认为，李某某的行为构成诈骗罪，理由是根据保险公司的管理规定，办理退保并不需要特定对象来完成，只要是持有上述资料的任何不特定人，无论是投保的客户、保险代理员还是其他人，都可以完成退保，取得财物，李某某占有退保费并没有利用职务便利，而只是假冒投保客户身份来实施犯罪，是典型的诈骗罪。

另一种观点认为，李某某的行为构成职务侵占罪，理由是李某某之所以能占有退保费，是因为其利用了保险代理员代理退保并领取退保费时公司无须向客户核实的职务之便。

【要点提示】

1. 关于诈骗罪和职务侵占罪的区别。

2. 对如下相关法律、法规和部门规章的准确把握：《刑法》第 266 条、第 271 条，《劳动法》、《保险法》、《保险营销员管理规定》等。

【问题讨论】

李某某的行为构成诈骗罪还是职务侵占罪是本案争执的焦点。

《刑法》第 266 条规定的诈骗罪是指以非法占有为目的，用虚构事实或隐瞒真相等方法，骗取数额较大的公私财物的行为。《刑法》第 271 条规定的职务侵占罪是指公司、企业或者其他单位的人员，利用职务上的便利，将本单位财物非法占为己有，数额较大的行为。诈骗罪的犯罪主体为一般主体，犯罪对象是公私财物；职务侵占罪的犯罪主体是特殊主体（只能由公司、企业或者其他单位的工作人员构成），犯罪对象限于行为人所在公司、企业或者其他单位的财物。行为人实施了诈骗行为是构成诈骗罪的关键；构成职务侵占罪的关键则是行为人利用职务上的便利将本单位的财物非法占有，行为方式可能是侵吞、盗窃、骗取或其他非法手段。由此可见，行为人骗取本单位财物的行为可构成诈骗罪，也可构成职务侵占罪，二者区别的关键是行为人在骗取财物过程中是否利用了其职务上的便利，利用了则构成职务侵占罪，没有利用则构成诈骗罪。

李某某系 A 保险股份有限公司某区支公司的聘用工作人员，而《刑法》第 271 条第 1 款关于职务侵占罪的规定并没有对单位工作人员的种类作出限制，根据《劳动法》的规定，固定工、合同工、临时工均为单位职工，在工作勤勉义务要求上无本质区别，因此，单位聘用人员也可成为职务侵占罪的犯罪主体。

《刑法》第 271 条规定的"利用职务上的便利"的内涵是指单位人员利用主管、管理、经手本单位财物的便利条件。主管，指对单位财物的调拨、安排、使用、决定。管理，指决定、办理、处置某一事务，并由此而产生的对人事、财物的制约和影响。经手，指因工作需要在一定时间内控制单位的财物，包括因工作需要合法持有单位财物。因工作关系熟悉作案环境、容易接近单位财物等方便条件不属于职务上的便利。综上，职务侵占罪中的"职务上的便利"必须直接基于行为人的职责而产生，这是刑法对特定主体实施单位财产犯罪行为进行单独评价的基本依据，认定行为人是否利用了职务上的便利，主要看该便利条件是否直接为其工作职责所具备。

本案中，李某某作为保险代理员，其职责包括销售保险单、收取保险费及为客户提供售后服务，其中，为客户提供售后服务又包括满足客户需求、协助公司处理到期给付和解除合同给付事宜等。可见，李某某有经手本单位财物的职务便利。

根据 A 保险公司相关规定，申请挂失保险单应由投保人提出，并提交身份证件等必备材料，若申请人不能亲自办理，委托他人代办时，需填写授权委托书。因代理员有为客户提供售后服务、满足客户相关需求的职责，如果是代理员为客户代办挂失保险单，只需提供客户的身份证复印件，A 保险公司某区支公司即会办理。退保需随附保险单及申请人身份证件，若申请人不能亲自办理，委托他人代办时，需填写授权委托书及提供委托人身份证件。在实际操作中，如客户委托其他人办理退保，A 保险公司某区支公司除要求客户出具书面委托书外还要向委托人进行核实，而因保险代理员有为客户提供售后服务的职责，如客户委托代理员办理，则只要求客户出具书面委托书即可，不再向委托人核实。

综上，李某某作为保险公司的代理员，为客户刘某某办理了保险业务，之后，当刘某某向李某某提出增加保险受益人时，李某某乘机索要到刘某某的身份证复印件并以刘某某的名义办理挂失后退保，占有保险费 14 160 元。根据保险公司挂失、退保程序及代理人职责的规定，李某某要退保成功须出具刘某某的身份证件、保险单和授权委托书三份材料，身份证件和保险单均系李某某通过职务便利获取，同时，在退保过程中，保险公司按规定基于李某某是其公司保险代理员的身份，未向客户刘某某进行核实，最终导致李某某从公司成功骗走资金。因此，我们认为，李某某在骗取本单位财物过程中，利用了其作为公司保险代理员的职务便利，其行为构成职务侵占罪。

实践中，有保险代理员伪造文件或假冒投保人签名办理退保、理赔手续，骗取退保金或理赔金等被认定为诈骗罪的案例。根据《保险法》及《保险营销员管理规定》，保险营销员与保险公司之间属于平等的委托代理民事法律关系，二者不存在法律上的劳动关系或事实上的劳动关系。我们赞同这种观点，但此种情况与本案的情况有所不同，本案中李某某是保险公司聘用人员，在保险公司担任保险代理员，在为客户办理保险业务时萌生非法占有保险金的故意，向保险公司编造客户退保的事实，利用其作为保险代理员的职务便利，取得客户的身份证复印件、保险单后伪造了客户授权委托书。李某某清楚，按惯例，保险公司对保险代理员提交的授权委托书无须向授权人核实，故而顺利将本属保险公司的财产 14 160 元以替客户代领退保金的方式领取后据为己有。尽管在该保险公司办理退保手续并不需要特定对象完成，任何不特定人只要持有上述资料都可完成退保取得财物，但保险代理员之外的人办理退保时，保险公司都会直接向客户进行核实，因为此时，代理员既代表客户向保险公司提出退保申请，又代理保险公司受理退保业务，属民事上的“双方代理”，授权委托非经客户认可，是无效民事代理行为。一经核实，伪造骗取行为必然败露。本案被告人李某某占有财物的本质在于利用其作为保险代理员持有客户资料的职务便利及保险公司对本单位工作人员的职务行为的认同。其他委托代理人虽然也能办理，但不能跳过保险公司向委托人直接核实这一环节，只有保险代理员才具有“无须核实”的职务便利，也才能顺利骗取退保金。需要特别说明的是，尽管李某某利用了伪造、隐瞒等典型的诈骗手段，但构成职务侵占罪可能具备的非法手段本身就包含了骗取、侵吞、盗窃等，本案中李某某正是利用了诈骗的手段。因此，李某某作为保险公司聘用人员即保险代理员，利用职务便利，采取骗取、侵吞的方式，将本单位资金据为己有，数额较大的行为构成职务侵占罪。

【讨论归纳】

职务侵占罪中的“职务上的便利”必须直接基于行为人的职责而产生，这是刑法对特定主体实施单位财产犯罪行为进行单独评价的基本依据，认定行为人是否利用了职务上的便利，主要看该便利条件是否直接为其工作职责所具备。行为人骗取本单位财物的行为构成诈骗罪还是职务侵占罪，区别的关键是行为人在骗取财物过程中是否利用了其职务上的便利，利用了则构成职务侵占罪，没有利用则构成诈骗罪。

【实务训练】

从实务中找一件类似本主题的真实案件，根据该案的事实、既有证据及争议焦点，写一份辩护词或判决书。要求格式规范、条理清晰、层次分明、说理透彻。

【延伸阅读】

1. 莫开勤主编．刑事案例诉辩评审：职务侵占罪．北京：中国检察出版社，2007

2. 黄祥青．职务犯罪的立法分析与司法认定．法学评论，2005（1）

3. 李迎春．职务侵占罪若干疑难问题探析．法律适用，2007（1）

案 63 兼采欺骗与秘密窃取手段非法占有他人财物行为的定性

——何某等 5 人盗窃案

【问题提示】

行为人兼采欺骗与秘密窃取的手段非法占有他人财物，究竟是定诈骗罪还是盗窃罪？

【案情摘要】

被告人：何某，男，小学文化，农民；其他被告人情况略。

2009 年 7 月 5 日，何某电话邀约邓某某、段某某、唐某某、胡某某和外号“表妹”的人（另案处理）到梁平县实施犯罪，这些人分为两组：一组由“表妹”假装成下火车的乘客并以邀请搭便车的方式寻找作案目标，邓某某假装是去接表妹的，何某负责丢包；另一组由胡某某假装成下火车的乘客并以邀请搭便车的方式寻找作案目标，段某某假装成接胡某某的人，唐某某负责丢包。2009 年 7 月 7 日 8 时许，何某等 5 被告人和“表妹”到达某县火车站后按预先分工实施作案，段某某、唐某某、胡某某因没有找到作案目标而返回宾馆，何某等人找到作案目标张某某后，“表妹”以老乡的名义邀请张某某搭便车，邓某某假装接“表妹”，将两人带至北门体育场。此时何某故意在三人面前丢下一个红包，“表妹”捡起并进入体育场说要一起分钱后，何某便上前询问“表妹”等人是否捡了他的红包，三人说没有，何某就要求他们把身上的钱、银行卡、存折拿出来并说出密码，以便自己查询核对。张某某便将自己的存折、现金等物交给何某并说出存折密码，何某假装查询后由邓某某当面将张某某的钱物放回其包内，此时何某借机把张某某叫到一边说话，邓某某、“表妹”趁机将张某某的现金、银行卡、存折盗走，何某以要找人作证为由与邓某某、“表妹”一起离开。张某某发现自己的物品丢失后于当日向公安机关报案。

何某等人到邮政储蓄所将张某某存折上的 19 900 元取出，连同盗得的 2 200 元现金，予以分赃。2009 年 8 月 6 日何某电话邀约邓某某、段某某、唐某某、胡某某再次到县火车站准备实施犯罪时被抓获。

【分歧意见】

一种观点认为，何某等5人采用虚构事实的方法获取了被害人的密码，没有之前的一系列诈骗行为就难以有最后窃取财物的机会，所以应构成诈骗罪；另一种观点认为，何某等5人在共同犯罪过程中，先采用虚构事实的方法欺骗他人拿出财物（存折等物）并获取了密码，后又趁被害人不备窃取财物，欺骗行为与盗窃行为联结，但其非法取得财物的主要方式是秘密窃取，蒙蔽他人的行为并不直接获得所要非法占有的财物，而只是为实现盗窃创造条件，故5人的行为应构成盗窃罪。

【要点提示】

1. 诈骗罪和盗窃罪的主要区别。

2. 交互采用欺骗与秘密窃取手段的侵财案件中，构成何罪关键是看财产损失是否是被害人处分财产的结果。

【问题讨论】

盗窃犯罪与诈骗犯罪是最常见的刑事案件。从犯罪构成上看，盗窃与诈骗虽然在主观上都是以非法占有公私财物为目的，侵犯的客体都是公私财物所有权，但在客观方面两者的差别十分明显，突出表现在非法获取财物的方法不同：前者用秘密的手法窃取，后者用欺诈的方法骗得。然而，司法实践中公、检、法机关及各自系统内部在这两类案件的定性上，特别是对交互采用欺骗与秘密窃取的手段非法占有他人财物行为的定性，有时会发生意见分歧且无法统一；不同地区的司法机关对这两类案件的定性也不尽相同。由于盗窃罪与诈骗罪的起刑点不同，罪轻罪重的数额标准差异很大，如对定性不能达成统一认识，极易出现有罪判无罪、重罪判轻罪或者相反的情况。

诈骗罪与盗窃罪都属于以非法占有为目的的侵犯财产犯罪，从犯罪构成来说，两罪的主要区别在于行为特征不同。诈骗罪是行为人采用虚构事实或者隐瞒真相的欺诈方法，使财物的所有者、保管者或者经手者产生认识错误，从而“自愿”将财物交与行为人。诈骗罪的基本构造是：行为人实施欺骗行为——对方（受骗者）产生错误认识——对方基于错误认识处分财产——行为人或者第三者取得财产——被害人遭受财产损失。上述要素之间呈现逻辑上的先后和因果联系：其一，行为人实施诈欺行为在先，被害人产生错误认识在后，继而基于这种错误认识而交付（或处分）自己所有或管理的财物；其二，行为人实施诈欺行为是因，被害人产生错误并基于这种错误认识而交付（或处分）自己所有或管理的财物是果，两者之间有着内在的因果关系。

盗窃罪，是指以非法占有为目的，秘密窃取公私财物数额较大或者多次窃取公私财物的行为。窃取是指以非暴力胁迫手段，违反财物占有人的意志，将财物转移为自己或者第三人占有。首先，窃取的手段是和平的，窃取行为只针对财物而不危及被害人的人身。其次，行为人取得财物违背被害人的意志，即被害人是不愿让行为人取得财物的，至于窃取行为是否秘密，则在所不问。通常情况下，行为人窃取财物时多不被被害人察觉，但并不是所有窃取行为都是在被害人不知道的情况下进行的，例如，保安人员在监视器中看到窃贼窃取财物。再次，窃取行为是排除被害人对财物的占有支配和建立新的占有支配关系的过程，倘若只是破坏了被害人对财物的占有支配关系而未能建立新的占有支配关系，便不是窃取行为。

本案中，何某等人采取“丢包”骗术使被害人张某某落入圈套。但张某某将存折和现金拿出来并说出存折密码，只是为了让何某等人核对以证明自己的清白，并没有处分自己的财物的意思。事实上，在张某某交出财物核对的过程中，存折和现金仍然在其控制之下，张某某并没有丧失财物的占有权和控制权。何某等人采取的一系列骗术，并没有直接获取张某某的财物，而只是为之后实施秘密窃取行为创造条件。事实上，何某等人也是借机与张某某说话，在张某某不注意的情况下，将其财物偷偷拿走。因此，本案中何某等人获取的财物并非张某某基于错误认识而自愿交出，而是违背张某某意志的秘密窃取，因此，何某等人的行为应当构成盗窃罪。

通过对本案例的分析以及对诈骗罪和盗窃罪客观方面的比较，我们可以得出这样的结论：财产损失是否是由被害人处分财产的行为所导致的，是区分诈骗罪和盗窃罪的关键。在通常情况下，只要按照这个标准进行界定，就不难区分二罪。即使是在诈骗行为和盗窃行为相交织的犯罪活动中，只要看行为人非法占有财物的过程中起关键作用的手段是什么，也不难区分诈骗罪和盗窃罪。若采用虚构事实和蒙骗的手段使他人产生错误认识，从而“自愿”处分财物，应认定为诈骗罪；若以“秘密窃取”为直接手段取得他人财物的，则应认定盗窃罪。

如何认识诈骗罪的处分行为？首先，诈骗罪的受骗人的处分行为，必须是基于认识错误，而认识错误的产生或维持是由于行为人实施于欺骗行为。处分行为意味着将财产转移给行为人或第三人占有，即由行为人或第三人事实上支配财产。至于受骗人是否已经将财产转移给行为人或第三人占有，一方面，要根据社会的一般观念判断，即在当时的情况下，社会的一般观念是否认为受骗人已经将财产转移给行为人或第三人进行事实上的支配或控制；另一方面，要看受骗人是否具有将财产转移给行为人或第三人支配或控制的意思。例如，A假装在商场购买西服，售货员B让其试穿西服，A穿上西服后声称去照镜子，在B接待其他顾客时，A趁机溜走。A的行为显然不成立诈骗罪，只成立盗窃罪。因为尽管B受骗了，但他并没有因为受骗而将西服转移给A占有的处分行为与处分意思。倘若A穿上西服后，向B说：“我买西服需征得妻子的同意，我将身份证押在这旦，如妻子同意，我明天来交钱；如妻子不同意，我明天还回西服。”B同意A将西服穿回家，但A使用的是假身份证，次日根本没有送钱或将西服还给B。那么，A的行为构成诈骗罪，因为B允许A将西服穿回家，实际上已将西服转移给A支配与控制，这种处分行为又是受骗所致，所以，符合诈骗罪的构成特征。

其次，处分行为并不要求受骗人将财物的所有权处分给行为人，所以不要求受骗人具有转移所有权的意思。例如，甲没有返还的意思，却隐瞒真相向乙借用轿车，乙将轿车交付给甲后，甲开车潜逃。乙只有转移占有的意思，但甲的行为依然成立诈骗罪。

最后，在受骗人与被害人为同一人的情况下，受骗人只能处分自己占有的财产，而不可能处分自己没有占有的财产。至于受骗人是否对该财产享有所有权，不影响诈骗罪的成立。例如，B进入地铁车厢后，发现自己的座位边上有一个钱包，于是问身边的A："这是您的钱包吗?"尽管不是A的钱包，但A却说："是的，谢谢!"于是B将钱包递给A。由于B并没有占有钱包的行为与意思，所以他不可能处分该钱包，故A的行为不成立诈骗罪，只能视钱包的性质认定为侵占罪或盗窃罪。

【讨论归纳】

盗窃犯罪与诈骗犯罪是现实生活中最常见的刑事案件。通常情况下，诈骗罪和盗窃罪是比较容易分辨的，但是在一个犯罪行为交织使用诈骗和窃取两种手段的时候，如何准确定罪往往产生分歧。诈骗罪与盗窃罪属于相互排斥的关系，不存在同一行为同时成立诈骗罪与盗窃罪，二者属于观念竞合关系的情况。而被害人是否基于错误认识而"自愿"处分财产，是区分盗窃罪与诈骗罪的关键。

【实务训练】

从实务中找一件类似本主题的真实案件，根据该案的事实、既有证据及争议焦点，写一份辩护词或判决书。要求格式规范、条理清晰、层次分明、说理透彻。

【延伸阅读】

1. 张明楷．诈骗罪与金融诈骗罪研究．北京：清华大学出版社，2006
2. 张明楷．如何区分盗窃罪与诈骗罪．人民法院报，2003-08-22

案64 以胁迫方式索取超额征地、拆迁补偿款行为的定性

——马某某敲诈勒索案

【问题提示】

行为人以揭发政府机关在征地、拆迁中存在的问题相威胁，要求政府机关给予比国家标准更高的拆迁补偿款的行为应如何定性?

【案情摘要】

被告人：马某某，男，小学文化。

在某县开发区征地拆迁过程中，犯罪嫌疑人马某认为某县制定的拆迁补偿标准过低，拒绝接受征地补偿和拆迁房屋。之后，法院裁定强制执行后强制拆除了马某的房屋。马某为了让开发区按照某省制定的标准进行补偿，威胁开发区相关人员：如不按其要求进行补偿，将检举揭发开发区存在的以租代征、低价征地等问题。开发区迫于自身确实可能存在上述问题，经集体研究后，同意马某以虚构房屋、涵管和果树等方式，取得七十余万元补偿款。而根据该县制定的相关文件及事后鉴定，开发区对马某的补偿金额应为20万元。

【分歧意见】

第一种观点认为，马某以虚构房屋、涵管和果树等方式，骗取国家财物，其行

为构成诈骗罪；第二种观点认为，马某抓住政府违规征地的软肋，进行敲诈勒索，其行为构成敲诈勒索罪；第三种观点认为，马某的行为不构成犯罪。

【要点提示】

1. 索取征地拆迁补偿数额超过法律政策规定的范围能否认定为具有敲诈的主观目的？

2. 如何把握私力救济和敲诈勒索的界限？

3. 行政机关能否作为敲诈勒索罪的犯罪对象？

【问题讨论】

本案显然不构成诈骗罪。诈骗罪，是以非法占有为目的，采用虚构事实或者隐瞒事实真相的方法，骗取数额较大的公私财物的行为。该罪客观方面既要求行为人实施了虚构事实、隐瞒真相的欺诈行为，又要求该行为使被害人陷入错误认识并交付财物。马某提出补偿70万元的要求前，并没有进行任何欺骗行为，是在开发区对其行为进行默许后，才在补偿条目中虚增了房屋、果树、涵管等条目。开发区对此是明知的，而且集体研究同意补偿马某七十余万元。马某并没有，也不足以使开发区陷入错误认识，所以缺失构成诈骗罪的客观条件。

本案的最大争议焦点在于是否构成敲诈勒索罪，我们对此持否定观点，结合马某的行为动因分析如下：

一、马某行使权利的合理界限模糊，难以推断出其非法占有的目的

敲诈勒索罪是一种严重危害社会的行为，它的典型特征是必须具有非法占有的目的。一般认为，在行为人与被害人之间存在权益纠纷的情况下，当行为人采用胁迫手段行使财产权时，主观上如果只是为获取自己应当获取的财物，客观上获取财物的数额与其应当获取的数额相同或基本相同，其行为显然不具有非法占有的主观要素。但问题的争议是：在权益纠纷中采用要挟手段索取过大数额的补偿或赔偿是否就能推定行为人具有非法占有他人财产的目的？

从犯罪的主观要素出发，判断标准无疑应放在行为人的立场、角度，否则就会造成客观归罪。通常认为，数额过大的判断标准应以行为人主观确信的数额为准，但其主观确信必须具有合理的根据、与社会观念相符。如在饭店吃水饺时发现里面有根头发而向店主索赔5 000元就不具有社会相当性，不能认为行为人是出于真诚的合理确信。但是在行为人可以提出的补偿（赔偿）数额尚处于争议的情况下，行为人可以根据自己的理解提出自己认为满意的数额，该数额并非行为人确信自己能够拿到的数额，所以数额的多少无关主观目的的非法性。

索赔数额只要超过法律政策规定的范围（或者说合理的范畴）就认为行为人具有非法占有目的的观点是危险的。马某提出的补偿数额无论多大，都是其对其权利的主张，不能推定为具有非法占有的目的，否则，就可能意味着每个权利主张者最终到手的补偿金额达不到其先前主张的额度时，就具有敲诈勒索的嫌疑。该观点最大的缺陷就是忽略了不同行为个体的主观性各不相同，而所谓合理的标准也会伴随评判者的不同而不同，事实上就根本无法提出一个相对统一的客观标准以判别不同

个体的内心确信程度。因此，在实践中就有可能将大量采用私力救济方式维护权利的行为纳入非法占有他人财物的范畴，从而造成敲诈勒索罪认定的随意和无序。

本案中，马某和开发区在补偿适用的法律和政策上尚存争议，房屋等争议的标的已经因强制拆迁而灭失，马某对事后鉴定得出的结论也有异议的权利，所以不能认定其索赔 70 万元就具有非法占有的目的。

二、马某的“胁迫”行为并非敲诈勒索罪中的“胁迫”行为

近年来，在征地拆迁和消费侵权领域出现了不少“天价”索赔的案例。这些案例是公民行使正当权利还是敲诈勒索的行为，存在较大争议。一般来说，应当从以下两个方面加以考虑：一是看维权行为是否有事实依据。如果行为人无事生非，甚至故意炮制侵权事实，可以认定系“恶意”维权；相反地，如果确有侵权事实发生，无论被拆迁户、消费者提出多大数额的赔偿请求，都是正当、合法的维权行为，应当通过协商、调解或者诉讼途径解决。二是看维权行为是否合法。即便被拆迁人以威胁投诉、举报，通过新闻媒体、网络进行曝光和起诉等手段向拆迁方施压，进而索取高额赔偿，但只要确有侵权行为存在，就不属于设施勒索罪中的“胁迫”行为。

本案中，马某虽然实施了胁迫行为，但其目的在于维护征地拆迁中受到侵害的利益，故具有一定的正当性基础，即使要求过高，也属于民法上的争议，属于“有中生有”，与纯粹的“无中生有”具有明显区别。所以开发区在这种情况下即使产生了恐惧心理，也不能构成刑法意义上的胁迫。

三、行政机关不宜作为敲诈勒索罪的受害对象

理由有三：一是在刑法体系中敲诈勒索罪的犯罪客体是复杂客体，包括人身权和财产权，本案中侵犯人身权明显不成立；行政机关作为机关法人，依据法律处理财产时并无独立所有权，因而行政机关不宜成为该罪的犯罪对象。二是本案中，行为人通过要挟，迫使行政机关按当事人的意志行使公共权力，从而获得一种财产性利益。行政权力、财产性利益能否成为敲诈勒索的对象，在学理上依然有争议。三是行政主体的本质特征是其除了具有行政权利能力、行为能力外，还具有责任能力。行政的目的是谋求社会成员的共同利益，行政主体肩负着合法行政和合理行政的使命，承担着正确实施国家法律、行政法规的义务，有职责和职权运用国家行政权力对社会公共事务进行管理和服务。相对于行政相对人，行政主体有义务承担依法行政中他人实施的胁迫，它也有职责、有足够的手段来阻止他人的胁迫或者根本对之置之不理。相对于行政相对人，行政主体并非是随意可以胁迫的弱者。

开发区管委会作为一级政府的派出机构，是授权性行政主体，它在管理土地征收、房屋拆迁过程中，有职责和权力阻止马某在维权过程中的不法行为，而且对于自身可能存在的违法行政问题，有则有职责纠正，无则有责任对行政相对人进行解释或者置之不理，而不是承受他人胁迫而陷于再次违法行政的窠臼。如此，相关行政公务人员还存在滥用职权犯罪的嫌疑。

【讨论归纳】

综上，马某的行为是在正当行使其权利的过程中伴随的不当的敲诈行为，但不

构成敲诈勒索罪。同时，本案还提醒行政机关和司法机关，在保护法益方面，刑法只是其他法律的补充，只有当一般部门法不能充分保护某种社会关系时，才需要刑法的介入。刑法的谦抑性也决定了刑法不能介入公民生活的各个角落，不能将一般侵犯法益的行为认定为犯罪而适用刑法。当某种行为可以保护和促进国家与人民利益时，即使其他控制手段没有发挥效果，刑法也没有必要无遗漏地处罚。刑罚之界限应该是内缩的，而不是外张的，是国家实现其保护法益与维持法秩序的任务的最后手段。将行政相对人维权过程中的“敲诈勒索”行为认定为敲诈勒索罪会不当扩大刑罚处罚的范围。

【实务训练】

从实务中找一件类似本主题的真实案件，根据该案的事实、既有证据及争议焦点，写一份辩护词或判决书。要求格式规范、条理清晰、层次分明、说理透彻。

【延伸阅读】

1. 王作富主编．刑法分则实务研究（上）．北京：中国方正出版社，2003
2. 赵秉志主编．刑法分则要论．北京：中国法制出版社，2010
3. 最高人民法院《关于敲诈勒索罪数额认定标准问题的规定》

第十章　妨害社会管理秩序犯罪

案65　以暴力方法抗拒人民法院执行判决、裁定的定罪

——钱某妨害公务案

【问题提示】

被告人以暴力方法抗拒人民法院执行裁定的行为，是定拒不执行法院判决裁定罪还是妨害公务罪，有时在司法实践中是一个比较难以处理的问题。

【案情摘要】

被告人：钱某，男，小学文化，农民。

2007年7月23日，因市政工程改造需要，S区国土资源管理分局对钱某作出“关于责令限期交出土地的决定”，要求其在2007年8月30日以前将自家房屋自行拆除。钱某因对政府拆迁房屋的补偿不满，不愿拆除自己的房屋。2007年12月10日，该区国土资源管理分局向S区人民法院提出申请，请求对钱某的房屋拆除予以强制执行。2008年1月25日，法院作出裁定，准予执行，限钱某在收到裁定书之日起10日内自动履行。同年2月27日，法院又在钱某应拆除的房屋周围张贴了限期拆除房屋的公告，责令钱某在2008年3月27日前将房屋拆除。钱某仍拒绝执行拆除房屋的裁定，并与同村村民张某、李某某等6人商量抗拒执行。同年4月5日上午，法院准备对钱某的房屋进行“强拆”，并当场向其宣读了强制执行令。当执行人员进入钱某的房屋内，准备对屋内人员进行清场时，遭到了钱某等人的阻碍，钱某等人并持事先准备好的汽油、砖块、石头等物对抗执行人员。之后，钱某向进入屋内的执行人员投掷点燃的汽油瓶，致使法院执行人员陈某某的面部烧伤。随后，钱某又攀爬到房顶，以汽油瓶、砖块等物对执行人员进行威胁，并向执行人员投掷砖块。由于钱某等人的暴力阻碍，房屋无法拆除。

【分歧意见】

在本案审理中，对被告人钱某如何定罪处罚存在两种意见：

第一种意见认为，钱某对法院生效的裁定书有能力执行而拒不执行，并在法院依法对其房屋进行强制拆除时，采取暴力方法妨害执行，致使执行工作无法进行，其行为符合拒不执行裁定罪的构成要件，构成拒不执行裁定罪。

第二种意见认为，钱某拒不执行法院已经发生法律效力的裁定，并以暴力方法抗拒执行，致使执行工作无法进行，其行为构成妨害公务罪。

【要点提示】

解决本案的问题，需要掌握以下几方面的知识点：

1. 妨害公务罪与拒不执行判决、裁定罪的犯罪构成及二者之间的关系。

2. 最高人民法院《关于审理拒不执行判决、裁定案件应用法律若干问题的解释》与全国人大常委会《关于〈中华人民共和国刑法〉第 313 条的解释》。

【问题讨论】

我们同意第二种意见，主要理由如下：

《刑法》第 313 条规定的拒不执行判决、裁定罪，是指对人民法院已经发生法律效力的判决或者裁定有能力执行而拒不执行，情节严重的行为。本罪侵犯的客体是人民法院的正常活动。人民法院是国家的审判机关，它针对各类案件制作的判决或裁定一经生效，就具有法律强制力，判决或裁定所约束的有关单位或个人必须坚决执行。即使对判决和裁定有不同意见，也只能按法律的有关规定进行申诉，而不允许抗拒执行，拒不执行判决或裁定必然有损其权威，进而损害人民法院的权威和国家法律的权威。本罪在客观方面表现为有能力执行而拒不执行人民法院已经发生法律效力的判决或裁定，情节严重的行为。因此，本罪主要有三个方面的要件：一是拒绝执行人民法院作出的具有执行内容的且已经生效的判决或裁定；二是行为人有执行能力而拒不执行；三是达到情节严重的程度要求。

最高人民法院于 1998 年 4 月发布的《关于审理拒不执行判决、裁定案件具体应用法律若干问题的解释》就何为拒不执行判决、裁定罪中的“情节严重”作出解释，其中第 3 条规定，负有执行人民法院判决、裁定义务的人具有下列情形之一的，应当认定为拒不执行人民法院判决、裁定的行为“情节严重”：(1) 在人民法院发出执行通知以后，隐藏、转移、变卖、毁损已被依法查封、扣押或者已被清点并责令其保管的财产，转移已被冻结的财产，致使判决、裁定无法执行的；(2) 隐藏、转移、变卖、毁损在执行中向人民法院提供担保的财产，致使判决、裁定无法执行的；(3) 以暴力、威胁方法妨害或者抗拒执行，致使执行工作无法进行的；(4) 聚众哄闹、冲击执行现场，围困、扣押、殴打执行人员，致使执行工作无法进行的；(5) 毁损、抢夺执行案件材料、执行公务车辆和其他执行器械、执行人员服装以及执行公务证件，造成严重后果的；(6) 其他妨害或者抗拒执行造成严重后果的。第 6 条还规定，暴力抗拒人民法院执行判决、裁定，杀害、重伤执行人员的，依照《刑法》第 232 条、第 234 条第 2 款的规定定罪处罚。可见该司法解释将暴力抗拒、以威胁方法妨害执行，聚众哄闹、冲击执行现场，围困、扣押、殴打执行人员，毁损、抢夺执行文件、车辆等具有一定暴力、威胁、强迫内容的抗拒执行行为，以拒不执行判决、裁定罪定罪，而将严重暴力抗拒执行有杀害、重伤情形的，转化为故意杀人罪、故意伤害罪。

依据上述分析，本案中钱某的行为貌似可以构成拒不执行裁定罪，因为：在犯罪主体方面，钱某属于S区人民法院裁定的拆除房屋的执行义务人；在犯罪客观方面，S区人民法院的裁定于2007年2月5日已经生效，但截至同年4月5日，钱某仍在有条件执行的情况下拒不执行；就犯罪行为的恶劣程度而言，钱某向执行人员投掷点燃的汽油瓶并烧伤执行人员，还以汽油瓶、砖块、石头等物对执行人员进行威胁，并向执行人员投掷砖块，明显符合最高人民法院上述司法解释第3条第（3）项规定的“以暴力、威胁方法抗拒执行”的要求，属于“情节严重”。因此，应该可以成立拒不执行裁定罪。

但下此结论尚为时过早，因为2002年8月29日全国人大常委会作出了《关于〈中华人民共和国刑法〉第313条的解释》，该立法解释专门就《刑法》第313条规定的“有能力执行而拒不执行，情节严重”的含义解释如下：下列情形属于《刑法》第313条规定的“有能力执行而拒不执行，情节严重”的情形：（1）被执行人隐藏、转移、故意毁损财产或者无偿转让财产、以明显不合理的低价转让财产，致使判决、裁定无法执行的；（2）担保人或者被执行人隐藏、转移、故意毁损或者转让已向人民法院提供担保的财产，致使判决、裁定无法执行的；（3）协助执行义务人接到人民法院协助执行通知书后，拒不协助执行，致使判决、裁定无法执行的；（4）被执行人、担保人、协助执行义务人与国家机关工作人员通谋，利用国家机关工作人员的职权妨害执行，致使判决、裁定无法执行的；（5）其他有能力执行而拒不执行，情节严重的情形。可见，该立法解释所界定的“情节严重”与最高人民法院的前述司法解释相比较，主要的变化在于：一是将前述司法解释第3条第一、二项予以了细化并完善，二是将前述司法解释第3条第三、四、五项予以删除，即扩展、丰富了“拒”不执行的类型，删除了暴力、威胁对“抗”的内容。

立法解释缘何作如此变更？这主要是因为在拒不执行判决、裁定案件中，往往会出现一定程度的殴打、谩骂或者其他暴力、胁迫行为，没有办法，也不可能将这些行为完全割裂开来。但在法律适用过程中，这种针对执行人员的具有明显的暴力、胁迫内容的妨害执行判决、裁定的行为，与仅针对被执行财产的非暴力的拒不执行行为，如隐藏、转移、故意毁损财产或者无偿转让财产、以明显不合理的低价转让财产等行为相比，具有显著不同的社会危害性，行为人的主观恶性深重程度不同，应该说行为人在面对法院工作人员的执行活动时以暴力、威胁或强迫等方式阻挠执行的行为的恶劣程度远远大于在其尚未直接面对法院工作人员的执行而想方设法转移财产或避免被执行的行为，因而呈现在犯罪构成上也应当有所不同。

而《刑法》第277条规定的妨害公务罪，包括了以暴力、威胁方法阻碍国家机关工作人员依法执行职务的情形。该罪侵犯的客体是复杂客体，主要客体是国家机关的正常管理活动，次要客体是国家机关工作人员等人的人身权利。鉴于采取暴力、胁迫方式妨害执行判决、裁定的行为已经被立法解释排除在构成拒不执行判决、裁定罪的“情节严重”的范围之外，又由于国家机关包括了作为审判机关的人民法院，执行判决、裁定也属于依法执行职务的范畴，该行为就可以构成妨害公务罪。可以说，这些采取暴力、胁迫方式拒不执行判决、裁定的行为严重妨害了司法执行人员执行公务，性质上类似于以暴力、胁迫方法阻碍国家机关工作人员依法执行职务的行为，符合妨害公务罪的构成特征。

正如最高人民法院副院长沈德咏于 2002 年 10 月就全国人大常委会颁布《关于〈中华人民共和国刑法〉第三百一十三条的解释》发表讲话时所说的：依照《刑法》第 313 条的规定，拒不执行人民法院判决、裁定的行为要达到“情节严重”的程度才能定罪，以暴力、威胁方法妨害或者抗拒执行应属于拒不执行判决、裁定罪的“情节严重”的情形，又属于典型的妨害公务罪的情形。与妨害公务罪相比，两罪的法定最高刑同为 3 年有期徒刑，但从构成要件方面比较，适用妨害公务罪更能体现对暴力抗拒执行判决、裁定行为的严惩力度。该立法解释对此问题未予明确规定，但从解释的含义上看，只要行为人以暴力、威胁方法阻碍人民法院工作人员依法执行判决、裁定，不论行为人的阻碍行为是否影响了判决、裁定的执行，构成犯罪的，都应当依照《刑法》第 277 条第 1 款的规定，以妨害公务罪追究刑事责任。

根据我国的立法体系，上位法优于下位法，下位法不得与上位法相抵触。据此，立法解释的效力要高于司法解释的效力，适用于具体案件时，应当优先适用立法解释。本案发生于 2002 年 8 月之后，因此，定性上就不能再适用最高人民法院《关于审理拒不执行判决、裁定案件应用法律若干问题的解释》，不适用《刑法》第 313 条规定的拒不执行判决、裁定罪，而应当以《刑法》第 277 条规定的妨害公务罪对被告人钱某定罪处罚。

【讨论归纳】

由于针对拒不执行判决、裁定罪的立法解释对相关的司法解释进行了较大的变更，以暴力方法抗拒人民法院执行判决、裁定的，不能再构成拒不执行判决、裁定罪，而只能构成妨害公务罪。

【实务训练】

请根据本案的事实及争议焦点，写一份判决书。要求格式规范、条理清晰、有理有据、语言准确，说理部分重点对认为被告人钱某的行为构成拒不执行裁定罪的观点进行驳斥并论述为何构成妨害公务罪。

【延伸阅读】

1. 陈娟．妨害公务罪若干疑难问题．中国检察官，2006（6）

2. 田宏杰．妨害公务罪的司法适用．国家检察官学院学报，2010（5）

案 66 冒充国家机关工作人员既骗财又骗其他利益的定罪

——李某招摇撞骗、诈骗案

【问题提示】

被告人冒充国家机关工作人员骗取财物的同时又骗取其他非法利益的，到底是诈骗还是招摇撞骗，在实践中，往往是一个比较棘手的问题。

【案情摘要】

被告人：李某，男，初中文化，无业。

2007 年 2 月，被告人李某与张某相识，李某谎称其系重庆市公安局刑警总队副总队长，骗得张某与其恋爱并租房同居。2007 年 3 月至 6 月，为进一步骗取张某及其家人的信任，李某先后伪造了重庆市公安局任职文件、荣誉证书、刑警执法证，盗取了数件警服、警帽及警徽；多次租用小轿车，谎称是公安局为其配备。在骗取张某及其家人的信任后，2007 年 8 月至 10 月期间，李某以种种谎言骗得张某及其家人现金六万六千余元，并挥霍一空。2007 年 11 月，李某又冒充重庆市公安局刑警总队副总队长，骗取另一被害人刘某的信任。后以帮刘某的妹妹介绍工作为由，骗取刘某现金 4 000 元。2008 年 5 月，李某又冒充重庆市公安局副局长认识了被害人邱某，与其恋爱并发生性关系。后以帮助邱某的表兄不被刑事立案为借口，骗取邱某的信任，邱某邀请李某外出旅游并吃喝玩乐。

【分歧意见】

重庆市 A 区人民检察院以被告人李某犯招摇撞骗罪、诈骗罪提起公诉。被告人李某的辩护人认为李某冒充重庆市公安局工作人员骗财、骗色、骗吃喝玩耍的行为触犯两个法条，属法条竞合，不应定两罪，只构成招摇撞骗罪。

【要点提示】

1. 诈骗罪与招摇撞骗罪各自的犯罪构成及两罪之间的关系。

2. 法条竞合的概念、构成特征及处理原则。

【问题讨论】

我们同意辩护人的观点。要掌握好招摇撞骗罪的司法适用，处理好该罪与诈骗罪的关系始终是难以绕开的问题。

一、招摇撞骗罪与诈骗罪的区别

根据《刑法》第 279 条及第 266 条的规定，招摇撞骗罪是指为骗取非法利益，假冒国家机关工作人员的身份或职称，进行诈骗，损害国家机关的威信以及其正常活动的行为[①]；诈骗罪是指以非法占有为目的，用虚构事实或者隐瞒真相的方法，骗取数额较大的公私财物的行为。[②] 二罪在犯罪手段上均表现为“骗”，但也有较为明显的区别，主要表现在：(1) 侵犯的客体不同：招摇撞骗罪属于妨害社会管理秩序类罪，其侵犯的主要客体是国家机关的威信及正常活动；诈骗罪属于侵犯财产类罪，其侵犯的客体是公私财物的所有权。(2) 行为手段不同：招摇撞骗罪的手段只限于冒充国家机关工作人员的身份或职称进行诈骗，即利用国家机关工作人员的特殊身份及其所代表的公信力来骗取他人的信任，以达到行骗目的；诈骗罪的行骗手段则无此限制，可以采用任何虚构事实或者隐瞒真相的方法进行。(3) 犯罪的目的不同：诈骗是为了非法占有公私财物；招摇撞骗既为了骗取财物以及其他非法利益，包括爱情、玩弄异性、荣誉待遇，也为了一些不直接体现为财物但具有财产性的利益，如消费、游玩、服务等。(4) 构成犯罪有无数额限制不同：只有诈骗“数额较大”以上公私财物才构成诈骗罪；而招摇撞骗罪既可能骗取公私财物又可能骗取其他非法利益，其严重的社会危害性主要体现在特定的犯罪手段所决定的对国家机关的威信和正常活动的破坏，因此，刑法对招摇撞骗罪的构成并无数额较大的要求。通过上述分析，可以无争议地得出一个结论，即行为人冒充国家机关工作人员诈骗他人财物数额达不到诈骗罪的入罪数额要求的，只能构成招摇撞骗罪。

二、冒充国家机关工作人员以骗取他人信任，非法占有他人数额较大的财物的行为，既符合诈骗罪的犯罪构成，又符合招摇撞骗罪的犯罪构成，属于法条竞合

通过对招摇撞骗罪与诈骗罪的区别的分析可以发现，诈骗罪的犯罪手段可以涵盖招摇撞骗罪“冒充国家机关工作人员”这一特殊手段；在犯罪目的上，招摇撞骗罪的目的又可以涵括诈骗罪“骗取公私财物”的目的。当行为人以冒充国家机关工作人员身份的手段，骗取他人信任，非法占有他人数额较大以上财物时，就会出现既符合招摇撞骗罪的犯罪构成又符合诈骗罪的犯罪构成的情况，即出现法条竞合。

刑法上的法条竞合是指行为人实施一个犯罪行为同时触犯数个刑法规范所确立的犯罪构成，具有一个犯罪构成在法律上为另一个犯罪构成所全部或部分包容的关系，犯罪行为实质上只完全符合一个犯罪构成，因而只适用其中一个刑法规范的情形，此一行为只具有一罪过、一结果的特征。[③] 其具有以下基本特征：实施一个犯罪行为；同时触犯数个法条规定的数个罪名；数个法条之间存在包含或交叉关系；由于只有一个犯罪行为，因而是实质的一罪，即只能适用其中的一个法条而不能实行数罪并罚。法条竞合的产生根源于行为人实施一个犯罪行为所触犯的数个法条之间存在包容与交叉的关系。这主要是因为刑法所调整的社会关系具有广泛性和复杂性的特点，立法者在刑事立法时为了便于对各种具体犯罪更为准确地定罪处刑，以犯罪客体为标准确立科学的刑法分则体系，进而依据行为侵犯的犯罪客体对犯罪进

---

① 参见张军：《刑法［分则］及配套规定新释新解》(下)，1122页，北京，人民法院出版社，2009。

② 参见上书，1049页。

③ 参见高铭暄、马克昌：《刑法学》，193页，北京，北京大学出版社，2000。

行归类、描述与确定罪名；但为了使某些社会关系免受来自不同方面的侵害，又要从不同的侧面与角度来加以保护，于是一个犯罪行为侵害的社会关系发生竞合的现象就是不可避免的了，表现在立法上就是不同的刑法规范具有交叉或包容的关系。[①]

依照上述思路来分析，我国刑法中的法条竞合大致可分为两种基本类型：一是包容竞合，即两个法条规定的犯罪性质相同，但其中一个法条规定的犯罪构成要件范围大于另一个法条，且范围大的能全部包容范围小的，形成完全包含关系的法条竞合。如《刑法》第398条规定的故意泄露国家秘密罪与第432条规定的故意泄露军事秘密罪就是包容竞合，因为两个法条的犯罪性质相同，但前罪的犯罪主体与犯罪对象这两个构成要件的外延范围要大于后罪且全部包含后罪，前一法条是普通法条，后一法条是特别法条。二是交叉竞合，即两个法条的内容有一部分交叉、重叠，其余部分不相重叠，重叠的部分形成法条竞合。如《刑法》第275条规定的故意毁坏财物罪与第276条规定的破坏生产经营罪，当行为人以毁坏数额较大财物的方式破坏生产经营时，就形成了交叉竞合。对于交叉竞合一般仅从条文的字面上难以看出它们之间存在的竞合关系，只有通过行为的实际表现才能体现出来。

如前文所述，法条竞合时只能适用其中一个法条进行定罪处刑，一般的原则是特别法条优于普通法条、重法条优于轻法条。[②] 在包容竞合的情况下，适用原则是特别法条优于普通法条，因为立法者在普通法条之外又设特别法条，是为了对特定犯罪给予特定处罚，或因为这种犯罪特别突出而予以特别规定，行为符合特别法条时应按照特别法条的规定处理。[③] 当出现交叉竞合时，其适用原则是重法条优于轻法条，因为只有如此才能做到罚当其罪，实现罪责刑相适应。

本案中李某的行为既触犯招摇撞骗罪又触犯诈骗罪，形成了法条竞合，但是它属于包容竞合还是交叉竞合呢？有观点认为：规定诈骗罪的《刑法》第266条后半段指出“本法另有规定的，依照规定”。这意味着只能采取特别法条优于普通法条的原则，即诈骗行为符合其他条文的，应依照其他条文的规定处理。如果采取重法条优于轻法条的原则，便违背了《刑法》第266条的规定。[④] 此种观点认为招摇撞骗罪与诈骗罪是特别法条与普通法条的关系，即存在包容竞合。对此，我们难以认同，主要基于以下两点理由：一是形成普通法条与特别法条之包容竞合关系的前提条件是规范对象的同一性，即对于同一事项，有两个以上相同的法条规定存在，如两个法条所规范的对象与范围各不相同，则无普通法条与特别法条关系的存在。[⑤] 诈骗罪可以涵盖招摇撞骗罪中骗财的部分，但无法评价其中骗取其他非法利益的部分，二罪规范的并非同一事项，其罪质存在一定差别，所以，二罪之间不存在普通法条与特别法条之包容竞合关系。二是《刑法》第266条后半段的内容主要是针对《刑法》第三章第五节“金融诈骗罪”而言的，因为金融诈骗罪所规范的对象，完全能

① 参见吴振兴：《罪数形态论》，163页，北京，中国检察出版社，1996。

② 参见高铭暄、马克昌：《刑法学》，193页，北京，北京大学出版社，2000。

③ 参见张明楷：《刑法学》，371页，北京，法律出版社，2007。

④ 参见上书，757页。

⑤ 参见柯耀程：《刑法竞合论》，163页，北京，中国人民大学出版社，2008。

为诈骗罪所规范，只不过金融诈骗罪在行为手段、诈骗对象、诈骗数额方面较诈骗罪有较为特殊的要求而已，所以诈骗罪与金融诈骗罪属于包容竞合，这才有了《刑法》第266条后半段的内容。因此，我们认为当行为人以冒充国家机关工作人员身份的手段非法占有他人数额较大以上财物时，招摇撞骗罪与诈骗罪形成交叉包容的关系，应当适用重法条优于轻法条的原则。

如何适用重法条与轻法条？可具体分析如下：(1) 骗取财物数额较大的。此时，招摇撞骗罪有两档法定刑：情节一般的，法定刑为3年以下有期徒刑、拘役、管制或者剥夺政治权利；情节严重的，法定刑为3年以上10年以下有期徒刑。而诈骗罪的法定刑为3年以下有期徒刑、拘役和管制，并处或者单处罚金，重于情节一般的招摇撞骗罪、轻于情节严重的招摇撞骗罪。那么根据具体案情，如属于情节严重的招摇撞骗行为，应以招摇撞骗罪论处，反之，则应以诈骗罪论处。通常而言，招摇撞骗罪同时是一种破坏国家机关威信的行为，当行为人冒充国家机关工作人员招摇撞骗同时骗取数额较大的财物时，从责任评价上理应重于未采用此手段骗取同等财物的诈骗罪，因而在此种情况下，可视为招摇撞骗罪情节严重，适用该罪的第二档法定刑来定罪处刑。(2) 骗取财物数额巨大的。此时，诈骗罪的法定刑为3年以上10年以下有期徒刑，并处罚金。情节严重的招摇撞骗罪与此的主刑财物相同，却没有罚金的规定。因此，诈骗罪是重法条，应以诈骗罪论处。同理，骗取财物数额特别巨大的，更应当以诈骗罪来论处，因为此时按诈骗罪论处可以判处10年以上有期徒刑直至无期徒刑，而招摇撞骗罪的最高刑期是10年有期徒刑。(3)《刑法》第279条第2款规定，冒充人民警察招摇撞骗的，依照招摇撞骗罪从重处罚。当冒充人民警察骗取数额较大或数额巨大的财物时，若按诈骗罪进行定罪时，冒充人民警察不能作为加重处罚的法定情节，但若按招摇撞骗罪进行定罪，则可以依法从重处罚，此时应认为招摇撞骗罪属于重法条。

本案中李某冒充国家机关工作人员骗取他人财物7万元，依据司法实践中掌握的数额标准，符合诈骗罪中数额巨大的要求，因此形成了招摇撞骗罪与诈骗罪的法条竞合，依前述分析，应按照诈骗罪定罪处罚。李某冒充人民警察进行招摇撞骗，可以从重处罚，而如果按照诈骗罪处罚，由于其与实践中数额巨大的最大值差距较大，按照诈骗罪定罪会相对于按招摇撞骗罪定罪轻。故应当以招摇撞骗罪定罪。

三、被告人李某冒充人民警察多次行骗，既骗财、骗色又骗吃喝玩乐等其他非法利益，属于同一个概括故意支配下的连续性行为，仍可以一罪论处

李某冒充人民警察多次行骗，既骗取了他人财物，又骗色、骗吃喝玩乐等其他非法利益，据此，公诉机关认为，这是数个行为，既构成招摇撞骗罪又构成诈骗罪，应数罪并罚。我们不同意此观点。首先，从案情看，李某是基于一个概括的故意，在前后一年多时间内，频频冒充人民警察，连续对多人多次行骗，既骗财又骗色，还骗吃喝玩乐，所骗内容固然不尽相同，但仍未超出招摇撞骗罪行骗内容的范围。因此，李某基于一个概括的故意，实施了以冒充人民警察为手段的连续性的招摇撞骗行为，属于刑法理论所讲的连续犯的情形，在处断上应作为一罪处理。其次，如前所述，李某骗取他人财物及其他非法利益的行为虽然同时触犯招摇撞骗罪与诈骗

罪，但依照交叉竞合下重法条优于轻法条的适用原则，应按照招摇撞骗罪定罪，且招摇撞骗罪同样能对李某骗取其他非法利益的行为予以充分评价，因此也就不存在数罪并罚的余地，对李某应只定招摇撞骗罪。

【讨论归纳】

冒充国家机关工作人员骗取他人数额较大的财物的行为，既符合诈骗罪的犯罪构成，又符合招摇撞骗罪的犯罪构成，属于法条竞合中的交叉竞合，应按照重法条优于轻法条的适用原则，根据案情进行具体判断以定罪处罚。

【实务训练】

请根据本案的事实及争议焦点，写一份辩护词。要求格式规范、思路清晰、有理有据，重点对李某的行为为何仅构成招摇撞骗罪一罪进行详细论述。

【延伸阅读】

1. 韩光军．诈骗罪与招摇撞骗罪竞合关系之论证．湖北社会科学，2008（4）

2. 孟庆华．招摇撞骗罪的几个司法认定问题探讨．福建政法管理干部学院学报，2004（2）

案 67　证人在刑事诉讼中作虚假证言的定罪

——唐某、黄某伪证案

【问题提示】

在刑事诉讼中，证人对与案件有重要关系的情节，作虚假证言的，可能既触犯伪证罪又触犯包庇罪，该如何定罪呢？

【案情摘要】

被告人：唐某、黄某，交通肇事者张某所驾车的搭乘人。

2007 年 11 月 20 日晚 8 时 30 分许，张某无证驾驶一辆别克牌轿车搭乘唐某、黄某二人从长寿镇驶向洛碛镇，在行经距离洛碛镇 3 公里处，将行人王某当场撞死并逃离现场。当晚 9 时，张某在到达洛碛镇后，将表弟魏某叫至车内，与唐某、黄某一起商量对策。张某告诉魏某，他无证开车撞死人了，不知如何才能不被追究刑事责任。最后商定由有驾驶证的魏某去顶罪，由唐某、黄某指证系魏某开车撞死人。张某承诺给予魏某不菲的好处，并尽力赔偿，使魏某即使被起诉也能判处缓刑。四人之间订立攻守同盟。当晚 10 时 30 分，唐某、黄某陪同魏某去当地派出所“自首”，称该交通肇事系魏某所为，唐某、黄某劝说魏某前来投案，并在公安机关立案后进行调查询问时称自己系车上乘客，目睹魏某开车撞死人的全过程。后 Y 区人民法院在审理魏某交通肇事案件过程中，发现魏某的供述前后矛盾，且与唐某、黄某的证言相互冲突，疑点重重，便怀疑有人顶罪。公诉机关申请延期审理，经补充侦查发现魏某实为替张某顶罪。

【分歧意见】

在本案处理中，对被告人唐某、黄某的行为构成何罪存在争议：

第一种意见认为，唐某、黄某的行为构成包庇罪。理由是唐某、黄某明知张某是犯罪人，而在公安机关作虚假证言，企图使张某逃避公安机关的侦查，其行为符合包庇罪的主、客观要件。

第二种意见认为，唐某、黄某的行为构成伪证罪。

【要点提示】

1. 伪证罪的犯罪构成是什么？

2. 包庇罪的犯罪构成是什么？

3. 包庇罪与伪证罪是什么关系？何种情形下会出现法条竞合？如何处理？

【问题讨论】

我们同意第二种意见。

《刑法》第305条规定的伪证罪是指在刑事诉讼中，证人、鉴定人、记录人、翻译人对与案件有重要关系的情节，故意作虚假证明、鉴定、记录、翻译，意图陷害他人或者隐匿罪证的行为。《刑法》第310条规定的包庇罪，是指明知是犯罪的人而作假证明包庇的行为。伪证罪与包庇罪同属于妨害司法类犯罪，都是故意犯罪，都有帮助犯罪分子掩盖罪行、逃避法律制裁的目的。其区别在于：（1）犯罪主体不同：包庇罪的主体为一般主体，伪证罪的主体是特殊主体，限于证人、鉴定人、记录人、翻译人。（2）实施犯罪的时间不同：伪证罪只能发生在刑事诉讼中，即侦查、起诉、审判过程中；包庇罪的发生没有时间上的限制，既可以发生在犯罪分子被侦查、审判之前，也可以发生在侦查、起诉、审判中及至判决后服刑中。（3）犯罪的内容不同：伪证罪掩盖的是与案件有重要关系的犯罪情节；包庇罪掩盖的可以是全部罪行或者重要犯罪事实。（4）包庇对象的情况不同：伪证罪包庇的对象只能是刑事诉讼中的未决犯；包庇罪包庇的对象既可以是犯罪后未被羁押、逮捕归案的犯罪嫌疑人，也可以是已被依法羁押、判决而逃跑出来的未决犯和已决犯。（5）行为人的犯罪目的不同：伪证罪既可以是为了隐匿罪证，从而使犯罪分子逃避法律制裁，也可以是为了陷害他人，使无罪者受到刑事追究；包庇罪只是意图使犯罪分子逃避法律制裁。

即便有上述如此明确的区别，在司法实践中，还是容易出现包庇罪中的作虚假证明与伪证罪中的证人作虚假陈述如何区分的问题。本案就是适例：唐某、黄某二人作虚假证言意图包庇张某，使其不被追究刑事责任的行为，符合包庇罪的犯罪构成；但换个角度而言，唐某、黄某二人作虚假证言的行为也属于在刑事诉讼中，证人作虚假证明隐匿罪证，也满足伪证罪的各个犯罪构成要件的要求。那么，究竟该如何定罪？

我们认为，包庇罪与伪证罪存在法条竞合的关系，因为从前述分析二罪的区别时可以看出，包庇罪在犯罪主体、实施犯罪的时间、犯罪的内容、包庇的对象等方面涵括伪证罪，但伪证罪的犯罪目的范围又大于包庇罪，因此，二罪存在交叉关系，即包庇罪的“作假证明包庇”与伪证罪的“证人作虚假证明、隐匿罪证”基本上是重合的，在重合的范围内，两个法条发生了竞合。

法条竞合的一般适用原则就是“特别法条优于普通法条”和“重法条优于轻法条”，如果按照“特别法条优于普通法条”的原则，因为，伪证罪的犯罪主体、实施犯罪的时间、犯罪的内容、包庇的对象相对于包庇罪更为特殊，伪证罪应该为包庇罪的特别法条，那么本案就应当按照伪证罪定罪。法院也确实是如此判决的。但问题绝不是这么简单的。此时如果绝对按特别法条处罚就会出现罪刑不均衡的现象。因为伪证罪的最高刑期为7年有期徒刑，而包庇罪的最高刑期为10年有期徒刑，于是就会出现在刑事诉讼之外的包庇行为是重罪而在刑事诉讼之中的包庇行为是轻罪的不均衡现象。而二罪均为妨害司法罪之下的个罪，都是为了维护正常的司法秩序，相比较而言，刑事诉讼中的包庇行为对社会的危害程度、其行为人的主观恶意应该大于刑事诉讼之外的包庇行为，因为前者是在司法机关介入刑事案件后与司法机关的公然对抗，故前者应受到更为严厉的惩处。由于这种量刑的明显失衡违背了罪刑相适应原则，所以“特别法条优于普通法条”的适用原则不足取。

于是尝试对适用“重法条优于轻法条”的思路进行分析。在法条竞合的情况下，只要刑法没有禁止适用重法条，或者说只要刑法没有指明适用轻法条，为了贯彻罪刑相适应的基本原则，就应当按照重法条优于轻法条的原则定罪量刑。这一原理在我国刑法中是有所体现的，例如，《刑法》第149条第2款规定：“生产、销售本节第一百四十一条至第一百四十八条所列产品，构成各该条规定的犯罪，同时构成本节第一百四十条规定之罪的，依照处罚较重的规定定罪处刑。”包庇罪与伪证罪相比是重罪，因而在刑事诉讼中作假证明意图使犯罪嫌疑人或被告人逃避法律制裁的，应定包庇罪而不定伪证罪。本案中，公诉机关即是按此思路以包庇罪提起公诉的。

但依此处理思路又会带来另一种形式的量刑不均衡。如前述分析，伪证罪的犯罪目的，既包括隐匿罪证，也包括陷害他人。按此思路处理案件，伪证罪中持前一种犯罪故意的人将会被按照包庇罪定罪处罚，而持后一种犯罪故意的人则会被以伪证罪定罪处罚。实际上伪证罪的两种目的作为犯罪情节来看并没有轻重之别，却可能因此被判处轻重不同的两个罪，这无疑也是一种罪刑不均衡的表现。

所以，在包庇罪与伪证罪竞合的场合，无论是采用“特别法条优于普通法条”的原则抑或“重法条优于轻法条”的原则，都无法获得一个令人满意的结果。为了解决这一矛盾，应当采用限缩解释的解释方法，使二罪完全区分开来，消除前文出现的矛盾局面。“限缩解释，系指法律规定之文义过于广泛，限缩法文之意义，局限于核心，以期正确适用。”[①] 限缩解释的特点是，对法条用语作出比其通常含义要窄

---

① 杨仁寿：《法学方法论》，148页，北京，中国政法大学出版社，1999。

的解释，以达到在无不正当地缩小处罚范围的情况下减少不合理、不必要的交叉与重叠的目的。

我们认为应当将包庇罪的行为发生时间限定在启动刑事诉讼之前，更准确地说就是在刑事立案之前，于是，在刑事立案之前作假证明包庇犯罪人的，定包庇罪，而立案之后证人作虚假证言包庇犯罪人或陷害他人的，定伪证罪。其实前面谈到了二罪在犯罪主体、实施犯罪的时间、包庇的对象这几个方面的区别，可以说这些区别也主要是由是否启动刑事诉讼而引起。进行这样的限缩性解释，就可以使二罪分开，不再存在竞合的情况。这样就可以从根本上解决前述罪刑不均衡的矛盾，且没有不当地限制处罚范围。之所以说没有不当地限制处罚范围，是因为在未作限缩解释之前所产生的二罪竞合范围内的行为都将被以包庇罪或伪证罪处罚，而不存在处罚上的空隙。

而且，对包庇罪作上述限缩解释是符合罪刑法定原则的，因为“某种解释是否被罪刑法定原则所禁止，要通过权衡刑法条文的目的、行为的处罚必要性、国民的预测可能性、刑法条文的协调性、解释结论与用语核心含义的距离等多方面得出结论”①。由于是限缩解释，所以解释后的刑法条文的处罚必要性、国民的预测可能性肯定仍然是在解释前的刑法条文涵括的范围之内的；且限缩解释后的结论更能消除包庇罪与伪证罪的矛盾，增强了二罪间的协调性，应该是可取的。

本案中，被告人唐某、黄某明知交通肇事者是张某，却在公安机关刑事立案后，接受公安机关调查询问时谎称魏某是交通肇事者，其作为证人在侦查阶段隐匿的是与案件有重要关系的“谁是真正的交通肇事者”这一关键情节。依据上述的限缩解释，由于唐某、黄某作虚假证明发生在刑事诉讼开始后，对其行为应当以伪证罪定罪。Y区人民法院以唐某、黄某犯伪证罪定罪是正确的，均判处有期徒刑1年的处罚是恰当的。

【讨论归纳】

在刑事诉讼中，证人对与案件有重要关系的情节作虚假证言的，可能既触犯伪证罪又触犯包庇罪，形成了法条竞合，但无论是采用“特别法条优于普通法条”的原则抑或“重法条优于轻法条”的原则，都无法获得一个令人满意的结果。为了解决这一矛盾，应当采用限缩解释的解释方法将包庇罪的行为发生时间限定在启动刑事诉讼之前，这样能使二罪完全区分开来，消除矛盾局面。

【实务训练】

请根据本案的事实及争议焦点，写一份判决书。要求格式规范、条理清晰、有理有据，重点对被告人唐某、黄某的行为构成伪证罪而非包庇罪进行详细论述。

【延伸阅读】

1. 吴占英．伪证罪若干疑难问题探讨．法学杂志，2006（3）
2. 赵志华，鲜铁可．伪证罪相关问题研究．国家检察官学院学报，2009（4）

---

① 张明楷：《罪刑法定与刑法解释》，128页，北京，北京大学出版社，2009。

案68 聚众斗殴中的“持械”和转化犯的认定

——王甲等聚众斗殴案

【问题提示】

在聚众斗殴中，部分行为人持械致人重伤或者死亡，加重处罚情节“持械”和转化为故意伤害、故意杀人的范围如何认定？

【案情摘要】

被告人：王甲，男，农民；周某，男，农民；王乙，男，农民；宋某，男，农民；王丙，男，农民。

2010年7月5日22时许，被告人王甲、宋某因琐事在电话中发生争执，相约打架。王甲邀约了被告人周某、王乙等人，宋某邀约了被告人王丙以及被害人宋某文等人，在某市市区一加油站前的公路上，聚众打架斗殴。在此过程中，被告人王甲、王丙持砖块互殴，双方均受轻微伤；被告人周某持钢管殴打宋某文致其重伤。

【分歧意见】

关于“持械”这一加重处罚情节的认定范围，有三种观点：一是本方全部认定“持械”；二是本方首要分子和“持械”者认定“持械”；三是只认定“持械”者“持械”，其他人不认定。

关于转化犯的范围，也有三种观点，一是全部转化，二是首要分子和直接行为人转化，三是仅直接行为人转化。

【要点提示】

1. 在分则中如何把握共同犯罪之部分行为全部责任？

2. 共同犯罪的归责原则与主、客观相统一原则如何协调？

3. 何谓持械聚众斗殴之“持械”？

4. 如何理解聚众斗殴中的致人重伤、死亡？转化为故意伤害罪、故意杀人罪处罚的理由何在？

【问题讨论】

因参与人数众多、场面混乱、案发过程复杂等原因以及法条规定的繁杂，聚众斗殴是司法实务中比较复杂，因而争议较多的常见罪名。

一般认为，“聚众斗殴罪，是指基于私怨宿仇、争霸一方或者其他藐视法纪的动机，聚集多人成帮结伙地相互攻击对方身体的行为”[①]。但从《刑法》第292条的规

---

① 张明楷：《刑法学》，811页，北京，法律出版社，2003。

定看，所谓“基于私怨宿仇、争霸一方或者其他藐视法纪的动机”是法条含义之外的限制解释①，而且，“藐视法纪”这一概括性的犯罪动机可以适用于所有的犯罪行为，因而，这一犯罪主观要件的限制是虚置的。根据条文的文义，所谓“聚众，是指首要分子纠集特定或者不特定之多数人于一定地点，而成为可以从事共同行为的一群人”②。亦即为从事共同行为聚集三人以上的多人。所谓斗殴，是指“争斗殴打”③，即相互实施攻击。据此可以认为，所谓聚众斗殴，是指聚集多人与对方多人对抗，相互攻击对方身体的行为。

一、关于“持械”的认定

按照《刑法》第292条的规定，“持械聚众斗殴的”，处3年以上10年以下有期徒刑。关于这一加重处罚情节的认定主要有三种观点：一是只处罚“持械”者，二是处罚首要分子和“持械”者，三是全部处罚。这种简单划定范围的观点值得商榷。

根据主、客观相统一的原则，“只有当一个人在一定的主观罪过支配下实施了违反社会的行为，这种主观上的罪过和客观上的危害行为具有一定的因果联系时才认定为犯罪”④。对于加重处罚情节的认定同样需要坚持这一原则。在聚众斗殴中，对于“持械”参与者认定为“持械”聚众斗殴没有争议。对于未“持械”者而言，明知己方有人“持械”，仍然积极参与，是行为人在参加聚众斗殴这一特殊共同犯罪中对共同犯罪人行为的认同，这在主观上与“持械”者形成了犯意联络，故而，“持械”行为成为共同犯意支配下的共同行为。聚众斗殴行为的发生一般是在同一时间段、同一现场，在一般情况下，参与聚众斗殴的行为人对己方“持械”行为都有认知，因此，聚众斗殴一方有一人“持械”，一般应全部认定具备“持械”这一加重处罚情节，但以下情况属例外，不能认定：一是因所持之械体量小或者视线障碍等原因，参与斗殴者不知道其共同行为人“持械”的；二是首要分子明确反对“持械”，参加者超出首要分子犯意“持械”参与斗殴，首要分子发现后及时表示反对的；三是未“持械”的参加者发现本方有人“持械”后明示反对并退出斗殴的。在本案中，王甲、王丙持砖块互殴，双方均受轻微伤；周某持钢管殴打宋某文，致其重伤，故王甲、王丙、周某三人均应认定为“持械”聚众斗殴。其他行为人虽未“持械”，但在明知本方人员“持械”的情况下仍积极参与斗殴，均应承担“持械”聚众斗殴的刑事责任。若未“持械”者在明知本方人员“持械”后明示反对并退出斗殴，则不承担“持械”之加重处罚。

二、关于转化犯的认定

按照《刑法》第292条第2款的规定，“聚众斗殴，致人重伤、死亡的”，以故意伤害罪、故意杀人罪定罪处罚。有学者认为，这是法律拟制，“斗殴者致人重伤、

---

① 这一限制解释是学理上基于对聚众斗殴罪历史沿革的理解而想当然附加的。一般认为，1979年《刑法》规定的流氓罪在1997年《刑法》中分解为聚众斗殴、寻衅滋事、聚众淫乱等罪，因此，应当保留其流氓动机。

② 林山田：《刑法各罪论》。转引自张明楷：《刑法学》，809页，北京，法律出版社，2003。

③ 《新华汉语词典》，296页，北京，商务印书馆，2004。

④ 王勇：《定罪导论》，34页，北京，中国人民大学出版社，1990。

死亡时，即使没有伤害、杀人故意，也应当认定为故意伤害罪、故意杀人罪”[①]。此论明显违背主客观相统一原则。

聚众斗殴以攻击对方身体为目的，因双方参与人数众多，斗殴中情况复杂、瞬息万变，首要分子及参与人对斗殴会发生什么样的结果不可能有明确的构想，同时也能认识到不可能将结果控制在某个范围，因此，危害结果认识因素和意志因素决定了聚众斗殴犯罪的行为人对危害结果一般只能持概括的故意。在这种犯意支配下，行为人并不反对重伤、死亡结果的发生。同时，聚众斗殴行为本身就是攻击对方身体的行为，与故意伤害并无不同。结合聚众斗殴的主观犯意和客观行为，在致人重伤、死亡的情况下，符合故意伤害罪和故意杀人罪的构成要件。这是一种法条竞合，按照竞合犯择一重罪处罚的原则，当然应当以故意伤害罪或者故意杀人罪处罚。因此，《刑法》第 292 条第 2 款的规定并不是法律拟制，而是注意规定。

关于转化的范围，实务中有双方全部转化、单方全部转化、直接责任人转化、首要分子转化等不同的理解。上述观点虽各有其理，但均有失偏颇。转化范围的确定同样应当按照主客观相统一原则的要求详细考察行为人的主观故意和客观行为。首要分子应当对全部行为承担责任，应当转化。对聚众斗殴的参与者而言，凡是对伤害或者死亡后果的发生实施了积极行为的，均应转化，即直接责任人应当转化。

本案中，王甲作为首要分子，周某作为直接行为人，均应对宋某文的重伤后果承担故意伤害罪的刑事责任。

【讨论归纳】

对于法律条文的解读，一般公众仅仅停留于文义上的理解。对于法律专业人士而言，法条的文义固然重要，但法律的原则、法律的技术这两方面更为重要。单就刑法而言，只有在刑法基本原则视角下才能正确地解读刑法和适用刑法，只有在全面把握总则与分则的关系、法条与法条之关系的前提下才可能使刑法得以正确实施。

【实务训练】

1. 请根据本案的事实拟写一份合议庭评议的意见稿。要求定罪观点明确、理由充分，量刑理由完备且量刑基本准确。

2. 请根据本案的事实拟写一份刑事判决书。要求格式规范，论理充分，逻辑合理。可自行设定合理的辩解、辩护意见并评析。

【延伸阅读】

1. 张明楷．刑法的基本立场．北京：中国法制出版社，2002

2. 陈兴良．共同犯罪论．北京：中国社会科学出版社，1992

3. 陈兴良．教义刑法学．北京：中国人民大学出版社，2010

---

① 张明楷：《刑法学》，812 页，北京，法律出版社，2003。

案69　寻衅滋事罪与故意伤害罪的区分

——李某文等故意伤害案

【问题提示】

“随意殴打他人”是寻衅滋事罪的客观行为之一，而“随意”是需要进行价值判断的表述，不同人的判断可能是不同的，因此，应当立足客观行为并结合殴打他人的动机、被殴打对象等因素作出综合判断。

【案情摘要】

被告人：李某文、李某刚、周某。

李某刚、李某文等人承包了重庆市某村的矸砖厂。2008年9月1日，该村部分村民因未与李某文、李某刚就矸砖厂承包费问题协商好而将通往矸砖厂的公路阻断，李某文、李某刚多次找到镇政府及村委会协调未果。同年9月4日下午，在镇政府再次协调未果的情况下，李某刚与李某文商议通过其他办法解决。后李某文打电话委托周某雇人强行排堵，每人工资200元。周某联系了社会闲散人员秦某。17时许，李某文将秦某等十余名社会闲散人员带至堵路现场拆除路障，李某刚也来到现场一起清理。其间，被害人谢某见自家的棉被被扔掉，便与排堵人员发生争执，遭到对方殴打。被害人唐某（谢某之夫）上前质问，也遭到殴打，并被对方持刀砍伤。被害人熊某（唐某之母）见状与李某文理论，被李某文推倒在地。村民让李某刚前去制止，李某刚拒绝。次日，李某文按照约定将3 000元交给周某，作为秦某等人的酬劳。经鉴定，被害人唐某的损伤程度为轻微伤，被害人谢某的损伤程度为轻伤。

【分歧意见】

对于本案中三名被告人的行为应当如何定性，存在两种不同的意见。一种意见认为，李某文、李某刚与周某雇请社会闲散人员强行排堵，对部分村民进行随意殴打，情节恶劣，其行为已触犯《刑法》第293条之规定，构成寻衅滋事罪。另一种意见认为，李某文、李某刚因砖厂承包费引发村民堵路纠纷，在政府协调未果的情况下委托周某雇请社会闲散人员强行排堵，在排除路障过程中，李某文、李某刚、周某放任社会闲散人员故意伤害他人，致一人轻微伤、一人轻伤，并且李某文还故意伤害熊某，三名被告人的行为构成故意伤害罪。

【要点提示】

两种意见的分歧源于对“随意殴打他人”的寻衅滋事罪以及故意伤害他人身体的故意伤害罪的认识不一致。从构成要件的符合性判断层面来看，随意殴打他人型的寻衅滋事罪与故意伤害罪在犯罪客体、犯罪客观方面，尤其是犯罪动机的随意性上具有明显的区别。但是，寻衅滋事罪的随意性判断，属于主观心理状态的范畴，如何通过外化的客观行为判断是否“随意殴打他人”，是学习的重点和难点。

【问题讨论】

从《刑法》第 293 条之规定来看，认定寻衅滋事罪的关键要素是随意殴打他人，这也是寻衅滋事罪与故意伤害罪的关键区别之所在。

一、对“随意”的理解

“随意”的意思就是任意，不加任何控制。由于寻衅滋事罪是从 1979 年刑法规定的流氓罪中分离出来的，在理论上和司法实践中人们还是习惯于将两者相联系，尤其是对“随意”的理解，通常认为具有流氓化的内容。例如，有学者就曾指出：“主观上的流氓动机与客观上的无事生非，是本罪的基本特征，也是本罪与故意伤害罪、抢劫罪、敲诈勒索罪、故意毁坏财物罪的关键区别”①。

寻衅滋事罪作为妨害社会管理秩序犯罪的一种，主要是因为此类行为通过侵害个人人身权、财产权的方式扰乱了社会秩序的安定，其危害性较一般单纯侵犯个体法益的行为更重。但是刑法规定该类行为构成犯罪并非是基于行为人的主观态度，而是着眼于行为的客观危害。在行为多样化的当下，认定寻衅滋事罪的主观要素不应以是否有流氓动机为前提。只要行为人具有主观故意，恣意实施了一定程度危害个体法益和社会公共秩序的寻衅滋事行为，就可以认定构成寻衅滋事罪。

二、随意殴打他人的行为类型

在具体案件中，随意殴打他人的行为可以类型化为以下三种：一是以侵害对象是否特定，分为有明确目标的随意殴打他人和无明确目标的随意殴打他人；二是以是否“事出有因”，分为“事出有因”型的随意殴打他人和“无事生非”型的随意殴打他人；三是以发生的地点是否具有公众性，分为公共场所发生的随意殴打他人和非公共场所发生的随意殴打他人。一般来说对于在公共场所无事生非，殴打不特定对象的行为是典型的随意殴打他人行为，能够形成共识。在判断目标明确、事出有因、在非公共场所殴打他人的行为，是否属于随意殴打他人的范畴时，应重点掌握以下三个方面的问题：

（一）如何理解有明确目标的随意殴打他人

无明确目标的随意殴打他人比较容易理解，有明确目标的行为是否应当认定为随意殴打他人，应视具体案件而定。比如，在黑社会性质组织犯罪案件中，被告人因琐事与被害人发生纠纷，在纠纷已经平息的情况下，被告人仍然纠集多人对被害人进行殴打，以显示自己的地位和威慑力。又如在同业竞争的过程中，有的被告人因生意竞争或者霸占市场而随意殴打他人，针对的也是明确的侵害目标。这些行为都应当属于寻衅滋事的范畴。

（二）如何理解“事出有因”型的随意殴打他人

对于“无事生非”型的随意殴打他人，比较容易理解。被告人毫无来由地惹是生非，比如酒后殴打他人或者为填补精神空虚、追求刺激而殴打他人，都是典型的无事生非。而所谓“事出有因”型的随意殴打他人是指双方发生纠纷后，一方随意

① 张明楷：《刑法学》，812 页，北京，法律出版社，2003。

殴打他人。认识这一行为类型的关键在于从一般人的认识来进行因果关系的判断。也就是说，所谓事出有因，是指一般人可以按照犯罪人的心态“理解”、“接受”的原因；而事出无因，则是指基于犯罪人的理性也难以“理解”、“接受”的原因。[①]

（三）关于场所所体现的社会公共秩序

有人认为，寻衅滋事罪属于妨害社会管理秩序罪，因而随意殴打他人型的寻衅滋事案件只能发生在公共场所。有学者认为，“寻衅滋事罪是指在公共场所无事生非，起哄闹事，进行破坏骚扰，破坏公共秩序的行为”[②]。我们认为，这种观点过于机械，不能解决办案时的实际问题。“公共秩序是指人们在工作、生产和社会生活中，为维护公共事业、集体利益和正常的社会公共生活所必须遵守的行为规范，是为了建立一种保障执行后对所有人都有益的秩序环境。公共秩序包括社会秩序、公共场所秩序、治安秩序、公共卫生秩序、交通秩序等。”[③] 社会公共秩序是寻衅滋事罪侵犯的客体之一，但社会公共秩序并不只存在于公共场所。《刑法》第293条所列举的寻衅滋事罪的4种表现形式中，只有第四种明确规定发生在公共场所，也间接证明了这个观点。

三、随意殴打他人的判断方法

“随意，一般意味着即使按照犯罪人的理性，殴打行为也不具有可以被一般人理解、接受的原因和动机。当一般人从犯罪人的角度思考，也不能接受犯罪人的殴打行为时，该殴打行为便是随意的。”[④] 因此，判断是否是随意殴打他人，可以通过置换行为人和行为对象的方式进行。

行为人的置换：如果在相同的场景中，将实施殴打行为的人置换为社会一般人，仍有可能会实施殴打行为，则说明行为人的殴打不是毫无道理的随意殴打；如果置换为一般人之后，不会实施殴打行为，那么说明行为人的殴打具有随意性，属于对自己的行为不加控制。

行为对象的置换：如果被殴打对象具有不特定性，也就是说，如果用另外一个人来置换被害人，行为人也不会就此停止殴打，对行为对象的不加控制也说明了行为人殴打他人的随意性。如果行为人对行为对象具有明确的伤害故意，那么，置换被害人之后，行为人将不会继续进行殴打。

四、本案的定性问题

我们认为，李某文等三名被告人的行为构成寻衅滋事罪。主要理由是：

第一，本案犯罪嫌疑人的行为是随意殴打他人的行为。从本案的案情来看，李某文等人在排堵的过程中，因琐事纠纷，将被害人唐某等人打伤。如果采取置换行为人的方法，那么，社会一般人处于李某文等人的位置时，不会采用殴打这种明显不合法的方式来实现公路排堵的目的。如果将被害人唐某置换为其他的群众，只要

---

① 参见张明楷：《寻衅滋事探究（上）》，载《政治与法律》，2008（1）。

② 张凤阁主编：《新刑法理论与实务》，434页，北京，警官教育出版社，1997。

③ 赵长青主编：《刑法学》（下），797页，北京，法律出版社，2000。

④ 张明楷：《寻衅滋事罪探究（上）》，载《政治与法律》，2008（1）。

在李某文等人清理公路路障的过程中与其发生任何争执或者纠纷，都会遭到李某文等人的殴打。因此，可以说，尽管李某文等人的行为目标明确，但是殴打对象具有不特定性。

第二，故意伤害与寻衅滋事不是完全对立、互不相容的关系，二者在一定程度上具有交叉、重合的部分。殴打行为本身就至少说明行为人具有放任伤害结果发生的主观心态，作为寻衅滋事罪核心要素的“随意殴打他人”只是增加了随意性的限制，在主观心态方面，与殴打是一致的。因此，出现随意殴打他人致人轻微伤甚至更严重后果的情况下，行为既符合故意伤害罪的构成要件，也符合寻衅滋事罪的构成要件，应按照想象竞合犯的处断规则，从一重罪论处。李某文等人随意殴打他人，致一人轻伤、一人轻微伤，也属于寻衅滋事罪与故意伤害罪的想象竞合犯。就本案的情况来看，对于李某文等人的行为，故意伤害罪的量刑中高度为 3 年以下有期徒刑、拘役或者管制，而寻衅滋事罪的量刑幅度为 5 年以下有期徒刑，后者为重，应按照寻衅滋事罪定罪处罚。

【讨论归纳】

在没有造成殴打对象轻微伤以上后果的情况下，寻衅滋事罪与故意伤害罪的关键区别在于“随意性”，也就是行为人在对行为、行为对象不加控制的情况下对他人进行殴打。如果造成了殴打对象轻微伤以上后果，则应当按照想象竞合犯从一重罪处罚。

【实务训练】

针对本案中的问题，搜集一则真实案例，结合本案中的问题探讨和其他刑法原理予以分析，注意在此罪与彼罪的区分分析中，应着重进行构成要件的对比，尤其要细化到构成要件的各个要素，同时，应结合案件具体情况，注意想象竞合、法条竞合等情况下，一罪与数罪的关系。

【延伸阅读】

张明楷．犯罪构成体系与构成要件要素．北京：北京大学出版社，2010

案 70　帮助他人藏匿罪证行为的定性

——周某帮助毁灭证据案

【问题提示】

行为人为帮助他人逃避法律制裁，将能够证明他人犯罪事实的相关证据予以藏匿，该行为是构成伪证罪、帮助毁灭证据罪还是构成包庇罪？

【案情摘要】

被告人：周某。

1996年，被告人周某结识了某市一领导干部张某及其妻子。其后，张某接受周某的请托，利用职务上的便利条件，为他人在人事调动、建设工程承揽活动中提供帮助。其间周某多次以分红款名义向张某行贿。2009年7月的一天，周某听说了张某可能涉嫌犯罪将被查处的传闻后，遂将与张某案件有关的材料装入一旅行包内藏匿于家中。随后，公安机关根据周某的交代，将藏匿于周某家中的旅行包查获。该旅行包中有张某及其家人出资修建别墅、周某支付给张某妻子的现金支票的存根等材料。上述材料系证明张某及其家人犯罪的重要证据。

【分歧意见】

关于周某的行为性质的认定：第一种观点认为，伪证罪的罪状表述中明确包括了“隐匿罪证”的行为，周某在藏匿证据的时候公安机关已对张某立案侦查，符合“在刑事诉讼过程中”的时间要件；周某在行为时虽然不是“证人”，但其后即被公安机关询问，提供了相关证言。故周某的行为构成伪证罪。第二种观点认为，对帮助毁灭证据罪中的“毁灭”应作广义理解，隐匿罪证也属于“毁灭”证据的手段之一，故周某的行为构成帮助毁灭证据罪。第三种观点认为，包庇罪中的“作假证明”不能仅仅理解为虚假的陈述，还应包括单独或伙同犯罪的人实施毁灭、伪造证据的行为。帮助毁灭证据罪仅指为当事人毁灭证据出谋划策、提供便利，不包括行为人直接实施毁灭证据的行为。故周某的行为构成包庇罪。

【要点提示】

就周某行为的定性，之所以产生上述三种观点，原因就在于对伪证罪、帮助毁灭证据罪以及包庇罪这三种犯罪的客观方面的构成要件理解不一致。因此，认真研读法律条文，从罪状表述中准确把握每一种犯罪行为的客观行为方式，是解决问题的关键。

【问题讨论】

一、隐匿罪证是否构成伪证罪

伪证罪，是指在刑事诉讼过程中，证人、鉴定人、记录人、翻译人对与案件有重要关系的情节，故意作虚假证明、鉴定、记录、翻译，意图陷害他人或者隐匿罪证的行为。该罪的主体必须是证人、鉴定人、记录人、翻译人；该罪的客观行为是对与案件有重要关系的情节作虚假证明、鉴定、记录、翻译；在主观方面，本罪除了是故意犯罪之外，还要求行为人具有“陷害他人或者隐匿罪证”的意图。

前述第一种观点认为，“隐匿罪证”是伪证罪的客观行为之一。对该观点我们不敢苟同。从语法结构上分析，《刑法》第305条的主语是“证人、鉴定人、记录人、翻译人”；谓语是“故意作虚假证明、鉴定、记录、翻译”；宾语是“与案件有重要关系的情节”；状语有两个：其一是时间状语，即“在刑事诉讼中”，其二是表示行为目的的状语，即“意图陷害他人或者隐匿罪证”。由此可见，伪证罪中所表述的“隐匿罪证”并不是一种客观行为，而是指行为人的主观目的。“意图”的对象有两个：一个是“陷害他人”，使他人受到刑事追究；另一个是“隐匿罪证”，使应当受到刑事追究的人逃避惩处。正反两方面的意图都包含在内，这种理解才是符合逻辑和立法本意的。

结合本案分析，一方面，周某在主体上不符合证人的身份。尽管在其后的侦查过程中，公安机关对周某进行了询问，周某的证言将作为张某犯罪案件的证据使用，但在周某隐匿证据这一行为发生时，其尚不具备证人身份；另一方面，周某客观上并未作虚假证明，顾名思义，“作虚假证明”应当是在接受公安机关询问的过程中，对相关案件事实进行虚假陈述，而周某隐匿罪证的行为显然不属于作虚假证明的范畴。据此，周某的行为不构成伪证罪。

二、隐匿罪证是否构成包庇罪

包庇罪，是指明知是犯罪的人而作假证明进行包庇的行为。该罪的客观行为表现为作假证明包庇犯罪人，即向公安、司法机关提供虚假证明掩盖犯罪人。主观方面为故意，即明知是犯罪人而实施包庇行为。

持前述第三种观点的人主张“作假证明”不能仅仅理解为虚假陈述，还应包括单独或伙同犯罪的人实施毁灭证据的行为。而对帮助毁灭证据罪应当作严格的字面解释，认为仅仅对犯罪人毁灭证据出谋划策、提供便利，情节严重的，构成帮助毁灭证据罪。而行为人直接实施毁灭证据的行为，帮助犯罪人逃避法律制裁的，应当以包庇罪追究刑事责任。

对于这一观点，我们亦不赞同。我国的1979年《刑法》没有规定帮助毁灭证据罪，因此，在以往的刑法理论及司法实践当中，对包庇罪予以了扩张解释，认为消灭罪迹与毁灭罪证的行为构成包庇罪。现行刑法除了保留1979年《刑法》第162条关于包庇罪的罪状表述之外，还增设了帮助毁灭证据罪，将帮助当事人消灭罪迹与毁灭罪证的行为单独定罪处罚。据此，就不宜再对包庇罪进行扩大解释。就本案而言，周某隐匿罪证的行为并不属于作假证明包庇他人，故不构成包庇罪。

三、隐匿罪证是否构成帮助毁灭证据罪

帮助毁灭证据罪，是指帮助诉讼活动的当事人毁灭证据，情节严重的行为。

首先，“帮助”的含义是广泛的，表现形式也是多种多样的，不应作过于狭义的理解。从本质上分析，帮助毁灭证据罪中的“帮助”应当指当事人以外的其他人所实施的一切为当事人毁灭、伪造证据的行为。从行为方式上看，可以分为三种表现形式：一是行为人为当事人毁灭证据出谋划策、提供便利；二是行为人伙同当事人共同实施了毁灭证据的实行行为；三是行为人独自为当事人实施了毁灭证据的实行行为。刑法条文之所以使用“帮助”一词，主要是为了在犯罪主体上排除当事人本人。当事人本人实施毁灭证据行为的，应当视为其犯罪行为的自然延伸，主观上也缺乏期待可能性，故没有被刑法规定为犯罪行为。

其次，“毁灭”证据，并不限于从物理上使证据消失，而是包括妨碍证据显现、使证据的价值减少、使证据消失的一切行为。隐匿证据，在客观上使证据不能被公安、司法机关发现，其后果与使证据从物理意义上灭失并无差别，因此，隐匿证据与毁灭证据，虽然两者行为方式有所不同，但从行为所造成的实质结果看，性质是相同的。诚然，从证据是否能够恢复的角度看，隐匿证据的社会危害性要小于毁灭证据，但必须结合隐匿的时间长短、隐藏方式是否妥当等情节具体分析隐匿证据的社会危害性程度。例如，将证据沉于一湖底隐藏，经过岁月侵蚀，证据材料腐蚀变质，无法恢复原貌，那么这种隐匿行为和毁灭行为的社会危害性是相同的。

本案中，张某系某市的重要领导干部，其所涉及的案件案情重大、社会影响重大。周某明知这一情况，为帮助张某逃避法律惩处，藏匿与张某案件有重大关系的罪证，其行为具有一定的社会危害性，应当以帮助毁灭证据罪论处。

【讨论归纳】

行为人为帮助他人逃避法律制裁，将能够证明他人犯罪事实的相关证据予以藏匿，使得公安、司法机关不能发现该证据的，影响了刑事案件侦查工作的顺利进行。如果隐匿罪证的行为客观上已经妨害了司法活动的客观公正性，或者具有妨害司法活动的客观公正性的现实危险，那么该行为应当作为一种犯罪行为受到惩处。从实质的解释论分析，隐匿证据属于毁灭证据，故对于前述行为应当以帮助毁灭证据罪定罪处罚。

【实务训练】

从实务中找一件类似本主题的真实案件，根据该案的事实、既有证据及争议焦点，写一份辩护词或判决书。要求格式规范、条理清晰、层次分明、说理透彻。

【延伸阅读】

1. 高铭暄．新编中国刑法学（下）．北京：中国人民大学出版社，1998
2. ［日］前田雅英．刑法各论讲义．东京：东京大学出版会，2007
3. 张明楷．论帮助毁灭、伪造证据罪．山东审判，2007（1）
4. 冯江菊．帮助当事人毁灭罪证行为的认定．河南社会科学，2009（1）

案 71　执业医师超范围行医行为的定性

——桂某非法进行节育手术案

【问题提示】

刑法规定，未具备医生执业资格的人擅自为他人进行节育复通手术，情节严重的，构成非法进行节育手术罪。然而，现实中往往出现具备医生执业资格，但不具备进行节育手术资格的人替他人进行节育复通手术的情况，当情节严重时，是否可以追究其刑事责任？

【案情摘要】

被告人：桂某，女，某县医院医师。

2006 年 9 月，村民王某某（女）通过其嫂陈某某介绍，找到在县城医院当医生的桂某，在桂某家中由桂某及其丈夫徐某（已死亡）为其实施了输卵管复通手术。术后，桂某收费 6 000 元。后期桂某又为王某某做了输卵管通水试验，证明手术成功。王某某怀孕后，桂某又为其接生，致使王某某于 2007 年 12 月超生第三胎。2009 年 11 月，桂某主动向县公安局投案，如实供述了其私自为王某某实施输卵管复通手术的事实。

法院经审理认为：被告人桂某超范围行医，擅自为他人进行节育复通手术，情节严重，其行为构成非法进行节育手术罪。鉴于其具有自首情节，判处其有期徒刑 1 年，缓刑 2 年，罚金 20 000 元；并追缴被告人桂某的违法所得 6 000 元。

【分歧意见】

第一种意见认为：根据《刑法》第 336 条第 2 款的规定，未取得医生执业资格的人擅自为他人进行节育复通手术，情节严重的，构成非法进行节育手术罪。但是，被告人桂某有执业医师证，从本质上讲其为具有合法行医权的医生，因而不属于“未取得医生执业资格的人”，根据罪刑法定的原则，不能认为桂某的行为构成犯罪。

第二种意见认为：被告人桂某虽已取得医生执业资格，但其并不具备进行节育手术的资格，其行为显然属超范围行医，而超范围行医的人也应属于《刑法》第 336 条第 2 款规定的“未取得医生执业资格的人”，故应当以非法进行节育手术罪论处。

【要点提示】

本案的解决，焦点主要集中在行为人犯罪主体资格的认定上。对此应注意把握以下要点：

1. 对《刑法》第 336 条第 2 款规定的“未取得医生执业资格的人”的理解。

2. 对如下法律、法规、司法解释的正确理解：《刑法》第 336 条第 1、2 款，《执业医师法》、《医疗机构管理条例》、《人口与计划生育技术服务管理条例》、《医师执业注册暂行办法》、最高人民法院《关于审理非法行医刑事案件具体应用法律若干问题的解释》。

【问题讨论】

本案中，争议双方对被告人桂某在客观方面的行为、结果等事实认定均无异议。桂某超出其执业范围，擅自为王某某实施了输卵管复通手术，导致王某某超生了第三胎，严重违反了计划生育的政策和相关法律，其情节是严重的。但是，构成《刑法》第 336 条第 2 款规定的非法进行节育手术罪的主体必须是“未取得医生执业资格的人”，而桂某本人确实具备执业医师资格，只是不具备从事计生技术服务工作的资格，属于超范围行医，能否认定其为本罪的主体，值得分析。

一、非法进行节育手术罪是特殊主体犯罪

从理论上讲，《刑法》第 336 条规定的两个罪名（非法行医罪和非法进行节育手术罪）是有密切联系的，二者形成了普通罪名与特殊罪名的竞合：前者是普通罪名，后者是特殊罪名，从而在法律适用上应当依照普通法与特殊法竞合的原则处理。非法进行节育手术的行为，本质上属于非法行医的一种特殊活动，只不过因为我国高度重视计划生育工作，而计生手术是关乎计划生育重大国策的特殊医疗行为，《刑法》才单独将非法进行计生手术作为独立的犯罪处理。从《刑法》第 336 条第 1、2

款的规定来看，这两种犯罪对犯罪主体资格的表述是完全一致的，即都是“未取得医生执业资格的人”。从体系解释的角度讲，应作基本相同的解释。[①]

关于非法行医罪中的犯罪主体，理论界有三种观点：一种观点认为该罪的犯罪主体是一般主体，但限于没有取得医生执业资格的人[②]；另一种观点认为该罪的犯罪主体是特殊主体，但与一般的特殊主体要求具有积极的身份不同，该罪的特殊身份是一种消极的身份，即不具备医生执业资格的人才可能构成本罪，属于“消极的身份犯”[③]；还有一种观点并不明确该罪的主体是一般主体还是特殊主体，而是笼统地指出“本罪主体必须是未取得医生执业资格的人”[④]。应该说，第二种观点更具有合理性。犯罪主体的特殊身份与刑事责任密切相关，不具备刑法规定的特殊身份便不可能构成特定的犯罪，此所谓刑法理论上的真正身份犯，这种特殊身份也被称为定罪身份、构成要件的身份。按照刑法学界较为通行的主张，所谓犯罪主体的特殊身份，是指刑法所规定的影响行为人刑事责任的行为人人身方面特定的资格、地位或状态，如公务员、军人、男女、亲属等。刑法设立特殊身份的规定，不外乎是为了限制某些犯罪成立的范围，或者突出某些具备特殊身份的人犯罪危害程度的差异。[⑤] 从通常情况来看，刑法是从正面规定某些犯罪中犯罪主体必须具备特定的身份，如我们所熟悉的国家工作人员、司法工作人员、军人等。但是，刑法在有些情况下并没有明确构成这种犯罪的主体必须具备特定的身份，然而并不妨碍我们将其认定为身份犯，如强奸罪。我国刑法理论通常认为只有男子才能构成直接实施犯，因而强奸罪中的主体仍是特殊主体。从另一个角度说，强奸罪的主体必须具备“不是女子”这一特殊身份，这何尝不能认为是一种消极的身份犯？与此同理，《刑法》第336条规定的非法行医罪和非法进行节育手术罪中的主体同样只能由特殊的自然人——不具备医生执业资格的人构成。换言之，只有任何符合法定年龄、具备刑事责任能力的人都可能构成的犯罪，其犯罪主体才能称为一般主体。“未取得医生执业资格的人”这一要件描述显然不符合一般主体的要求，当属于一种特殊主体。

二、医师超范围行医仍然属于“非法”

从理论上澄清非法进行节育手术罪中的主体是特殊主体后，便可以展开对实质问题的分析：具备执业医师资格的人究竟能不能构成该罪？具体到本案，被告人桂某作为执业医师，违反有关规定超范围行医，对其能否以非法进行节育手术罪追究刑事责任？回答是肯定的，理由如下：

---

① 当然，二者还有细微的差别。最高人民法院于2008年4月颁布的《关于审理非法行医刑事案件具体应用法律若干问题的解释》对非法行医罪中的“非法行医”列举了5种情况。但非法进行节育手术罪中的“非法”除了上述情况外，至少还应包括虽已取得执业医师资格，但未取得计生技术服务资格的医师从事节育手术的情况。

② 参见高铭暄、马克昌主编：《刑法学》，3版，648页，北京，北京大学出版社、高等教育出版社，2007。

③ 张明楷：《刑法学》，2版，854页，北京，法律出版社，2003。

④ 赵秉志主编：《当代刑法学》，673页，北京，中国政法大学出版社，2009。

⑤ 参见赵秉志：《犯罪主体论》，270～271页，北京，中国人民大学出版社，1989。

首先，从法律层面看，虽然刑法本身没有就这一问题进行明确规定或者解释，但从体系解释、目的解释的角度出发，应该结合其他法律、法规的有关规定进行推敲。刑法将这一罪名规定在危害公共卫生罪一节中，表明这种犯罪侵犯的客体是国家对公共卫生管理的秩序。刑法之所以惩罚非法进行节育手术的行为，归根结底是因为不经有关主管部门批准、监督而擅自进行节育复通、假节育、终止妊娠或者摘取宫内节育器的手术，不仅会危及接受手术人的生命健康，而且会严重扰乱国家医疗管理、计划生育工作管理的正常秩序，尤其容易导致“超生”这一严重违背计划生育基本国策的情况发生。在现实生活中，为他人进行节育手术的人多是具备一定医学知识，甚至可能就是具备医师资格的人。如果刑法规定的非法进行节育手术罪不能惩处那些具备医师资格却不具备特定计生服务资格的人，则刑法的相应立法目的在很大程度上就要落空。从法条表述上看，《刑法》第336条中的“医生执业资格”与《执业医师法》中的“执业医师资格”和“执业助理医师资格”并不一致，其中的差异，就在于通过执业医师资格考试（或者执业助理医师资格考试，下同）的人仅仅是具备了行医的必要条件，而非充分条件。根据我国《执业医师法》、《医师执业注册暂行办法》等法律、法规的规定，我国实行医师执业注册登记制度，只有经过卫生行政部门注册登记的执业医师才可以在注册登记的范围内行医。《执业医师法》第14条第2款明确规定：“未经医师注册取得执业证书，不得从事医师执业活动。”《医师执业注册暂行办法》第2条第1款规定：“医师经注册取得《医师执业证书》后，方可按照注册的执业地点、执业类别、执业范围，从事相应的医疗、预防、保健活动。”有论者早已指出：行医不只是要求有医学知识与技能，还要求有必要的设备与条件，否则也会危害公共卫生。因而，“医生执业资格”并不等于“医师资格”，而是“医师资格”与“执业资格”的统一。[①] 也就是说，即便是取得医师资格的人，如果未经注册登记，或者未按注册登记的范围行医，也属于非法行医，同样可能被追究刑事责任。《执业医师法》第39条关于非法行医的规定也印证了这一点。该条不仅规定了对于未经批准擅自开办医疗机构或者非医师行医的要予以取缔和处罚，也规定了“对医师吊销其执业证书”，并且“构成犯罪的，依法追究刑事责任”。这再次证明，执业医师未经注册登记而行医、未按注册登记的范围行医都是非法行医行为，严重者可依照刑法追究其刑事责任。

其次，国务院于2001年公布、2004年修订的《人口与计划生育技术服务管理条例》（以下简称《计生条例》）对包括节育手术在内的计生技术服务作了详细规定。该条例不仅明文规定从事计生服务工作的机构要经过相关行政部门的审批，而且明文规定了从事计生服务工作的人员的资质要求。《计生条例》第29条规定：“计划生育技术服务人员中依据本条例的规定从事与计划生育有关的临床服务人员，应当依照执业医师法和国家有关护士管理的规定，分别取得执业医师、执业助理医师、乡村医生或者护士的资格，并在依照本条例设立的机构中执业。在计

① 参见赵秉志主编：《当代刑法学》，675页，北京，中国政法大学出版社，2009。

划生育技术服务机构执业的执业医师和执业助理医师应当依照执业医师法的规定向所在地县级以上地方人民政府卫生行政部门申请注册。”很显然，国家出于对计划生育工作的重视，特别规定，从事节育手术之类的计生工作的人，除了应当具备执业医师资格、进行注册登记外，还必须是具备进行计生技术服务资质的医师，并且要按照《计生条例》的要求在具有计生服务资质的机构内进行工作。这些条件全部具备的人，方才符合《刑法》第336条第2款规定的“医生执业资格”的身份。

本案中，被告人桂某虽然是县医院的执业医师，但其并不具备特定的计生服务的执业资格。而且桂某是在自己家中为其进行输卵管复通手术，完全违反了《计生条例》要求的在具有资质的计生服务机构内进行工作的规定，因而属于非法行医。由于《刑法》第336条第1、2款是一般法与特殊法的竞合关系，不具备特殊行医资格的桂某符合《刑法》第336条第2款关于特殊主体的规定，结合其客观方面的行为及结果，应当认定为“情节严重”，构成非法进行节育手术罪。

【讨论归纳】

刑法规定的非法进行节育手术罪是一种特殊类型的非法行医罪，其主体资格要求与非法行医罪具有共通之处，都是特殊犯罪主体，在理论上可称为“消极的身份犯”。非法行医罪的这种消极身份，并非仅仅指不具有医师资格而行医。具备医师资格却不具备执业资格的人同样满足这种消极的身份。“医生执业资格”应该是“医师资格”与“执业资格”的统一。因此，进行了注册登记的执业医师，如果超过注册登记范围行医，根本不可能满足执业资格的要求，因而仍然是一种非法行医行为，情节严重的，应依法追究行为人的刑事责任。

【实务训练】

从实务中找一件类似本主题的真实案件，根据该案的事实、既有证据及争议焦点，写一份辩护词或判决书。要求格式规范、条理清晰、层次分明、说理透彻。

【延伸阅读】

1. 赵秉志主编．当代刑法学．北京：中国政法大学出版社，2009

2. 高铭暄主编．新编中国刑法学（上，下册）．北京：中国人民大学出版社，1998

3. 赵秉志．犯罪主体论．北京：中国人民大学出版社，1989

4. 梁武斌．解析非法进行节育手术罪中的“医生执业资格”——以有关行政法律法规为起点．法律与医学杂志，2005（1）

5.《中华人民共和国执业医师法》

6. 国务院《人口与计划生育技术服务管理条例》

7. 卫生部《医师执业注册暂行办法》

8. 卫生部《关于医师执业注册中执业范围的暂行规定》

案72 未年检执业证的退休医师行医致技术事故的定性处理

——周某非法行医案

【问题提示】

《刑法》第336条规定，未取得医生执业资格的人非法行医“造成就诊人死亡”的，需“处十年以上有期徒刑，并处罚金”。原具有医生执业资格的退休医师，在没有及时年检补办执业资格证时按操作规程行医发生技术性死亡事故，基于罪责刑相适应原则，是不是也需在该法定刑幅度内处刑?

【案情摘要】

被告人：周某，退休医师。

1948年被告人周某毕业于上海国防医学院（现为第二军医大学），1949年年初至1950年9月在老家湖南省某市开办诊所，1950年至1953年在湖南省防疫大队从事医疗工作，1953年9月获中央人民政府卫生部颁发的医师证书，1953年至1968年在湖南省结核病防治所当医师，1969年至1979年在湖南省某县人民医院当医师，1979年在某县人民医院退休后居住在长沙市大古道巷。1987年至1993年，经卫生部门许可颁发行医执照自办诊所行医。1993年因房屋拆迁及年老原因向长沙市社会医疗管理委员会申请个体诊所停业，并上交了行医执照。1998年10月，长沙市天心区某居委会出面请周某为居委会开办医疗室，并购进了一些常用药品，因未获天心区卫生局同意，1998年年底，医务室停办。1998年年底以后，被告人周某在家里为街道居民看病（病人主要以老人为主），不收挂号费，只收取药品费用（自带药品、针剂者不收费）。2000年3月1日7时许，王某（女，65岁）因咳嗽多日，自带青霉素针剂来到周某家里。周某为王某做完皮试后，按操作规程为王某注射了自带的1支80万单位的青霉素针剂。十几分钟后，周某发现王某有青霉素过敏反应特征，立即为王某注射了10毫克地塞米松针剂（抗过敏用），见情况没有好转，又为王某注射了一支盐酸肾上腺素针剂（升血压、抗休克用），并立即叫邻居李某某通知王某的大女儿杨甲来到周某家，杨甲立即拨打110、120。9时15分，王某被送到湖南省人民医院抢救。9时32分，王某因呼吸循环衰竭而死亡。法医鉴定：王某系因注射青霉素引起过敏性休克而急性死亡。

【分歧意见】

一审法院以周某犯非法行医罪及“造成就诊人死亡的，处十年以上有期徒刑，并处罚金”的立法规定，判处其有期徒刑10年，并处罚金1 000元；二审法院以周某犯非法行医罪及“未取得医生执业资格的人非法行医，情节严重的，处三年以下有期徒刑、拘役或者管制，并处或者单处罚金”的立法规定，改判其有期徒刑2年，宣告缓刑3年，并处罚金1 000元。

【要点提示】

1. 非法行医罪的立法实质；

2. 罪责刑相适应原则下犯罪形态的理解及具体法定刑的适用问题。

【问题讨论】

根据我国现行《刑法》第336条第1款的规定，所谓非法行医罪，是指未取得医生执业资格的人非法行医，情节严重的行为。本罪的主体只能是未取得医生执业资格的自然人。客观上表现为非法行医的行为，具体表现为无医生执业资格从事营利性的诊疗活动，包括在医疗机构中从事诊疗活动和私自从事诊疗活动。主观方面是故意，即明知无医生执业资格而非法行医。这里的故意，只需认识到无执业资格的事实，不问行为人是否明知无执业资格行医的非法性质，它的内容是“非法行医”，而不是“造成就诊人死亡或严重损害身体健康的严重后果”；非法行医者对其造成就诊人死亡或严重损害身体健康的严重后果的主观心理状态（过失）不是该罪的主观要件。

对于本罪的主体，虽然立法规定是“未取得医生执业资格的人”，但这并不意味着只要具备医生执业资格就不能构成非法行医罪的主体，如果医生执业资格与从事的医疗活动范围不相一致，即行为人并不具有从事相应医疗活动的医生执业资格，则也可以成为非法行医罪的主体。具体包括如下三个方面的情况：一是在具有集体执业资格的医疗机构中行医的人员，擅自从事个体行医的，因不具备个体行医医生的执业资格，而可以构成本罪的主体；二是取得医生执业资格的人，超出执业类别或范围行医，如从事预防、保健的医师进行医疗执业，从事内科的医师进行外科诊疗，可以构成本罪的主体；三是已经获得医生执业资格的人，在未取得医疗机构执业许可证的医疗机构中从事医疗业务，因不具备行医条件，也可以构成本罪的主体。

本罪系情节犯，必须情节严重才构成犯罪。所谓“情节严重”，一般指多次被取缔后仍然非法行医的；从事危险性较大的诊疗活动的；非法行医获利巨大的；损害就诊人健康的；采取愚昧、野蛮的方法的，等等。非法行医严重损害就诊人健康或者造成就诊人死亡的，是非法行医罪的结果加重犯，仍以本罪论处。

本罪与医疗事故罪的区别主要表现在三个方面：一是，在主体上是否有医生执业资格。本罪的主体没有医生执业资格；医疗事故罪的主体有医生执业资格。二是，在主观罪过形式上是故意还是过失。本罪的主观罪过是故意，不以造成严重后果为要件；医疗事故罪的主观罪过是过失，以造成就诊人死亡、伤残的严重结果为要件。三是，造成就诊人死亡或身体健康严重后果的原因不同。本罪造成就诊人死亡或身体健康严重后果的原因既可以是责任过失，也可以是技术过失，而医疗事故罪中仅限于责任过失，技术过失不构成犯罪。

本案中，被告人周某虽然从事医师工作三十余年，获得医师资格证书，并曾于1987年至1993年期间合法行医，但自1998年年底至案发日，周某在未取得医疗机构执业许可证的情况下擅自行医，构成非法行医；虽然周某在为被害人王某注射青霉素针剂后，均没有违反医疗操作规程，但被害人王某毕竟是因其注射青霉素过敏而死亡，虽无责任过失，但存在技术过失。因此，被告人周某在未取得医生执业资格的情况下非法行医，且造成他人死亡的后果，其行为符合非法行医罪的构成特征，应以该罪追究其刑事责任。

然而，周某在为被害人王某注射青霉素针剂后，毕竟没有违反医疗操作规程，王某是因注射青霉素过敏而死亡，其死亡具有一定的特殊性，即本案中王某的死亡仅属技术过失，并非应由周某负全部责任，甚至不应由周某承担主要责任；他在本案中所负的刑事责任应是无证行医与技术过失相结合导致就诊人死亡而应承担的刑事责任，这个责任是一个相对较小的责任，因为若是有证行医与技术过失相结合导致就诊人死亡，则无须承担刑事责任。综合考虑本案的具体情节及社会危害性，根据刑法关于罪责刑相适应原则等的规定，一审法院以周某犯非法行医罪及“造成就诊人死亡的，处十年以上有期徒刑，并处罚金”的立法规定，判处其有期徒刑10年，并处罚金1 000元，显然过重；二审法院以周某犯非法行医罪及“未取得医生执业资格的人非法行医，情节严重的，处三年以下有期徒刑、拘役或者管制，并处或者单处罚金”的立法规定，改判其有期徒刑2年，宣告缓刑3年，并处罚金1 000元，应是相对合理的。也就是说，本案中，对于周某的行为不应适用《刑法》第336条关于“造成就诊人死亡的，处十年以上有期徒刑，并处罚金”的立法规定，而应适用“未取得医生执业资格的人非法行医，情节严重的，处三年以下有期徒刑、拘役或者管制，并处或者单处罚金”的立法规定。

【讨论归纳】

刑法分则与刑法总则的关系决定了，对刑法分则规范的正确理解与适用需在刑法总则规范的指导下完成，若依刑法分则的某个规定对某个行为进行定罪处刑显然出现罪责刑不相适应的情形时，需依刑法总则的规定对分则某个规定进行切合立法意图的理解和适用。对于原有医师执业资格的退休医师，仅是由于没有及时年检和续办资格证而追究刑事责任时，不能机械地按事故结果予以处罚。

【实务训练】

从实务中找一件类似本主题的真实案件，根据该案的事实、既有证据及争议焦点，写一份辩护词或判决书。要求格式规范、条理清晰、层次分明、说理透彻。

【延伸阅读】

1.《中华人民共和国执业医师法》

2.最高人民法院《关于审理非法行医刑事案件具体应用法律若干问题的解释》

案73 组织、领导、参加黑社会性质组织罪的认定

——张甲、张乙组织、领导、参加黑社会性质组织案

【问题提示】

黑社会性质组织犯罪与一般的恶势力犯罪如何区分？在司法实践中，如何认定黑社会性质组织的四个特征？

【案情摘要】

被告人：张甲，张乙，系孪生兄弟，农民，均仅有初中文化。

2007年上半年，张甲提议支持他发展起来，带领大家闯天下、打名气。得到文某、熊某等人的响应后，被告人张甲、张乙开始逐步纠集社会闲散人员、刑满释放人员等有组织地实施开设赌场、故意伤害他人身体等违法犯罪活动。2008年4月至2009年6月，被告人张甲、张乙先后与被告人朱某、刘某、刘某某等人合伙在多地开设流动赌场，并安排被告人文某、熊某等人在赌场中维持秩序；为维护赌场安全，还安排被告人谭某、张某等人放哨。被告人张甲、张乙从其开设的赌场中抽头渔利，从中获取非法经济利益数十万元。另外，他们为了达到控制赌场的目的，还有组织地实施了故意伤害4次，致6人轻伤；故意毁坏他人财物，价值19 710元；非法拘禁1人，超过24小时。

【分歧意见】

在庭审中，控辩双方围绕被告人的行为是否构成黑社会性质组织罪等焦点问题展开了激烈辩论。检方认为，张甲、张乙"涉黑"团伙的组织特征、经济特征、行为特征、后果特征明显；而张甲、张乙均否认自己组织人参加黑社会，认为他们只是"兄弟伙"，充其量算请的"扁担"。

【要点提示】

对黑社会性质组织的构成特征的理解和适用，对组织、领导、参加黑社会性质组织罪的司法认定。

【问题讨论】

根据我国《刑法》第294条之规定，以及2002年4月28日全国人大常委会《关于〈中华人民共和国刑法〉第二百九十四条第一款的解释》，黑社会性质组织应当具备组织特征、经济特征、行为特征和非法控制特征。我们认为，从张甲、张乙犯罪集团所犯罪行看，完全符合上述四个特征，属于比较典型的黑社会性质组织犯罪。

（1）组织结构特征

黑社会性质组织人数较多，有明确的组织者、领导者，骨干成员基本固定。从

组织结构特征上讲，黑社会性质组织主要有稳定性和层级性两种表现形式。稳定性表现在：一是主要成员稳定，而非临时招募或者临时聚合；二是犯罪行为及作案方式比较稳定，而非作一、二起案就散伙，往往要连续作案；三是组织结构稳定，存续时间较长。层级性是指在黑社会性质组织中，成员之间有不同的角色分工，有不同的等级层次，并且组织内部成员地位较为固定：第一等级为组织者、领导者，通常被称作"老大"、"大哥"、"大佬"、"老板"等；第二等级为骨干成员，他们听从黑社会性质组织领导者的命令，展开各项犯罪活动，在具体的犯罪活动中起组织、指挥作用，或者直接实施具体的犯罪行为；第三等级为普通成员，他们多被称作"小弟"、"马仔"，通常是做一些辅助性或者服务性工作，或者在具体的犯罪行为中处于从犯或者胁从犯地位。在黑社会性质组织中，成员之间级别分明，存在一定管理模式，有较为严格的纪律，对"有功"或者"违纪"的成员都有固定的奖惩规定。

具体到张甲、张乙"涉黑"案件，2007年上半年，张甲等社会闲散人员在一起相聚时，张甲提议如果大家支持他，他将带领大家闯天下，共同致富。该提议得到文某、熊某等人的响应后，张甲、张乙开始逐步纠集社会闲散人员、刑满释放人员等有组织地实施开设赌场、故意伤害他人等违法犯罪活动。在该犯罪集团中，张甲、张乙的组织、领导者地位已得到所有组织成员的认可，他们处于第一层级；而文某、熊某、刘某、陈某加入组织时间相对较长，多次积极参加张甲、张乙组织的违法犯罪活动，骨干地位固定，逐步成为该黑社会性质组织的第二层级；谭某、程某、崔某等人明知张甲、张乙等人从事违法犯罪活动，仍先后加入该犯罪组织，逐步成为该黑社会性质组织的第三层级成员。[①]

（2）经济实力特征

黑社会性质组织通过违法犯罪活动或者其他手段获取经济利益，具有一定的经济实力，以支持组织的活动，扩大组织的影响力。黑社会性质组织的经济实力，不能简单认定为所有成员个人资产的总和，与法人组织有独立财产类似，黑社会性质组织也有独立于其成员的财产，这部分财产由组织者、领导者支配。一般的犯罪集团往往在每次犯罪后即将犯罪所得分配，不为犯罪组织保留资金。经济实力是黑社会性质组织得以存在的物质基础。经济实力越强，组织者、领导者越能将组织成员笼络在一起。黑社会性质组织的成员大多为闲散人员，他们就业机会少，或者不甘于辛勤劳动，参加黑社会性质组织主要是为了金钱。满足成员的物质需求，能使他们死心塌地为组织卖命。经济实力越强，黑社会性质组织的犯罪能量就越大，其可以购买杀伤力大的武器、先进的交通工具和通信工具以实施更严重的犯罪和反侦查，可以收买更多的"保护伞"来维持、壮大组织势力。

通常情况下，黑社会性质组织初期通过暴力犯罪起家，以抢劫、收取保护费、代人讨债、开设赌场、敲诈勒索等方式迅速进行原始积累。发展到一定程度后，黑社会性质组织会向合法领域扩张，他们往往涉足能够带来暴利的行业，如建筑、文物交易、交通等领域，以多种方式排挤、打压对手，获得垄断，以合法经营的方式

① 参见 http：//cqfy. chinacourt. org/public/detail. php? id=52449，2009-11-06。

洗钱，攫取更多的社会财富。由于黑社会性质组织存在时间、发展程度有异，其经济实力也有大小之分，对此，实务部门的权威人士认为："在经济实力特征方面，只要采用非法手段敛财，或以其他手段获取一定的经济利益，即使目前经济实力规模不大，也应认定为具备该特征。"[①] 我们对此持肯定态度。

在张甲、张乙孪生兄弟"涉黑"案件中，张甲、张乙多次与他人合伙，在多处开设流动赌场，安排组织成员到赌场维持秩序、在外围望风放哨，通过抽取茶钱掠取非法经济利益。该组织通过开设赌场获利数十万元，均由张甲、张乙统一管理、分配、使用，很大一部分用于支付组织成员协助其开设赌场的工资、组织成员吃喝玩乐，为赌客支付医疗费用等。张甲、张乙黑社会性质组织有自己的独立经济实力，其经济实力足以维持该组织的生存、发展。

(3) 有组织地实施违法犯罪行为特征

黑社会性质组织以暴力、威胁或者其他手段，有组织地多次进行违法犯罪活动，为非作恶，欺压、残害群众。"暴力"，指侵害人身、财产的强暴行为。"威胁"，指用暴力恐吓，使被害人处于暴力随时降临的危险境地。"其他手段"，指除暴力、威胁之外的，使被害人不得不屈服的骚扰等方式。现实生活中，人们关注的是黑社会性质组织实施的犯罪活动，通常忽视了其实施的违法行为。"大错不犯，小错不断"的违法行为也是可以有组织地实施的，其给群众带来的影响是心理威慑、生产生活秩序不宁，而且违法行为随时可以增强为暴力犯罪行为，其社会危害性同样很强。

黑社会性质组织实施的暴力犯罪活动不是数个成员的暴力行为的简单集合。暴力或者以其为后盾的行为之实施有专门目的，即为了组织的存在与发展；行为有组织、有计划、有克制、有扩张，危害性远远超过数个人的简单暴力违法犯罪之和。黑社会性质组织的暴力由整个组织的犯罪能量支撑，随时可以发动，其存在本身即对社会构成强大的威胁。单独一个或者几个黑社会性质组织成员实施暴力犯罪，如果其行为不是受组织指派，目的不是为组织利益，则不能被视为黑社会性质组织的犯罪行为，因为其缺乏必要的组织性。

在张甲、张乙黑社会性质组织中，统一配发、管理杀猪刀，其成员多次在公开场合追砍与之发生矛盾的市民；他们计划周密，分工明确，持火药枪、手枪、仿真枪、杀猪刀等凶器闯入他人赌场，强行要求"搭账"[②]；他们持杀猪刀、钢管等公然砸毁电子游戏厅 22 台电子游戏机，造成经济损失 19 710 元，店主敢怒不敢言；他们有组织实施的违法行为同样严重影响周边群众的生产生活。

(4) 非法控制、重大影响特征

黑社会性质组织通过实施违法犯罪活动，或者利用国家工作人员的包庇、纵容，称霸一方，在一定区域或者行业内，形成非法控制或者重大影响，严重破坏经济、

---

① 张穹：《关于"严打"整治斗争中的法律适用的几个问题》，载最高人民检察院公诉厅、公安部刑事犯罪侦查局：《严厉打击危害社会秩序犯罪法律适用指导》，7 页，北京，中国检察出版社，2002。

② 该黑社会性质组织见他人赌场经营获利颇丰，电话协商不成后便强行要求入股分成，否则，"大家都搞不成"，开设赌场的人被迫接受他们的要求，与之分红。

社会生活秩序。在正常社会中,“法律……它禁止在共同体成员关系中使用武力……法律是武力的一种组织。因为法律对在人们的关系中使用武力赋予一定条件,它授权只由一定的人并在一定的情况下使用武力……只有这个人,只有共同体的机关,才被授权使用武力”①。国家是唯一有权合法使用武力的组织,它有权惩罚违法犯罪者以维护社会秩序,保障社会成员的利益不受侵犯,实现自己对社会的控制。黑社会性质组织对一定区域或者行业进行控制,使这一区域或者行业脱离合法秩序下的正常轨道。法律不再是调整人们行为的标准,它让位于黑社会性质组织以暴力为基础形成的巨大影响力,这种影响力削弱了国家控制,降低了国家的威信。但是,我们“不能简单地认为黑社会性质组织一定是反秩序的,它仅仅反合法秩序”②。国内外发展程度高的黑社会(性质)组织用严格的道德标准要求组织成员的言行,甚至会主动维护其活动区域内的秩序,其治安良好程度往往超过一般社区。黑社会性质组织无论是破坏秩序还是“维护”秩序,都是在对国家用合法武力形成的秩序进行挑战,而这种挑战是任何国家也不能允许的。

黑社会性质组织除使用暴力外,还会寻求“保护伞”,编织“安全网”,利用国家工作人员的包庇、纵容实施犯罪活动。“保护伞”不是黑社会性质组织的特征,它只是这种组织形成非法控制或者重大影响的一种途径。黑社会性质组织通过收买、威胁等方式获取国家工作人员的保护,甚至会通过其首脑成员渗透入人大、政府、政协、商会等组织,以合法形式对本组织进行保护。这种将国家权力隐蔽地转化为组织暴力的方式危害性更大,通常是发展程度高的黑社会(性质)组织采取的方式。黑社会性质组织形成控制或者重大影响的区域大小要结合实践考察,不能太小,如果仅为某一个自然村或者某一小区,不能认定符合本特征;所控制或者形成重大影响的专门性行业,既可以是非法行业,也可以是合法行业,其影响程度,不要求是完全垄断,达到严重破坏生产经营秩序,造成商户不能正常活动即可。

张甲、张乙黑社会性质组织经常在重庆市某区所辖城区、郊区、农村有组织地公开持杀猪刀、钢管等凶器故意伤害他人,导致被害人肌腱断裂、骨折等,使重庆万州当地群众安全感下降。该黑社会性质组织后期通过多种方式基本控制了当地赌博行业,无论外地人还是本地人,均不敢开设赌场与之竞争。张甲、张乙孪生兄弟“涉黑”犯罪严重破坏了当地的生产生活秩序。

上述四个特征是认定黑社会性质组织的标准,它们是不可分割的统一整体,缺少任何一个特征都不构成黑社会性质组织。当然,从上述张甲、张乙黑社会性质组织的犯罪情况看,该组织还是属于比较低端的黑社会性质组织,因为他们的经济实力还不够强大,控制的行业比较单一,控制的区域比较狭窄,还没有“保护伞”,更没有向政治领域渗透。

【讨论归纳】

当下中国,正处于社会转型期,各种社会矛盾错综复杂,导致黑社会性质组织

① [美]凯尔森:《法与国家的一般理论》,沈宗灵译,22页,北京,中国大百科全书出版社,1996。

② 陈兴良:《关于黑社会性质犯罪的理性思考》,载《法学》,2002(8)。

犯罪多发。在司法实践中，一定要严格按照黑社会性质组织的四个特征加以认定，一定要做到“不拔高、不降低、不枉、不纵”；要正确区分黑社会性质组织犯罪与一般恶势力犯罪。在黑社会性质组织犯罪中，也要正确区分组织者、领导者，积极参加者与一般参加者，根据罪责刑相适应原则准确地定罪量刑。

【实务训练】

从实务中找一件类似本主题的真实案件，根据该案的事实、既有证据及争议焦点，写一份辩护词或判决书。要求格式规范、条理清晰、层次分明、说理透彻。

【延伸阅读】

1. 梅传强，胡江．惩治黑社会性质组织犯罪的刑法立法完善．现代法学，2011 (2)

2. 梅传强，赵亮．青少年黑社会性质组织犯罪的特点与成因分析——以重庆万州区张波、张涛黑社会性质组织犯罪为视角．西南政法大学学报，2010 (1)

3. 石经海．涉黑组织犯罪若干疑难问题探析．人民检察，2011 (22)

案 74　入境发展黑社会组织罪的认定

——邓某等入境发展黑社会组织案

【问题提示】

《刑法》第 294 条第 1 款和第 2 款分别用了“黑社会性质组织”和“黑社会组织”两个不同概念，这是不是意味着我国现阶段尚没有“黑社会组织”?“黑社会性质组织”和“黑社会组织”有何不同?

【案情摘要】

被告人：邓某等 8 人，均是我国香港地区黑社会组织“新义安”成员。

2000 年 4 月初，香港黑社会组织“新义安”的“426 级”成员被告人邓某、黄某辉接受该组织的指令，为该组织的低职级成员即“49 级”的梁某、麦某、汤某、钟某等人举行升职仪式（该组织称之为“扎职”）。经二人商定，为了躲避香港警方的打击，于 4 月 14 日下午在黄某辉在深圳的暂住处举行仪式。当日晚 7 时许，以上人员经电话联络先后到达邓某预先安排好的聚会地点深圳市福田区某街道某酒楼包房。之后，邓某、黄某辉将梁某、麦某、汤某、钟某及苏某、陈某分两批先后带至某小区房间举行仪式。仪式由被告人邓某、黄某辉主持，陈某见证。仪式内容包括：邓某拿出准备好的“金花”6 朵、“红绸带”12 条、红色塑料胶棍一根等道具，在黄某辉、陈某协助下给升职的梁某、麦某、汤某、钟某等人佩戴、握住，用牙签按手表示滴血；被告人梁某等跪拜，在邓某领读下共同宣读誓词；之后，各升职人员亲笔写下自己的名字，并向黄某辉、邓某献上 6 个红包，每个红包内有港币 2 600 元。黄某辉告知梁某等人升职后组织内的个人辨别密码。仪式结束后，当 8 名成员饭后准备离开时，被公安人员人赃并获。[①]

【分歧意见】

一审法院依照《刑法》第294条第2款、第64条之规定，以入境发展黑社会组织罪分别给8名被告人判处5年～8年的有期徒刑；8名被告人均否认构成犯罪而提起上诉，二审法院除对苏某因没有直接参与此次升职活动而改判较轻刑罚外，对其他人均维持了原判。

【要点提示】

1. 黑社会组织与黑社会性质组织的异同。

2. 组织、领导、参加黑社会性质组织罪与入境发展黑社会组织罪的界分。

【问题讨论】

根据我国现行《刑法》第294条第2、3款的规定，所谓入境发展黑社会组织罪，是指境外的黑社会组织的人员到中华人民共和国境内发展组织成员的行为。又根据《关于审理黑社会性质组织犯罪的案件具体应用法律若干问题的解释》的规定，这里的"发展组织成员"，是指将境内、外人员吸收为该黑社会组织成员的行为；对黑社会组织成员进行内部调整等行为，可视为"发展组织成员"；港、澳、台黑社会组织到内地（大陆）发展组织成员的，适用《刑法》第294条第2款的规定定罪处罚。

黑社会组织与黑社会性质组织是两个不同的法律概念。根据《刑法》第294条第1款的规定，所谓黑社会性质组织是"以暴力、威胁或者其他手段，有组织地进行违法犯罪活动，称霸一方、为非作恶，欺压、残害群众，严重破坏经济、社会生活秩序的犯罪组织"。根据相关立法规定，黑社会性质组织同时具备以下四个基本特征：(1) 形成较稳定的犯罪组织，人数较多，有明确的组织者、领导者，骨干成员基本固定；(2) 有组织地通过违法犯罪活动或者其他手段获取经济利益，具有一定的经济实力，以支持该组织的活动；(3) 以暴力、威胁或者其他手段，有组织地多次进行违法犯罪活动，为非作恶，欺压、残害群众；(4) 通过实施违法犯罪活动，或者利用国家工作人员的包庇或者纵容，称霸一方，在一定区域或者行业内，形成非法控制或重大影响，严重破坏经济、社会生活秩序。据此，成熟的黑社会组织不同于黑社会性质组织的核心标志，是有表明其公开立足于主流社会的"名号"（黑帮名称）、立帮和入帮"帮规"及仪式等。祖国大陆（内地）的一些重大典型"涉黑"组织，虽然在形式上也具备成熟黑社会组织的某些特征，但在实质上因不具备成熟黑社会组织的以上核心标志而不能称为成熟的黑社会组织。一些专著、报刊所称"涂家帮"、"水房帮"、"中霸天"、"西头帮"、"新义安"、"万州帮"等，均只是外界对这些组织的特征概括，并不是它们公开立足于主流社会并代表该"涉黑"组织的"名号"，与意大利的黑手党、我国台湾地区的青竹帮等成熟黑社会组织显然不同。也正是因为这个不同，祖国大陆（内地）的"涉黑"组织只能称为黑社会性质组织。

---

① 参见 http：//www.gdcourts.gov.cn/fynj/2001/12/xs/t20040916 _ 6567.htm。

另外，祖国大陆（内地）一直坚持社会综合治理和“打早打小”的政策，并有针对性地开展“严打”和“打黑除恶”专项斗争，这使得成熟的黑社会组织难以在祖国大陆（内地）形成和发展。在立法上正视这个“不同”并把打击的起点定位为“黑社会性质组织”，不仅可以据此打击那些姑且被认为“成熟”的黑社会组织，还有利于在立法上贯彻“打早打小”的政策和把“涉黑”组织消灭在不成熟阶段，也有利于在司法上对“涉黑”组织及其“明知”进行正确认定。在现实中，虽然有我国香港、台湾地区等地成熟黑社会组织到大陆（祖国内地）发展成员和势力范围的情况，但一方面这是境外黑社会组织的输入情形，另一方面它们同样因社会综合治理等对策而难以以成熟的黑社会组织形态存在。

结合前述对黑社会性质组织的概念分析，我们认为，所谓黑社会性质组织犯罪有广义和狭义之分。广义的黑社会性质组织犯罪是指黑社会性质组织实施的犯罪行为以及与黑社会性质组织自身直接相关的犯罪。它是一种有组织的犯罪，但既不同于单位犯罪、普通犯罪集团犯罪，也不同于流氓恶势力的结伙犯罪。狭义黑社会性质组织犯罪是指组织、领导、参加以暴力、威胁或者其他手段有组织地进行违法犯罪活动，严重破坏经济和社会生活秩序，或者境外的黑社会组织人员到境内发展组织成员，或者国家机关工作人员包庇、纵容黑社会性质组织犯罪，从而依法应负刑事责任的行为。

通过以上分析，结合我国司法实践与我国刑法以及相关的立法解释、司法解释，与黑社会性质组织有关的犯罪具体包括以下几项：

1.《刑法》第 294 条第 1 款规定的组织、领导、参加黑社会性质组织罪，即组织、领导和积极参加以暴力、威胁或者其他手段，有组织地进行违法犯罪活动，称霸一方，为非作恶，欺压、残害群众，严重破坏经济、社会生活秩序的黑社会性质的组织的行为，只要行为人有组织、领导或积极参加依法可以认定为黑社会性质组织的行为，就可以认定其构成该罪。

2.《刑法》第 294 条第 2 款规定的入境发展黑社会组织罪，即境外的黑社会组织的人员到境内发展组织成员的行为。该罪的主体必须是境外的黑社会组织的人员。

3.《刑法》第 294 条第 3 款规定的包庇、纵容黑社会性质组织罪，即国家机关工作人员包庇黑社会性质组织，或者纵容黑社会性质组织进行违法犯罪活动的行为。其中的“包庇”，是指国家机关工作人员为使黑社会性质组织及其成员逃避查禁，而通风报信，隐匿、毁灭、伪造证据，阻止他人作证、检举揭发，指使他人作伪证，帮助逃匿，或者阻挠其他国家机关工作人员依法查禁等行为。其中的“纵容”，是指国家机关工作人员不依法履行职责，放纵黑社会性质组织进行违法犯罪活动的行为。

4. 黑社会性质组织中的成员实施的具体的犯罪，如抢劫罪、故意杀人罪、故意伤害罪、敲诈勒索罪等。《刑法》第 294 条第 1 款规定的组织、领导、参加黑社会性质组织罪评价的仅仅是行为人组织、领导、参加黑社会性质组织的行为，对行为人在组织中所实施的具体的犯罪则没有作出评价，这是与罪刑相适应的基本原则相违背的。对此，2000 年最高人民法院《关于审理黑社会性质组织犯罪的案件具体应用法律若干问题的解释》第 3 条规定，组织、领导、参加黑社会性质的组织又有其他犯罪行为的，依照数罪并罚的规定处罚，对于其组织者、领导者，应当按照其所组织、领导的黑社会性质组织所犯的全部罪行处罚；对于其参加者，应当按照其所参与的犯罪处罚。由此可以得出结论："涉黑"犯罪作为一个笼统的概念，也应该包括黑社会性质组织中的成员所实施的具体犯罪。

本案中，被告人作为香港黑社会组织成员，潜入内地秘密实施组织内部的升职活动，其行为符合入境发展黑社会组织罪的规定。一、二审法院以入境发展黑社会组织罪分别对各被告人定罪处刑，应当是符合法律规定的。

【讨论归纳】

黑社会组织与黑社会性质组织是两个不同的法律概念。其中，黑社会性质组织只是黑社会组织的不成熟形态，它们相区别的关键点在于是否有表明其公开立足于主流社会的"名号"（黑帮名称）、立帮和入帮"帮规"及仪式等。基于社会综合治理和"打早打小"的政策，我国大陆（内地）尚没有真正成熟的黑社会组织。

【实务训练】

从实务中找一件类似本主题的真实案件，根据该案的事实、既有证据及争议焦点，写一份辩护词或判决书。要求格式规范、条理清晰、层次分明、说理透彻。

【延伸阅读】

1. 梅传强，胡江．惩治黑社会性质组织犯罪的刑法立法完善．现代法学，2011（2）

2. 石经海．当前涉黑犯罪的特点与成因调查——以重庆11个典型案件为样本．现代法学，2011（3）

3. 石经海．杨天庆涉黑案的特点、成因与防控类似违法犯罪的对策．西南政法大学学报，2010（1）

案75 伪造行政机关下属事业单位印章的定性问题

——刘某某伪造婚姻登记专用章案

【问题提示】

行政机关下属事业单位使用的印章，是否等同于该行政机关的印章？伪造由该事业单位使用的表明行政机关特定职能的特定用途印章的行为，是认定为伪造国家机关的印章，还是认定为伪造事业单位的印章？

【案情摘要】

被告人：刘某某，男，高中文化程度，个体经营户，从事广告、印章刻制等工作。

2010年6月30日，被告人刘某某摆摊刻章时与吴某某约定，以人民币80元的价格为吴某某制作"重庆市某区民政局婚姻登记专用章"。次日，刘某某将制作好的

“重庆市某区民政局婚姻登记专用章”交给吴某某后被民警抓获，上述印章被缴获。经鉴定，缴获的“重庆市某区民政局婚姻登记专用章”与重庆市某区民政局婚姻登记处使用的“重庆市某区民政局婚姻登记专用章”不符。某区民政局婚姻登记处系某区民政局下属事业单位。

某区人民法院经审理认为，被告人刘某某伪造事业单位印章，其行为已构成伪造事业单位印章罪。

【分歧意见】

一种意见认为，某区民政局婚姻登记处是某区民政局下属的事业单位，取得了事业单位法人证书，具有独立法人资格，因此，其所使用的印章的性质与该单位的性质应同一认定，伪造婚姻登记专用章的行为，应认定为伪造事业单位印章罪。另一种意见认为，婚姻登记专用章虽然由婚姻登记处使用，但其实质上是民政局履行特定职能的专用章，伪造婚姻登记专用章，侵犯了某区民政局作为国家机关的正常管理活动和信誉，构成伪造国家机关印章罪。

【要点提示】

1. 国家机关印章与事业单位印章的区别。
2. 伪造国家机关印章罪与伪造事业单位印章罪的区别和联系。
3. 国家机关的印章与国家机关可以发生分离吗?

【问题讨论】

《刑法》第 280 条第 1 款规定了伪造、变造、买卖国家机关公文、证件、印章罪，犯本罪的，有两档法定刑：判处 3 年以下有期徒刑、拘役、管制或者剥夺政治权利；情节严重的，判处 3 年以上 10 年以下有期徒刑。第 2 款规定了伪造公司、企业、事业单位、人民团体印章罪，只有前一个量刑幅度。这种立法上的区别，既突出了刑法对行使国家管理职权的国家机关予以特别保护的立法本意，又将侵犯国家机关以外的公司、企业、事业单位、人民团体印章犯罪的范围仅限定伪造这一种行为，并限定于印章这一个对象。

任何一个单位在社会活动中，都必须使用一定的印章，这是其参与一定领域、一定方面社会活动的符号。伪造事业单位印章罪中的事业单位，没有所有制的限制，既包括国家机关举办或者其他组织利用国有资产举办的国有事业单位，也包括非国有事业单位。行政机关下属事业单位的印章，其名称中经常含有该行政机关的名称，如某区民政局婚姻登记处、某市国土房屋管理局产权交易中心等，当这些事业单位使用的冠有该行政机关名称且表明该行政机关特定职能的印章被伪造时，是以伪造事业单位印章罪还是以伪造国家机关印章罪定罪处罚？在司法实践中存在着一定的争议和认识误区。

一、印章中是否含有国家机关名称不是国家机关印章和事业单位印章的区分标准

1. 国家机关印章与事业单位印章的区别

国家机关印章，是指“国家机关刻制的以文字与图记表明主体同一性的公章或

专用章，它们是国家机关行使职权的符号和标记”[①]。国家机关印章，“包括刻有国家机关名称的公章和国家机关使用的具有特殊用途的专用章和一些具有公务用途和效力的印章”[②]。“国家机关的印章既包括表示国家机关名称的印章，也包括国家机关用以表示某种特殊用途的专用章。印章包括印形与印影。印形，是指固定了国家机关名称等内容并可以通过一定方式表示在其他物体上的图章；印影，是指印形加盖在纸张等物体上所呈现的形象。”[③]

事业单位印章，是由事业单位刻制的，代表本单位的公章以及本单位各部门所使用的专用章。[④] 它是事业单位行使管理本单位事务的职权，对外承担法律规定的权利、义务和法律后果的符号和标记。

依据上文关于国家机关印章和事业单位印章的几种论述，我们可以从以下几个方面区别国家机关印章和事业单位印章：第一，从刻制印章的主体加以区别。国家机关印章的刻制主体是该国家机关，事业单位印章的刻制主体是该事业单位。第二，从印章的名称来看，国家机关的印章一般直接表明该国家机关的名称、性质，即一般情况下我们可以直接判断该印章是否属于国家机关印章。第三，国家机关的印章具有表征该国家机关职权的特性。

2. 犯罪客体是区别伪造国家机关印章罪和伪造事业单位印章罪的本质标准

虽然伪造国家机关印章罪和伪造事业单位印章罪被规定在同一个刑法条文里，但两罪之间界限清楚。由于设立国家机关和事业单位的目的不同，刑法规定伪造国家机关印章罪和伪造事业单位印章罪所保护的客体有着明显的区别：前者是为了保护国家机关印章的公共信用，伪造国家机关印章罪侵害的客体除了国家机关的信誉和正常活动之外，还包括国家对社会的正常管理秩序，而伪造事业单位印章罪侵害的直接客体是事业单位的正常活动和声誉。

正是基于此，伪造虚构的国家机关印章或事业单位印章的行为，在是否构成相应的犯罪上存在区别。对于伪造虚构的国家机关公文、证件、印章的行为，虽然有观点认为因为客观上不存在这些国家机关，故伪造虚构的公文、证件、印章，自然谈不上侵犯它们的信誉、正常活动[⑤]，但多数意见认为，我国幅员辽阔，国家机关数量众多，一般群众难以区分某个具体地区、具体种类的国家机关是真实的还是虚构的。国家机关是一个整体概念，伪造、变造、买卖虚构的国家机关公文、证件、印章的行为会对真实的国家机关的信誉和正常活动造成侵害，使国家以及代表国家行使管理职能的国家机关在人民群众中的威信降低，甚至有可能造成国家机关的正常活动由于社会成员怀疑其真伪而受到影响的后果。[⑥] 因此，由于国家机关的设立具有体现国家整体意志的特点，刑法设立伪造、买卖国家机关公文、证件、印章罪，

---

① 张军主编：《刑法（分则）及配套规定新释新解》（下），1130页，北京，人民法院出版社，2009。

② 曾斌主编：《立案定罪量刑标准与适用》，336页，北京，法律出版社，2003。

③ 张明楷：《刑法学》，2版，801页，北京，法律出版社，2003。

④ 参见曾斌主编：《立案定罪量刑标准与适用》，338页，北京，法律出版社，2003。

⑤ 参见赵秉志主编：《扰乱公共秩序罪》，93页，北京，中国人民公安大学出版社，2003。

⑥ 参见王作富主编：《刑法分则实务研究》（下册），1384～1385页，北京，中国方正出版社，2003。

维护的是抽象意义上的国家机关的形象、声誉，而非局限于维护某具体国家机关的形象、声誉，伪造、买卖的公文、证件、印章上体现的国家机关是否真实存在，伪造、买卖行为均会对国家机关的整体形象、声誉造成严重损害。[①] 因为这些印章显示的是国家机关，伪造印章的行为客观上侵犯了国家机关印章的公共信用，故宜认定为伪造国家机关印章罪。[②] 而事业单位与国家机关在设立目的、具有的职能、运作方式、活动范围等方面都有不同，它们的影响不会像国家一样覆盖一国之内社会政治、经济、文体等各个方面，因而制作原本不存在的公司、企业、事业单位、人民团体印章的行为，不会对真实的公司、企业、事业单位、人民团体的声誉和正常活动造成危害，一般不构成伪造公司、企业、事业单位、人民团体印章罪。[③]

二、印章使用主体的性质与印章的性质不必然具有同一性

1. 行政机关印章可由下属承担社会管理职能的事业单位使用

事业单位根据其社会职能、经费来源的不同，分为行政支持类、社会公益类、经营开发服务类三种类型。行政支持类事业单位，是指依据法律、法规的授权，完全从事具体行政执法、监督检查的事业单位。社会公益类事业单位，指为实现社会公共利益和国家长远利益举办的，面向社会提供公益产品和公共服务的事业单位。经营开发服务类事业单位，是指从事生产经营、技术开发和中介服务等活动，已经或经过调整后可以通过市场配置资源的事业单位。经营开发服务类事业单位，不论其所使用的印章中是否含有所属国家机关的名称，因其不具有表征所属国家机关的职能，亦即不是所属国家机关行使社会管理职能的表现，其印章不会被认为是所属国家机关印章，如某市国税局机关招待所、某区劳动局劳动技能培训中心。行政机关将管理特定社会事务的某些职能交由下属承担社会事务管理职责的事业单位具体行使时，国家机关印章实际由该事业单位使用，即形成了国家机关与国家机关印章分离的情形。因此，不能单纯从印章的使用主体的性质推断印章的性质。

2. 婚姻登记专用章是民政局履行特定职能的符号，属于国家机关印章

国家机关为了有效履行对国家政治、经济、社会和文化等领域的各项行政事务的组织、管理、监督和指导等行政职能，制发特定用途的专用章和一些具有公务用途的印章，不论印章的直接使用主体是谁，其都代表着该国家机关对相关行政事务的管理，使用该印章产生的法律效果，都只能由该国家机关承担，而非由该事业单位承担，故这些印章同样属于国家机关印章。行政确认是国家机关管理社会事务的一项具体行政行为。所谓行政确认，是行政主体依法对相对方的法律地位、法律关系和法律事实进行甄别，给予确定、认可、证明并予以宣告的具体行政行为。[④] 登记是行政确认的表现形式之一，表现为行政主体应申请人的申请，在政府有关登记簿册中记载相对方的某种情况或事实，并依法予以正式确认的行为，例如，工商企

---

① 参见高铭暄、马克昌主编：《中国刑法解释》，1981页，北京，中国社会科学出版社，2006。

② 参见张明楷：《刑法学》，2版，801页，北京，法律出版社，2003。

③ 参见高铭暄、马克昌主编：《中国刑法解释》，1981页，北京，中国社会科学出版社，2006。

④ 参见罗豪才主编：《行政法学》，202～203页，北京，北京大学出版社，2000。

业登记、房屋产权登记、户口登记、社团登记、婚姻登记等。行政确认权只能由行政主体行使，而不可能由其下属事业单位行使。婚姻登记专用章是民政局履行婚姻登记管理职能的特定用途的印章，是民政局行使行政确认权的体现，婚姻登记处并非以自己的名义行使婚姻登记管理职能，婚姻登记处实际使用婚姻登记专用章的表象，改变不了婚姻登记专用章是国家机关印章的本质。伪造婚姻登记专用章，侵犯了民政局这一国家机关的正常管理活动和信誉，构成伪造国家机关印章罪。

国家机关的印章可能由其他主体使用，类似于本案例中体现了行政机关履行特定职能的专用章，虽然由下属事业单位使用，但该类印章与特定行政机关存在着密切的、有机的联系，对其进行伪造的行为，实质侵害了特定行政机关的正常管理活动和信誉，而非其下属事业单位的信誉，应以伪造国家机关印章罪定罪处罚。简单地、一刀切地将行政机关下属事业单位使用的印章视为该事业单位的印章，认为伪造事业单位使用的印章，当然属于伪造事业单位印章罪的意见，是简单地依使用主体区分印章的性质，具有片面性。应当以印章的使用是否是行政管理职能的表征来正确界分行政机关下属事业单位所使用的印章的性质，这也是以两者不同的犯罪客体作为区分标准的直接运用。

综上，我们认为，本案例中刘某某的行为构成伪造国家机关印章罪。

【讨论归纳】

根据印章直接使用主体是事业单位，认为伪造其所使用的所有印章都构成伪造事业单位印章罪的观点，是机械的、孤立的和片面的。应当从伪造印章直接侵犯的客体来确定是构成伪造国家机关印章罪还是构成伪造事业单位印章罪。伪造行政机关下属事业单位使用的履行该行政机关管理职能的印章的行为，侵犯了该行政机关的正常管理活动和信誉，构成伪造国家机关印章罪。

【实务训练】

1. 根据本案事实和相关法理及法律的规定，以刘某某的行为应构成伪造国家机关印章罪拟写判决书。

2. 假设本案公诉机关指控刘某某的行为构成伪造国家机关印章，请你持伪造事业单位印章罪的观点为刘某某写一份辩护词。

【延伸阅读】

罗豪才主编．行政法学．北京：北京大学出版社，2000

案 76　组织卖淫罪及其犯罪形态的认定

——王某等人组织卖淫案

【问题提示】

诱骗数名卖淫女并强迫其卖淫的行为是构成强迫卖淫罪还是构成组织卖淫罪？

在已经控制卖淫女但尚未开始实施卖淫行为的情况下，是既遂还是未遂？行为人为了迫使被害人A就范而当面强行与被害人B发生性关系，是成立《刑法》第258条第1款第4项规定的“强奸后迫使卖淫”，还是强迫卖淫罪与强奸罪数罪并罚？

【案情摘要】

被告人：王某、王某某、丙、丁。

2007年9月至10月，王某与王某某共谋，决定从某区找几个小姐到本区某镇卖淫。之后，二人一起到某镇谷草人山庄看了卖淫的场所。为此，王某在某镇租赁了房屋，并准备了藏刀和伸缩棍等凶器，并专门购买了从事运输的车辆。王某某也邀约了丙、丁参与。经共谋，同年10月20日晚，四人以找小姐做业务为名在某区先后将A、B、C三名被害人骗出后带至某镇的租赁屋内。因被害人A醉酒昏睡，王某等人先对被害人B、C采取威胁的方法逼迫二人答应留在某镇为其卖淫，并将两人的手机卡取出扔掉。21日上午，被害人A酒醒后，王某为了逼迫A就范，当着A的面强行与被害人B发生了性关系。之后，上述四人将三名被害人继续控制在该租赁屋内。22日晚，被害人A趁四人不备，从厕所翻窗户逃走，并于23日13时到公安机关报案。公安机关接警后即前往某镇将已转移至谷草人山庄的王某、丙、丁抓获，同时解救出被害人B、C。24日凌晨，王某协助公安机关将王某某抓获。

【分歧意见】

关于本案，主要对如下方面存在分歧意见：

1. 关于案件的定性，一种观点认为，四被告人通过限制人身自由、胁迫、强奸等手段强迫三名被害人卖淫，构成强迫卖淫罪；第二种观点认为，应当认定王某的行为构成组织卖淫罪，认定王某某、丙、丁的行为构成协助组织卖淫罪。

2. 关于本案犯罪状态的认定，一种观点认为，四被告人已经实际控制了被害人，即将实施卖淫，应当认定为既遂；第二种观点认为，本案中卖淫行为尚未实施，是犯罪未遂。

3. 关于本案中强奸行为的认定，一种观点认为，本案中王某强奸B，从而迫使A卖淫的行为应当单独构成强奸罪，实行数罪并罚；第二种观点认为，应对王某只定一罪，并具有加重情节。

【要点提示】

1. 组织卖淫罪与强迫卖淫罪的关系。
2. 对“强奸后迫使卖淫”的理解。
3. 组织卖淫罪与强迫卖淫罪的既遂标准。
4. 对协助组织卖淫罪中“协助”行为的理解。

【问题讨论】

一、组织卖淫罪与强迫卖淫罪的关系

《刑法》第358条第1款规定，组织他人卖淫或者强迫他人卖淫的，处5年以上10年以下有期徒刑，并处罚金；有下列情形之一的，处10年以上有期徒刑或者无期徒刑，并处罚金或者没收财产：(1) 组织他人卖淫，情节严重的；(2) 强迫不满14周岁的幼女卖淫的；(3) 强迫多人卖淫或者多次强迫他人卖淫的；(4) 强奸后迫使卖淫的；(5) 造成被强迫卖淫的人重伤、死亡或者其他严重后果的。第2款规定：有前款所列情形之一，情节特别严重的，处无期徒刑或者死刑，并处没收财产。组织卖淫罪和强迫卖淫罪被规定在同一个条文中，法定刑、加重情节完全一致。在实践中，组织卖淫与强迫卖淫往往相互依存、缠绕，如何区分这两个罪名往往引发争议。

我们认为，任何犯罪行为都必须指向一定的对象，而对于所有的行为都可以从对象的角度进行解释。关于组织卖淫和强迫卖淫这两种犯罪行为的关系，完全可以从行为对象出发加以探讨，从而获得更简洁、明了和实用的结论：(1) 根据“组织”的一般语义，构成组织卖淫罪，其对象应在三人以上。如果对象不足三人，则不可能构成组织卖淫罪，但可能构成强迫卖淫罪。(2) 立法设置强迫卖淫罪的本意在于惩罚“逼良为娼”的行为，不宜将自愿从事卖淫职业的人纳入此罪的对象范围。这并非刑法保护的“职业”歧视。此类强迫行为可以构成组织卖淫罪甚至强奸罪。(3) 尽管组织卖淫罪和强迫卖淫罪被规定在一个法条中，但是“组织”与“强迫”不是一种犯罪的两种并列的行为方式，而是两个独立罪名，所以，如果同一行为人同时“组织”他人卖淫和“强迫”他人卖淫，那么就分别构成组织卖淫罪和强迫卖淫罪，依法数罪并罚。(4) 组织卖淫罪侵犯的客体是社会风尚，强迫卖淫罪侵犯的客体是公民的人身权利、性自由权利和社会风尚。前者是单一客体，后者是复杂客体，后者的外延大于前者。如果组织他人卖淫构成组织卖淫罪，后来被组织卖淫的人打算“从良”，不愿再从事卖淫活动，行为人采取暴力、胁迫等手段逼迫其继续卖淫的行为应当构成强迫卖淫罪，与组织卖淫罪实行并罚。(5) 被害人在行为人的逼迫之下就范，渐而“自愿”卖淫，行为人又组织继续卖淫的，则只追究其强迫行为，认定为强迫卖淫罪。

本案中，王某等四人以“找小姐做业务”为名将A、B、C三人骗至事先选好的租赁屋内，采取威胁方法逼迫B、C答应留下为其卖淫。后来，王某为了逼迫A就范，当着A的面强行与B发生性关系。该四人的行为虽然是“强迫”他人卖淫，但因强迫对象A、B、C三人都愿意出来“做小姐业务”，因此不符合强迫卖淫罪的对象条件，该四人的行为应当认定为组织卖淫罪。

二、对“强奸后迫使卖淫”的理解

1. 此情节只能适用于行为构成强迫卖淫罪的场合。《刑法》第358条第1款明文规定了5种法定加重情节，“强奸后迫使卖淫”是其中之一。从表面上看，这几个情节是组织卖淫罪与强迫卖淫罪“共享”的加重情节，实际上这几个法定情节并非二罪“共享”而各有归属。其中第一项“组织他人卖淫，情节严重的”是组织卖淫罪的加重情节，而包括第四项“强奸后迫使卖淫”在内的其余几项都与“强迫”有关，因而只在相关行为构成强迫卖淫罪的情况下才适用。

2. 作为强迫卖淫罪的加重情节时，强奸与迫使卖淫的对象应为同一被害人。强奸行为是强迫卖淫的暴力手段之一，但强奸行为又与殴打等一般暴力手段有所不同。对于被害人而言，遭受强奸与被迫卖淫在结果上并无二致，行为人之所以采取强奸的手段迫使被害人卖淫，无非在于摧毁其对贞操观念的坚守，使被害人“破罐子破摔”，从而达到迫使其卖淫的目的。从常理上讲，强奸与迫使卖淫的对象应为同一被害人。如果强奸与迫使卖淫的对象是不同的人，就不能认定为《刑法》第358条第1款第（4）项规定的“强奸后迫使卖淫”，不能将强奸行为作为强迫卖淫罪的一个加重情节进行评价，而是应当认定为强奸罪。

本案中，王某为了逼迫A同意卖淫而强行与B发生性关系，因强奸的对象与迫使的对象不为同一人，所以，王某的该行为不属于《刑法》第358第1款第（4）项规定的“强奸后迫使卖淫”，不能作为组织卖淫罪的法定加重情节予以认定。虽然B从事“小姐”职业，但其性自由依然受法律保护。王某强行与之发生性行为，依法构成强奸罪。对王某应按组织卖淫罪与强奸罪数罪并罚。

三、组织卖淫罪与强迫卖淫罪的既遂标准

关于犯罪既遂的标准，主要有结果发生说、犯罪目的实现说和犯罪构成要件齐备说三种，其中犯罪构成要件齐备说是我国刑法理论中的主流观点。这些学说的共同之处在于把犯罪的既遂看作一个时间点，即认为犯罪既遂瞬间完成便永久定格，成为犯罪的“终局”形态。而实际上，从刑法所规定的危害结果出现一直到该危害结果不再继续向前扩大这个过程都是犯罪既遂。我们经常讨论的犯罪既遂标准问题实质上是刑法所规定的危害结果出现与否的问题，出现了这个结果，就是犯罪既遂；没有出现这个结果，犯罪就没有既遂。

刑法所规定的不同犯罪，其危害结果也不同。“当行为人利用的条件在客观上作用于犯罪对象，并使犯罪对象特征发生了刑法所欲防止的变化时，犯罪行为就达到了犯罪实行阶段的完成状态——犯罪结果”。前文已经提到，组织卖淫罪侵害的客体是社会风尚，那么，被组织卖淫的人员的特征发生怎样的变化才能使社会风尚受到侵害呢？我们认为，组织卖淫达到使被组织者可以向不特定客人提供性服务的程度，该罪即为既遂。通俗地说，组织卖淫的既遂标准是卖淫组织（场所）对内有管理，人员基本到位；对外可营业，公众基本知晓。认定组织卖淫罪的既遂必须考虑其社会影响，单纯以组织行为是否实行完毕作为组织卖淫罪的既遂标准是不可行的，也是不正确的。本案中，王某等人组织卖淫的犯罪行为尚未达到使被组织者可以向不特定客人提供性服务的程度，即未达到组织卖淫罪的既遂标准，应认定为犯罪未遂。

四、对协助组织卖淫罪中“协助”行为的理解

与组织卖淫罪相比，协助组织卖淫罪的法定刑明显较轻。有学者认为：“组织卖淫罪是指以招募、雇佣、强迫、引诱、容留等手段，控制多人从事卖淫活动的行为，协助组织卖淫是行为人为他人实施上述犯罪行为提供帮助的行为。”认定协助组织卖淫罪应当考虑以下几点：（1）从主体地位看，协助者只能是一般雇员。他们不是组织行为的主体，并不参与组织行为，只是以间接的方式对组织卖淫活动起到协助作用。协助者往往领取固定工资，而不参与卖淫活动的利润“分红”。（2）从工作性质

看，协助行为在表面上具有合法性。一般说来，许多组织卖淫的场所，都打着某种合法的幌子开张营业，暗地里从事肮脏的交易。与合法经营一样，这些非法场所也需要特定的职员，比如司机、迎宾员、保安、服务生等。这既是卖淫组织伪装的需要，也为组织卖淫的活动起到了协助作用。这些表面上从事合法工作的人员对其工作场所的非法性具有明确认识，但仍然自愿为组织卖淫的犯罪分子打工，其主观方面是故意，其行为依法构成协助组织卖淫罪。

本案中，丙、丁二人直接参与诱骗、运送和控制A、B、C三人的犯罪活动，属于组织卖淫的行为，而不是协助组织卖淫的行为。王某等四人的行为均构成组织卖淫罪，但根据其分工和在案件中作用的不同，王某是主犯，对王某某与丙、丁可按从犯论处。

【讨论归纳】

强迫卖淫是“逼良为娼”的行为，而组织卖淫是在自愿的基础上的组织行为，两个罪名在犯罪对象和犯罪客观方面有显著区别，在行为上也是相互独立、不兼容的。协助组织卖淫者都处于被组织者的地位，只是以间接的方式对组织卖淫活动起到协助作用，直接参与对卖淫人的诱骗、运输和控制的，应当构成组织卖淫罪。组织卖淫罪应当以达到使被组织者可以向不特定客人提供性服务的程度为既遂标准，对于已经控制卖淫女但尚未正式对外“营业”的，应按犯罪未遂处理。以强奸他人的方式胁迫第三人卖淫的，应当数罪并罚。

【实务训练】

从实务中找一件类似本主题的真实案件，根据该案的事实、既有证据及争议焦点，写一份辩护词或判决书。要求格式规范、条理清晰、层次分明、说理透彻。

【延伸阅读】

1. 鲍遂献主编．妨害风化犯罪．北京：中国人民公安大学出版社，2003
2. 刘之雄．犯罪既遂论．北京：中国人民公安大学出版社，2003
3. 陈忠林．刑法散得集．北京：法律出版社，2003
4. 侯国云．对传统犯罪既遂定义的异议．法律科学，1997（3）

案77 组织卖淫罪与协助组织卖淫罪主从犯的划分

——岳某、李某某及曾某等组织卖淫、协助组织卖淫案

【问题提示】

在立法上，协助组织卖淫行为被规定为独立于组织卖淫罪的独立罪名，从而使协助组织卖淫的行为在司法上不能认定为组织卖淫罪的从犯，可这并不意味着组织卖淫罪和协助组织卖淫罪就不可进行主、从犯的划分。

【案情摘要】

被告人：岳某，男，某顾问有限公司和某会所董事长。

2001年1月，被告人岳某承包经营某夜总会。从2001年1月至2009年6月，岳某伙同被告人李某某、曾某、贾某某、石某、杨某、刘某、徐某某、潘某、李某、罗某、周某、上官某、蒲某某、毛某、张某、戴某、高某等人，以该夜总会为依托，组织数百名妇女多次进行卖淫活动。其中，岳某负责夜总会的全面管理；李某某为行政总经理，负责管理卖淫妇女，包括每天组织卖淫妇女开会，批准卖淫妇女请假，对违反规定的卖淫妇女进行罚款；贾某某任营业副总经理，石某任楼面主管，共同协助李某某工作；曾某任执行总监，负责监管所有人员的违规情况，保管卖淫妇女向夜总会交纳的卖淫费提成和罚款；杨某、刘某、徐某某、潘某、李某、罗某、周某、上官某作为夜总会的推广经理（俗称"妈咪"）负责卖淫妇女的具体管理，包括催促卖淫妇女上班，监督卖淫妇女遵守制度，安排卖淫妇女进包房供客人挑选等。蒲某某、毛某任后区工作人员，负责接待、面试应聘的卖淫妇女。被告人张某、高某、戴某则先后担任该夜总会的保安主管，负责维持场所秩序。

【分歧意见】

由于被告人岳某负责夜总会的全面管理，对其行为构成组织卖淫罪不存异议；被告人张某、高某及戴某先后担任保安主管，负责维持场所秩序，对其行为构成协助组织卖淫罪无分歧。但是，对其余被告人行为的定性则产生了不同意见：一种意见认为被告人李某某、贾某某、石某等人均系根据分工负责卖淫活动某一方面事务，并依靠提供劳务从公司获取固定工资，或者从卖淫费提成、客人小费中获取报酬，他们不参与建章立制，在组织卖淫中根据岳某的安排在既定制度下各司其职，共同协助岳某完成组织卖淫活动，并从组织卖淫中分享利益，其行为均构成协助组织卖淫罪；另一种意见则认为，李某某、贾某某以及石某等人的行为虽然在本案中表现为根据岳某的安排分工负责卖淫活动某一方面的事务，但本质上是以各种非法手段纠集、控制、策划、指挥多人从事卖淫活动的行为，属于典型的组织卖淫行为，应当构成组织卖淫罪。

【要点提示】

1. 组织卖淫罪与协助组织卖淫罪的界限。
2. 组织卖淫罪与协助组织卖淫罪的主、从犯划分标准。
3. 组织卖淫罪与协助组织卖淫罪之"情节严重"与主、从犯之间的关系。

【问题讨论】

一、组织卖淫罪与协助组织卖淫罪的界分

根据刑法有关规定，所谓组织卖淫罪是指以招募、雇佣、强迫、引诱、容留等手段，控制他人从事卖淫活动的行为；协助组织卖淫罪是指在组织他人卖淫的共同犯罪中实施的起帮助作用的行为，如充当皮条客、保镖、管账人等。对于协助组织卖淫罪，《刑法修正案（八）》明确列举了其具体的行为方式：招募、运送人员及其他协助行为。所谓“招募”，是指雇佣、招聘、募集卖淫人员，为组织卖淫者物色性剥削对象的行为；所谓“运送”，是指提供交通工具为组织卖淫者输送卖淫人员，使其性剥削行为得以顺利实施的行为；所谓“其他协助组织卖淫行为”，是指除招募、运送人员以外的，协助、辅助组织卖淫的行为。①

协助组织卖淫行为本质上是组织卖淫行为的共犯，如果《刑法》没有将协助组织卖淫的行为规定为独立的犯罪，那么对协助组织卖淫的行为理当按照组织卖淫罪进行处理。但《刑法》既然已经将协助组织卖淫行为作为独立的犯罪，那么我们需要解决的就是如何界定组织卖淫罪与协助组织卖淫罪的边界问题。

在共同犯罪的理论中，有若干种共同犯罪人的分类方式，实行犯与帮助犯的分类便是其中之一。在组织卖淫罪与协助组织卖淫罪的界定上，唯有以此为标准才能正确区分，只有实施了组织卖淫的帮助行为，才可能构成协助组织卖淫罪，“对组织卖淫罪来说，协助组织行为只是‘起辅助作用的’从犯，只将这部分行为从组织卖淫罪中分离出来……‘起次要作用的’这部分从犯仍然还保留在组织卖淫罪中”②。对实施组织卖淫实行行为者，均应以组织卖淫罪定罪处罚。倘若不将协助组织卖淫罪限定为组织卖淫行为的帮助犯，则很可能出现两罪互相交织、不能准确界定的状态。

根据我国《刑法》的规定，协助组织卖淫罪是指“为卖淫组织招募、运送或者其他协助组织他人卖淫行为”。立法行文中的“招募”和“运送”行为方式无疑都属于非实行行为的帮助犯，即《刑法》第27条中规定的“起辅助作用的”从犯。至于带有兜底性质的“其他协助组织他人卖淫行为”的规定，从刑法理解和刑法解释上看，也应当具备与“招募”或者“运送”相同或者类似的行为性质，即组织卖淫罪的非实行行为。所以，就法律规定而言，应当以是否实施了组织卖淫的实行行为为标准区分组织卖淫罪与协助组织卖淫罪。

既然根据理论的阐释和法律的规定，协助组织卖淫罪均为组织卖淫罪的帮助行为，那么我们可以据此进一步提出在司法实践中更具可操作性的标准。我们认为，在具体案件中应以行为人是否参与卖淫者管理或者是否参与卖淫利润分配为标准，判断被告人行为的性质，即如果行为人直接或间接参与对卖淫者的管理，或者参与卖淫利润的分配的，就应当按照组织卖淫罪定罪处刑；如果行为人仅仅实施了为组织卖淫行为服务的其他行为，则应当构成协助组织卖淫罪。据此，本案被告人岳某、李某某、曾某、贾某某、石某、杨某、刘某、徐某某、潘某、李某、罗某、周某、上官某等人的行为均应构成组织卖淫罪；负责接待、面试应聘的卖淫妇女的蒲某某和毛某以及负责维持场所秩序的张某、高某、戴某的行为应构成协助组织卖淫罪。

但是，在此应予注意的问题有二：一是“内保”人员应区别对待。如果其仅仅

---

① 参见张军：《刑法修正案（八）条文及配套司法解释理解与适用》，327页，北京，人民法院出版社，2011。

② 茹士春：《论帮助行为单独定罪——以协助组织卖淫罪与组织卖淫罪的切分为例》，载《中国刑事法杂志》，2011（1）。

参与卖淫场所秩序的维护，则应当构成协助组织卖淫罪。但是，倘若其通过对卖淫者实施暴力、胁迫或者其他行为来维持卖淫活动秩序的，则应当以组织卖淫罪论处。[①] 二是单纯为组织卖淫的被告人提供合法服务的人，如清洁工、厨师等，一般可以不以犯罪论处。这类行为人即便主观上明知自己的行为是为实施组织卖淫活动提供服务，但鉴于其服务行为本身不具有非法性，从刑法的目的以及宽严相济形势政策的角度考虑，一般以不作犯罪处理为宜。

二、组织卖淫罪与协助组织卖淫罪的主、从犯划分

有学者认为"组织卖淫罪没有从犯，而协助组织卖淫罪没有主犯"，"（协助组织卖淫罪）既没有主犯，也没有从犯，甚至还没有共同犯罪"[②]，但是我们认为，这样的观点值得商榷。

理论研究中，有关共同犯罪的分类还有主犯与从犯之分。这一分类的根据是行为人在共同犯罪中地位或作用的不同。其中处于支配性地位或者对犯罪起主要作用的为主犯，反之，则为从犯。虽然我们以是否实施组织卖淫的实行行为为区分组织卖淫罪与协助组织卖淫罪的标准，但协助组织卖淫罪被《刑法》规定为独立的犯罪，因此其行为被实行行为化。况且上述二罪均属任意共同犯罪，在有数人共同实施组织卖淫罪或者协助组织卖淫罪的案件中，根据被告人在共同犯罪中的地位或作用，划分主犯与从犯是不言而喻的事实。

在法律规定上，《刑法》第101条并没有排除《刑法》总则第25～29条有关共同犯罪的规定适用于组织卖淫罪和协助组织卖淫罪，因此，贸然认为这两罪不存在共犯的结论于法无据。此外，从查处的具体案件来看，组织卖淫案件呈现出分工不断细化、管理模式日益公司化等趋势，犯罪人员的组成表现出复合金字塔式结构，所以不仅在整个组织卖淫犯罪集团中存在"组织"与"协助"之分，在行为人各自负责的领域内亦可以划分主次。

既然无论是组织卖淫罪还是协助组织卖淫罪都有共同犯罪存在的空间，那么究竟如何界定两罪中主犯与从犯之间的边界呢？我们认为，二罪中的主从划分基本可以参照[③]如下标准进行：

在组织卖淫罪中，处于犯罪组织最顶层，对组织卖淫活动各方面事务具有最终决定权或部分管理权限，或者其他积极参与组织卖淫犯罪活动，在其中发挥重要作用的被告人可认定为组织卖淫罪的主犯；其余被告人可以认定为从犯。据此，前述案例中，被告人岳某因负责夜总会全面工作、被告人李某某、贾某某、石某因负责管理卖淫妇女，曾某因负责监管所有人员违规情况而应当认定为组织卖淫罪的主犯；而杨某等负责卖淫妇女具体管理的推广部经理根据其参与时间长短、管理卖淫妇女

---

① 虽然也有学者认为，该行为应当认定为强迫卖淫罪，但是我们以为，组织卖淫罪的组织行为中包含了以强迫的方式组织卖淫，故以组织卖淫罪定性并无不妥之处。

② 郑伟：《就这样动摇了共同犯罪的根基——论组织卖淫罪与协助组织卖淫罪的怪异切分》，载《法学》，2009 (12)。

③ 之所以强调"基本可以参照"，是因为司法实践的多样化和复杂性决定了法官必须根据被告人的犯罪事实、犯罪性质、情节和对社会的危害程度，决定对被告人判处的刑罚。

多少、管理具体方式等情节认定其是否为主犯，如果具备参与时间较长、管理卖淫妇女人数较多或者管理方式本身具有违法性等情节的，也应当认定为组织卖淫罪的主犯；而其余推广部经理可以认定为从犯。

在协助组织卖淫罪中，按照分工，全面负责管理“协助”事项或者积极参加，对所“协助”事项起主要作用的被告人应认定为主犯；其余被告人可以认定为从犯。据此，前述案例中担任该夜总会保安主管的被告人张某、高某、戴某应当认定为协助组织卖淫罪的主犯。如果在其之下还有其他负责维护场所秩序的被告人，则应视具体情况认定主犯和从犯：若被告人积极参与且在其中发挥主要作用的，应认定为主犯；其余被告人应认定为从犯。

三、“情节严重”或“情节特别严重”与主、从犯之间的关系

根据《刑法》第358条的规定，组织卖淫罪有三档法定量刑幅度，协助组织卖淫罪亦有两档法定量刑幅度，因而容易发生争议的问题除了组织卖淫罪与协助组织卖淫罪的定性外，还包括行为人的行为是否属于“情节严重”。虽然我们可以列举若干构成“情节严重”或者“情节特别严重”的具体量刑情节，但却始终无法穷尽其所有情形。而在量刑问题上，尊重法官的经验是我们不能放弃的基本原则之一，所以关于这一问题的研究我们将不再着眼于具体认定问题，而是转向研究主、从犯与“情节严重”、“情节特别严重”之间的关系问题，这也是司法实践中容易发生混淆的问题。

我们认为，“情节严重”或者“情节特别严重”与主犯之间并不存在对应关系，因为行为“情节严重”或“情节特别严重”的被告人不一定就是主犯。在以下两种情况中是不存在主犯与从犯的划分的：一是组织卖淫罪与协助组织卖淫罪均系任意共同犯罪，所以在单个自然人独立实施上述两罪的情况下无法划分主犯与从犯；二是在有些案件中由于各种主、客观原因，很难或者不宜区分被告人的主、从犯地位。但无论哪种情况，在量刑中仍然应当考察犯罪行为是否属于情节严重或者情节特别严重，以确定适用的法定刑档次。此外，在能够区分主、从犯的案件中，也存在全案被告人均不具有“情节严重”或者“情节特别严重”的情况。

与此同时，产生的另一个问题是：当组织卖淫罪或协助组织卖淫罪中的主犯被认定为“情节严重”或者“情节特别严重”之时，其余被告人是否具有成立“情节严重”的可能性？我们认为，虽然司法实践中这种情况较为少见，但是并不能完全排除从犯具有“情节严重”的可能性，这正如全案被告人均不具有“情节严重”或者“情节特别严重”的情况。

由此可见，主、从犯的划分与“情节严重”或“情节特别严重”之间并没有必然的对应关系，因为前者的作用在于区分共同犯罪人之间的地位、作用，而后者的功能则在于准确选择适用于被告人的法定刑幅度。

【讨论归纳】

组织卖淫罪与协助组织卖淫罪的界限在于是否实施了组织卖淫的实行行为：若实施了组织卖淫的实行行为，构成组织卖淫罪；若仅实施了组织卖淫的帮助行为，

构成协助组织卖淫罪。组织卖淫罪和协助组织卖淫罪均存在划分主犯、从犯的空间；“情节严重”与否和主犯、从犯之间没有必然联系。

【实务训练】

1. 从实务中找一件类似本主题的真实案件，根据该案的事实、既有证据及争议焦点，写一份辩护词或判决书。要求格式规范、条理清晰、层次分明、说理透彻。

2. 找出刑法分则中本为共同犯罪中的帮助行为、预备行为，但立法特别规定为单独犯罪的情形，并分析如此规定后如何处理与总则中的共同犯罪及犯罪预备、犯罪未遂的关系。

【延伸阅读】

1. 茹士春．论帮助行为单独定罪——以协助组织卖淫罪与组织卖淫罪的切分为例．中国刑事法杂志，2011（1）

2. 郑伟．就这样动摇了共同犯罪的根基——论组织卖淫罪与协助组织卖淫罪的怪异切分．法学，2009（12）

案78 传播淫秽物品牟利罪与聚众淫乱罪的区分

——方某利用网络裸聊传播淫秽物品牟利案

【问题提示】

与多人进行一对一有偿视频裸聊，是法无明文规定的不道德行为，还是法有明文规定的犯罪行为？妇女与他人视频裸聊是否属于“传播淫秽物品”？传播淫秽物品牟利罪与聚众淫乱罪如何区分？

【案情摘要】

被告人：方某，A县无业妇女。

2006年下半年，方某受到网络真人演绎激情视频启发，萌生以裸聊赚钱之意。方某分别以不同网名注册两个QQ号，并将号码挂于QQ聊天室大厅的“E网情深”聊天室下的“E夜激情”室内，以发信息方式招揽网友进行裸聊，并订立一套收费标准。在和聊天对象谈妥裸聊价格后，方某将银行账号或支付宝账号告知对方，让其汇款，在核实对方已经付款后，根据对方要求及汇入资金的多少，通过视频提供不同的裸聊服务。从2006年11月至2007年5月，方某的裸聊对象遍及全国22个省、市、自治区，仅在电脑上查获有聊天记录的就有三百多名观众，网上银行汇款记录达千余次，获利2.4万元。后人民法院经审理，以传播淫秽物品牟利罪对方某定罪处罚。

【分歧意见】

第一种观点认为，一对一裸聊纯属具有私密性的个人行为，且在虚拟空间进行，对社会的危害性不大，故网络裸聊应由道德进行调整和规范；第二种观点认为，网络裸聊虽然败坏社会风气，但妇女的身体并非淫秽物品，妇女与他人视频裸聊并非传播淫秽物品，刑法并未明文规定裸聊为犯罪，故只需对其进行罚款、拘留等行政处罚即可；第三种观点认为，有偿网络裸聊行为属于以牟利为目的传播淫秽物品的行为，构成传播淫秽物品牟利罪；第四种观点认为，网络裸聊构成聚众淫乱罪。

【要点提示】

本案问题的解决，需着重把握如下几个问题：

1. 刑法介入网络裸聊行为的立场。

2. 将妇女与他人有偿裸聊的行为解释为“传播淫秽物品”，是否违背罪刑法定原则？

3. 传播淫秽物品牟利罪与聚众淫乱罪的区别。

4. 对如下相关法律、法规和司法解释的深入把握：《刑法》第 3 条、第 367 条、第 363 条、第 301 条，最高人民法院、最高人民检察院《关于办理利用互联网、移动通讯终端、声讯台制作、复制、出版、贩卖、传播淫秽电子信息刑事案件具体应用法律若干问题的解释》等。

【问题讨论】

随着网络技术的发展和视频聊天的迅速普及，裸聊行为悄然涌现。所谓“裸聊”，是指聊天者将自己身体的全部或部分裸露在摄像头下，通过网络视频将其声音、图像同步传给聊天对象的聊天方式。由于裸聊者在进行视频聊天时裸露了被公认不该裸露的身体私密部分，可能涉及淫秽色情行为，故对利用网络进行有偿裸聊的行为如何定性，成为理论界和司法实务界颇有争议的一个新课题。

一、刑法介入网络裸聊行为的立场

理论界、实务界对此有两种意见：其一为刑法干预不必要说，认为网络裸聊属于公民个人的隐私行为，是裸聊者行使其通信自由的一种方式，国家刑罚权无权干涉，否则就会重蹈“夫妻在家看黄碟被抓”闹剧的覆辙；其二为刑法可适度介入说，认为某些网络裸聊可能会严重损害社会公众良好的性道德观念及未成年人的身心健康，刑法可在考察行为整体有害社会风化并符合风化犯罪的行为类型后适度介入，否则，就不宜随意干预。我们赞同第二种观点，主要理由在于：

（一）法律中的自由是相对的自由

一般情况下，公民有选择以何种方式、与何人在何时何地进行通信联络的自由，而且根据一般的法律原则，法无禁止皆自由。但是，公民的自由又是有限度的，只能以不损害他人的、社会公共的或者国家的利益为限度。一旦超过该限度，就进入不自由的领域。

（二）网络裸聊可能妨害社会风化

裸聊是行使通信自由的一种方式，但当裸聊与色情、淫秽物品关联时，不仅可能损害公众正常的性道德观念，损害青少年的身心健康，而且容易成为多种犯罪的诱因。刑法在介入裸聊行为时应总体把握风化犯罪的立法机理及犯罪构成特征的内涵，对那些明显不符合风化犯罪行为类型的裸聊行为，要本着限缩刑罚功能的观念将其排除在外，比如夫妻之间、恋人之间、朋友之间私密的一对一裸聊行为，影响范围十分有限，不会损害公众对性的良好道德观念，缺乏对刑法所保护的犯罪客体的侵害性，没有动刑的必要性和正当性，可借助非刑事法律规范或道德规范进行调整。但在淫秽色情信息充斥网络的严峻形势下，与多人动态裸聊具有比静态观看淫秽图片、电影等更大的刺激性和挑逗性，更容易诱惑青少年沉溺其中，毒害其身心健康甚至促使其违法犯罪，以刑罚手段予以处罚具有现实的必要性。

二、将裸聊行为解释为“传播淫秽物品”是否违背罪刑法定原则

对此，理论界、实务界有两种观点：其一为违背说，认为该种解释系类推解释，有违罪刑法定原则。妇女的裸体不属于淫秽物品，物品是指一种无生命属性的东西，但裸聊活动中，聊天双方用有生命的身体现场表演，不是对淫秽物品的传播，因为人的身体不是物品，所以裸聊只是一种身体的展示，不属于《刑法》第 367 条及《关于办理利用互联网、移动通讯终端、声讯台制作、复制、出版、贩卖、传播淫秽电子信息刑事案件具体应用法律若干问题的解释》（以下简称《淫秽电子信息刑事案件解释》）第 9 条规定的“其他淫秽物品”，如果展示的是裸体照片或者事先录制的裸体视频，则属于“淫秽物品”范畴；按照一般理解，“传播”意指向不特定社会公众“广泛散布”，若裸聊对象具有针对性或特定性，即不属于“传播”。其二为符合说，认为裸聊视频属于《淫秽电子信息刑事案件解释》第 9 条中的“其他淫秽物品”，裸聊的过程即是动态传播淫秽物品的过程。我们认同第二种观点，具体理由如下：

（一）罪刑法定原则中的法有“明文”规定不等于法有“明确”规定

罪刑法定原则禁止类推解释，系因类推解释超出法条用语可能的含义范围，导致人们不能合理预测自己的行为性质，有损公民的行动自由。判断某行为是否属于法有明文规定，不能仅根据法条文字的字面含义进行机械的对号入座，亦不能笼统从整体直观判断行为的危害程度。而且，某种解释是否违背罪刑法定原则，并非单纯的法条用语含义问题，而是要通过权衡刑法条文的目的、行为入罪处罚的必要性、国民的预测可能性、刑法条文的协调性、解释结论与法条用语核心含义的距离远近等诸多方面得出结论。

（二）妇女与他人视频裸聊，属于传播淫秽物品

根据《刑法》第 367 条及《淫秽电子信息刑事案件解释》第 9 条之规定，淫秽物品不仅包括传统意义上具体描绘性行为或者露骨宣扬色情的诲淫性的书刊、影片、录像带、录音带、图片，也包括视频文件、音频文件、电子刊物、图片、文章、短信息等互联网、移动通讯终端电子信息和声讯台语音信息。妇女的裸体本身不是淫秽物品，但在裸聊案件中，行为人的身体经过电子信号的转换，已经变成一个个视频图像，该视频信息属于具体描绘性行为或者露骨宣扬色情的淫秽电子信息。与普通视频文件略有不同的是，裸聊视频是即时由相关技术及设备自动生成并与聊天者互动同步传输的电子信息，如当时没有固定，该视频事后就不能重现。这一特点不能成为否定裸聊视频属于淫秽电子信息的理由。

传播淫秽物品属《刑法》第363条及第364条禁止的行为。“传播”之“播”多半是指“散布”，而“传”则有“递、送、交、运、给、表达”等多种动态含义。具体到刑法规定，传播通常是指通过播放、陈列、在互联网上建立淫秽网站、网页等方式使淫秽物品让不特定或者多人感知以及通过出借、赠送等方式散布、流传淫秽物品的行为。如果大量发布个人裸照及裸体表演录像供他人免费点击、下载属于传播淫秽物品，那么有偿裸聊在程度上显然重于传播淫秽照片、录像的行为，将其解释为“传播淫秽物品”，符合“举轻以明重”的解释机理，不致使人们感觉超出预期。以一对一方式向特定的多人多次散布淫秽物品，同样会造成淫秽物品的流传及扩散，损害人们正常的性道德观念及未成年人的身心健康。

三、传播淫秽物品牟利罪与聚众淫乱罪的区别

两罪区分的关键在于对各自核心构成特征的理解。聚众淫乱罪脱胎于1979《刑法》中的流氓罪，1984年最高人民法院、最高人民检察院《关于当前办理流氓案件中具体应用法律的若干问题的解答》中对“聚众进行淫乱”解释为“聚众奸宿”，结合1997《刑法》的规定，聚众淫乱是指在首要分子的组织、纠集下，三人以上聚集在一起在现实空间中进行真实的群奸群宿活动或多次参与群奸群宿活动，参与者之间具有肉体实际接触的特点。以视频方式有偿裸聊，裸聊者之间没有真实物理空间的统一性，也缺乏真实的性行为，且每次都是一对一裸聊，既不属“聚众”，更遑论“聚众淫乱”。把视频裸聊解释为聚众淫乱，明显超出“聚众淫乱”的本义，违反罪刑法定原则。

传播淫秽物品牟利罪的核心构成特征在于：其一，主观上具有牟利目的，其二，客观上具有传播行为，其三，传播内容是淫秽物品。根据《淫秽电子信息刑事案件解释》第1条的规定，传播淫秽电影、表演、动画等视频文件20个以上；淫秽音频文件100个以上；淫秽电子刊物、图片、文章、短信息等200件以上；淫秽电子信息实际被点击数达到1万次以上；以会员制方式传播淫秽电子信息，注册会员达200人以上；利用淫秽电子信息收取广告费、会员注册费或者其他费用，违法所得1万元以上、数量或者数额虽未达前述规定标准，但分别达到其中两项以上标准一半以上，造成严重后果的，以传播淫秽物品牟利罪定罪处罚的。利用聊天室、论坛、即时通信软件、电子邮件等方式传播淫秽物品，以传播淫秽物品牟利罪定罪处罚。

本案中，方某以赚钱牟利为目的与他人一对一视频裸聊，裸聊对象遍及全国22个省、市、自治区，仅在电脑上查获有聊天记录的就有三百多名观众，涉及不特定多数人，明显超出特定个体之间的私人裸聊范围，客观上使裸聊的淫秽视频在大面积地域范围内得以传递、扩散，损害一般人的正常性道德观念，具有刑法介入的必要性。妇女的裸体表演通过摄像头转化为视频文件并同步传输给聊天对象，等同于上传淫秽视频文件，裸聊视频在性质上属于淫秽电子信息，是《刑法》第367条所指称的“其他淫秽物品”。与他人同步互动视频裸聊，属于即时播放淫秽物品。方某以牟利为目的与多人视频裸聊，客观上造成了淫秽电子信息的大范围传播，并且利用淫秽电子信息收取服务费用，实际获利2.4万元，已达到传播淫秽物品牟利罪的定罪标准。

【讨论归纳】

以牟利为目的与多人视频裸聊，具有刑法干预的必要性，其性质属于传播淫秽物品，是否构成传播淫秽物品牟利罪，以《淫秽电子信息刑事案件解释》第1条为标准进行判断。

【实务训练】

从实务中找一件类似本主题的真实案件，根据该案的事实、现有证据及争议焦点，写一份辩护词或判决书。要求格式规范、条理清晰、层次分明、说理透彻。

【延伸阅读】

1. 陈东升．浙江女子因网络裸聊被定罪量刑全国首例．法制日报，2008-04-03

2. 高巍．论“网络裸聊”的司法认定．中国刑事法杂志，2007（5）

3. 于同志．刑法热点裁判与规则适用．北京：人民法院出版社，2008

4. 王蓓露等．特别关注：网络裸聊案撤诉击中法律软肋．重庆晚报，2007-04-23

5. 王刚桥．“裸聊案”撤诉是罪刑法定的归位．新京报，2007-05-07

6. 郑华伟．从“裸聊入罪”看刑法适用之艰．检察日报，2010-04-10

7. 最高人民法院，最高人民检察院《关于办理利用互联网、移动通讯终端、声讯台制作、复制、出版、贩卖、传播淫秽电子信息刑事案件具体应用法律若干问题的解释》

案79　走私毒品罪与非法持有毒品罪的区分

——宋某某走私毒品案

【问题提示】

从现实来看，走私毒品罪的犯罪人一般都非法持有毒品，也即走私毒品的行为同时触犯走私毒品罪和非法持有毒品罪，属于想象竞合犯，按重罪即走私毒品罪定罪处罚。据此，在何种情况下需以非法持有毒品罪定罪处罚？在实务中如何区分走私毒品罪与非法持有毒品罪？

【案情摘要】

被告人：宋某某，男，农民。

2009年10月4日，被告人宋某某携带毒品从芒卡乘客车前往沧源，途经勐角乡控角水库路段时，其发现有公安干警设卡检查便下车逃窜，公安干警立即进行追捕，在水库附近的山上将宋某某抓获，从其身上查获海洛因5瓶（净重3.4克）甲基苯丙胺3包（净重59克）。

【分歧意见】

对于宋某某的行为构成何罪，有不同的观点。第一种观点认为，宋某某是吸毒人员，是在运输毒品过程中被抓获的，指控其构成走私毒品罪的证据不足，同时非法持有毒品数量较大，超过《刑法》第348条规定的数量最低标准，因此，构成非法持有毒品罪。另一种观点认为，被告人宋某某为牟取非法利益而从境外携带毒品入境，其行为已经触犯刑法的规定，已经有足够的证据证明其构成走私毒品罪，对其应认定为走私毒品罪而不是非法持有毒品罪。

【要点提示】

1. 走私毒品罪与非法持有毒品罪的区分。
2. 对吸毒人员实施毒品犯罪的定性。

【问题讨论】

本案的焦点就是被告人宋某某的行为是构成走私毒品罪还是构成非法持有毒品罪。

我们认为，本案中被告人宋某某的行为已经构成走私毒品罪。理由如下：

最高人民法院《关于适用〈全国人民代表大会常务委员会关于禁毒的决定〉的若干问题的解释》第2条规定：走私毒品，是指明知是毒品而非法将其运输、携带、邮寄进出国（边）境的行为；直接向走私人非法收购走私进口的毒品，或者在内海、领海运输、收购、贩卖毒品的，以走私毒品论处。据此，刑法理论界将走私毒品罪定义为，违反毒品管理法规和海关法规，逃避海关监管，非法运输、携带、邮寄国家禁止进出口的毒品进出国（边）境，破坏国家毒品管制的行为。

判断行为人的行为构成什么犯罪，要从犯罪构成要件来分析。而分析犯罪构成要件首先看行为人的行为所侵犯的客体，犯罪客体是指导其他犯罪构成要件的基础。关于走私毒品罪的犯罪客体在刑法理论界争议很大，我们认为，走私毒品的犯罪行为所侵犯的客体是复杂客体，即它不仅侵犯了国家对毒品的管制，也侵犯了国家对对外贸易的管制，并且，前者是主要客体。这也是走私毒品罪区别于普通走私罪的主要标志。因此，判断是否构成走私毒品罪的关键就是看行为人的行为是否侵犯了国家对毒品的管制和国家对对外贸易的管制。相对于一般的走私罪来说，判断是否构成走私毒品罪的关键是判断行为人的行为是否侵犯了国家对毒品的管制，即犯罪的对象是否是毒品。相对于贩卖毒品罪、运输毒品罪、制造毒品罪、非法持有毒品罪等其他毒品犯罪来说，判断行为人的行为是否构成走私毒品罪的关键就是看行为人的行为是否侵犯了国家对对外贸易的管制。如果行为人的行为侵犯了国家对对外贸易的管制的话，那么，行为人的行为就构成走私毒品罪而非其他毒品犯罪。

其次，从犯罪的客观要件来看，既然走私毒品罪的犯罪客体是国家对毒品的管制和国家对对外贸易的管制，则在具体的犯罪客观要件中必然体现为相应的违反国家对毒品的管制和国家对对外贸易的管制的行为。因此，从具体的犯罪行为来看，判断行为人的行为是否构成走私毒品罪就是看行为人是否同时违反了毒品管理法规和海关法规。如果行为人的行为仅仅违反了毒品管理法规而没有违反海关法规，则构成其他毒品犯罪而非走私毒品罪；如果行为人的行为仅仅违反了海关法规而没有违反毒品管理法规，即走私的物品不是毒品，则只能成立其他走私犯罪而不是走私毒品罪。因此，行为人的行为是否违反毒品管理法规和海关法规，逃避海关监管，非法运输、携带、邮寄国家禁止进出口的毒品进出国（边）境，就成为判断是否构成走私毒品罪的客观要件。

最后，从犯罪的主观要件来看，行为人在实施走私毒品罪的时候必须是出于故意，即行为人必须明知是毒品而非法运输、携带、邮寄该毒品进出境。如果行为人不知道是毒品，受他人之托，以为是其他物品而帮助其携带进出境，则携带人的行为不构成本罪，而物主的行为构成本罪。对于本罪的主观要件来说，争议较大的是走私毒品的犯罪人主观上是否要求以牟利为目的。法律上对此没有明文规定，理论界有肯定与否定两种见解。我们认为，走私毒品，通常以牟利为目的，即大多数犯罪分子都是为了牟利（获得非法利润）而走私毒品，但对于走私毒品罪的构成来说，并不要求具有牟利之目的。在个别情况下，行为人走私毒品即使主观上不具有牟利的目的，也同样构成本罪。因为，走私毒品罪的社会危害性及其危害程度，主要反映在对国家毒品管理秩序和国家对外贸易制度的侵犯、对社会风尚的毒化和对人民身心健康的危害，而并不反映在行为人主观上是否具有牟利的目的，以及牟利的目的是否实现等方面。因此，即使是为了自己吸食、注射毒品而走私毒品的（在这类情况中，行为人走私毒品并不具有牟利的目的）仍应以走私毒品罪论处。

在本案中，被查获的被告人宋某某所持有的缅甸国佤帮入境的通行卡的书证和被告人自己的供述等证据都充分证明了被告人宋某某是从缅甸国携带毒品由芒卡走私入境前往沧源途中被公安干警人赃俱获的犯罪事实。因此，被告人宋某某在明知是毒品的情况下，实施了逃避海关监管的行为，非法将毒品运输、携带进出我国边境。这不仅违反了国家对毒品管制的管理法规，也违反了国家对对外贸易制度管制的海关法规，构成走私毒品罪。

虽然被告人宋某某供述毒品是准备自己吸一点、卖一点，但是，这并不能成为免除被告人宋某某构成走私毒品罪的理由。因为走私毒品罪既侵犯了国家对毒品的管制，也侵犯了国家对对外贸易的管制，尤其是后者。只要吸毒者走私了毒品，也侵犯了国家对对外贸易的管制，便构成走私毒品罪。因此，在 2008 年 12 月 1 日《全国部分法院审理毒品犯罪案件工作座谈会纪要》中只强调吸毒者如果是在实施购买、运输、存储毒品过程中被查获的，没有证据证明其实施了以上行为的，才考虑定非法持有毒品罪，并没有将走私毒品的行为包括其中。当然，如果确实是为吸毒而走私毒品，其后续危害没有贩卖毒品的危害大，因为毕竟没有造成毒品的流通，没有造成大多数非吸毒者染上毒瘾的危险。这是国家规定严惩毒品犯罪最重要的理由，因为如果毒品流入社会导致了大范围非吸毒人员染上毒瘾，将导致社会上很多民众的身体、精神和财产遭受难以弥补的损失。但是，如果毒品仅限于吸毒者本人使用，并没有向吸毒者本人以外的人员扩散，其对社会的危害要小得多。因此，国家对于仅仅只为自己吸毒而购买、运输、存储毒品，没有打算将毒品向吸毒者本人以外的人员扩散的，就可以认定为较轻的非法持有毒品罪而不认定为较重的贩卖毒品罪等，可以考虑对吸毒者走私毒品的行为处罚相对轻一些。

在本案中，对于被告人宋某某的行为应按照《刑法》第 347 条第 2 款第 1 项的规定，以走私毒品罪定罪处罚。

【讨论归纳】

走私毒品罪与非法持有毒品罪的关键区别在于行为人走私的毒品是否完全以自己吸食为目的。如果行为人走私毒品仅仅为自己吸食，没有打算将毒品向吸毒者本人以外的人员贩卖或者扩散出去，就可以认定构成较轻的非法持有毒品罪。否则，如果行为人有贩卖或者将毒品扩散出去的打算，就应该考虑本人的行为方式来认定相应的罪名。

【实务训练】

从实务中找一件类似本主题的真实案件，根据该案的事实、既有证据及争议焦点，写一份辩护词或判决书。要求格式规范、条理清晰、层次分明、说理透彻。

【延伸阅读】

1. 彭凤莲主编．毒品犯罪专题整理．北京：中国人民公安大学出版社，2007

2. 梅传强，胡江，赵亮．走私、贩卖、运输、制造毒品罪立案追诉标准与司法认定实务．北京：中国人民公安大学出版社，2010

3. 李世清．毒品犯罪刑罚问题研究．北京：中国检察出版社，2011

4. 高巍．贩卖毒品罪研究．北京：中国人民公安大学出版社，2007

5. 熊选国，任卫华主编．刑法罪名适用指南：走私贩卖运输制造毒品罪．北京：中国人民公安大学出版社，2007

6. 最高人民法院《关于审理毒品案件定罪量刑标准有关问题的解释》

7. 2008 年 12 月 1 日最高人民法院《全国部分法院审理毒品犯罪案件工作座谈会纪要》

案 80　聚众赌博与开设赌场的区分

——王某某等人开设赌场案

【问题提示】

行为人既提供场所又参与赌博应定性为赌博还是开设赌场？

【案情摘要】

被告人：王某某、陈某、张某、陈某某、汪某某。

2007 年年底至 2008 年 6 月，被告人王某某、陈某、张某、陈某某、汪某某共谋后，在重庆市某物流发展有限公司生活服务区内共同出资开设“豹子馆”进行赌博，自股东中指定一人代表股东坐庄以打“豹子”的方式吸引过往运输车辆的驾驶人员赌博，并采取股东内部换人“坐庄”或提前结束赌博等方式规避赌博风险获取非法利益，前后共计非法获利约人民币两百万元，由王某某、陈某、张某、陈某某、汪某某共同分赃。

【分歧意见】

对于王某某等人的行为如何定性有两种意见：一种意见认为王某某等人的行为属开设赌场的行为，应当按开设赌场罪进行处罚；另一种意见认为王某某等人的行为仅属聚众赌博的行为，依法应当按赌博罪进行处罚。

【要点提示】

分歧意见的争议焦点在于如何区别聚众赌博与开设赌场。通常而言聚众赌博是指组织、纠集多人进行赌博的行为；开设赌场就是指为赌博提供场所、设定赌博方式，提供赌具、筹码、资金等组织赌博的行为，对此二者的区别尚没有法律的明确规定，因此常常给司法实务带来困扰。

【问题讨论】

开设赌场罪是2006年6月29日公布实施的《刑法修正案（六）》从《刑法》第303条赌博罪中分离出来的新罪名，在此之前开设赌场与聚众赌博统一按赌博罪处理，修改后的赌博罪只包括聚众赌博和以赌博为业两种行为。最高人民法院、最高人民检察院《关于执行〈中华人民共和国刑法〉确定罪名的补充规定（三）》进一步明确了开设赌场行为是区别于赌博罪的独立犯罪，也即开设赌场罪，并根据情节是否严重设置“三年以下有期徒刑、拘役或者管制”和“三年以上十年以下有期徒刑”两个量刑幅度。开设赌场的犯罪行为社会危害性相对较大，因此，单独设罪并且提高量刑幅度，使罪名设置更科学，同时也体现了罪刑相适应的原则。

开设赌场是指为赌博提供场所、设定赌博方式、提供赌具、筹码、资金等组织赌博的行为。聚众赌博是指组织、招引多人进行赌博的行为。虽然法律对聚众赌博犯罪行为进行了较为明确的规定[①]，但在开设赌场中含有多人聚众赌博的情形，所以聚众赌博行为与开设赌场行为就有可能重合，如何区分和界定赌博罪中的聚众赌博行为与开设赌场行为没有明确的法律规定，因此在处理个别案件时，理论界与实务界常常存在较大争议。统一如何区分开设赌场和聚众赌博的认识具有理论和现实的指导意义。具体来讲，区分二者主要应综合考虑以下几个方面的因素：一是，赌场由谁所有、受谁控制。开设赌场较聚众赌博更具有组织性，赌场在经营者的管理、控制之下人员分工明确、职责分明，并且设定赌博方式，提供赌具、赌博资金，其经营模式基本固定，基于开设赌场的需要，对参赌人员有一定的服务项目和内容。开设赌场的经营者一般不参与赌博，有的甚至指使手下去管理，自己在幕后指挥、协调。聚众赌博是由赌头临时召集，不存在对赌场的管理和控制。二是，赌博场所是否相对固定。一般而言，开设赌场犯罪中赌博场所相对固定，除网络赌博外一般

① 2005年5月11日最高人民法院、最高人民检察院《关于办理赌博刑事案件具体应用法律若干问题的解释》第1条规定，以下4种情况属于《刑法》第303条规定的“聚众赌博”：组织3人以上赌博，抽头渔利数额累计达到5 000元以上的；组织3人以上赌博，赌资数额累计达到5万元以上的；组织3人以上赌博，参赌人数累计达到20人以上的；组织中华人民共和国公民10人以上赴境外赌博，从中收取回扣、介绍费的。

都有具体的相对独立的空间，并在一定范围内为不特定多数人知晓；而聚众赌博场所相对具有随意性。但是，开设赌场的行为人为逃避打击往往会变动赌场的地点，特别是当赌场不是设在营业性的棋牌室或其他营业性场所时也应认定为赌场。三是，赌场是否具有持续性。开设赌场犯罪中赌场开设时间较稳定，在一定的时间内连续、不间断地为赌博人员开放，开放时间有一定的规律性，只要在其开设时间内赌博人员来到赌场均能进行赌博活动。聚众赌博的作案时间一般不固定，赌头组织人员到齐后就开始赌博，赌博结束后，下一次赌博又须再次组织。四是，参赌人员是否相对固定。开设赌场的服务对象是不特定的参赌人，愿意参赌的人员均可参与赌博，赌场可以自动吸引他人前来赌博，而不需要特意组织。赌场在经营过程中基于安全考虑，要求参赌人员必须经赌客介绍或熟人带路并不与赌场吸引不特定人员参赌的特征相矛盾，相反；更体现了经营者对赌场的管理和控制。聚众赌博的规模一般较小，赌头通常利用自己的人际关系在小范围内组织他人参赌，聚众赌博行为中成员相对固定。五是，赌博方式由谁设定。开设赌场犯罪中赌博方式由经营者事先设定，到场参赌人员只需接受或选择，而且赌博方式通常具有可由多人同时进行赌博的特点。聚众赌博中赌博的方式由参赌人员合意决定，可以各种不同的方式进行赌博，赌博方式具有随机性，全部人员包括赌头均参与赌博。六是，"庄家"由谁担任。聚众赌博犯罪中各参赌人都可以"坐庄"，"庄家"系临时议定，而开设赌场犯罪中"庄家"一般由经营者担任或由经营者指定或根据赌场预设的规则产生。

具体到本案而言，虽然王某某等人开设的"豹子馆"不抽头、不收取参赌服务费，仅以赌博输赢作为营利手段，貌似聚众赌博行为，但综合考虑该"豹子馆"开设时间长达半年、地点固定并由王某某等人提供赌具、吸引的参赌人员为不特定多数的过往驾驶员、赌博方式由王某某等人固定为"打豹子"、固定"坐庄"并采取内部换人或提前结束赌博时间等方式规避赌场赌资的损失以非公平地获取非法经济利益等情节，可以确认王某某等人对该"豹子馆"有着绝对的控制权，其获取经济利益的本质来源并非赌博过程中的随机偶然所得，而是基于该"豹子馆"本身吸引不特定多数人参与赌博而滋生的利益，换言之，并非系因王某某等人运气好而营利，其获取的实质上是其控制的"豹子馆"存在所产生的利益[①]，本案无疑应当按开设赌场罪进行处罚，且属法律规定的情节严重之情形[②]，依法应当在 3 年至 10 年有期徒刑内量刑。根据本案的社会危害性，如果认定为聚众赌博行为，按赌博罪进行处罚，既有违完全评价犯罪行为的定罪原则，也不利于打击犯罪，违反罪刑相适应的处罚原则，进而违背《刑法》设定开设赌场罪的立法本意。

【讨论归纳】

区分、判断聚众赌博和开设赌场行为应当综合参考场所、存续时间、赌博方式、

---

① 开设赌场罪并不要求以营利为目的，但通常均表现为获取非法利益，故获取利益的方式也是区分开设赌场和聚众赌博的参考因素之一。

② 除网络赌博犯罪中规定有情节严重外，现行法律未具体明确开设赌场犯罪情节严重的情形，在司法实践中主要结合赌场存续时间长短、社会影响、非法获利大小等因素予以综合判断。

赌具、“坐庄”、获利方式等因素，但这些因素并非直接判断标准。《刑法》另设开设赌场罪是因为开设赌场的社会危害性大，有加大打击力度的必要. 如果机械地套用上述条件认定开设赌场之行为，必然会出现许多“疑似开设赌场”，让开设赌场之犯罪行为被错误认定为聚众赌博犯罪行为，从而放纵了犯罪，违背了立法的初衷。

【实务训练】

可以本案为素材拟定判决书一份，内容重点放在对案件定性的辨法析理，进一步地巩固对开设赌场犯罪和聚众赌博犯罪的区别的认识。

【延伸阅读】

1. 最高人民法院，最高人民检察院《关于办理赌博刑事案件具体应用法律若干问题的解释》

2. 最高人民法院、最高人民检察院、公安部《关于办理网络赌博犯罪案件适用法律若干问题的意见》

3. 张明楷．刑法学．3版．北京：法律出版社，2007

第十一章　贪污贿赂渎职犯罪

为利于调配资源和协调侦查力量，实践中存在把贪污贿赂渎职犯罪的侦查部门，合并为统一的职务犯罪侦查部门的趋势。但并不能由此把贪污贿赂渎职犯罪与职务犯罪简单等同。严格来说，凡是在履行职务过程中所构成的犯罪都是职务犯罪。但我们通常所称职务犯罪，是指国家工作人员职务犯罪，即国家工作人员利用职务上的便利，进行非法活动，或者滥用职权，或者对工作严重不负责任，不履行或不正确履行职责，破坏国家对职务行为的管理活动，致使国家和人民利益遭受重大损失，依照刑法应受到刑罚处罚的犯罪行为的总称。现行刑法规定的职务犯罪，可划分为三大类：现行《刑法》第八章规定的贪污贿赂犯罪，包括 13 个罪名；现行《刑法》第九章规定的渎职罪，包括 38 个罪名；现行《刑法》第三、四、五章中国家工作人员利用职务上的便利实施的犯罪，大致有 6 个罪名，即刑讯逼供罪（第 247 条），暴力取证罪（第 247 条），虐待被监管人罪（第 248 条），私放在押人员罪（第 400 条第 1 款），失职致使在押人员脱逃罪（第 400 条第 2 款）和徇私舞弊减刑、假释、暂予监外执行罪（第 401 条）。综上，贪污贿赂渎职犯罪只是我们通常所称职务犯罪的部分内容（绝大部分）。

案 81　受贿案中劳务行为与“挂名”领取薪酬行为的界分

——李某、林某涉嫌共同受贿案

【问题提示】

具有权钱交易关系的国家工作人员与商人之间的一切经济关系是否皆为权力“寻租”、行贿受贿的关系？合法的劳务行为与“挂名”领取薪酬的受贿行为如何区分？对合法的劳务行为与“挂名”领取薪酬相混同的问题如何定性？

【案情摘要】

被告人：李某，某市文体局原局长、党组书记；方某，从事文化产业的商人。

李某与方某在工作中结识，互有交往。2007年6月，方某的侄女秦某从某大学汉语言文化学院毕业，决定报考该市文体局下属一事业单位。方某遂请李某帮忙解决其侄女工作一事，李某说等进了面试再说。后秦某凭借自己的实力入围面试，方某再次找到李某。李某于是找到文体局下属事业单位负责招考工作的孙某，交代其在面试环节关照秦某。后秦某在面试环节取得优异成绩，最终被聘为该事业单位的正式工作人员。为感谢李某的关照，方某在一次饭局后送给李某"感谢费"1万元和两瓶茅台酒。2008年6月，李某的妻子林某从单位退休，在家无事做，经常和李某闹别扭。李某就找方某商量，让林某出去做点事，自己好图个清静。9月的一天，众人一起吃饭时，方某提出其公司将要拍摄一部电视剧，目前正处于前期筹备阶段，想聘请林某为其公司看剧本，李某对此表示赞同。林某说在家闲着也不是个事，确实想找点事，做充实一下，便答应了。从2008年10月至2009年9月，方某每个月向林某支付1万元的薪酬，共计支付了12万元。

【分歧意见】

关于该12万元应如何定性，主要存在如下几种代表性意见：

第一种意见认为，该12万元属于林某合法的劳务收入，李某在侦查阶段的笔录也证实林某确实看过剧本。

第二种意见认为，该12万元属于《关于办理受贿刑事案件适用法律若干问题的意见》第6条所规定的"挂名"领取薪酬问题。方某在侦查阶段的笔录证实林某不具备看剧本所需的专业知识和文学素养，让林某看剧本只是个借口，送钱给李某夫妇才是目的。因此，林某既无能力，实际上也没有提供真实劳务。由此，李某与林某就该笔12万元的指控成立受贿罪共犯。

第三种意见认为，本案中存在真实劳务行为与权力"寻租"混同的情况，该12万元中的合理部分属于林某所提供的劳务的对价，超出部分属于李某与林某的受贿所得。

【要点提示】

1. 控方现有证据能否证明林某没有付出过真实劳务？有无调取新证据的必要？

2. 如果林某存在真实的劳务行为，其劳务行为的客观价值如何评判？

3. 如果方某支付的薪酬超过了林某的劳务价值，且达到5 000元以上，李某与林某是否成立受贿罪共犯？

【问题讨论】

我们认为，李某与林某是否就该12万元指控成立受贿罪共犯，不能一概而论，下文将一一解析：

一、林某是否付出过真实劳务

控方认为，林某没有看过剧本，更没有提出修改意见，收取该12万元纯属以劳务为名行受贿之实。据控方证据，李某侦查阶段笔录的原话是林某“根本不具备看剧本的相关专业知识和文学素养”，方某侦查阶段笔录的原话是林某“不具备看剧本所需要的专业知识和文学素养”，林某笔录的原话是自己“不具备相关的专业知识，也不具备相关的文学素养”。我们认为，不同的人在不同的时间和不同的地点所作出的关键供述不仅实质意思一致，并且在语词使用和话语表述上高度一致，应当认为已经超出了合理限度，因此，上述笔录相应部分的合法性与真实性不能成立，不应被采信作为定案证据。并且，李某在另一份笔录中曾提及林某确实看了剧本的，具体细节未涉及。这表明，在林某究竟是否看过剧本的问题上，控方证据亦存在矛盾。庭审过程中，林某述及，在侦查阶段，侦查人员曾告诉她，通过对她所使用的电脑进行数据复原，侦查人员找到了方某曾通过网络分多次传送给她的剧本电子版。我们认为，这一说法应当引起合议庭的高度重视，合议庭应当依职权进行调查核实，如果属实，这一事实在证明方向上更能佐证林某存在真实的劳务行为。庭审过程中，林某还述及自己曾多次口头向方某提出修改建议，并列举了若干建议的具体内容。我们认为，合议庭应当依职权调取剧本，以查证剧本内容与林某当庭重述的修改建议是否基本一致，如果基本相符，从常理看，林某是很难凭空杜撰的。综上，只要上述两个问题能够得到确认，应当认定林某看过剧本，提出过修改建议，付出过真实劳务。

二、林某劳务行为的客观价值如何评判

如果林某存在真实的劳务行为，那么，其劳务行为的客观价值如何评判？在这个问题上，不能将林某没有提供具有专业水平的劳务等同于其没有提供任何劳务。我们认为，即便林某不具备看剧本所需的专业知识和文学素养，但并不能否定其不能从一个普通观众的角度提一些一般性的修改建议。确定该12万元的性质，关键之一是看林某究竟有没有付出劳务，而不是付出了什么品质的劳务。任何剧本，无论多么深邃，最终要面对普通大众，要为受众所接受，否则就没有生命力和市场，这是拍电视剧的终极目的。人与人之间的劳动品质、含金量固然是不同的，但是，只要是真实付出的劳动，都是应当得到同等尊重的。

在本案中，李某与方某之间存在权钱交易关系（方某因李某帮其侄女秦某解决工作一事事后送了财物），但不等于具有权钱交易关系的国家工作人员与他人之间的一切经济关系皆为权力“寻租”、行贿受贿的关系，认定是否存在受贿事实，关键在于遵循罪刑法定原则，严格以犯罪构成为基准，具体问题具体分析。如果林某确实看过剧本并提出了修改建议，表明其付出了真实劳务。在此情况下，控方也并非无回旋余地。如果方某实际支付的薪酬超过了林某的劳务价值，且超出部分的数额达到5 000元以上，仍然存在探讨李、林二人是否就超出部分成立受贿罪共犯的空间。当然，实际薪酬是否超出劳务价值且超出部分数额较大的证明责任无疑归于作为控方的检察机关。检察机关可以通过补充侦查，抑或审判机关可以依职权调查，林某从一个普通观众角度看剧本所付出劳务的客观市场价值。如果能够确定同时期该类型劳务的一般市场价值，则存在指控余地；如果难以查明，则根据存疑有利被告原则，应当推定该笔指控均属于林某的合法劳务所得。

三、如果实际薪酬超过劳务价值且超出部分数额较大，如何解决罪与非罪、单独犯与共犯的问题

兹如前述，如果司法机关经调查得出方某向林某实际支付的薪酬超过了同类劳务的市场价值且超出部分数额较大，也不能当然得出李某与林某构成受贿罪共犯的指控成立。在本案中，仅李某具有国家工作人员身份，如果林某要成立受贿罪，需借助李某的身份与其一并构成受贿罪共犯，林某断然无法独立构成受贿罪。故此，就超出部分而论，仅存在李某构成受贿罪单独犯与李某、林某构成受贿罪共犯两种可能。可见，应将李某作为分析的逻辑起点。

《刑法》第385条第1款规定："国家工作人员利用职务上的便利，索取他人财物的，或者非法收受他人财物，为他人谋取利益的，是受贿罪。"根据该条规定，受贿包括主动索贿和被动收贿两种情形。在主动索贿的情况下，行为人只要实施了索取他人财物的行为，就足以构成受贿罪。刑法理论将此类行为人仅实施了一种危害行为就构成犯罪的形态谓为单一行为犯罪。除了主动索贿外，单一行为犯罪还包括盗窃罪、故意伤害罪等。而在被动收贿的情况下，行为人要同时实施"非法收受他人财物"与"为他人谋取利益"两种行为，方能成立受贿罪。刑法理论将行为人需实施两种以上危害行为才构成犯罪的形态谓为复合行为犯罪。除了被动收贿外，复合行为犯罪还包括抢劫罪、绑架罪等。需要阐明的是，所谓"利用职务上的便利"只是一种行为实施之际的附随身份状态，并不成为一个独立的危害行为。在主动索贿和被动收贿两种情形下，受贿罪之客观危害行为的表现是不同的，因此，本罪既不是单一行为犯罪，亦不是复合行为犯罪，而体现为"单一行为犯＋复合行为犯"的复杂形态。

无论受贿案件多么繁复，就每一笔受贿指控而言，其或者是主动索贿，或者是被动收贿，也即或者是单一行为犯，或者是复合行为犯。结合本案，李某向方某提出帮其妻林某找点事做是事出有因的，即林某有事可做就可以避免闲在家里与自己闹别扭，可见，李某此举并不属于索贿。如果方某实际所支付的薪酬超过林某的劳务价值且超出部分数额较大，站在李某一方，至多属于被动收贿。如前所述，在被动收贿（即受贿罪体现为复合行为犯）的情况下，就必须证明李某就"非法收受他人财物"和"为他人谋取利益"两个要件，既有主观故意，又有客观行为。就"非法收受他人财物"要件而言，毫无疑问，李某与林某属夫妻关系，林某为方某打工一事系李某的主意，得到了林某的认可，如果林某收到超出实际劳务价值的"薪酬"，应视为李某也收到了该笔财物。但是，"收受"不等于"非法收受"，后者才是受贿罪的构成要素之一。要证明李某的收受行为属于非法收受，则必须切换视角，从客观方面回归到主观方面。由于李某在这一事件中的初衷并非索贿或收贿，所以，其要具备非法收受的主观罪过，就必须是明知方某多给了"薪酬"，至少要知晓存在这种可能。因为，根据《刑法》第14条之规定，故意犯罪的主观罪过包括认识因素和控制因素两个层面，其中，认识因素包括对行为自然属性和社会属性的双重认知。从常识和经验的角度看，如果方某实际支付的薪酬超出林某所提供劳务的市场价值的一倍以上，应推定李某具备明知。之所以将一倍作为标准而不是单纯考察是否仅仅超出，乃是因为一项劳务的市场价值一般存在一个幅度，同时还应适当考虑合理

的人情因素。如果超出一倍以上，应认为超越了合理限度，超出部分应全部认定为非法收受。考虑到此前李某与方某之间已存在权钱交易，李某显然知道方某此举隐含着感谢自己曾经帮忙或者将来需要自己继续帮忙的深意，则李某构成受贿罪单独犯。在此基础上，林某是否与其夫李某构成受贿罪共犯，则需要重复前文对认识因素的考察，此外还要考察林某是否了解之前方某与李某的权钱交易事实，理由不再展开。

【讨论归纳】

根据刑事诉讼法，有罪认定的证明标准是事实清楚，证据确实、充分。因此，不仅要审查检察机关的公诉证据之间是否存在矛盾、是否排除了合理怀疑，还要对被告人及其辩护人提出的无罪、罪轻理由进行审查，必要时应调取新的证据。国家工作人员与他人之间存在权钱交易关系，并不等于他们相互间的一切经济关系皆为权力“寻租”、行贿受贿的关系，认定是否存在受贿事实，关键在于遵循罪刑法定原则，严格以犯罪构成为基准，具体问题具体分析。受贿罪在主动索贿的情况下是单一行为犯，在被动收贿的情况下是复合行为犯，在认定每一笔指控能否成立时，应当“对号入座”、区别对待。在认定受贿罪时，应坚持主客观相一致原则，不仅要看行为人是否实际索要或收受了财物，还要考察其主观上是否具有罪过，特别是是否具备认知因素。

【实务训练】

1. 请根据本案的事实、既有证据、还可能调取的新证据及争议焦点，写一份辩护词。要求格式规范、条理清晰、层次分明、有理有据、入情入理。

2. 请根据本案的事实、既有证据、还可能调取的新证据及争议焦点，写一份判决书。要求格式规范、条理清晰、层次分明、说理透彻。

【延伸阅读】

1. 2003年11月13日最高人民法院《全国法院审理经济犯罪案件工作座谈会纪要》

2. 2007年7月8日最高人民法院、最高人民检察院《关于办理受贿刑事案件适用法律若干问题的意见》

3. 2008年11月20日最高人民法院、最高人民检察院《关于办理商业贿赂刑事案件适用法律若干问题的意见》

案82 利用影响力受贿与斡旋受贿的区分

——廖某某利用影响力受贿案

【问题提示】

利用影响力受贿罪的主体是否可以是国家工作人员？利用影响力受贿罪与斡旋

受贿构成的受贿罪的区别是什么?

【案情摘要】

被告人：廖某某，男，广西某自治县国土局局长。

2010年10月，广西某自治县的个体老板汪某某等人出资在该县某乡进行多金属矿探矿，他们商定由被告人廖某某组织有关资料并负责办理该矿探矿权的权证，被告人廖某某为此提供了咨询，组织、整理相关报批材料。廖某某找到自己在广西壮族自治区国土资源厅的同学王某某、校友张某，要求为汪某某办理探矿权证。尽管汪某某等人也符合发放探矿权证条件，但受指标所限，只能在符合条件的申请人中按申请的先后顺序颁发，如按顺序，汪某某不能获得探矿权证。在王某某、张某的努力下，广西壮族自治区国土资源厅向汪某某发放了探矿权证。

2010年11月上旬，经廖某某建议和审批，汪某某等人将该处的探矿权办理到“广西某自治县泰鑫矿业有限公司”名下。汪某某为感谢被告人廖某某上述帮助，给了廖某某该矿5%的股份。2010年11月下旬，经廖某某审批，“广西某自治县泰鑫矿业有限公司”顺利转让给郑州老板闫某某后，汪某某给了被告人廖某某人民币17万元（占转让股份的5%）。经查，廖某某此两次审批行为符合法律、法规的规定，只是其审批速度快于正常办理程序。

行贿人汪某某供称，主要是因为廖某某为其办得了探矿权证，才给其5%的股份。

【分歧意见】

第一种观点认为，廖某某构成利用影响力受贿罪，因其收受的5%股份是汪某某因廖某某为其办到探矿权证而给的感谢，与廖某某后来的审批行为无关，后来的审批行为是廖某某在正常工作中履行职务的行为，这从行贿人汪某某供述的廖某某帮助汪某某将公司转给郑州老板闫某某后汪某某未另给好处可以证实。尽管廖某某是国家工作人员，但并非因其国家工作人员身份对广西壮族自治区国土资源厅同学王某某、校友张某产生了影响，而是利用与二人是同学、校友的密切关系人身份，符合利用影响力受贿罪的要件。第二种观点认为，廖某某的行为构成受贿罪。廖某某在为汪某某办探矿权证上尽管不是利用自己直接职务之便，但其利用了自己职务形成的便利条件，通过其他国家工作人员为请托人汪某某违反法定程序牟了利，按相关司法解释属于不正当利益，属于斡旋受贿；其后来利用职务之便为汪某某将探矿权办理到“广西某自治县泰鑫矿业有限公司”名下和顺利转让给郑州老板闫某某，是直接利用了职务之便为他人牟利，并收受了贿赂，符合受贿罪的构成要件。该观点认为，利用影响力受贿罪只能由非国家工作人员构成。第三种观点认为廖某某构成利用影响力受贿罪和受贿罪数罪，表面上廖某某总共只收受了17万元，但这17万元既有对廖某某托同学、校友关系办到探矿权证的感谢，也有对廖某某将探矿权证办到“广西某自治县泰鑫矿业有限公司”名下的感谢，故既构成利用影响力受贿罪，也构成受贿罪，应对廖某某数罪并罚。

【要点提示】

1. 利用影响力受贿罪可否由国家工作人员构成?

2. 利用影响力受贿罪与斡旋受贿构成的受贿罪的异同。

3. 当行为人一次接受的贿赂既有对其利用与国家工作人员的密切关系办成事的感谢，又有对其利用职务之便办成事的感谢时，构成一罪还是数罪？如构成一罪，该如何确定其罪名?

【问题讨论】

一、利用影响力受贿罪可否由国家工作人员构成

对此问题有两种截然不同的观点：第一种观点认为利用影响力受贿罪只能由非国家工作人员构成[①]，第二种观点认为该罪可以由国家工作人员构成。[②] 我们赞同第二种观点，认为利用影响力受贿罪可以由国家工作人员构成，理由在于：一是法律并未规定国家工作人员不能构成此罪，二是不承认国家工作人员也可构成利用影响力受贿罪与客观现实不符，如有的权重官员的配偶属于国家工作人员，但其并无实权或可利用的权力，权重官员的配偶打着该官员的名义或以该官员对其他国家工作人员的影响力让其他国家工作人员办事后收贿，而该官员对此并不知情，此时对权重官员的配偶定受贿（斡旋）罪不合理。

二、利用影响力受贿罪与斡旋受贿构成的受贿罪的联系和区别

如认为利用影响力受贿罪的主体只能是非国家工作人员，则二者的区别显而易见，但我们认为前者可以由国家工作人员构成，当行为人是国家工作人员时二罪易混淆。二者相同之处是：均为请托人谋得不正当利益才能构成犯罪，均要通过其他国家工作人员为请托人谋利益，行为人均有受贿或索贿行为，均要数额较大或者有其他较重情节的才构成犯罪。

二者的区别在于：一是二者侵犯的客体不同，前者扰乱了国家工作人员的正常职务活动，后者侵犯了国家工作人员职务行为的廉洁性。二是立法意图不同，前者是为了规制、处罚国家工作人员的身边人，后者是为了规制、处罚国家工作人员本人。三是犯罪主体不同，前者的犯罪主体一般是非国家工作人员，后者的犯罪主体只能是国家工作人员。

司法认定上的区别：一是看办事的国家工作人员基于何动机、目的为行为人介绍的请托人谋利，如基于行为人国家工作人员的职权影响则构成（斡旋）受贿罪，反之则构成利用影响力受贿罪；在利用影响力受贿罪中，国家工作人员之所以要为请托人办事，是基于亲情、人情等伦理上关系，或基于行为人的配偶、情人、共同利益关系人的职务威慑力，或基于报答行为人离职前利用职务之便为其谋了利。依

---

① 参见王荣利：《反腐新罪名不会成为贪官的“免罪符”：刑法学家赵秉志详解〈刑法修正案（七）〉反腐新罪名》，载《法制日报》，2009-04-02，周末版。

② 参见张开骏：《利用影响力受贿罪的本质与构成特征》，载《重庆科技学院学报》（社会科学版），2010(13)。

此衡量廖某某一案，广西壮族自治区国土资源厅的王某某、张某之所以帮廖某某办得汪某某的探矿权证，并非因廖某某是国家工作人员，而是基于与廖某某是同学、校友关系，基于同学之情而办事，故廖某某不属于斡旋受贿。二是看行为人利用的何种影响力。利用影响力受贿罪的斡旋或间接性的依据是行为人具有的与国家工作人员“关系密切”的身份，斡旋受贿的依据是行为人本人具有国家工作人员的身份。本案廖某某利用的影响力显然是其与王某某、张某系同学、校友关系而自身的国家工作人员身份。三是依社会一般人观念衡量，是行为人本人的职权影响办事的国家工作人员，还是因其与办事的国家工作人员的亲情、人情等影响办事的国家工作人员，或是行为人的配偶、情人、共同利益关系人（国家工作人员）的职权影响办事的国家工作人员。如为前者则构成受贿罪，如为后二者则构成利用影响力受贿罪。

三、既有利用关系又有利用自己职务之便的受贿行为的定性

当行为人一次接受的贿赂款既有对其利用与国家工作人员的密切关系办成事的感谢，又有对其利用职务之便办成事的感谢时，构成一罪还是数罪？如构成一罪，如何确定罪名？

廖某某后来利用职务之便为汪某某将探矿权办理到“广西某自治县泰鑫矿业有限公司”名下，以及帮助汪某某将该公司顺利转让给郑州老板闫某某，是直接利用了职务之便为他人牟了利，如果因此收受了贿赂，达到受贿罪标准，就符合受贿罪的构成要件。廖某某获取现金贿赂的时间是2010年11月下旬，从其获款数还是汪某某原答应的5%股份数额看，是对2010年11月上旬收受5%股份额的兑现，并无新的受贿数额，故不能认定是廖某某帮助汪某某将公司转让给郑州老板闫某某的行为后的收贿。廖某某一次收受的17万元中哪些是因其办得探矿权证而得、哪些是将探矿权证办理到“广西某自治县泰鑫矿业有限公司”名下所得无法分清，故不宜定数罪。行贿人汪某某供称，主要是因为廖某某为其办得了探矿权证，才考虑给其5%的股份，故廖某某的主要行为是利用影响力受贿，应依其主行为定利用影响力受贿罪。尽管后来廖某某还有帮汪某某将公司转让给郑州老板闫某某的行为，但因未收受贿赂，不构成受贿罪。也即主要是因何行为收受的贿赂分不清楚时，应从一重罪定处。一次受贿中如分得清每个行为收受了多少贿赂，且分别达到定罪标准的，则应数罪并罚，因行为人有数罪过，分别利用了不同的身份为请托人牟利而受贿，系数行为、符合数个犯罪构成要件，且数罪之间并无牵连或吸收关系。

【讨论归纳】

国家工作人员可以构成利用影响力受贿罪的主体。当行为人是国家工作人员时，构成利用影响力受贿罪还是斡旋受贿构成的受贿罪，关键看办事的国家工作人员是因与行为人关系密切而为还是因行为人具有国家工作人员身份而为，还要看行为人是利用自己与国家工作人员的感情、共同利益体等密切关系还是利用自己是国家工作人员的身份，如为前者构成利用影响力受贿罪，如为后者构成受贿罪。当一次收贿既有利用与国家工作人员关系密切的受贿又有利用职务之便的受贿，且分不清每种受贿的具体数额时，不宜定数罪，按主行为定罪，如分不清主从行为，则从一重

罪定罪。分得清每个行为受贿的具体数额，且均达到定罪标准的，要数罪并罚。

【实务训练】

从实务中找一件类似本主题的真实案件，根据该案的事实、既有证据及争议焦点，写一份辩护词或判决书。要求格式规范、条理清晰、层次分明、说理透彻。

【延伸阅读】

1. 王荣利．反腐新罪名不会成为贪官的“免罪符”：刑法学家赵秉志详解《刑法修正案（七）》反腐新罪名．法制日报，2009-04-02

2. 张开骏．利用影响力受贿罪的本质与构成特征．重庆科技学院学报（社会科学版），2010（13）

3. 李光宇．刑法“关系人”之辨析．法学杂志，2010（5）

4. 朱华．受贿犯罪中的权力表现．中国刑事法杂志，2010（4）

案 83　利用影响力受贿罪与相关犯罪共犯的界分

——张某等三人受贿案

【问题提示】

行贿罪共犯与介绍贿赂罪有何区别？受贿罪共犯与利用影响力受贿罪有何区别？利用影响力受贿罪与行贿罪、介绍贿赂罪有何区别？

【案情摘要】

被告人：张某，男，某股份制公司（甲公司）的分公司经理（非国有单位委派）；王某，男，退休，退休前系A市副市长；梁某某，男，A市交通局局长。

A市某股份制公司（甲公司）的分公司经理被告人张某，在总公司董事长的授权下，于2009年3月以甲公司的名义与王某达成了一个联合竞标A市的一个筑路工程的意向协议书，意向书中载明：中标后，甲公司保证王某优先获得工程分包权或采购权，按不低于合同总价3%的比例支付给王某价款。王某于2009年4月找到A市交通局局长、筑路工程发包方的主要负责人梁某某（梁某某系王某的老部下，也系经由王某提拔），要求其将工程发包给甲公司，并称事后甲公司会有重谢。被告人梁某某对其他负责人说，老领导要求将工程给甲公司。其他负责人多是王某的老部下，故甲公司获得A市的此筑路工程。甲公司与王某签订了两份技术服务合同，合同内容是王某提供技术咨询服务，甲公司给付王某价款（两份合同规定甲公司向王某给付的咨询费的数额与前述意向书规定向王某支付的总数额相同）。从2009年6月起到2010年1月止甲公司按上述两份技术服务合同陆续向王某付完了310万元的“咨询费”。2009年9月，王某送给被告人张某10万元，送给被告人梁某某50万元。

【分歧意见】

对王某行为的定性，第一种观点认为王某的行为构成利用影响力受贿罪、行贿罪、向非国家工作人员行贿罪，应数罪并罚；第二种观点的行为认为王某构成梁某某受贿罪的教唆犯，系主犯，还构成向非国家工作人员行贿罪，应数罪并罚；其受贿数额是310万元，分赃数额是250万元；第三种观点认为王某构成单位行贿罪的共犯、利用影响力受贿罪，在行贿罪中是主犯；第四种观点认为王某的行为构成介绍贿赂罪、利用影响力受贿罪、向非国家工作人员行贿罪，应数罪并罚。

对被告人梁某某、张某行为的定性无争议，被告人梁某某收受王某50万元构成受贿罪，张某收受王某10万元构成非国家工作人员受贿罪。但对于张某是否还属于单位行贿罪中应承担刑事责任的人员有争议：一种观点认为张某所在甲公司授权王某在拿到工程价3%的范围内向工程发包方有关负责人员行贿，故甲公司构成单位行贿罪，王某是甲公司行贿罪的共犯，甲公司有关人员和张某属于单位行贿罪中应承担刑事责任的人员。另一种观点认为甲公司的行为不构成单位行贿罪，故张某并非单位行贿罪中的责任人员。

【要点提示】

1. 行贿罪共犯与介绍贿赂罪的区别。
2. 受贿罪共犯与利用影响力受贿罪的区别。
3. 利用影响力受贿罪与行贿罪、介绍贿赂罪的区别。
4. 利用影响力受贿同时又向国家工作人员行贿的，构成一罪还是数罪？

【问题讨论】

一、行贿罪共犯与介绍贿赂罪的区别

行贿罪是指给予国家工作人员财物以谋取不正当利益，而介绍贿赂罪是指向国家工作人员介绍贿赂、情节严重的行为。严格说来，介绍贿赂人实则属于行贿人或受贿人的共犯，只是刑法将其独立出来定罪。考虑到行贿罪的法定最高刑是无期徒刑，受贿罪的法定最高刑是死刑，而介绍贿赂罪的法定最高刑只有3年有期徒刑，对介绍贿赂罪应作限缩解释，介绍人在行贿中不能是教唆犯，也不能是接受受贿人的委托介绍。如在他人无行贿故意时说服他人行贿，属于行贿的教唆犯，教唆犯多是主犯，以介绍贿赂罪定处极不合理。刑法对介绍贿赂的规定是“向国家工作人员介绍贿赂”，其工作对象只能是国家工作人员而非行贿人，故介绍贿赂只限于代表行贿方的利益且行贿人已产生行贿故意。故行贿罪的共犯与介绍贿赂罪的区别是：一是看是行为人让他人产生了行贿故意还是在他人已有行贿故意时受其委托。如是行为人首先提出行贿打算并教唆、指使他人行贿，则为行贿罪的共犯；他人已有行贿故意而受其委托牵线搭桥的为介绍贿赂。二是看受谁委托，代表谁的利益。介绍贿赂只能是受行贿方的委托、代表行贿人的利益，如受受贿方的委托、代表受贿方的利益介绍，构成受贿罪的共犯。三是看介绍人与行贿人是否形成行贿共同故意和客观上是否有共同行贿行为。介绍贿赂是从中牵线搭桥，介绍双方认识或促使双方交易，具体如何行贿、行贿多少由行贿人自己去行为。本案中甲公司并无向工程发包方中具体某人行贿的故意，而是支付款项让王某去获得工程。尽管甲公司也明知王某可能去行贿，但甲公司并未委托王某行贿，也不知王某是否行贿、向谁行贿、行贿多少，故不能认定甲公司与王某产生了共同行贿故意，客观上有共同行贿行为。由于甲公司并未向被告人梁某某行贿，故王某不构成甲公司行贿罪的共犯，也谈不上王某从中牵线搭桥介绍贿赂。王某是利用自身对国家工作人员的影响力为请托人甲公司谋得工程而以咨询费等名义收受甲公司的贿赂的。

二、受贿罪共犯与利用影响力受贿罪的区别

受贿罪是指利用职务之便索取他人财物或非法收受他人财物为他人谋取利益，达到法定受贿数额的行为。2003年最高人民法院《全国法院审理经济犯罪案件工作座谈会纪要》（以下简称2003年《纪要》）和2007年最高人民法院、最高人民检察院《关于办理受贿刑事案件适用法律若干问题的意见》（以下简称2007年《两高意见》）规定，四种情况下有关人员要构成国家工作人员受贿罪共犯。按《刑法修正案（七）》的规定，利用影响力受贿罪指国家工作人员的近亲属或者其他与该国家工作人员关系密切的人，通过该国家工作人员职务上的行为，或者利用该国家工作人员职权或者地位形成的便利条件，通过其他国家工作人员职务上的行为，为请托人谋取不正当利益，索取请托人财物或者收受请托人财物，数额较大或者有其他较重情节的，或者利用离职的国家工作人员原职权或者地位形成的便利条件实施前款行为的。当行为人是办事国家工作人员的特定关系人且国家工作人员也收受了贿赂时，受贿罪的共犯与利用影响力受贿罪很易混淆。

二罪的相同点主要表现在：在犯罪主体上可能相同，即国家工作人员也可以构成利用影响力受贿罪，当构成受贿罪共犯时，行为人也可以是国家工作人员的近亲属或特定关系人；客观表现上可能相同，均可能是让其他国家工作人员利用职务之便为请托人谋利，自己收受贿赂；主观上均是为了获取请托人的贿赂款。

二罪的区别主要表现在：一是国家工作人员与第三人之间是否形成共同受贿故意和客观上是否具有共同受贿行为不同，如形成共同受贿故意、客观上有共同受贿行为，则不构成利用影响力受贿罪，构成受贿罪共犯；二是为受贿罪共犯时，国家工作人员为他人谋的利可能是正当利益，也可能是不正当利益，利用影响力受贿如谋取的是正当利益则不构成犯罪，只有谋取的是不正当利益才构成犯罪。

根据2003年《纪要》、2007年《两高意见》的规定，以下四种情形均属于受贿罪共犯：第一，告知型共同受贿。2003年《纪要》规定：国家工作人员的近亲属向国家工作人员代为转达请托事项，收受请托人财物并告知该国家工作人员，其近亲属以受贿罪共犯论处。第二，明知型共同受贿。2003年《纪要》规定：国家工作人员明知其近亲属收受了他人财物，仍按照近亲属的要求利用职权为他人谋取利益的，对该国家工作人员应认定为受贿罪，其近亲属以受贿罪共犯论处。“明知”的认定是知道或应当知道。需注意的是，告知型和明知型共同受贿均仅限于行为人是国家工作人员的近亲属的情况。若行为人非国家工作人员的近亲属，即使国家工作人员明知行为人收受了请托人的贿赂，仍按行为人的要求利用职权为他人谋取利益的，对行为人也不能以受贿罪共犯定处。本案中王某并非被告人梁某某的近亲属，如王某与被告人梁某某无通谋，则王某不构成被告人梁某某受贿罪的共犯。第三，通谋型共同受贿。2007年《两高意见》规定：特定关系人与国家工作人员通谋，共同实施该意见所列以交易形式受贿的10种行为的，对特定关系人以受贿罪的共犯论处。“通谋”是指事前共同谋划如何实施犯罪。上述三种情形均不需“共同占有贿赂财物”。第四，通谋并共同占有型受贿。2007年《两高意见》规定：特定关系人以外的其他人与国家工作人员通谋，由国家工作人员利用职务上的便利为请托人谋取利益，收受请托人财物后双方共同占有的，以受贿罪的共犯论处。关于“双方共同占有”的含义：刑法上非法占有的认定标准与民法上的合法所有的认定标准不完全一样，民法上的所有侧重法律形式的齐备，而刑事犯罪行为强调客观事实。刑法上的非法占有的实现并不以得到法律上的确认为条件，只要行为人客观上占有、使用、处分了占有物，或用行贿财物获得了收益，均可以认定为占有，但其他人对此财物要有分赃获利，不能只是保管，否则，其他人可能属于介绍贿赂或行贿罪共犯。

上述第三、四种情形均涉及特定关系人，根据2007年《两高意见》的规定，其是指与国家工作人员有近亲属、情妇（夫）以及其他共同利益关系的人。所谓共同利益关系，我们认为主要是指共同的经济利益关系，也包括有密切的共同情感关系，如非近亲属但感情深的亲属关系、长期相互信任的主仆关系、与国家工作人员已形成长期交往情同手足的朋友关系等。以此衡量王某与被告人梁某某之间的关系，我们认为，其不属于共同利益关系人。

能否认为王某与被告人梁某某有受贿的通谋？我们认为，王某要求梁某某将工程发包给甲公司时对梁某某说“甲公司会有重谢”不属于与梁某某形成共同受贿的故意，因王某并未说明甲公司会行贿多少、王某与被告人梁某某如何接受赃款及二人如何分赃、二人如何配合行为等。如认为对梁某某说了“甲公司会有重谢”就属于受贿通谋，则无介绍贿赂罪或行贿罪成立的余地了。故认为王某构成梁某某受贿的共犯不妥。

王某是否构成梁某某受贿罪的教唆犯？教唆采用劝说、引诱、威胁等方法，故意让本无犯罪故意之人产生犯罪故意，从而将他人作为实现自己犯罪意图的工具，教唆人要与被教唆之人形成共同犯罪故意。但王某的故意是让梁某某将工程发包给甲公司，自己能得到巨额财产，并非出于让梁某某得到受贿款的目的，不能视为二人达成受贿的共同故意。但王某利用梁某某是自己老部下、系自己提拔的密切关系，并向梁某某承诺甲公司会有重谢，让梁某某将工程发包给甲公司，自己则收受甲公司以咨询费名义给付的巨额贿赂。梁某某之所以愿意，也顺利说服其他领导同意将工程发包给甲公司，既有王某是其老领导的原因，也有能得到受贿款的原因，故王某的行为既构成利用影响力受贿罪，也构成行贿罪。

三、利用影响力受贿罪与行贿罪共犯、介绍贿赂罪的区别

利用影响力受贿罪与行贿罪共犯的区别在于：一是犯罪主体不同。前者的主体一定是国家工作人员近亲属或其他与国家工作人员关系密切的人、离职的国家工作人员或者其近亲属以及其他与其关系密切的人，而后者的主体是一般主体。二是客观行为特征不同。前者是国家工作人员近亲属或其他与国家工作人员关系密切的人

通过该国家工作人员职务上的行为，或者利用该国家工作人员职权或者地位形成的便利条件，通过其他国家工作人员职务上的行为，为请托人谋取不正当利益，索取请托人财物或者收受请托人财物，数额较大或者有其他较重情节，或者离职的国家工作人员或者其近亲属以及其他与其关系密切的人利用该离职的国家工作人员原职权或者地位形成的便利条件实施前款行为；后者是教唆或帮助行贿人向国家工作人员行贿以谋取不正当利益。三是主观故意内容不同。前者追求让国家工作人员为请托人谋取不正当利益，从而实现自己收取或索取贿赂的目的；后者是为了教唆或帮助他人向国家工作人员行贿，直接目的就是行贿，自己是否获得好处、国家工作人员是否为行贿人谋利并非行为人所追求和关心的。四是办事的国家工作人员是否受贿不同。于前者办事的国家工作人员并不受贿，于后者办事的国家工作人员要受贿或行为人希望其受贿。五是其他国家工作人员为何会利用职务之便为请托人谋利不同。于前者是因与行为人或行为人的近亲属有特殊密切关系，于后者是因为可以得到贿赂。以此衡量本案，王某的行为不构成行贿罪共犯。

《刑法》第392条规定了“向国家工作人员介绍贿赂，情节严重的”，构成介绍贿赂罪。当行为人有在行贿人、受贿人之间牵线搭桥的行为时不能均认定为介绍贿赂罪，还有可能是受贿罪共犯。前面已论述，介绍贿赂罪中的介绍不能是接受受贿人的委托介绍或出于帮助受贿人的目的介绍，也不能是他人无行贿故意时教唆其行贿或帮助其行贿，否则，应按受贿罪共犯或行贿罪共犯定处。

利用影响力受贿罪与介绍贿赂罪的区别是：一是犯罪主体不同。前者的主体是特殊主体，后者的主体是一般主体。二是行为特征不同。前者是利用与国家工作人员或离职的国家工作人员有近亲属关系或其他密切关系，通过该国家工作人员职务上的行为或者利用该国家工作人员的职权或者地位形成的便利条件，通过其他国家工作人员职务上的行为，为请托人谋取不正当利益，索取请托人财物或者收受请托人财物；后者表现为接受行贿人的委托，向国家工作人员介绍贿赂，在行贿人和受贿人之间牵线搭桥的行为，不管谋的利益正当还是不正当均可以构成犯罪。三是主观故意内容不同。前者是办成请托人之事而收受或索取贿赂，且为谋取不正当利益；后者不要求有收受好处的故意。前面已论述，本案中王某的行为不构成介绍贿赂罪，而构成利用影响力受贿罪。

四、利用影响力受贿同时又向国家工作人员行贿的，构成一罪还是数罪

王某向梁某某行贿50万元，是对原向梁某某许下的承诺“甲公司会有重谢”的兑现，其目的是帮甲公司拿到筑路公程后自己能受贿。除去向梁某某承诺“甲公司会有重谢”和向梁某某兑现50万元外的其他行为也构成利用影响力受贿罪，故王某属于数行为触犯数罪名而不是一行为触犯数罪名，系手段牵连犯。牵连犯系实质数罪，除法律另有规定以外，一般从一重罪定处，明显违背罪责刑相适应时，也可从一重罪从重定处。

【讨论归纳】

当行为人与国家工作人员有密切关系时利用影响力受贿罪与行贿罪共犯的区别

是：前者行为人的主观目的是受贿，后者不是；前者请托人并非是向国家工作人员行贿之人，也未与行为人形成共同行贿故意并有共同行贿行为，后者是。当国家工作人员有受贿行为、行为人与国家工作人员有密切关系时，利用影响力受贿罪与受贿罪共犯的区别是：前者行为人与国家工作人员主观上未形成共同故意、客观上无共同的受贿行为，二人受贿是各自独立的，后者相反。利用影响力受贿罪与介绍贿赂罪的区别是：前者请托人并非向国家工作人员行贿而是向行为人行贿，后者是在行贿人已产生行贿故意时受行贿人委托、代表行贿人的利益向国家工作人员介绍贿赂，促成请托人向国家工作人员行贿的完成；主观上前者行为人的目的是受贿，后者不是。

【实务训练】

从实务中找一件类似本主题的真实案件，根据该案的事实、既有证据及争议焦点，写一份辩护词或判决书。要求格式规范、条理清晰、层次分明、说理透彻。

【延伸阅读】

1. 张明楷．受贿罪的共犯．法学研究，2002（1）
2. 何显兵．论介绍贿赂罪的本质．山西政法管理干部学院学报，2007（1）

案 84　谋利人与收贿人、受益人与行贿人分离时的受贿性质认定

——规划局局长张某与其情人王某受贿案

【问题提示】

在谋利人与收贿人分离时，如何认定受贿罪？在受益人与行贿人不是同一人时，是否构成受贿罪？如何理解“贿赂”的含义？单位受贿与个人受贿应如何区分？

【案情摘要】

被告人：张某，男，某规划局局长；王某，女，该规划局局长的情人。

2010 年 1 月，张某与王某共谋，由王某成立中介公司，来帮助建筑商介绍工程挣钱。王某以自己和其兄（其兄未出资，也不参与经营）的名义注册成立了某投资咨询公司。张某让需要自己帮助调整规划的开发商给王某的中介公司介绍工程业务，开发商欣然同意。不久开发商在发包建筑工程时告知了王某，谈明了想让欲承建此工程的某建筑商承建。王某找到该建筑商，称能为其介绍到业务，但要建筑商按工程款 2%的比例给王某的公司中介费。建筑商同意并与王某的公司签订了中介合同。建筑商得到开发商的工程后，按与王某约定的比例支付给王某的公司两百多万元中介费，钱未来得及从王某的公司转出即案发。

【分歧意见】

对于张某、王某的行为是否构成受贿罪，存在较大争议。

第一种意见认为，二人的行为均不构成受贿罪。建筑商给的咨询费是王某所在公司的业务收入，王某介绍工程属于有偿居间，符合市场通行做法和国家法律、法规，张某和王某本人均未收到财物；王某的公司得到的两百多万元中介费不是张某职务行为的受益人开发商给的，收受的不是国家工作人员职务行为受益人的财物，不符合受贿罪的规定；即使认为张某的职务行为受益人开发商给了王某好处，给的也只是一个交易机会而非财物，我国刑法规定受贿罪的对象只能是财物、不能是其他，故二人的行为不构成受贿罪。

第二种意见认为，二人的行为均构成受贿罪。法律并未限定职务行为受益人与行贿人是同一人，不是同一人时，只要第三人所给财物本质上是国家工作人员职务行为的对价，也可构成受贿罪；受贿罪中的“财物”是广义的，如得到的是违背市场交易规则且必然会赚钱的机会，按照相关司法解释的规定，属于“以其他交易形式”受贿。通过专为受贿设立的公司受贿，是个人受贿而非单位受贿。

【要点提示】

1. 国家工作人员利用职务之便收受他人财物、为他人谋取利益中的“他人”是否必须是同一人?

2. 如何理解“贿赂”的含义?

3. 如何认定为他人谋利的行为人与收贿人分离的受贿?

4. 单位受贿在何种情况下是单位所有者受贿?

【问题讨论】

一、“利用职务之便收受他人财物”与“为他人谋取利益”中的“他人”，是否须为同一人

我们认为，从汉语字义上说，“他人”是指的“其他人”，即指除行为人以外的人。从立法上看，法律并未限定这两个“他人”是“其他同一人”，只要财物本质上是国家工作人员职务行为的对价，支付贿赂的人与国家工作人员职务行为的受益人，就不一定是同一人。故国家工作人员职务行为受益人以外的、自愿要求支付国家工作人员职务行为的贿赂款的人，或受益人安排支付贿赂款的人，均属于刑法规定的“他人”；获得国家工作人员职务行为好处的人与支付贿赂款的人，不要求是同一人。本案中开发商表面上未支付贿赂款，张某情妇王某的公司所获“咨询费”是建筑商给付的，但这是由开发商安排王某去找该建筑商，开发商肯定会让此建筑商承建此工程，王某因此肯定会从此建筑商处得到财物，本质上是开发商安排他人支付贿赂款，不影响二人受贿罪的成立。

二、如何理解“贿赂”的含义

我国刑法只将贿赂限于财物是不妥的，世界各国刑法规定的大多是“收受不正当好处”，我国已加入的《联合国反腐败公约》规定的是“任何不正当好处”。2007年7月8日最高人民法院、最高人民检察院《关于办理受贿刑事案件适用法律若干问题的意见》(以下简称2007年《两高意见》)、2008年11月20日最高人民法院、最高人民检察院《关于办理商业贿赂刑事案件适用法律若干问题的意见》(以下简称

2008年《意见》）已将“贿赂”从财物扩大到财产性利益。

2007年两高意见中规定的以交易形式等受贿实质上是将行为人应支付但尚未支付的财物，或行为人以交易之名得到不符合市场规则和法律、法规的财物，也认定为行为人收受的贿赂。2008年《意见》规定：“商业贿赂中的财物，既包括金钱和实物，也包括可以用金钱计算数额的财产性利益，如提供房屋装修、含有金额的会员卡、代币卡（券）、旅游费用等。具体数额以实际支付的资费为准。”“收受银行卡的，不论受贿人是否实际取出或者消费，卡内的存款数额一般应全额认定为受贿数额。使用银行卡透支的，如果由给予银行卡的一方承担还款责任，透支数额也应当认定为受贿数额。”

在目前未修改法律的情况下，贿赂不能包括非财产性利益，故让请托人安排国家工作人员的亲属到垄断行业就业、按正常的市场行情提供盈利机会、性贿赂及提职晋级等不能认定为受贿。但如果是请托人出钱购买性服务、就业岗位、高消费让国家工作人员消费，请托人的支付数额可以视为财产性利益，可以认定为受贿。

本案中开发商表面上未给付贿赂款，张某向开发商索要的是一个商业机会，开发商告诉王某也只是给了王某的公司一个赚钱的机会，但从“开发商在发包建筑工程时告知了王某，谈明了想让欲承建此工程的某建筑商承建”、事后的确是该建筑商承建看出，背后开发商完全可能已与该建筑商商定由该建筑商支付此贿赂款项。即使确定不了开发商与该建筑商有通谋，但该建筑商能否得到此工程的决定权在开发商而非王某手中，开发商正是为了得到张某的职务行为的好处才故意告诉王某要发包工程给该建筑商承建。开发商肯定会将工程发包给该建筑商，该建筑商肯定会支付王某费用，故王某并非只得到一个赚钱机会。赚钱机会具有不确定性，可能会赚，也可能会赔。该建筑商本无须通过王某的公司承包到此工程，是张某与开发商勾结，商定人为增加中间环节以便让王某收贿又能逃避法律打击的结果，本质上是开发商安排他人向国家工作人员的特定关系人以交易名义支付贿赂款，故开发商给王某的并不只是一个交易机会而是安排他人以交易名义支付贿赂款。王某所成立的公司为该建筑商介绍工程收取“咨询费”或“中介费”的行为违反了1990年最高人民法院《关于给承包单位介绍工程索要信息费如何处理问题的复函》和建设部1991年颁发的《建筑市场管理规定》第5条：“任何单位和个人都不得在承发包活动中行贿受贿或收受‘回扣’，不得以介绍工程任务为手段收取费用。”二人是以交易为名受贿，构成受贿罪。

三、如何认定为他人谋利的行为人与收贿人分离的受贿

近几年我国加大了对受贿行为的打击力度。受贿罪的主体特殊，其文化程度、智力、法律知识、社会经验均高于普通人，为逃避打击，谋利人与收贿人相分离是常见的逃避打击的手段，其中包括国家工作人员利用职务之便为请托人谋利，由特定关系人收贿。按有关司法解释的规定，国家工作人员的近亲属、情妇或情夫、其他共同利益人均属于特定关系人。本案中张某与情妇王某商量好由张某为他人谋利，由王某成立中介公司以帮助建筑商介绍工程挣钱，表明二人事前通谋由张某为他人谋利，由王某收钱。2007年《两高意见》规定：特定关系人与国家工作人员通谋，共同实施该意见所列以交易形式受贿等10种行为的，对特定关系人以受贿罪共犯论

处。此种受贿不需要国家工作人员与特定关系人“共同占有贿赂财物”，即使张某未分得一分钱，也与其情妇王某构成受贿罪共犯。

四、单位受贿在何种情况下是单位所有者受贿

本案的赃款表面上是王某所在公司的业务收入而非王某所收贿赂，但我们不认为是单位受贿而是王某个人收受贿赂。1999年最高人民法院《关于审理单位犯罪案件具体应用法律有关问题的解释》规定：“个人为进行违法犯罪活动而设立的公司、企业、事业单位实施犯罪的，或者公司、企业、事业单位设立后，以实施犯罪为主要活动的，不以单位犯罪论处。”张某与王某通谋，由王某成立中介公司以帮助建筑商介绍工程名义挣钱，表明是为了受贿才设立王某的公司。王某设立的公司尽管有王某之兄作为股东，但王某之兄既未投资，也不参与经营，也无证据证明其分了赃，故该公司实为王某一人的公司。依据前述司法解释和该公司实为王某个人的公司的情况，是王某个人受贿而非王某的公司受贿。

【讨论归纳】

国家工作人员职务行为的受益人与行贿人不要求必须是同一人，只要此贿赂是国家工作人员职务行为的对价即可。贿赂的含义除了财物还有财产性利益，如应当支付的财物被免除支付，以司法解释所列的各种情形间接得到的财物。当国家工作人员利用职务行为为他人谋利，但由另外的人收贿时，如收贿人是国家工作人员的特定关系人，国家工作人员与特定关系人有通谋的，国家工作人员即使不占有贿赂款，也与特定关系人构成受贿罪共犯。以单位名义犯罪，但此单位是为犯罪而设立的，属个人犯罪而非单位犯罪。

【实务训练】

从实务中找一件类似本主题的真实案件，根据该案的事实、既有证据及争议焦点，写一份辩护词或判决书。要求格式规范、条理清晰、层次分明、说理透彻。

【延伸阅读】

1. 薛进展，谢杰．以交易形式受贿中度的把握．华东政法大学学报，2007（5）

2. 最高人民法院、最高人民检察院《关于办理受贿刑事案件适用法律若干问题的意见》

3. 最高人民法院、最高人民检察院《关于办理商业贿赂刑事案件适用法律若干问题的意见》

案85　占有公务活动中多赚的钱的行为的定性

——谢某贪污案

【问题提示】

行为人利用出售国有房产之便，按照主管部门对售价总值的要求，将部分房产

以市场价高价出售、部分房产以半价出售给自己亲属的行为，是民法上的不当得利，还是利用职务之便的贪污行为？

【案情摘要】

被告人：谢某，男，重庆市某县房管局商场办公室主任。

作为县房管局商场办公室主任，谢某负责对房管局所有的非住宅直管公房进行经营管理。1999年6月，县房管局为偿还债务，决定将商场办公室具体管理的抚顺路50号面积为300平方米的一套门面房出售。经谢某请示，房管局批复同意以1万元/平方米的价格出售该门面房，售房款300万元。在经办房屋出售的过程中，谢某将房屋分割为50-1和50-2两个单元（各150平方米）。谢某将50-1号以每平方米1.5万元的价格出售给王某，收取房款225万元；将50-2号以每平方米0.5万元的价格出售给其子谢某某，收取房款75万元。为掩盖真相，谢某伪造了王某以300万元购买整个抚顺路50号门面的购房合同和相应的收款票据，交县房管局备案。后谢某又谎称其子系50-2号房屋的原承租使用人，骗取了房管局同意以5 000元平方米销售50-2号房屋的批复，随后谢某在房屋产权登记中心办理了50-2号的产权登记。

【分歧意见】

对于谢某的行为是否构成犯罪，一种观点认为，谢某身为国家工作人员，在经营国有财产的过程中，利用职务上的便利以权谋私，应当以贪污罪追究其刑事责任；另一种观点认为，谢某按县房管局的批复要求将房屋卖了300万元，履行了自己的义务，因而不构成贪污罪。

【要点提示】

1. 贪污罪主体范围的界定。
2. 利用职务之便和利用工作之便的区分。
3. 对侵吞、窃取、骗取等贪污手段的理解与适用。

【问题讨论】

本案争议的焦点在于谢某与县房管局之间关系的性质，以及谢某所实施的行为是否构成贪污罪。贪污罪，是指国家工作人员利用职务上的便利，侵吞、窃取、骗取或者以其他手段非法占有公共财物的行为。其本质在于具备国家工作人员身份的人，利用其职务上的便利，以侵吞、窃取、骗取或其他非法手段占有本应属于国家或集体所有的公共财产。

一、对贪污罪主体的认定

现有刑法理论对于如何认定国家工作人员这一身份主要存有三种观点：一是“身份说”，即认为凡是法律所规定的依法在国家机关行使职权的人员即可认定为国家工作人员，具备贪污罪的主体身份要件；二是“职务说”，即在认定某人是否具有国家工作人员这一身份时应以其行使的职权为标准，若行使的是国家公共事务管理权则属于国家工作人员，反之，则不是国家工作人员；三是“身份职务说”，即认为要具备贪污罪所要求的国家工作人员这一身份要件，需同时考虑行为人所拥有的身份和履行的职责，只有在二者兼备的前提下才可以认定其具有相应的身份，而成为贪污罪的适格主体。在中国目前的行政管理体制之下，“身份职务说”更符合现实，在实践中更容易把握。

《刑法》第93条规定，国家工作人员是指国家机关中从事公务的人员。按照行政法理论，国家机关包括国家行政机关及其授权的事业单位。在国务院及地方政府进行大部制改革之前，房管局为国土局下属的事业单位，属于依授权行使公共事务管理职权的事业单位，当在国家机关之列。2007年年初，国务院各部委及地方政府机构进行了机构调整，依照重庆市政府机构设置，国土房管局属于政府机构组成部分之一，其职能之一为“负责管理全市土地、公房资产……负责对市有公房的资产管理；负责对授权的其他资产的管理”，故应归于国家行政机关之列。因此，国家机构改革前后的房管局都应属于国家机关，在其中行使管理职权者都能成为贪污罪的主体。

本案中，谢某身为某县房管局商场办公室主任，负责对房管局所有的非住宅直管公房进行经营管理。本案发生在1999年，当时的县房管局应当是隶属于县国土局、依法行使公共事务管理职权的事业单位，谢某作为该单位行使职权者，应当适用《刑法》第93条的规定，认定其为依法从事公务的国家公务员，具备国家工作人员身份（倘若本案是在国家机构体制改革后案发，即在房管局已经并入国家行政机关后案发，谢某仍然具备国家工作人员的身份，本案不涉及刑法中从旧兼从轻等原则的适用问题）。谢某负责出售国家所有的、由商场办公室具体管理的门面房一套，这一工作具有代表国家管理公共事务的性质，且谢某具有一定的组织、领导职权，符合行使职权的特征。综上，谢某具备构成贪污罪的主体条件。

二、对利用职务上的便利，侵吞、窃取、骗取或者以其他手段非法占有公共财物的认定

（一）对“利用职务上的便利”的理解

利用职务上的便利即利用行为人自身掌控、经手公共财物这一职权的便利条件，其中包括两种情况：一种是利用本人主管、经营财物的职务便利；另一种是担任其他职务的国家工作人员，因执行公务而临时经手、管理公共财物。这里还需要区别职务上的便利与工作上的便利，前者是指行为人在依法享有管理国家公共事务的权力和承担相应义务的过程中形成的方便、有利条件，而后者是指行为人由于与职权不相关的其他工作关系形成的方便、有利条件。利用前者侵犯的不仅是财产所有权，还包括国家廉洁制度这一重要客体，故构成贪污罪；利用后者仅侵犯了财产所有权，在一般情况下应当构成盗窃罪、诈骗罪或侵占罪等其他犯罪。

（二）对贪污手段的理解

非法占有公共财产是贪污罪的本质所在。所谓占有既是一种事实状态，又是一个法律概念。作为一种事实状态，占有是对物确定、现实支配的状态，且这一状态能够通过一定的外在表现形式，如空间位置或法律地位等表现出来，为外人所认识。作为一个法律概念，占有在《物权法》中被作为一项物权制度得以确立，含义为“对于物事实上的控制与支配”。贪污罪中的非法占有即是没有法律依据却在事实上

对公共财物进行控制与支配的行为。实现非法占有的方式主要有侵吞、窃取、骗取或者其他方式。

1. 侵吞手段

侵吞是将本已由行为人合法或依职权管理、控制的公共财物非法据为己有的行为。侵吞这一概念与刑法中侵占的概念非常相近，二者除了犯罪对象不同之外，在行为方式上的区别主要表现为：侵占为应当退还而拒不退还，而侵吞则为该上交的不上交、该下发的不下发，非法截留私吞。

2. 窃取手段

贪污罪中的窃取手段即通常所称的“监守自盗”行为，指依据相应的职权保管公共财物者，利用自身职务上的便利，秘密窃取其保管的财物。与侵吞手段相类似的是，窃取针对的对象也是行为人依职权合法控制、管理的公共财物，行为人所实施的窃取行为同样利用了其自身职务上的便利。按照法律概念的含义一贯性和连贯性原则及《刑法》第264条的规定，秘密窃取是指“行为人以自认为不被被害人发现的方式取财”，故贪污罪中的窃取应当是指行为人以自认为不被所有人或他人发现的方式取得公共财物的行为；而侵吞则是指将应当下发或上交的公共财物非法截留的行为，行为人并不关注他人是否知晓自己的行为。

3. 骗取手段

所谓骗取是指行为人利用自身职务上的便利，采用虚构事实、隐瞒真相的方法，骗取由其他人员管理或控制的公共财物的行为。此处的骗取与诈骗罪中的诈骗在基本含义上是一致的，即行为人采用虚构事实、隐瞒真相的方式使财物的合法持有人陷入错误认识，并进一步以此错误认识为依据交付财物的行为；二者的不同之处主要在于贪污罪中的骗取手段是利用行为人职务上的便利，针对的是公共财产，而诈骗罪中的行为人并没有利用其职务上的便利或无职务上的便利可用，针对的对象是不特定的公私财产。

4. 其他手段

实施贪污犯罪的手段多种多样，不可能将其在法律条文中一一列举，法律的弹性规定显得非常必要。贪污罪中所谓的“其他手段”就是出于立法技术上的考虑，避免因为新的贪污方式的出现而使贪污人得不到应有的法律惩罚。

（三）本案中谢某的行为是以骗取方式实施的贪污犯罪

本案中，谢某的行为方式比较隐蔽，且在实践中存在一定程度的模糊之处。在县房管局拟将涉案房屋出卖之后，谢某即请示以1万元/平方米的价格出售该房屋并获得批准，此乃其依法行使职权的行为，其后，谢某又将该房屋一分为二地销售，实乃具体行使职权、履行职务，倘若之后其没有实施虚构事实、隐瞒真相骗取房管局同意其子以低价购买该房屋的行为，该分售行为在一般情况下应当认定为正当履行职务的行为。而谢某的行为之所以构成犯罪，是因为其利用职务上的便利，虚构其子系涉案房屋原承租人的事实，骗取房管局同意以半价将该房屋售出的行为。这一行为与实践中常见的贪污犯罪的行为方式有所区别，后者多采用侵吞、窃取的行为方式实施犯罪，即将自己经手、管理的公共财物该上交的不上交、该下发的不下发、该移交的不移交，非法截留、私吞，或者秘密窃取由自己经手、管理的公共财物。从结果来说，侵吞和窃取公共财产的行为会使现有的公共财产遭受非法损失。本案行为人谢某所实施的是以虚构事实的方式骗取公共财物的行为，其结果是使应当增加的公共财产不能增加。这两种行为方式虽然在表现形式上有所区别，但本质上都侵犯了公共财物的所有权，破坏了国家的廉洁制度。

谢某是否构成不当得利的问题，关乎谢某与房管局之间是否可以适用民法上的委托代理关系。民法上的委托代理关系是平等民事主体之间的权利义务关系，而谢某与房管局之间在法律地位上明显是不平等的，谢某管理公有房屋的行为属于行使社会公共事务管理职权，该职权作为一项国家管理职权的性质决定了不能依照民事法律的规定将其委托给他人代为行使。谢某与房管局之间不能适用民法上的委托代理关系，因此称谢某不当得利的说法是不妥当的。

综上所述，谢某的行为构成贪污罪。

【讨论归纳】

谢某利用负责出售公房的职务之便，为了非法占有国有资产，采取扯高就低和虚构假合同等欺骗手段，使自己以市场价的半价购得公房，从而使国家损失了实际售房价与规定最低价之间的售房款差价部分。其行为侵犯了国家工作人员职务行为的廉洁性，给国家造成了75万元的巨大经济损失，应当构成贪污罪。

【实务训练】

从实务中找一件类似本主题的真实案件，根据该案的事实、既有证据及争议焦点，写一份辩护词或判决书。要求格式规范、条理清晰、层次分明、说理透彻。

【延伸阅读】

1. 赵长青主编．经济刑法学．北京：法律出版社，1999

2. 梁慧星．中国物权法草案建议稿．北京：社会科学文献出版社，2000

3. 朱建华主编．刑法分论．北京：法律出版社，2011

案86 国有资本控参股的股份有限公司工作人员受贿行为的定性

——陈某某受贿案

【问题提示】

国有公司作为股东之一与民间资本进行合作，共同投资组建国有资本控股、参股的股份有限公司是否为国有公司？其工作人员是国家工作人员还是非国家工作人员？

【案情摘要】

被告人：陈某某，改制前系A银行重庆市分行法律与合规部工作人员，改制后任A银行重庆市分行法律与合规部经理。

A银行于2005年经批准进行股份制改革，改制后全称为“A银行股份有限公司”（简称A银行），其中，国有公司B有限责任公司作为A银行股份有限公司的发起人占有绝大部分的股份，C开发银行等非国有资本也占一定比例的股份。A银行重庆市分行系A银行的分支机构。被告人陈某某改制前在该行法律与合规部从事一般事务性工作，2007年年被改制后的A银行重庆分行聘任为法律与合规部经理。2008年年初，被告人陈某某在任A银行重庆市分行法律与合规部经理期间，H律师事务所律师为了感谢陈某某对其在代理A银行重庆市分行与S公司债权债务案件中的关照，到陈某某办公室送给陈某某人民币7.8万元。后人民法院经审理，以非国家工作人员受贿罪对陈某某定罪处罚。

【分歧意见】

一种观点认为，对于国有资本控股、参股的公司，当国有资本控股时即为国有公司，其工作人员为国家工作人员；另一种观点认为，只有公司的全部股份属于国家所有时才能认定为国有公司，国有资本仅参股或控股的公司不能认定为国有公司，相应地，其工作人员是否为国家工作人员需根据是否受国有单位委派，是否从事公务，是否代表国有投资主体行使监督、管理职权作出不同的认定。

【要点提示】

1. 国有资本控股、参股的公司能否认定为国有公司？

2. 国有资本控股、参股公司的工作人员是否是国家工作人员？如何理解《刑法》第93条规定的“委派”、“从事公务”？

3. 对如下相关法律、法规、司法解释的把握：《刑法》第93条，最高人民法院《全国法院审理经济犯罪案件工作座谈会纪要》、《关于国有资本控股、参股的股份有限公司中从事管理工作的人员利用职务便利非法占有本公司财物如何定罪问题的批复》等。

【问题讨论】

随着我国社会主义市场经济的不断发展，国有公司作为股东之一与民间资本进行合作，共同投资组建国有资本控股、参股的股份有限公司，已经成为国有企业改制的一种重要形式。改制后的公司中的工作人员利用职务之便进行的经济犯罪如何定性，成为司法实践中一个新的课题。

一、国有资本控股、参股的公司能否认定为国有公司

理论界对此主要有两种观点：一是控股说，即认为当国有资本所占股份超过公司股份50%时应当认定为国有公司；二是独资说，即认为只有公司的全部股份都属于国家所有时才能认定为国有公司，即只有国有独资公司、企业才是国有公司，国有资本控股、参股的公司不能认定为国有公司。我们倾向于第二种观点，理由主要有以下几点：

（一）国有资本控股、参股公司的财产权并非全部属于国家所有

在国有资本控股、参股的公司中，作为股东之一的国有公司享有与其出资比例

相一致的资产收益权、重大决策权和选择管理者等权利，而并非全部法人财产权利。我国宪法同时也保护合法的私有财产权不受侵犯，此类公司中的非国家股东，不管是个人投资者还是其他合法投资者，同样享有与其股权相适应的资产收益权。

（二）司法上并未将国有资本控股、参股的公司作为刑法意义上的国有公司对待

最高人民法院于2004年11月在苏州召开的全国部分法院经济犯罪案件审判工作座谈会也对此问题进行了深入的讨论，参会代表一致认为，国有公司应为国有独资公司或两个以上国有投资主体出资成立的股份有限公司或其他全部股份属于国有的股份公司，并未将国有资本控股、参股的公司作为刑法意义上的国有公司对待。

二、国有资本控股、参股公司的工作人员能否界定为国家工作人员

我国《刑法》第93条规定：国家机关、国有公司、企业、事业单位委派到非国有公司、企业、事业单位、社会团体从事公务的人员，以国家工作人员论。最高人民法院于2003年11月发布的《全国法院审理经济犯罪案件工作座谈会纪要》（以下简称2003年《纪要》）对此类人员作了进一步明确的界定：不论被委派的人身份如何，只要是接受国家机关、国有公司、企业、事业单位委派，代表国家机关、国有公司、企业、事业单位在非国有公司、企业、事业单位、社会团体中从事组织、领导、监督、管理等工作，都可以认定为国家机关、国有公司、企业、事业单位委派到非国有公司、企业、事业单位、社会团体从事公务的人员。如国家机关、国有公司、企业、事业单位委派在国有控股或者参股的股份有限公司从事组织、领导、监督、管理等工作的人员，应当以国家工作人员论。国有公司、企业改制为股份有限公司后，原国有公司、企业的工作人员和股份有限公司新任命的人员中，除代表国有投资主体行使监督、管理职权的人外，不以国家工作人员论。以上规定均将受委派从事公务作为认定国家工作人员的主要标准，也就是说，不能因为国有资本控股、参股公司不属于国有公司就将其工作人员一概排除在国家工作人员的范围之外，应根据是否受国有单位委派，是否从事公务，是否代表国有投资主体行使监督、管理职权作出不同的认定。因此，如何理解“委派”和“从事公务”在司法实践中显得尤其重要。

（一）对“委派”的理解

主要包括如下几个方面：第一，委派主体的特定性。委派单位必须是国家机关、国有公司、企业、事业单位，且是以单位的名义进行的委派，任何以个人名义进行的委派都不是刑法意义上的委派。第二，委派目的的特定性。委派到国有控股、参股公司中的人员必须从事领导、监督、管理等公务活动，一般应担任董事长、总经理、董事、部门经理等较重要的职务。其他如受委派从事技术指导等工作就不属于刑法意义上的委派。第三，委派对象的不特定性。并不要求被委派的对象本身具有国家工作人员的身份。第四，委派形式的多样性。“委派”从字面上理解即为委任、派遣，具体形式多种多样，如建议、推荐、任命、指派、提名、批准等。一般以书面形式进行，受委派人员也应以明确的方式表示接受。实践中也有国有公司改制为国有控股、参股公司后，原管理人员继续留任，虽未办理严格的委派手续和未形成正式的文件，但实质上是基于原国有公司的安排，并接受了原国有公司赋予的职责，

继续从事组织、领导、监督、管理等公务活动。此类人员也应当视为事实上受国有单位的委派从事公务的人员。

（二）对“从事公务”的理解

从事公务是国家工作人员的共同特征，也是本质特征，是认定国家工作人员的实质标准。2003 年《纪要》中明确，从事公务，是指代表国家机关、国有公司、企业、事业单位、人民团体等履行组织、领导、监督、管理等职责。公务主要表现为与职权相联系的公共事务以及监督、管理国有财产的职务活动。通过以上规定，我们不难看出，受委派在国有资本控股、参股的公司中从事的公务，应具有以下特征：一是要代表国家，在国有资本控股、参股的公司中代表国有投资主体实施管理行为，而不是受个人、集体或者团体之托实施管理行为；二是所从事的工作应为组织、领导、监督、管理等体现国家权力的职权性事务，而非一般的劳务活动或技术服务工作。

（三）在国有资本控股、参股的股份有限公司中从事管理工作的人员，除受国家机关、国有公司、企业、事业单位委派从事公务者以外，不属于国家工作人员

最高人民法院《关于在国有资本控股、参股的股份有限公司中从事管理工作的人员利用职务便利非法占有本公司财物如何定罪问题的批复》规定：“在国有资本控股、参股的股份有限公司中从事管理工作的人员，除受国家机关、国有公司、企业、事业单位委派从事公务的以外，不属于国家工作人员。对其利用职务上的便利，将本单位财物非法占为已有，数额较大的，应当……以职务侵占罪定罪处罚。”此批复虽然是对此类人员非法侵占公司财物的定罪规定，但同时也对上述人员的主体身份作出了明确的界定，即其不属于国家工作人员。

本案中，A 银行于 2005 年经批准进行股份制改革，改制后全称为“A 银行股份有限公司”，简称“A 银行”，除国有公司 B 有限责任公司作为 A 银行股份有限公司的发起人占有绝大部分的股份外，C 开发银行等非国有资本也占一定比例的股份，A 银行已由国有独资银行改制为国有资本控股的股份制商业银行，不再具有国有公司的性质。A 银行重庆市分行系 A 银行的分支机构，其性质也发生了相同的转变。陈某某在改制前在该行法律与合规部从事一般的事务性工作，并非履行组织、领导、监督、管理等职责，其于 2007 年被改制后的 A 银行重庆市分行聘任为法律与合规部经理，并非受国有单位委派，也非基于原有单位的委任或安排，所从事的亦仅为一般的管理工作，对其身份应认定为前述批复所规定的在国有资本控股、参股的股份有限公司中从事管理工作的人员，而非受国有单位委派从事公务的国家工作人员，对其利用职务之便收受贿赂的行为应以非国家工作人员受贿罪定罪处罚。

【讨论归纳】

国有公司作为股东之一与民间资本进行合作，共同投资组建的国有资本控股、参股的股份有限公司，不再具有国有公司性质。但不能因为国有资本控股、参股的公司不属于国有公司就将其工作人员一概排除在国家工作人员的范围之外，应根据是否受国有单位委派，是否从事公务，是否代表国有投资主体行使监督、管理等职权作出不同的认定。若系受国有单位委派的国有资本控股、参股公司的工作人员受

贿，则构成受贿罪，否则，构成非国家工作人员受贿罪。

【实务训练】

从实务中找一件类似本主题的真实案件，根据该案的事实、既有证据及争议焦点，写一份辩护词或判决书。要求格式规范、条理清晰、层次分明、说理透彻。

【延伸阅读】

1. 卢勤忠．商业贿赂犯罪研究．上海：上海人民出版社，2009

2. 刘志远主编．商业贿赂犯罪司法解释适用指南与案例评析．北京：中国方正出版社，2008

3. 最高人民法院刑事审判第一，二，三，四，五庭．中国刑事审判指导案例（贪污贿赂罪·渎职罪·军人违反职责罪）．北京：法律出版社，2009

4. 裴广川．非国家工作人员受贿罪主体资格的认定．中国检察官，2010（15）

5. 最高人民法院《关于在国有资本控股、参股的股份有限公司中从事管理工作的人员利用职务便利非法占有公司财物如何定罪问题的批复》

6. 最高人民法院、最高人民检察院《关于办理商业贿赂刑事案件适用法律若干问题的意见》

案 87 挪用公款归个人使用的理解与界定

——王某某挪用公款

【问题提示】

国有企业究竟有无自主权力借款给其他单位（包括私有单位）？国有企业负责人假借合同的形式将公款借给其他单位使用的行为是否属于挪用公款归个人使用？

【案情摘要】

被告人：王某某，男，某学校印刷厂（国有企业）厂长。

2006 年上半年，某建材分公司（私营企业）经理曾某某找到王某某，希望从印刷厂借 20 万元资金供其公司经营使用。为达此目的，同年 7 月 21 日，王某某与梁平县某造纸厂签订了 28 万元购纸合同，并与该厂厂长张某约定，实际只购买纸张 8 万元，另外 20 万元通过造纸厂账户转到建材分公司账上，同时，曾某某与造纸厂签订了一份借款协议，由王某某做担保人。同年 7 月 28 日，王某某按合同将印刷厂的 28 万元资金汇入造纸厂账上。张某也按事先约定将价值 8 万元的纸供给印刷厂，剩余 20 万元转到了曾某某的公司账上。曾某某用此款购买了设备。2007 年上半年，学校派人调查纸张质量问题。王某某害怕假合同事情暴露，于是将从别处借来的 15 万元和自己的 5 万元分别以造纸厂退款为由退回印刷厂。后经调查事发。

【分歧意见】

关于王某某的行为是否构成挪用公款罪，一种观点认为，王某某的行为性质是单位间的资金拆借，不属于挪用公款归个人使用，不构成挪用公款罪；另一种观点认为，王某某利用职务之便擅自将印刷厂的公款通过签订虚假购纸合同和担保虚假借款协议的手段借给某建材分公司用于经营活动，数额巨大，其行为构成挪用公款罪。

【要点提示】

1. 对挪用公款归个人使用的几个立法解释和司法解释的理解。

2. 单位间拆借资金和挪用公款的区别。

【问题讨论】

挪用公款罪是指国家工作人员利用职务上的便利，挪用公款归个人使用，进行非法活动，或者挪用公款数额较大，进行营利活动，或者挪用公款数额较大，超过3个月未还的行为。本案在主体资格、主观要件和客体上均无异议，其争议点在于，王某某擅自动用国有企业资金借给私营企业使用是否属于挪用公款“归个人使用”。

一、关于挪用公款归个人使用的立法解释和司法解释的演变

关于挪用公款归个人使用的问题，学术界长期以来没有形成统一认识，最高司法机关也先后出台了若干相互矛盾的司法解释，直至2002年全国人大常委会就此专门作出立法解释才使争议基本平息。1998年最高人民法院《关于审理挪用公款案件具体应用法律若干问题的解释》中规定：挪用公款归个人使用，包括归本人使用或者给他人使用，也包括挪用公款给私有公司、企业使用。2000年最高人民检察院《关于挪用公款给私有公司、私有企业使用行为的法律适用问题的批复》规定：“挪用公款给私有公司、私有企业使用的行为，无论发生在刑法修订前后，均可构成挪用公款罪。”但是，是否挪用公款给非私有单位使用就绝对不构成挪用公款罪，司法解释没有明确。如果坚持挪用公款给私有企业使用构成挪用公款罪，挪用公款给国有企业使用不构成犯罪，则既是对私有企业的不尊重而不承认其与国有企业的平等地位，也不利于对挪用公款行为的打击。

2001年，最高人民法院在《关于如何认定挪用公款归个人使用有关问题的解释》中对“挪用公款归个人使用”作出新解释：国家工作人员利用职务上的便利，以个人名义将公款借给其他自然人或者不具有法人资格的私营独资企业、私营合伙企业等使用的，或者为谋取个人利益，以个人名义将公款借给其他单位使用的，都属于挪用公款归个人使用。这就推翻了过去以借款人的“公”、“私”性质论定和挪用公款给其他“公”家一律不构成犯罪的做法，从而在一定程度上实现了对“公”、“私”不同性质单位的平等对待和平等保护。但问题仍然存在，一是最高人民法院2001年的这个司法解释还是没有彻底解除对私有公司、企业的歧视；二是最高人民法院、最高人民检察院关于挪用公款给具备法人资格的私营公司的认定有分歧，给司法实践带来困难。

为了解决这一争议，全国人大常委会于2002年4月下发了《关于〈中华人民共和国刑法〉第三百八十四条第一款的解释》，指出：下列行为属于挪用公款“归个人使用”：（1）将公款供本人、亲友或者其他自然人使用的；（2）以个人名义将公款供

其他单位使用的；(3) 个人决定以单位名义将公款供其他单位使用，谋取个人利益的。从这个立法解释可以看出，对挪用公款“归个人使用”的判断已完全不考虑“公”、“私”企业的性质了，也不考虑借款单位是否具备法人资格。只要是以个人名义将公款借给其他任何单位使用，或者虽然打着单位名义将公款借出，却谋取个人利益的，都属于挪用公款“归个人使用”。这就彻底实现了对“公”、“私”单位的平等保护，也彻底解决了最高人民法院、最高人民检察院在这一问题上的分歧。除此之外，最高人民检察院还在有关通知中重申，无论使用公款的是个人还是单位以及单位性质如何，均应认定为挪用公款归个人使用，构成犯罪的，应依法严肃查处；同时还强调，应注意区分罪与非罪的界限，特别注意区分挪用公款罪与单位之间违反财经纪律拆借资金行为的界限。应该说最高人民检察院的这个通知完全体现了立法解释的精神，并且注意到现实经济活动中大量存在的公司、企业之间相互拆借资金的行为不宜一概作为犯罪对待。

二、单位之间相互拆借资金的认定

资金拆借是指银行等金融机构之间在经营过程中相互调剂资金的短期借贷业务。在我国，资金拆借仅限于中国人民银行批准并经工商行政管理机关注册登记的商业银行和非银行金融机构之间的同业拆借。但是，非金融机构性质的单位能否将自有资金借出给其他单位？对于这一问题，我国法律规定一直处于较为模糊的状态中。比如，某市政府将上级拨给自己的财政拨款借给互不隶属的其他市政府，或者某市财政局将本局行政经费一部分借给某国有企业。这种行为既没有法律依据，也没有法律明文禁止。但是，对企业之间的资金拆借，有几个法律、法规直接或间接涉及。国务院 1992 年颁布的《全民所有制工业企业转换经营机制条例》明确规定了企业经营权，其第 6 条规定：企业经营权是指企业对国家授予其经营管理的财产享有占有、使用和依法处分的权利。依民法基本理论，使用权是用益物权的重要组成部分，使用权当然包括将财产予以有偿或无偿借出的权利。另外，原国家经贸委、劳动部也曾在 1995 年 4 月发布的《国有企业资产经营责任制暂行办法》第 12 条中规定：“企业享有法人财产权的各项权利。包括：(一) 独立占有国家授予其经营管理的财产；(二) 独立使用国家授予其经营管理的财产进行投资、购置、生产、运营；(三) 依法独立决定企业实物财产的有偿出让、租借、抵押、报废等；(四) ……”该办法明确承认国有企业之间对实物财产的相互借贷，但对货币资金的拆借却没有作这样明确的表态。2005 年修订的《公司法》第 149 条规定：“董事、高级管理人员不得有下列行为：……违反公司章程的规定，未经股东会、股东大会或者董事会同意，将公司资金借贷给他人或者以公司财产为他人提供担保”。这实际上是承认了公司经法定程序可以将自有资金借贷给其他公司、个人。从以上相关法律、法规中可以推断：公司、企业之间相互拆借资金，只要手续健全、程序合法，没有损害国家、社会和其他人的利益，是不能认为违法，至少不能认为是犯罪行为的。

三、本案不属于合法借贷，而是挪用公款归个人使用

如上所述，国有企业是有权力在法律允许范围内自主支配本企业资金的，包括将其资金借给其他单位使用。国家税务总局甚至还曾发文规定对这种企业之间的资

金拆借要征收营业税。因此，如果王某某通过正常途径代表某学校印刷厂与某建材分公司签订借款合同，通过公开、正规手续办理借款转账业务，只要没有给本单位造成重大损失并且不危害国家、社会利益，完全是合法的、受法律保护的。

但是，王某某采用瞒过单位其他成员、拟定虚假赊销合同的方法将公款借出，根本不能形成合法的借贷关系，所以属于私自挪用公款的性质，应该属于 2002 年全国人大的立法解释列举的第二种情况，即“以个人名义将公款供其他单位使用的”情况。王某某自认为将公款借给私有企业是公开不得的行为，因此才会采取舞弊的办法将公款通过第三方偷偷转到借款单位账上，而对本单位、对上级、对有关部门和社会公众隐瞒单位资金的真正去向，使得国有资金安全得不到保障，面临着很大的风险。这个案件的实质，是个人利用职务之便以个人名义将公款借给其他单位，而不是以单位名义借款。合法借贷一定是通过合法（包括内容合法与形式合法）的合同来进行的，不存在利用职务之便的偷偷摸摸的行为；反之，像本案中的情况，在客观方面，王某某毫无疑问利用了身为厂长主管全面工作的职务便利，将公款挪用给私有企业使用，被挪用的公款让私有企业用于生产经营，显然属于营利活动，且数额达 20 万元之巨，完全符合刑法规定的“挪用公款数额较大，进行营利活动的”规定。

【讨论归纳】

王某某为了掩盖将公款借给某建材分公司的事实，采取先与造纸厂签订购纸合同，再与造纸厂和某建材分公司签订担保借款协议的手段，以貌似合法的形式达到其私自将公款借给某建材分公司的目的。王某某未经单位授权或有关部门审批、许可，逃避财经监管，擅自将本单位公款借给其他单位使用，应当认定为以个人名义将公款供其他单位使用。

【实务训练】

从实务中找一件类似本主题的真实案件，根据该案的事实、既有证据及争议焦点，写一份辩护词或判决书。要求格式规范、条理清晰、层次分明、说理透彻。

【延伸阅读】

1. 刘荣生等．贪污贿赂罪．北京：中国人民公安大学出版社，2003

2. 2002 年 5 月 13 日最高人民检察院《关于认真贯彻执行全国人大常委会〈关于《中华人民共和国刑法》第二百九十四条第一款的解释〉和〈关于《中华人民共和国刑法》第三百八十四条第一款的解释〉的通知》

案 88　将自己的领导职责交由下属履行行为的定性

——郑某玩忽职守、受贿案

【问题提示】

国家机关工作人员将本应自己全面负责的领导责任交由下属履行的行为是否属

于严重不负责任的玩忽职守行为？玩忽职守与滥用职权的区别是什么？

【案情摘要】

被告人：郑某，原国家医药管理局局长、国家药品监督管理局（以下简称国家药监局）局长和国家食品药品监督管理局局长。

1997年6月至2006年12月间，被告人郑某利用任国家医药管理局局长、国家药监局局长、国家食品药品监督管理局局长的职务便利，接受请托，为8家制药企业在药品、医疗器械的审批等方面谋取利益，先后多次直接或通过其妻、子非法收受上述单位负责人给予的款物，共计折合人民币649万余元。2001年至2003年，郑某在先后担任国家药监局局长、国家食品药品监督管理局局长期间，在全国范围统一换发药品生产文号专项工作中，违背重大事项请示报告制度和民主决策程序，草率启动专项工作；严重不负责任，对这一事关国计民生的药品生产监管工作未作认真部署，并且擅自批准降低换发文号的审批标准。郑某玩忽职守造成严重的后果，经后来抽查发现，部分药品生产企业使用虚假申报资料获得了药品生产文号的换发，其中6种药品竟然是假药。

【分歧意见】

关于郑某的行为是否属于玩忽职守，分歧意见如下：一种观点认为，郑某作为国家药监局的负责人，他负责的是全面工作，而不可能是每一项具体工作，因此，郑某将专项工作交由下属具体贯彻实施并非玩忽职守，其应当承担的是领导责任，而具体贯彻实施的人员应当承担与其职责相应的责任。另一种观点认为，郑某作为长期从事国家药品监管工作的主要领导，明知专项工作涉及对全国范围内药品标准的审查，与人民群众的生命健康关系密切，关乎民生和社会稳定及政府管理能力，应当将专项工作列为国家药监局的一项重要工作，应当预见一旦专项工作处置失当将会造成严重后果，但其却将这一重要工作当作该局注册司的一项常规工作，交由下属具体贯彻实施。郑某上述玩忽职守行为，导致国家药品管理失序，增大了人民群众的用药风险，损害了国家机关依法行政的形象，致使国家和人民的利益遭受重大损失，造成了恶劣的社会影响。

【要点提示】

本案问题的解决，需着重把握如下几个问题：

1. 玩忽职守罪的客观要件。

2. 玩忽职守罪与滥用职权罪的区别。

【问题讨论】

渎职犯罪在司法实践中常有发生，往往造成重大损失，但是，人们普遍关注不多，司法实践中因渎职行为被实际追究刑事责任的并不多。来自最高人民检察院的数据显示，2005年至2009年6月，被判决有罪的17，671名渎职侵权被告人中，宣告免予刑事处罚和宣告缓刑的合计占到85.4%。此数据中尚不包括检察机关未立案查处或立案查处而未提起公诉的情况。造成渎职行为未被严厉打击的原因是多元的，其中一个重要原因就在于对渎职行为认识不清，对玩忽职守罪和滥用职权罪的构成要件争议极大。

一、玩忽职守罪的客观要件

根据我国《刑法》第397条之规定，玩忽职守罪在客观方面表现为，国家机关工作人员严重不负责任，不履行或不正确履行自己的工作职责，致使公共财产、国家和人民利益遭受重大损失的行为。其行为构造包括四个层次的内容：一是行为人具有法定的工作职责；二是行为人能够履行而不履行或不正确履行自己的工作职责；三是行为人不履行或不正确履行工作职责是基于自己的严重不负责任；四是行为人放弃职责造成了重大损失，也就是说放弃职责与重大损失之间具有因果关系。

（一）行为人具有法定的工作职责

所谓职责，是指工作范围内应尽的责任。负有职责是玩忽职守罪成立的前提条件。职权是职务的权能或者职务所产生的权力，与职责是一个事物的两个方面。就权力角度而言，注重的是职权范围，有了职权，才能从事公务的活动；就责任角度而言，就是职责，有了职责就应当承担责任。一般而言，职权与职责是统一的。但由于两者角度不同，使得人们对事物的关注方向也不同，这样就形成一事物与另一事物质的区别。玩忽职守行为中职守更应当理解为职责，玩忽职守行为是应履行职责而未履行职责。国家机关工作人员的工作职责源自于法律、法规和有关单位的规章制度等规范性文件的授予与规定。国务院办公厅《关于印发国家医药管理局职能配置、内设机构和人员编制方案的通知》、《关于印发国家药品监督管理局职能配置内设机构和人员编制规定的通知》、《关于印发国家食品药品监督管理局主要职责内设机构和人员编制规定的通知》（国办发［2008］100号）等文件规定：国家医药管理局、国家药监局和国家食品药品监督管理局负有全国药品、医疗器械等方面的行业管理，拟定、修订和颁布药品法定标准，注册新药，拟定和修订药品研究、生产、流通、使用方面的质量管理规范并监督实施，监管麻醉药品等方面的职责。郑某在担任国家药监局局长职务期间负责国家药监局的全面工作，并重点分管药品注册司。这是郑某工作职责之合法来源。1999年，国家药监局颁布了《国家药品监督管理局工作规则（试行）》，其中明确规定"国家药监局工作中的重大问题，须经局党组会议、局务会议研究讨论决定"，"工作中的重要情况或重大问题，及时向党中央、国务院请示、报告。对重要工作和重大问题，必须在深入调查研究、认真听取和充分尊重有关部门和地方意见的基础上，提出切实可行的意见和建议，经国务院批准后部署实施，并加强监督检查"。本案中，郑某作为国家药监局的主要负责人，负有对药品安全监管专项工作这一重大问题的工作职责。

（二）行为人不履行或不正确履行自己的工作职责

不履行或者不正确履行自己的职责，从行为方式来看，属于不作为。不履行职责包括擅离职守和在岗不履行职责两种表现形式。擅离职守是指未经许可即离开自己的工作岗位，在岗不履行职责是指行为人虽然在岗，但是不履行自己应该履行的工作职责，二者都表现为完全没有履行其应当履行的职责。当然，没有履行的前提是行为人能够履行职责。所谓不正确履行职责是指行为人不是完全不履行自己的职责，而是形式上具有履行职责的行动，但却没有完全按照职责的要求做。本案中郑某放弃了本应亲自履行的领导责任而交由下属履行即属于不履行自己的工作职责，故理应承担玩忽职守之罪责。

（三）行为人不履行或不正确履行工作职责是基于自己的严重不负责任

司法实践中，对“严重不负责任”的认定直接影响到许多渎职罪具体犯罪是否成立，玩忽职守亦不例外。如何认定“严重不负责任”在实践中争议很大。对“严重不负责任”性质的理解，理论上有三种观点：第一种观点认为，“严重不负责任”属于主观要件。认为“行为人本来能够正确地认识一定行为与危害结果之间的客观联系，并进而正确选择自己的行为，避免危害社会结果的发生，但他却在自己的主观意志支配下，对社会利益和公民大众的安危采取了严重不负责任的态度，从而使自己的行为造成了严重危害社会的结果”[①]。第二种观点认为，“严重不负责任”属于客观要件。有学者在论及《刑法》第229条第3款中介组织人员出具证明文件重大失实时认为“本罪在客观上必须具有严重不负责任，出具的证明文件有重大失实，造成严重后果的行为”[②]。赞成“严重不负责任”是客观要件的学者在理论界为数不少。第三种观点认为，“严重不负责任”应该是主、客观表现的统一体。[③] 严重不负责任不仅能被视为犯罪构成要件中的客观要件，而且可被理解为过失心理的主观要件。我们认为从法条规定[④]来看，“严重不负责任”应属于规范要素和客观要件的内容，如果作为主观要件，该类犯罪即应属于故意犯罪的范畴。从法律内涵上讲，“严重不负责任”就是指行为人极端地没有尽到某种特别性的注意义务，“不负责任”是指行为人有能力履行职责而不履行或者不正确履行职责，“严重”表明行为人不负责任的程度，以区别于一般的工作失误。

（四）行为人放弃职责造成了重大损失

根据最高人民检察院《关于渎职侵权犯罪案件立案标准的规定》的规定，重大损失是指：（1）造成死亡1人以上，或者重伤2人以上，或者重伤1人、轻伤3人以上，或者轻伤5人以上的；（2）导致10人以上严重中毒的；（3）造成个人财产直接经济损失10万元以上，或者直接经济损失不满10万元，但间接经济损失50万元以上的；（4）造成公共财产或者法人、其他组织财产直接经济损失20万元以上，或者直接经济损失不满20万元，但间接经济损失100万元以上的；（5）虽未达到3、4两项数额标准，但3、4两项合计直接经济损失20万元以上，或者合计直接经济损失不满20万元，但合计间接经济损失100万元以上的；（6）造成公司、企业等单位停业、停产6个月以上，或者破产的；（7）弄虚作假，不报、缓报、谎报或者授

---

① 赵秉志：《新刑法教程》，137页，北京，中国人民大学出版社，1997。

② 陈兴良：《刑法疏义》，391页，北京，中国人民公安大学出版社，1997。

③ 参见李兰英、雷堂：《论严重不负责任》，载《河北师范大学学报》（哲学社会科学版），2000（4）。

④ 作为刑法用语的“严重不负责任”出现在包括渎职罪在内的11个条款中，它们分别是：《刑法》第167条签订、履行合同失职被骗罪，第229条第3款出具证明文件重大失实罪，第304条故意延误投递邮件罪，第335条医疗事故罪，第400条第2款失职致使在押人员脱逃罪，第406条国家机关工作人员签订、履行合同失职被骗罪，第408条环境监管失职罪，第409条传染病防治失职罪，第412条第2款商检失职罪，第413条第2款动植物检疫失职罪，第419条失职造成珍贵文物损毁、流失罪。

意、指使、强令他人不报、缓报、谎报情况，导致重特大事故危害结果继续、扩大，或者致使抢救、调查、处理工作延误的；(8) 严重损害国家声誉，或者造成恶劣社会影响的；(9) 其他致使公共财产、国家和人民利益遭受重大损失的情形。并且，此类重大损失是由行为人放弃职责所造成的。

本案中，被告人郑某身为国家药品监管部门的主要负责人，本应认真行使国家和人民赋予的权力，廉洁从政，但其置国家和人民的重要利益于不顾，为有关企业在获得相关许可证、药品进口、注册、审批等方面谋取利益，直接或者通过其妻、子多次收受贿赂，严重侵害了国家工作人员的职务廉洁性，严重破坏了国家药品监管的正常工作秩序，危害人民群众的生命、健康安全，造成了极其恶劣的社会影响，应符合刑法关于玩忽职守罪的规定，构成玩忽职守罪。

二、玩忽职守罪与滥用职权罪的区别

郑某渎职案与陈某渎职案[①]有一个共同的特点，即：在起诉阶段，二人均被以玩忽职守罪和滥用职权罪同时起诉，但是法院最终只认定了一项罪名，郑某最后被认定为玩忽职守罪，而陈某最后被认定为滥用职权罪。这两起具有重大影响的案件的最终判决反映了司法实践中的一个巨大困惑：玩忽职守罪和滥用职权罪的界限何在？

(一) 理论分歧

玩忽职守罪与滥用职权罪规定在同一法条中，法定刑完全一样，而且，从立法沿革来看，滥用职权罪脱胎于玩忽职守罪，所以关于二者的区别，理论上聚讼颇多，多有分歧，主要观点有：第一种观点认为，二罪主要在主观方面和客观方面不同。其中又有两种主张：其一认为在主观方面滥用职权罪表现为故意或过失，玩忽职守罪表现为为过失，但也可以表现为故意；在客观方面滥用职权罪表现为为作为且只能为作为，而玩忽职守罪表现为不作为。其二认为在主观方面滥用职权罪表现为过失或间接故意，而玩忽职守罪表现为过失；在客观方面，滥用职权罪表现为滥用手中职权或者超越职权，而玩忽职守罪表现为不履行或不正确履行职责。第二种观点认为二罪在主体、主观方面和客体等构成要件上完全相同，只是在客观方面有所不同，即滥用职权罪是作为，玩忽职守罪是不作为。第三种观点认为二罪在主体、客体和客观方面均相同，不同之处在于主观方面，即滥用职权罪是故意，玩忽职守罪是过失。

(二) 初步结论

我们同意第二种观点，认为二罪的区别不在于主观罪过形式，而只能在于客观要件。主要理由如下：

第一，从《刑法》第 397 条的规定来看，"国家机关工作人员滥用职权或者玩忽职守，致使公共财产、国家和人民利益遭受重大损失的"中"致使"的表述说明行为人对结果的态度并非故意，而从《刑法》第 14 条、第 15 条和第 16 条的规定来

---

① 被告人陈某，原系某市市委书记，曾任该市市长。侦查部门以涉嫌受贿罪、滥用职权罪对陈某执行逮捕。公诉机关以受贿罪、滥用职权罪对其提起公诉。法院以受贿罪、滥用职权罪对其实行数罪并罚。

看，我国刑法对行为人的罪过形式判断的落脚点在于行为人对结果的态度，即国家机关工作人员对“重大损失”的态度，因此，二罪的区别不在于罪过形式。

第二，从法定刑的配置来看，二罪的法定刑为3年以下有期徒刑或者拘役；情节特别严重的，处3年以上7年以下有期徒刑。此种刑罚的配置是刑法中较为典型的过失犯罪的法定刑配置，如果滥用职权罪系故意犯罪的话，则显属罪刑不均衡，有悖罪责刑相适应原则，因为国家机关工作人员故意造成包括人的死亡在内的重大损失的，仅处3年以下有期徒刑或者拘役，而即使是情节特别严重的，也仅处3年以上7年以下有期徒刑。

第三，从《刑法修正案（八）》的修订来看，二罪的区别亦不应在主观上。《刑法修正案（八）》增设了食品监管渎职罪：负有食品安全监督管理职责的国家机关工作人员，滥用职权或者玩忽职守，导致发生重大食品安全事故或者造成其他严重后果的，处5年以下有期徒刑或者拘役；造成特别严重后果的，处5年以上10年以下有期徒刑。最高人民法院、最高人民检察院《关于执行〈中华人民共和国刑法〉确定罪名的补充规定（五）》将之确定为食品监管渎职罪一个罪名，而不是食品监管玩忽职守罪和食品监管滥用职权罪。最高人民检察院渎职侵权检察厅副厅长李忠诚在回答记者提问时认为：最高人民法院、最高人民检察院确定这一罪名的司法解释是刑法修改以来长期实施经验的总结，也是为解决司法实践中遇到的问题而作出的不得已的选择。为了解决司法实践中长期纠缠于行为人的罪过形式而难以确定行为人的行为究竟是成立滥用职权罪还是成立玩忽职守罪的问题，将食品安全监管滥用职权与玩忽职守的行为归为食品安全监管渎职罪，避免因司法机关之间认识分歧而影响更为有效、及时地查办食品安全监管领域的渎职犯罪。

第四，二罪的区别只能表现在客观要件上，即玩忽职守是不作为，无论是不履行抑或不正确履行职责，均是在应该履行且能够履行职责的情形下放弃履行职责，属于违背命令性规范，显系不作为犯罪；而滥用职权是不当为而为，即行为人不当用权而用权，违背的是禁止性规范，属于作为犯罪。

当然，从司法实践来看，将玩忽职守罪和滥用职权罪分设，不是一个最好的立法选择，玩忽职守行为和滥用职权行为在实践中也往往交织在一起，因此，将二罪合设一罪更为恰当。

【讨论归纳】

玩忽职守罪的成立在客观方面必须具有下列要件：一是行为人具有法定的工作职责，二是行为人能够履行职责而不履行或者不正确履行，三是行为人不履行或不正确履行职责是基于自己严重不负责任，四是放弃履行职责导致了重大损失。玩忽职守罪与滥用职权罪的区别不在于主观罪过形式，而在于客观方面：玩忽职守罪是不作为犯罪，而滥用职权罪是作为犯罪。

【实务训练】

从实务中找一件类似本主题的真实案件，根据该案的事实、既有证据及争议焦点，写一份辩护词或判决书。要求格式规范、条理清晰、层次分明、说理透彻。

【延伸阅读】

1. 王作富主编．刑法分则实务研究（下）．北京：中国方正出版社，2003

2. 王作富．刑法专论（下编）．北京：高等教育出版社，2002

3. 赵秉志主编．刑法分则要论．北京：中国法制出版社，2010

4. 陈兴良．口授刑法学．北京：中国人民大学出版社，2007

5. 最高人民法院刑事审判第一，二，三，四，五庭．中国刑事审判指导案例（贪污贿赂罪·渎职罪·军人违反职责罪）．北京：法律出版社，2009

案 89　因单位经费紧张私自罚款放纵犯罪行为的定性

——刘某滥用职权案

【问题提示】

我国《刑法》第九章规定的渎职罪中，共有 18 个罪名把“徇私舞弊”直接规定在罪状中，由于这些犯罪的共同特点在于，它们都把徇私舞弊作为犯罪构成要件，通常把它们称为徇私舞弊型渎职犯罪。对在司法实践中徇私舞弊型渎职犯罪困惑较多，主要包括：“徇私”的范畴之争，徇单位之“私”难以定性；对“徇私”的情节难以查证，导致案件流产；“徇私”标准不统一，实践中难以把握，造成处理结果明显不当等问题。

【案情摘要】

被告人：刘某某，系 M 县林业局副局长。

2008 年 10 月，M 县某乡教师韦某某滥伐林木 46.4 立方米；2009 年 12 月 M 县 P 乡邓某某滥伐林木 41.44 立方米；2009 年 12 月 M 县 B 林场职工蒲某某滥伐林木 74.16 立方米；2011 年 10 月份，M 县 P 乡村民潘某某滥伐林木 16.81 立方米。经群众举报，原 M 县公安局林业公安科和 M 县公安局 B 林场派出所在 2011 年 3 月和 2011 年 12 月对上述 4 起滥伐林木案件进行调查，经办案人员向当时的分管领导 M 县林业局副局长刘某某请示汇报，刘某某明知对韦某某、邓某某、潘某某、蒲某某四人的行为依法应当追究刑事责任，但其考虑本单位经费紧张，为了本单位能多收些罚款，决定对该四起滥伐林木案件作行政处罚，由原县公安局林业公安科和县公安局 B 林场派出所先后作出对韦某某罚款 15 000 元的行政处罚，对邓某某作出罚款 8 400 元的行政处罚，对蒲某某作出罚款 15 560 元的行政处罚，对潘某某作出没收其砍伐的林木变价折款 1 000 元和罚款 5 885 元的行政处罚。罚款后，均不追究韦某某、邓某某、潘某某、蒲某某四人的刑事责任。

【分歧意见】

关于本案的定性问题，即刘某某的行为是徇私舞弊不移交刑事案件还是滥用职权，有两种分歧意见：一是认为刘某某的行为涉嫌徇私舞弊不移交刑事案件，二是认为刘某某的行为涉嫌滥用职权。

关于刘某某的行为是否属于徇私舞弊型的渎职犯罪，同样存在两种分歧意见：一是认为刘某某徇的是单位之私，不属于刑法中的徇私，只能适用《刑法》第397条第1款量刑；二是认为刘某某徇单位之私也属于徇私舞弊，应适用《刑法》第397条第2款量刑。

【要点提示】

本案问题的解决，需着重把握如下几个问题：

1. 何谓“徇私舞弊”？徇单位之私是否属于徇私？
2. 徇私舞弊的定位，是属于主观要件还是客观要件？
3. 徇私的实践认定。
4. 徇私舞弊型渎职犯罪的罪数。

【问题讨论】

徇私舞弊型渎职犯罪在实践中发生频率较高，虽然渎职犯罪被称为不揣腰包的犯罪，但是，从当下的司法实践来看，渎职犯罪往往伴随着私情、私利的谋取，而司法实践中，关于徇私舞弊型渎职犯罪存在较大的司法困境，主要体现为：“徇私”的范畴之争（徇私是否仅指徇私利？私情与私利如何界分？徇私与徇公区别何在？“私”是否包括单位与小集体之私？私情是否有可宽恕之情？）；徇单位之“私”难以定性；“徇私”的情节难以查证，徇私标准难以把握，导致案件流产；立案标准偏高带来的困难等。故有必要认真研究徇私舞弊型渎职犯罪。

一、徇私与徇单位之私

关于这个问题，主要体现为两个方面：一是徇私是否包括徇情？二是徇私是否包括徇单位之私？

（一）徇私与徇情

“徇”字在《辞海》中有3种含义：(1) 曲从，偏私；(2) 环绕；(3) 通“殉”，以身从物。“私”字在《辞海》中有9种含义：(1) 个人的，自己的；(2) 利己；(3) 偏爱；(4) 秘密，不公开；(5) 指日常衣服；(6) 男女阴部；(7) 小便；(8) 古时女子称姊妹之夫为私；(9) 姓。对于“徇私”，《辞海》之解释为“曲从私情”，《现代汉语词典》对“徇私”的解释为：“为了私情而做不合法的事。”从词源上讲，“徇私”的含义只可能被理解为曲从、顺从“个人的，自己的”、“利己、自私”、“秘密（包括合法与不合法的）”，或者曲从、顺从自己的或个人的某种利益选择或者偏爱。

徇私在刑法中的意义，即为谋私，其追求私利的目的性非常明确，只是谋私的手段可以多种多样，但这种私利的内容非常广泛，不仅包括财物，还包括各种非财产性不正当利益。当然，谋求私利目的的达到还必须伴随行为人相应职责的背离，如果不是通过背弃自己相应职责而谋求私利，也就是说没有相应的滥用职权或者玩忽职守行为而谋求私利的，不属于这里的徇私。

《刑法》第399条第1款有“徇私枉法、徇情枉法”的表述，徇私与徇情并列，故第399条中的徇私不包括徇情。但问题是：在其他没有将徇私与徇情作并列情形规定的徇私舞弊型渎职罪条文中，徇私是否包括徇情？对此有否定说和肯定说两种主张，我们认为刑法中的徇私除了第399条明确将徇私与徇情并列而排除包含徇情之外，其他条文中的徇私既包括徇私情，如亲情、友情，也包括徇私利，如财物和其他好处。

（二）徇单位之私是否属于徇私

关于这个问题，司法实践中多有纷争，存在赞成和否定的不同司法解释或规范性文件。

赞同徇私包括徇单位之私的解释主要有：1996年6月4日最高人民检察院《关于办理徇私舞弊犯罪案件适用法律若干问题的解释》（本规定已于2002年失效）规定，“徇私”是指贪图钱财、袒护亲友、泄愤报复或者其他私情私利，为牟取单位或者小集体不正当利益而实施徇私舞弊行为构成犯罪的，依法追究直接负责的主管人员和其他直接责任人员的刑事责任。1999年9月9日最高人民检察院《关于人民检察院直接受理立案侦查案件立案标准的规定（试行）》也明确规定，直接负责的主管人员和其他直接责任人员为牟取本单位私利而不移交刑事案件，情节严重的，应予立案。这表明，最高人民检察院是主张“徇私”不仅指徇个人私情私利，也可包括徇单位和小集体之私的。

否定徇私包括徇单位之私的规定主要见于2003年11月13日最高人民法院印发的《全国法院审理经济犯罪案件工作座谈会纪要》，该纪要规定，徇私舞弊型渎职犯罪的“徇私”应理解为徇个人私情、私利，国家机关工作人员为了本单位的利益，实施滥用职权、玩忽职守行为，构成犯罪的，依照《刑法》第397条第1款的规定定罪处罚。可见，最高人民法院是主张“徇私”不包括徇单位或者小集体之私的。

我们主张徇私应包括徇单位之私。理由如下：（1）从字面解释的角度分析，徇私可以包括徇单位之私，所谓的“大公小私”即为此意。（2）从刑法解释的目标（或立法目的）上分析，徇私也是应当包括徇单位之私的。刑法设定徇私舞弊型渎职犯罪，其目的就在于保护国家机关的正常活动，徇单位之私当然会侵犯国家机关的正常活动。(3) 将徇单位之私理解为徇私是罪刑相适应原则的要求。正如河南省人民检察院反渎局局长高海清所认为的，徇个人之私损害的主要是个人的声誉，对国家机关声誉的影响相对较小，而徇单位之私损害的则是整个国家机关的声誉，影响到社会对国家机关的信赖，其所造成的恶劣影响远远大于徇个人之私。“从小处来说，单位、部门等小集体也是公，但和国家和人民利益相比，仍然是私，而且国家既然禁止，就是防止利用职权舞弊，对此必须予以严厉打击惩治。”①

二、徇私舞弊的定位

关于徇私的定位，主要体现为以下三个问题：一是徇私是否为犯罪构成要件？二是如果徇私是犯罪构成要件，那么，徇私是主观要件还是客观要件？三是如果徇私是主观构成要件，那么，徇私是犯罪目的还是犯罪动机？

---

① 王新友：《“徇私”难认定，有人偷着乐》，载《检察日报》，2008-01-09。

（一）徇私是否为犯罪构成要件

关于徇私是否为犯罪构成要件，存在两种主张：一是否定论，认为徇私只是量刑情节，如第397条第2款；二是肯定论，认为徇私是构成要件，如第399条。

我们认为，从《刑法》第九章渎职罪所规定的罪刑条文来看，除第397条第2款规定的徇私是作为法定刑升降条件来表述的外，其他条文的徇私规定均为对构成要件的描述，因此，《刑法》第九章渎职罪的刑罚条文中规定的徇私，除第397条第2款之外，都应是犯罪构成要件。

（二）徇私是主观要件还是客观要件？

对此，学术争议较大，主要观点有：

1. 行为说，认为徇私舞弊是渎职犯罪客观方面的行为，徇私舞弊行为是渎职行为的主要类型之一。我们认为，“徇私”在字面上显然是一种主观内容而非客观事实；而且，独立的徇私行为或许存在，独立的徇情行为显然难以找寻。

2. 目的说，认为徇私是犯罪目的，徇私舞弊型渎职犯罪在主观方面都是故意，其目的是徇私利或私情。此种观点的问题在于，犯罪目的是指犯罪人希望通过实施犯罪行为达到某种危害社会结果的心理态度。显然，徇私并不是行为人实施犯罪所希望达到的结果。因此，这种观点也是站不住脚的。

3. 动机与目的说，认为徇私是行为人的犯罪动机。有学者认为，徇私动机，是为了将因为法律素质、政策水平、技术能力不高而造成差错的情形，排除在渎职罪之外。有论者指出：如果出于徇私的目的，故意进行枉法追诉或枉法裁判的，则构成犯罪；如果行为人是由于水平、能力问题以致在追诉、裁判活动中出现错误的，则不构成犯罪。这种观点没有区分犯罪目的与动机，同时也没有明确“徇私”是否具有构成要件的地位。

4. 动机与行为说，认为刑法中的“徇私”既是行为人的犯罪动机，也是犯罪客观方面的表现之一。这一观点强调“徇私”在此类渎职犯罪中的重要地位，认为“徇私”必须外化为客观行为才能成立此类犯罪。我们认为，既然把“徇私”作为客观的构成要件要素，就不能同时将其作为主观的构成要件要素；既然认为“徇私”不是故意的内容而是犯罪的动机，那么，就不能要求有与“徇私”相对应的事实。

5. 动机说，认为“徇私”是此类渎职犯罪的犯罪动机。“一般说来，认定某种故意犯罪，并不需要查明行为人的具体目的和动机，但是，当刑法分则有明文规定时，特定的犯罪目的或犯罪动机便是构成某种犯罪的必备要件。”[①] 刑法分则的规定表明，此类渎职犯罪要求行为人主观上须出自直接故意，且必须具有“徇私”的主观动机，但并不要求行为人必须将这种犯罪动机客观外化为徇私行为，就能成立犯罪。

（三）徇私是犯罪动机还是犯罪目的

在立法尚未修改之前，徇私应该理解成犯罪动机而非犯罪目的，更不应该理解成为徇私行为。但是，我们认为，立法上应取消“徇私”在渎职犯罪构成上的规定，

① 高铭暄：《刑法学原理》，第2卷，129页，北京，中国人民大学出版社，1993。

理由是：首先，在主观方面，把犯罪动机作为犯罪构成主观方面的法定要件，与传统的刑法理论“犯罪动机是犯罪构成主观方面的酌定情节”相违背。其次，把徇私作为构成犯罪的法定要件，实践中往往难以查证，为了收集证据极易造成司法资源浪费。最后，从构成要件规定的科学性看，某一事实要素能否成为犯罪的构成要件要素，关键在于它能否影响行为社会危害的有无和程度。对于犯罪动机，只有其足以影响行为的社会危害性是否达到犯罪的程度，或有必要借助主观动机来区分此罪与彼罪时，立法者才有可能将主观动机作为犯罪的构成要件加以规定。而渎职类犯罪中的徇私动机“既不能说明行为的社会危害程度，又不能起区分此罪与彼罪的作用”[①]，犯罪动机“只能说明行为人为什么要进行犯罪活动，但它不能决定行为具体形式，对决定犯罪行为的性质没有意义”[②]。

把徇私从渎职罪的构成要件中排除出去并不意味着否定徇私舞弊型渎职犯罪的存在，我们主张立法应将“徇私”作为渎职罪的从重处罚情节。不徇私情、不谋私利，公正执法，这是一切国家机关工作人员最基本的职业准则和法定义务。因徇私舞弊而渎职者，理应给予更重的刑罚，这符合我国从严治吏的刑事政策。具体条文设置是，把刑法分则第九章的全部犯罪的构成要件中的徇私、徇私舞弊删除，而在本章最后增设一条，规定“徇私舞弊犯本章之罪的，从重处罚”。

三、徇私的司法认定

徇私作为在罪状中明确规定的犯罪构成要件，自然是证明徇私类渎职犯罪成立的当然要素，然而，就司法实务中的实际操作而言，对徇私的认定十分困难。徇私是行为人实施徇私类渎职犯罪行为的内在动因，属于主观的范畴，虽然有时可以以一定的形式表现出来，能够“主观见之于客观”，但是毕竟其所反映的是行为人实施犯罪行为的深层心理。

运用推定规则或许是实现对“徇私”的有效认定的唯一路径。推定是司法证明的一种重要的辅助性方法，其以肯定基础事实与推定事实之间的常态联系为基础，通过对基础事实的证明来实现对推定事实存在状态的认定。推定由三个基本要素组成：基础事实、推定事实、基础事实与推定事实之间的常态联系。基础事实是推定的逻辑起点，基础事实必须具有客观真实性；推定事实是推定的结论，推定事实必须是案件事实；二者之间具有常态联系是适用推定的基础，常态联系是指两个事物在通常情况下具有伴生关系，即当一个事物存在时另一个事物也存在。具体到推定而言，基础事实与推定事实之间具有常态联系是指当基础事实存在时，推定事实也存在的概率极高，基础事实与推定事实之间具有近似于充分条件的逻辑关系。但是，“常态联系”只是意味着常规状态下具有的联系，其无法排除个别和例外情况。因此，基础事实与推定事实之间的常态联系只能是具有高度盖然性的或然性联系，而非必然性联系。允许被告方针对推定结论进行反驳是事实推定或然性特征的必然要求。

---

① 李文生：《关于渎职罪徇私问题的探讨》，载《中国刑事法杂志》，2000（4）。

② 苏彩霞：《徇私舞弊型犯罪共性问题研究》，载《文献学学报》，2004（2）。

徇私推定的具体规则为：在不改变现有刑法体例的前提下，由最高人民法院和最高人民检察院联合以司法解释的形式规定，在徇私类渎职犯罪的追诉中，由被告人承担证明自己无徇私情节的举证责任，被告人如果不能提出证据证明自己无徇私情节，而追诉机关又掌握了确实且充分的证明被告人故意实施渎职行为的证据，则推定行为人具有徇私的犯罪动机，渎职犯罪成立。但需注意，推定适用应遵循以下两个规则：一是适用条件的限定性，即认定徇私的推定规则应当具有严格的限定性，即只有作为徇私动机推定的基础事实得到确实且充分的证据证明，认定徇私的推定规则才能够适用；二是适用结论的可反驳性，运用推定规则认定徇私只能说是针对实然状态的无奈选择，解决问题的根本在于对徇私类渎职犯罪罪名和罪状的重新设置。

四、徇私舞弊型渎职犯罪的罪数问题

此问题的产生主要源自于《刑法》第 399 条第 4 款与渎职罪相关法条的关系问题。第 399 条第 4 款规定：司法工作人员收受贿赂，有前三款行为的，同时又构成本法第 385 条规定之罪的，依照处罚较重的规定定罪处罚。问题是：该款规定是注意规定还是法律拟制？《刑法》第 399 条第 4 款与渎职罪相关法条的关系问题所要研究解决的是该款在渎职罪其他法条中的适用性问题，即理论界探讨的该款能否在渎职罪其他法条中“推而广之”，抑或只能特别适用的问题？

我们认为，该款规定是法律拟制。理由如下：(1) 在 1997 年《刑法》颁布前，有关国家机关工作人员受贿并有其他职务犯罪，尽管理论界有争议，但是，立法是有明确定论的。1988 年全国人大常委会通过的《关于惩治贪污罪贿赂罪的补充规定》第 5 条第 2 款明确规定对此类行为应当数罪并罚。1997 年《刑法》对上述立法进行的修订，应当理解为一种特别规定，即否定了原有立法规定。(2) 立法者既然注意到司法工作人员受贿并有渎职犯罪，当然也会考虑到行政执法人员可能存在同样的行为。如果是注意规定，从立法技术上考虑，应当在渎职罪法条的最后作出统一的注意规定。立法未作出统一的注意规定的，在排除立法疏漏的前提下，只能理解为立法的有意安排与特别规定。(3) 从行政机关工作人员渎职犯罪的法定刑来看，最高刑大多在 7 年有期徒刑以下，而司法工作人员渎职犯罪的法定最高刑一般在 10 年有期徒刑以上。立法是否有就两者法定最高刑设置差异的考虑不得而知，但这也可以成为我们分析研究的一个理由。因此，在此种情形下的牵连除了该款之规定外，应该掌握为数罪。司法实践中也多以数罪处理，而《刑法修正案（八）》明确规定，国家机关工作人员包庇、纵容黑社会性质组织罪又有其他犯罪行为（主要是受贿）的，依照数罪并罚的规定处罚。此种立法亦可认为是对数罪并罚观点的采纳。

综上分析，本案中刘某某的行为应构成涉嫌徇私舞弊不移交刑事案件罪和单位受贿罪。主要理由是：刘某某徇单位之私亦可以认定为徇私，故构成徇私舞弊不移交刑事案件罪；谋取单位利益即收受贿赂构成单位受贿罪，刘某某作为单位直接负责的主管人员应承担相应的罪责。

【讨论归纳】

徇私舞弊型渎职犯罪在现有立法中，徇私是主观构成要件的内容，属于犯罪动机，除了《刑法》第399条之规定外，徇私均应包括徇情，徇单位之私理应认定为徇私。当然，更为合理的做法是从徇私舞弊型渎职犯罪中取消徇私的构成要件，而将徇私统一作为渎职犯罪的从重处罚情节。在立法尚未修改之前，徇私的认定主要通过推定规则进行，但推定需遵循适用条件的限定性和适用结论的可反驳性两个具体规则。徇私舞弊型渎职犯罪，除了第399条第4款的规定外，如果徇私本身构成犯罪的，均应数罪并罚。

【实务训练】

1. 请根据本案的事实和类似案件事实，总结、归纳司法实践中徇私的类型，渎职中的徇情是否存在可宽恕之情？

2. 从实务中找一件类似本主题的真实案件，根据该案的事实、既有证据及争议焦点，写一份辩护词或判决书。要求格式规范、条理清晰、层次分明、说理透彻。

【延伸阅读】

1. 王作富主编．刑法分则实务研究（下）．北京：中国方正出版社，2003

2. 王作富．刑法专论（下编）．北京：高等教育出版社，2002

3. 赵秉志主编．刑法分则要论．北京：中国法制出版社，2010

4. 任彦君，赵学彬．渎职罪的司法适用．北京：中国方正出版社，2009

5. 张明楷．刑法分则的解释原理．北京：中国人民大学出版社，2004

6. 张明楷．如何区分注意规定与法律拟制．人民法院报，2007-02-02

7. 翟中东．渎职罪立案追诉标准与司法认定实务．北京：中国人民公安大学出版社，2010

案90 玩忽职守罪中的因果关系认定

——李某某玩忽职守案

【问题提示】

在玩忽职守罪的认定中，当玩忽职守行为与危害结果之间只是存在间接因果关系时，能否肯定因果关系的存在？

【案情摘要】

被告人：李某某，系云南省昆明市某县公安局看守所民警。

2009年1月29日至2009年2月8日期间，因涉嫌盗伐林木犯罪被关押于某县公安局看守所的犯罪嫌疑人李某明，在羁押期间被同监室在押人员张其华、张某等人多次体罚、虐待和殴打，致受伤后经抢救无效死亡。经法医鉴定，李某明的死亡原因为不同时间段、多次钝性暴力打击头部致严重颅脑损伤死亡。公诉机关指控：被告人李某某在某县看守所担任管教民警并负责主管9号监室期间，不认真执行公安部关于看守所民警监管职责的规定，未按要求认真对在押人员及监室进行安全检查和值班巡视等管教活动，不按照“严禁使用在押人员管理在押人员”的规定，不正确履行对在押人员直接管理和规范管理的职责，以致自己主管的9号监室内形成了以张某华、张某等人为首的“牢头狱霸”势力，暗中对该监室的管理事务进行操控，而未得到及时发现、制止和打击，致使张某华、张某等人用各种暴力、污辱、“玩游戏”等手段对新入所在押人员实施体罚、虐待和殴打。

【分歧意见】

一种观点认为，玩忽职守罪中的因果关系应当是直接的因果关系，间接因果关系不能构成玩忽职守罪。因为，在间接因果关系的场合，存在独立的介入原因导致了危害结果的发生，这就意味着切断了玩忽职守行为与危害结果之间的因果关系。另一种观点认为，玩忽职守罪的成立，既可以存在直接因果关系，也可以存在间接因果关系。如果行为人的玩忽职守行为存在诱发结果的可能性，并与其他因素共同促成了危害结果的发生，且其他因素并非意外的因素，而是一般经验上与玩忽职守行为及危害结果具有关联性的因素的话，则仍然可以认为具有因果关系。

【要点提示】

间接因果关系能否作为玩忽职守罪的成立条件?

【问题讨论】

玩忽职守罪是渎职犯罪中的常见罪名，也是争议很大的罪名。之所以存在严重的争议，一个重要原因就在于玩忽职守罪的因果关系具有特殊性，往往表现为间接的因果关系或者多因一果的复杂样态的因果关系。那么，在一个危害结果存在多个原因，而又不存在共同犯罪时，会涉及因果关系判断的难题。正如本案中，受害人死亡的直接原因为同监舍人员的殴打与伤害，则殴打与伤害行为和死亡结果之间肯定存在刑法上的直接因果关系，殴打受害人的同监舍人员的行为可能成立故意伤害罪。既然死亡这个危害结果已与伤害行为具有直接因果关系，则是否还能就相同的危害结果认定玩忽职守行为也应当与其具有因果关系，存在理论和实务上的争议。

一、对立的实务路径

在对玩忽职守罪间接因果关系的认定上，司法实务界从不同的因果关系理论出发，采取了并不相同的立场。如对于2001年开庭审理的洛阳东都商厦大火事件中的玩忽职守案件，人民法院就认为，原洛阳市文化局文化市场管理科科长桂某州等人虽与大火事件不存在直接的因果关系，但是其玩忽职守、疏于管理的行为却为本不应当继续营业的东都商厦提供了继续营业的机会，这种机会的提供使火灾的最后发生具有可能性，并且变成了现实。因此，认定上述国家机关工作人员的玩忽职守行为与309人的死亡结果之间存在刑法上的因果关系，进而肯定了玩忽职守罪的成立。人民法院在该案中的论证路径上采用了偶然因果关系理论，认为尽管存在多因一果的情形，但是玩忽职守行为对于死亡结果而言是偶然的原因，与死亡结果之间存在偶然的因果关系，而偶然因果关系也是我国刑法所认可的需要承担责任的因果关系类型。具体而言，如有学者认为，玩忽职守行为与危害结果之间存在大量间接的、偶然的因果关系，在因果关系链中经常介入其他自然或人为的因素，这种因果关系在玩忽职守罪中应该确认为刑法上的因果关系。因为玩忽职守行为是一种不作为，这种行为并不必然导致结果的发生，但如果行为人履行了职责，结果一定不会发生。不作为与结果之间一般产生的是偶然因果关系，因而介入其他因素的偶然因果关系可以成为认定玩忽职守罪的因素，偶然因果关系具有刑法意义。[①] 但是，偶然因果关系理论本身存在不可克服的缺陷，特别是对于一般的而言，很多时候并不能采取偶然因果关系理论，尤其是故意犯罪往往无法适用偶然因果关系理论，否则就会导致因果关系过于宽泛，无法准确厘定因果关系的范围，并最终无法准确适用犯罪成立理论认定犯罪。

基于偶然因果关系理论上的不完整性和实务中的模糊性，在某些案件中也有采用因果关系中断理论解决玩忽职守罪的因果关系的情况，这旨在限缩玩忽职守罪因果关系的范围。所谓因果关系的中断，是指某种行为正在引起危害结果发生的过程中，在危害结果尚未发生之前，介入了另一个行为，后行为切断了前行为与危害结果之间的因果关系，而独立地引起了危害结果的发生。那么，前行为与危害结果之间的因果关系就应当被否定，而只承认后行为与危害结果之间的因果关系。如2001年12月至2002年1月期间，某地锅炉压力容器所检验员高某在负责检验、验收某个体浴室常压燃煤热水锅炉时，不正确履行职责，未按照法定程序和标准进行检验，在该个体浴室常压燃煤热水锅炉明显不符合安全要求的情况下，出具含有虚假记录的检验报告，并允许运行，未能按照规定发出锅炉安全检查意见书、责令限期改正，没有建议有关部门予以处罚，最后导致该锅炉取得市质量技术监督局颁发的《锅炉使用登记证》并投入运行。随后，该锅炉的使用者擅自将常压热水锅炉改为承压锅炉使用，导致发生爆炸并造成7死7伤的重大伤亡事故。在该案中，当地法院依据因果关系中断理论认定，检验员高某虽然工作上有严重的失误，且不认真履行职责，存在玩忽职守行为，但是最终所造成的重大伤亡的结果是由于业主擅自改造的行为决定和引发的，或者说，业主的擅自改造行为切断了高某的玩忽职守行为与死伤结果之间的因果关系，故属于异常介入的独立原因，应当单独成为死伤事故的原因，不应当再认定高某的玩忽职守行为与死伤的危害结果之间存在因果关系。

二、玩忽职守罪中间接因果关系认定的新思路

玩忽职守罪在本质上是一种侵害国家法益的犯罪，或者说，是违背了国家机关工作人员勤勉工作义务的一种犯罪。玩忽职守罪的危害结果一般表现为重大的人员伤亡和财产损失，与玩忽职守罪在本质上缺乏直接的关联性，但是具有提示性的作用。因为，国家机关工作人员的玩忽职守行为才是该罪的核心要素，是否发生重大的人员伤亡或财产损失在某种意义上只是一种客观处罚条件，是区分行政责任与刑事责任的关键。从这个意义来说，玩忽职守罪中的因果关系，与故意杀人、故意伤害等自然犯相比，具有突出的特殊性，这种特殊性表现在玩忽职守罪中的危害结果与玩忽职守行为之间缺乏明确的、直接的关联性。因此，玩忽职守罪中几乎不存在直接的因果关系，而普遍表现为间接的因果关系。但是，间接因果关系的普遍存在

---

① 参见杨志国：《玩忽职守罪因果关系的司法认定》，载《检察日报》，2007-10-15。

并不意味着玩忽职守罪中因果关系就可以直接认定，还需要进一步构建间接因果关系成立刑法中因果关系的条件和标准，这种标准和条件，可以借助客观归责理论进行具体化。

首先，应当判断玩忽职守行为是否制造了不被容许的危险。具体而言，行为人的玩忽职守行为是否产生了危害结果发生的可能性，或者说这种可能性是否因为行为人的玩忽职守行为而增加。如本案中，作为监管人员的民警，李某某疏于管理、严重不负责任的行为很难说创设或制造了被监管人员死亡的危险，因为同监舍人员之间相互殴打致死的结果即使在监管人员严格执行职责时也可能发生。但是，这种可能性却存在程度上的不同。易言之，当监管人员严格履行职责，导致被监管人员死伤的可能性是较低的，而监管人员出现严重不负责任、疏于管理和监督的行为时，明显提升了被监管人员死伤的可能性，这就意味着危险的提升，而危险的提升也是一种危险的制造，况且，该危险的提升是法律不允许的。

其次，应当判断玩忽职守行为所制造的危险是否实现。关于危险是否实现，一般可以从两个方面进行判断：其一，危害结果与玩忽职守行为之间具有常态的关联性，不属于意外发生；其二，结果发生于规范的保护目的范围之内。就危害结果与玩忽职守行为之间的常态关联性而言，监管民警疏于管理与被监管人员被多次殴打致死之间在一般人看来，是具有常态的关联性的，也就是说，一般人能够接受民警的疏于管理和被监管人员被殴打致死之间的逻辑关系，并不会有意外的感觉。同样，被监管人员被同监舍人员殴打致死的结果，也是刑法设置玩忽职守罪以督促国家机关工作人员勤勉工作、认真履行职务的终极诉求，即控制或减少危险。因此，本案中，监管民警李某某严重不负责任、疏于管理的行为应当说实现了其制造的危险。

【讨论归纳】

玩忽职守罪中的因果关系一般表现为间接的因果关系，与直接因果关系相比，间接因果关系并不必然是具有刑法意义的因果关系，而需要对其作进一步的判断。首先，应当确定玩忽职守行为本身是否创设了危害结果发生的危险，这里的创设既包括制造新的危险，也包括使已有的危险程度提升或增高。其次，应当判定玩忽职守行为是否实现了其之前所创设的危险。具体而言，就是要从一般人的经验来看，该玩忽职守行为是否与危害结果的发生具有常态性联系，危害结果的发生是否不属于明显意外的事件。

【实务训练】

从实务中找一件类似本主题的真实案件，根据该案的事实、既有证据及争议焦点，写一份辩护词或判决书。要求格式规范、条理清晰、层次分明、说理透彻。

【延伸阅读】

1. 林东茂．刑法综览．北京：中国人民大学出版社，2009

2. 陈子平．刑法总论．北京：中国人民大学出版社，2009

3. 王安异．渎职罪比较研究．北京：中国人民公安大学出版社，2004

4. 敬大力主编．渎职罪．北京：中国人民公安大学出版社，1999

5. 杨亚民，江建忠．间接因果关系能否构成玩忽职守罪．中国检察官，2007（7）

案91 滥用职权罪中“滥用职权”的认定

——余某某滥用职权案

【问题提示】

在滥用职权罪的认定中，滥用职权行为与利用职权行为实施的其他犯罪应当如何区分？滥用职权行为的行为方式具体应当如何界定？

【案情摘要】

被告人：余某某，上海市某区商业网点管理办公室主任。

1996年4月至2000年12月期间，被告人余某某担任上海市某区商业网点管理办公室主任，其违反《上海市人民政府财贸办公室关于做好公建商业网点接收工作并安排好新居住区商业网点的意见》、《上海市商业网点管理办公室关于上海市市、区商业网点管理办公室财务管理工作办法》等关于网点资金专款专用的规定，擅自将网点资金人民币660万元出借给上海J实业有限公司。案发前，上海J实业有限公司先后归还该区商业网点管理办公室人民币274万元，其余386万元尚未归还。为填补借给上海J实业公司造成的386万元的漏洞，余某某以其兼任总经理的T公司的名义与上海R投资公司签订了2 000万元的资产委托管理协议，并约定了一个补充协议，保证10%收益，以填补386万元的漏洞。随后，经过一系列的操作，通过T公司将286万元“归还”至该区商业网点管理办公室。上海J实业有限公司后以位于田林东路的网点使用权折价100万元抵冲余下的欠款。法院经审理认定余某某构成滥用职权罪。

【分歧意见】

一种观点认为，被告人余某某作为国家机关工作人员，在执行公务的过程中，滥用职权将不应出借给其他单位的资金出借给上海J实业有限公司，违反了网点资金专款专用的规定，致使公共财产、国家和人民利益遭受重大损失，成立滥用职权罪。另一种观点则认为，被告人的行为并不是滥用职权行为，而是挪用公款行为，其利用国家工作人员职务上的便利，擅自将公款挪用给上海J实业有限公司使用，属于挪用公款进行营利活动的情形，自然应当成立挪用公款罪。

【要点提示】

1. 滥用职权的具体行为方式如何界定？

2. 滥用职权行为与利用职权挪用公款如何区分？

【问题讨论】

一、滥用职权的行为方式

一般而言，滥用职权，是指违背法律规定的职权范围或违反法定的程序行使职权，其还可以包括为了不正当的目的在职权范围内行使职权或使用不正当的方法行使职权。根据滥用职权的具体形式，可以将滥用职权区分为形式上的滥用职权行为与实质上的滥用职权行为。

（一）形式上的滥用职权行为

所谓形式上的滥用职权行为，是指违反法定的程序、法定的范围、法定的方法等而行使职权的行为。如超越职权的行为即属于形式上的滥用职权行为。国家机关工作人员的职权来源于法律、法规、规章的授权，其行使范围和方式也受到法律、法规、规章的限制，其行使职权的合法性来源于按照法律、法规、规章、规定的程序、范围和方式。如果国家机关工作人员超越了法定的职权范围，则属于超越职权。2006 年 7 月 26 日最高人民检察院《关于渎职侵权犯罪案件立案标准的规定》把滥用职权界定为：国家机关工作人员超越职权，违法决定、处理其无权决定、处理的事项，或者违反规定处理公务，致使公共财产、国家和人民利益遭受重大损失的行为。据此，所谓超越职权，是指违法决定、处理其无权决定、处理的事项的行为和违反规定处理公务的行为。但是，需要注意的是，尽管滥用职权行为缺乏职务上的正当依据，却应当是与其职务具有关联性的行为。如果行为人超越其职权，从事与职权毫无关联的行为，则不能够认定为滥用职权罪中的超越职权行为。如人民警察在侦办案件中对证人实施的强奸行为，就与其侦查的职权不存在任何关联性，从而不能够把强奸行为视作滥用职权行为之一——超越职权行为。如果人民警察在执行职务的过程中对于无证经营的小商小贩进行扣押或拘禁，则属于滥用职权的行为。因为，虽然人民警察并不存在对无证经营的管辖权，但是却具有扣押和拘禁的一般性权限，这种一般性权限的存在就意味着行为人能够在此范围内行使超越职权行为。此外，形式上的滥用职权行为除了包括超越职权这种积极的作为形式之外，还包括放弃职责这种消极的不作为形式。

（二）实质上的滥用职权行为

所谓实质上的滥用职权行为，是指行为人的行为在形式上具有合法性，也属于其职权范围，但是其行使职权的方式或手段有悖于立法目的或公正、合理的法律精神，属于不正当地行使职权。实质上的滥用职权行为一般包括：随意在职权范围内行使职权，不正确、不合理地履行职责等。从形式上看，行为人一般都是在职权范围内行使职权，但是行为人行使的方法和手段并不必然具有公正性和正当性的，这种行为也属于滥用职权行为。比如说，人民警察随意盘查公民的行为，当人民警察出于寻求刺激的目的，不加选择地随意盘查相对人的行为时，即属于实质上的滥用职权。因为，尽管人民警察可以对有违法犯罪嫌疑的公民进行盘查，法律也没有明确规定何种情形可以归属于有违法犯罪的嫌疑，但这并不意味着人民警察所实施的一切盘查行为均具有正当性，这需要结合其盘查动机和目的，以及盘查的必要性和具体手段的正当性进行综合判断。

二、滥用职权行为与利用职权挪用公款的界限

滥用职权出借资金行为与利用职权挪用公款行为在很多方面具有相似性。首先，犯罪主体上具有一定的重合性。前者的主体为国家机关工作人员，后者的主体为国家工作人员，而所有的国家机关工作人员都属于国家工作人员的范畴。因此，于国家机关工作人员利用职权或超越职权出借资金的情形，就不能从主体上的不同区分为滥用职权罪和挪用公款罪。其次，在行为对象上也具有同一性。无论是挪用公款罪中的挪用公款，还是滥用职权罪中的违规出借资金，其行为对象都是公款。最后，在行为方式上，也具有一定的相似性。两者都是在不符合规定的情况下，将公款出借或交付给他人使用的行为。但是，滥用职权出借资金行为与利用职权挪用公款行为仍然存在明显的区别。

一般而言，要成立挪用公款罪，必须存在挪用公款归个人使用的情形，而依据2002年《全国人民代表大会常务委员会关于〈中华人民共和国刑法〉第三百八十四条第一款的解释》，挪用公款罪中的挪用公款归个人使用，是指下列三种情形：一为将公款供本人、亲友或者其他自然人使用的；二为以个人名义将公款供其他单位使用的；三为个人决定以单位名义将公款供其他单位使用，谋取个人利益的。很明显，对照上述三种情形，本案中余某某的行为并不属于挪用公款行为。首先，余某某并未将公款挪用给本人、亲友或其他自然人使用，而是出借给有限责任公司，不仅不符合立法解释中“将公款供本人、亲友或者其他自然人使用的”情形，也不符合最高人民法院于1998年颁布的《关于审理挪用公款案件具体应用法律若干问题的解释》中规定的情形。《关于审理挪用公款案件具体应用法律若干问题的解释》第1条第2款规定：“挪用公款给私有公司、私有企业使用的，属于挪用公款归个人使用。”有限责任公司尽管可能有几个自然人股东，但其并不能够直接等同于私有公司和私有企业。在刑法解释存在模糊之时，应当采用有利于被告人的解释，即狭义地理解私有公司和私有企业，将有限责任公司排除出在私有公司和私有企业之外，从而本案中余某某的行为自然不符合挪用公款归其他自然人使用的情形。其次，余某某也不符合立法解释中“以个人名义将公款供其他单位使用的”情形。因为，余某某作为上海市某区商业网点管理办公室主任，其安排单位的财务人员按照财务程序将单位资金出借给其他单位，应当属于单位行为。这从接受资金单位还款的对象和方式就可以看出，并非是余某某以个人名义将本单位的公款交由其他单位使用。最后，余某某虽然符合“个人决定以单位名义将公款供其他单位使用”的情形，但不具有该情形的附加条件——“谋取个人利益”。从本案的已知事实和证据来看，没有证据证明余某某为了谋取个人利益或者已经谋取了个人利益，因而自然不能认定其属于“个人决定以单位名义将公款供其他单位使用，谋取个人利益”的情形。

因此，不难看出，滥用职权出借资金和利用职权挪用公款的行为方式并不尽相同。前者的重点在于职权范围的超越性和行使职权方式的违法性，而后者的重点在于公共款项的安全性。从这个意义上来说，立法者设置滥用职权罪的目的在于规范职权的行使范围和行使方式，而规定挪用公款罪的目的则在于保障公款的安全性和使用公款的规范性。在客观行为方面，二罪的本质区别就在于公款是否归个人使用。

如果行为人利用职务便利，甚至滥用职权将公款供个人使用，则应当属于挪用公款行为。反之，如果行为人利用职务便利或滥用职权，将公款出借给其他不属于个人的单位或公司，且不存在谋取个人利益的情形，则应当视为滥用职权的行为。

【讨论归纳】

滥用职权罪侵犯了公务行为的廉洁性和正当性，并可能损害国家的管理秩序。因此，其客观行为方式的界定应当围绕对于国家法律规定的正确实施职权的侵害性展开。一般而言，滥用职权的行为既可以表现为形式上的滥用职权行为，包括积极的超越职权的行为和消极的不履行职责的行为，也可以表现为实质上的滥用职权行为，包括随意在职权范围内行使职权，不正确、不合理地履行职责等行为。在滥用职权行为的具体认定上，要注意区分滥用职权出借资金和利用职权挪用公款两种行为方式的界限：前者的重心在于职权的单纯滥用，不存在为个人谋取利益的情形，而后者往往具有为个人谋取利益或将公款归个人使用的情形。

【实务训练】

从实务中找一件类似本主题的真实案件，根据该案的事实、既有证据及争议焦点，写一份辩护词或判决书。要求格式规范、条理清晰、层次分明、说理透彻。

【延伸阅读】

1. 王安异．渎职罪比较研究．北京：中国人民公安大学出版社，2004
2. 敬大力主编．渎职罪．北京：中国人民公安大学出版社，1999
3. 孙谦主编．国家工作人员职务犯罪研究．北京：法律出版社，1998
4. ［日］大谷实．刑法各论．黎宏译．北京：法律出版社，2003
5. 张小虎．论我国刑法滥用职权罪的实行行为．法学杂志，2009（11）
6. 孔德学，包遵耀．挪用公款罪与滥用职权罪的区别．人民司法，2008（14）

图书在版编目（CIP）数据

刑事疑难案例实务教程/石经海，余捷主编．—北京：中国人民大学出版社，2013.1
应用型高级法律人才系列教材
ISBN 978-7-300-16871-5

Ⅰ.①刑… Ⅱ.①石… ②余… Ⅲ.①刑事犯罪—案例—中国—研究生—教材—英文
Ⅳ.①D924.305

中国版本图书馆 CIP 数据核字（2013）第 001538 号

应用型高级法律人才系列教材
刑事疑难案例实务教程
主　编　石经海　余　捷
Xingshi Yinan Anli Shiwu Jiaocheng

出版发行	中国人民大学出版社		
社　　址	北京中关村大街 31 号	**邮政编码**	100080
电　　话	010－62511242（总编室）		010－62511770（质管部）
	010－82501766（邮购部）		010－62514148（门市部）
	010－62515195（发行公司）		010－62515275（盗版举报）
网　　址	http://www.crup.com.cn		
经　　销	新华书店		
印　　刷	天津鑫丰华印务有限公司		
规　　格	185 mm×260 mm　16 开本	**版　　次**	2013 年 4 月第 1 版
印　　张	23.5 插页 1	**印　　次**	2024 年 2 月第 3 次印刷
字　　数	503 000	**定　　价**	48.00 元

《　　　　　　　》※任课教师调查问卷

为了能更好地为您提供优秀的教材及良好的服务，也为了进一步提高我社法学教材出版的质量，希望您能协助我们完成本次小问卷，完成后您可以在我社网站中选择与您教学相关的1本教材作为今后的备选教材，我们会及时为您邮寄送达！如果您不方便邮寄，也可以申请加入我社的**法学教师QQ群：83961183（申请时请注明法学教师）**，然后下载本问卷填写，并发往我们指定的邮箱（cruplaw@163.com）。

邮寄地址：北京市海淀区中关村大街31号中国人民大学出版社411室收

邮　　编：100080

再次感谢您在百忙中抽出时间为我们填写这份调查问卷，您的举手之劳，将使我们获益匪浅！

基本信息及联系方式：※

姓名：__________ 性别：__________ 课程：____________________

任教学校：____________________ 院系（所）：________________

邮寄地址：____________________ 邮编：____________________

电话（办公）：__________ 手机：__________ 电子邮件：____________

调查问卷：※

1. 您认为图书的哪类特性对您使用教材最有影响力？（　　）（可多选，按重要性排序）

   A. 各级规划教材、获奖教材　　B. 知名作者教材

   C. 完善的配套资源　　D. 自编教材

   E. 行政命令

2. 在教材配套资源中，您最需要哪些？（　　）（可多选，按重要性排序）

   A. 电子教案　　B. 教学案例

   C. 教学视频　　D. 配套习题、模拟试卷

3. 您对于本书的评价如何？（　　）

   A. 该书目前仍符合教学要求，表现不错将继续采用。

   B. 该书的配套资源需要改进，才会继续使用。

   C. 该书需要在内容或实例更新再版后才能满足我的教学，才会继续使用。

   D. 该书与同类教材差距很大，不准备继续采用了。

4. 从您的教学出发，谈谈对本书的改进建议：____________________

____

____

选题征集：如果您有好的选题或出版需求，欢迎您联系我们：

联系人：黄　强　联系电话：010-62515955/65

索取样书：书名：______________________________

书号：__________________________________

备注：※ 为必填项。